CORPORA E
THEORY AND PRACTICE

公司财务
理论与实务

刘璐琳　黄小琳◎主编

经济管理出版社
ECONOMY & MANAGEMENT PUBLISHING HOUSE

图书在版编目（CIP）数据

公司财务理论与实务/刘璐琳，黄小琳主编．—北京：经济管理出版社，2021.11
ISBN 978－7－5096－8270－8

Ⅰ.①公…　Ⅱ.①刘…②黄　Ⅲ.①公司—财务管理　Ⅳ.①F276.6

中国版本图书馆 CIP 数据核字(2021)第 232802 号

责任编辑：魏晨红
责任印制：张莉琼
责任校对：陈　颖

出版发行：经济管理出版社
（北京市海淀区北蜂窝 8 号中雅大厦 A 座 11 层　100038）
网　　址：www. E－mp. com. cn
电　　话：(010) 51915602
印　　刷：唐山昊达印刷有限公司
经　　销：新华书店
开　　本：720mm×1000mm/16
印　　张：18.5
字　　数：342 千字
版　　次：2021 年 12 月第 1 版　　2021 年 12 月第 1 次印刷
书　　号：ISBN 978－7－5096－8270－8
定　　价：88.00 元

前 言

会计与经济社会发展密切相关，是经济管理的重要组成部分。21世纪以来，会计从业与教育环境发生了深刻的变革：一是大数据时代的到来，人工智能、区块链技术趋于成熟，大量简单重复的工作被取代，外部环境倒逼企业进行深入改革，大学生对未来的从业也深感困惑。二是教育体制发生了深刻变革，素质教育被放在越来越重要的位置。2020年6月，教育部印发了《高等学校课程思政建设指导纲要》，全面推进高校思政建设。三是近年来我国会计准则的修订以及与国际准则的持续趋同。新环境的变化是促成本书编写的主要原因之一。本书的研究对象为公司财务，具体包括公司财务会计的理论和实务。本书以财务会计和财务报表分析为基础，辅之以上市公司的具体案例，可提高学生掌握和熟练运用知识的能力，促使学生建立起公司财务会计的基本框架并掌握财务会计分析的基本方法。本书包括两部分内容：第一部分为中级财务会计，主要涉及相关的理论与实务；第二部分为财务报表分析，包括资产负债表、利润表、现金流量表分析与四项能力的分析，并穿插具体的上市公司案例以增强财务分析学习的趣味性和实用性。

本书既适合MBA和非会计学专业研究生使用，也可以作为会计学专业本科生和自学人员学习会计的参考书。

本书的章节是在编者的指导下，由硕士研究生刘宁、邢静茹、伍宇晴、张佳、黄允预共同参与完成的。具体分工如下：刘璐琳、刘宁、张佳编写第一章、第三章、第四章、第五章、第八章、第九章、第十五章；黄小琳编写第二章、第十章；邢静茹编写第六章、第七章；伍宇晴编写第十一章、第十三章、第十四章；黄允预编写第十二章、第十六章并参与第十一章的编写；由张佳负责统稿。

受编者的时间和能力所限，在编撰过程中可能发生错漏或不妥之处，敬请读者批评指正。

本书在编写过程中所用到的资料已经尽可能标明出处。

在本书出版之际，对经济管理出版社郭丽娟老师在本书的立项、编写与出版过程中给予的许多建设性意见和提供的大力帮助表示诚挚的感谢！

感谢中央民族大学和北京市自然科学基金项目（9192017）对本书编写与出版的支持！

刘璐琳　黄小琳

目　录

第一章　总　论

第一节　会计概述

一、会计的概念与目标

（一）会计的概念

会计是以货币为主要计量单位，核算和监督一个单位经济活动的一种经济管理工作。

（二）会计的目标

会计的目标是会计工作所要达到的终极目的，分为总体目标和具体目标。

作为经济管理活动的重要组成部分，会计的总体目标和整个经济管理活动的总体目标应当是一致的。在社会主义市场经济条件下，会计的总体目标是提高经济效益，经济效益是指生产投入的价值量增值。

会计的具体目标是向会计信息使用者提供有助于决策的信息，满足其信息需要，同时也要反映企业管理层受托责任的履行情况，从而有助于评价企业的经营管理状况和资源使用的有效性。

二、会计的产生与发展

会计是随着人类社会生产实践活动和经营管理活动的需要而产生和发展的，是商品经济的产物。会计从最开始记录、计算人力物力的消耗量，再到分析、控制、审核生产耗费和劳动成果，会计已经成为一种经济管理活动，会计与经济的关系在新时期变得越来越紧密。

12 世纪前后，复式簿记首先在意大利出现。1494 年，意大利数学家卢卡·帕乔利的《算术、几何、比与比例概要》一书在威尼斯出版，书中全面介绍了威尼斯的复式记账法，这部著作的问世标志着现代会计的开始。复式记账法的诞生是对单式记账法的重大变革，被称为“会计发展史上的第一个里程碑”。此后，会计理论与实践随着经济的发展而不断丰富，逐渐成为经济管理的重要组成部分。

总之，现代会计的基本含义可以概括为：会计是经济管理活动的重要组成部分，是通过建立会计信息系统，收集、加工和利用以一定的货币单位作为计量标准来表现的经济信息，通过确认、计量等专门技术方法将经济信息转换为会计信息，使其进入会计信息系统通过记录和计算加工并且对外进行报告，以便达到对经济活动进行组织、控制、调节和指导，促使人们比较得失、权衡利弊，讲求经济效益的一种管理活动。

三、会计的基本职能

《中华人民共和国会计法》将会计的基本职能表述为会计核算和会计监督。

会计核算是会计的首要职能，也叫会计反映，是全部会计管理工作的基础。会计核算是按照公认的会计准则，通过确认、计量、记录与报告，来综合反映已经发生的经济交易或事项，会计核算的经济活动要完整、连续、系统，同时也能以货币计量。

会计监督是会计的另一项基本职能，以价值指标为依据对事前、事中、事后全过程进行合法性和合理性监督，促使经济活动按照规定的要求进行，不断提高企业经济效益，保证企业目标的实现。

会计核算和会计监督是相辅相成、不可分割的。会计核算是会计监督的基础，没有会计核算提供可靠有用的会计信息，会计监督就无效；会计监督是会计核算的保证，没有严格的监督，会计核算也无法顺利进行。

第二节　会计基本假设

会计核算的对象是资金运动，但由于市场环境的不确定性，在进行会计核算前，必须确定是谁发生经济业务、经济活动能否持续下去、应在什么时间提供有关信息、以什么计量等，这些都是会计核算工作的前提条件，从时间和空间范围上所做的合理设定。由于这些前提条件有人为设定和不确定因素，所以又叫会计假设。

一、会计主体假设

会计主体是指企业会计确认、计量、记录、报告的空间范围。这里所说的“空间范围”也是一个会计概念，是指特定产权范围内的空间。在会计主体假设下，企业应当对其本身发生的交易或者事项进行会计确认、计量、记录、报告，反映企业本身所从事的各项生产经营活动。

明确会计主体的意义有三点：首先，它是开展会计确认、计量、记录、报告等工作的重要前提；其次，依据其能划定会计所要处理的各项交易或事项的范围；最后，它能将会计主体的交易或事项与会计主体所有者的交易或事项及其他会计主体的交易或事项区别开。

需要注意区分会计主体和法律主体。法律主体其经济上必然是独立的，因而法律主体一般应该是会计主体，但是构成会计主体的并不一定都是法律主体。比如，总公司下的子公司，在法律上不属于法律主体，但由于它可以独立核算经济业务而成为会计主体。

二、持续经营假设

持续经营是指企业在可以预见的将来，如果没有明显的证据证明企业不能经营下去，就认为企业将会按照当前的规模和状态继续经营下去，不会停业或破产，也不会大规模削减业务。

持续经营假设为正确地确定财产计价、收益，为计量提供了理论依据。只有在持续经营的状态下，企业的经济活动、企业的资本才能完成一次又一次的循环和周转，会计才能按照其特有的程序和方法连续、系统、全面地反映企业的经济活动。

三、会计分期假设

会计分期是从持续经营假设引申出来的，是持续经营的客观要求。

会计分期是指将企业持续经营的生产经营活动期间划分为若干连续的、长短相同的期间，它是时间范围的划分，企业以此来确认、计量、记录各个期间的经济活动。会计期间是人为划分的，实际的经济活动周期可能与这个期间不一致，可能持续在多个会计期间。会计期间划分的长短会影响损益的确定，一般来说，会计期间划分得越短，反映经济活动的会计信息质量就越不可靠；但会计期间的划分也不能太长，太长了可能会影响会计信息使用者及时使用会计信息的需要的满足程度。

会计期间通常是一年，叫做会计年度。我国的会计年度是从公历 1 月 1 日起至 12 月 31 日。有了会计分期这一假设，才有了本期和非本期，才有了权责发生制和收付实现制，才能为使用者准确提供财务状况和经营成果等资料。

四、货币计量假设

货币用来反映一切经济业务是会计核算的基本特征。货币计量是指会计主体在进行会计确认、计量、记录、报告时以货币作为计量单位，反映会计主体的财务状况、经营成果和现金流量。

由于货币本身是波动的，会计在采用某一货币作为记账本位币时，需要假设该货币币值稳定或者变动幅度不大，可以忽略不计。我国的会计核算还规定以人民币为记账本位币，在有多种货币存在的条件下，要将有关外币用某种汇率折算为记账本位币，以此登记账簿，编制会计报表。

第三节　会计信息的质量要求

一、可靠性

可靠性是指财务会计信息如实反映经济业务的实质内容。

可靠的财务会计信息与虚假的财务会计信息形成对立。为确保财务会计信息达到可靠性的质量要求，财务会计应当以实际发生的经济业务为依据进行确认、计量和报告，而不可以将虚拟的或尚未发生的经济业务纳入财务会计报告。

二、相关性

相关性是指财务会计信息与投资者等财务会计信息使用者的经济决策相关。

相关的财务会计信息不仅应当能够帮助信息使用者正确评价其过去做出的经济决策，还应能让使用者正确评价企业现在的财务状况，进而正确预测企业未来的财务状况、经营成果和现金流量。

三、可理解性

可理解性是指财务会计信息易于为投资者等信息使用者理解。

可理解的财务会计信息应当概念清楚明确，并通俗易懂、清晰明了。此外，也假设投资者等信息使用者具有相应的企业经营管理常识和财务会计专业知识。

四、可比性

可比性要求企业提供的会计信息应当能够进行纵向或横向的比较分析。

纵向可比是指企业对不同时期发生的相同或相似的交易或事项，应当采用一致的会计政策，不得随意变更。

横向可比是指对相同或相似的交易或事项，不同企业应当采用一致的会计政策，以使不同企业按照一致的会计处理方法提供相关会计信息，利于比较。

五、实质重于形式

实质重于形式是指财务会计确认、计量和报告更加看重经济业务的经济实质，而不是更加看重经济业务的法律形式。

经济业务的经济实质和法律形式在大多数情况下是相互一致的，但有时也存在不一致的情况。按照实质重于形式的质量要求提供的财务会计信息，比纯粹按照法律形式提供的财务会计信息，对于投资者等财务会计信息使用者做出合理正确的经济决策更有实用价值。比如，以融资租赁方式租入的固定资产，从法律形式上讲，财产还属于出租方，但从经济实质上讲，由于租赁期长且该固定资产的相关风险已转移，承租方在使用期间发生的费用应计提折旧。按照实质重于形式要求，承租方以融资租赁方式租入的固定资产应视为自有资产来进行会计核算。

六、重要性

重要性是指企业对重要的财务会计信息应当进行重点确认、计量和报告，对于不重要的财务会计信息则可以采用简化的方式进行确认、计量和报告。

各项财务会计信息重要与否依赖于财务会计人员的职业判断。原则上来说，如果没有重点报告某项信息会导致投资者等信息使用者难以做出合理正确的经济决策，甚至做出错误的经济决策，那么该项信息是重要的信息；反之，该项信息就不是重要的信息。

七、谨慎性

谨慎性是指财务会计信息应当基于谨慎或者稳健，而不应当盲目乐观。

谨慎性要求对交易或事项进行确认、计量、报告时应保持应有的谨慎，不应当高估资产或者收益、低估负债或者费用。谨慎性质量要求应当以不损害可靠性质量要求为前提。

八、及时性

及时性是指财务会计信息应当及时反映经济业务或会计事项，并及时向信息使用者报告，不得提前或延后。

财务会计信息具有时效性，会计信息的价值随着时间的推移而下降，一旦时过境迁，即使非常可靠，也会因为已经与决策无关从而失去决策有用性。及时性质量要求需要财务会计人员在可靠性与相关性之间进行平衡。

第四节　会计学的分支

会计学作为经济管理的学科，主要有财务会计和管理会计两个分支。

财务会计是指通过对企业已经完成的资金运动全面系统的核算与监督，以为外部与企业有经济利害关系的投资人、债权人和政府有关部门提供企业的财务状况与盈利能力等经济信息为主要目标而进行的经济管理活动。财务会计是现代企业的一项重要的基础性工作，通过一系列的会计程序，提供决策有用的信息，并积极参与经营管理决策，提高企业经济效益，服务于市场经济的健康有序发展。

管理会计是从传统的会计系统中分离出来，与财务会计并列，着重为企业进行最优决策，改善经营管理，提高经济效益的一个企业会计分支。为此，管理会计需要针对企业管理部门编制计划、做出决策、控制经济活动的需要，记录和分析经济业务，“捕捉”和呈报管理信息，并直接参与决策控制过程。

目前，会计学科所包含的内容，除了上述财务会计与管理会计之外，还有成本会计、财务管理、审计学、财务报表分析、预算会计等。

第二章　会计的基本原理

章前案例

李某错在哪里？

李某出资20万元注册了一家公司。公司属于初创期，业务量比较少，李某没有聘请专职会计，而是自己记账，将20万元计入银行存款期初余额。公司开办第一年，采购办公用品共花费5万元，办公场地租金2万元，支付了6万元的工资，同时在这一年间，公司取得收入13万元。年末，李某看到企业的账面余额与年初余额一样，依然为20万元，认为自己这一年没有赚钱，所以未缴税。税务局在对其公司检查的过程中，认为该公司存在偷税嫌疑，李某却不明白为什么。

第一节　会计的基本要素

会计对象是会计核算和会计监督的内容，微观会计主要核算某一服务主体的经济活动，而由于服务主体经济活动的目的及其经营性质不同，又可分为营利性组织（企业）会计与非营利组织（事业单位、政府等）会计。

会计要素是对会计对象基本内容（经济活动）做进一步划分所形成的内容，是根据会计对象的经济特征所做的基本分类，是会计对象的具体化。会计要素按照其性质分为资产、负债、所有者权益、收入、费用和利润，其中，资产、负债和所有者权益要素侧重于反映企业的财务状况，收入、费用和利润要素侧重于反映企业的经营成果。

一、资产

资产是指企业过去的交易或者事项形成的、由企业拥有或者控制的、预期会给企业带来经济利益的资源。

企业资产按流动性可分为流动资产和非流动资产。流动资产是指将在1年以内（含1年）或超过1年的一个营业周期内变现或耗用的资产，包括货币资金、短期投资、应收账款、预付账款、存货等。非流动资产是指超过1年或一个营业周期以上变现或耗用的资产，包括长期应收款、长期股权投资、投资性房地产、固定资产、在建工程、无形资产、长期待摊费用等。

二、负债

负债是由企业过去的交易或者事项形成的，预期会导致经济利益流出企业的现时义务。

负债按其偿还时间的长短分为流动负债和长期负债。流动负债是指将在1年以内（含1年）或超过1年的一个营业周期内偿还的债务，主要包括短期借款、应付票据、应付账款、预收货款、应付工资、应交税金、应付利润、预提费用、其他应付款等。长期负债是指偿还期在1年以上（不含1年）或一个营业周期以上的债务，包括长期借款、应付债券、长期应付款等。

三、所有者权益

所有者权益是所有者享有的经济利益，是企业资产扣除负债后由所有者享有的剩余权益，包括实收资本、资本公积、盈余公积和未分配利润。

实收资本指企业实际收到的投资人投入的资本。按投资主体可分为国家资本、集体资本、法人资本、个人资本、港澳台资本和外商资本等。

资本公积是指投资者共有的资本，包括企业在经营过程中由于接受捐赠、股本溢价以及法定财产重估增值等原因所形成的公积金。资本公积是与企业收益无关而与资本相关的贷项。

盈余公积是指企业从税后利润中提取形成的、存留于企业内部、具有特定用途的收益积累，包括法定盈余公积、任意盈余公积、法定公益金。

未分配利润是指企业尚未指定用途，留待以后年度分配或待分配的利润。

四、收入

收入是指企业在日常活动中形成的、会导致所有者权益增加的、与所有者投入资本无关的经济利益的总流入。

收入具有以下特征：

第一，收入是企业在日常活动中形成的，日常活动是指企业为完成其经营目标所从事的经常性活动以及与之相关的活动。

第二，收入会导致所有者权益的增加。与收入相关的经济利益的流入应当会导致所有者权益的增加，不会导致所有者权益增加的经济利益的流入不符合收入的定义，不应确认为收入。

第三，收入是与所有者投入资本无关的经济利益的总流入。收入应当会导致经济利益的流入，从而导致资产的增加。但经济利益的流入有时是所有者投入资本的增加所致，所有者投入资本的增加不应当确认为收入，应当将其直接确认为所有者权益。

五、费用

费用是指企业在日常活动中形成的、会导致所有者权益减少的、与向所有者分配利润无关的经济利益的总流出。

费用具有以下特征：

第一，费用是企业在日常活动中形成的。这些日常活动的界定与收入定义中涉及的日常活动的界定一致。

第二，费用会导致所有者权益的减少。与费用相关的经济利益的流出应当会导致所有者权益的减少，不会导致所有者权益减少的经济利益的流出不符合费用的定义，不应确认为费用。

第三，费用是与向所有者分配利润无关的经济利益的总流出。费用的发生应当会导致经济利益的流出，从而导致资产的减少或者负债的增加。企业向所有者分配利润也会导致经济利益的流出，而该经济利益的流出属于投资者投资回报的分配，是所有者权益的直接抵减项目，不应确认为费用，应当将其排除在费用的定义之外。

六、利润

利润是企业在一定会计期间的经营成果，反映的是企业的经营业绩情况，是业绩考核的重要指标。

利润包括收入减去费用后的净额、直接计入当期利润的利得和损失等。直接计入当期利润的利得和损失，是指应当计入当期损益、最终会引起所有者权益发生增减变动的、与所有者投入资本或者向所有者分配利润无关的利得或者损失。收入减去费用后的净额反映企业日常营业活动的经营业绩，直接计入当期利润的利得和损失反映企业非日常营业活动对业绩的影响。

第二节　会计等式

一、会计基本等式

（一）会计等式的含义

资产、负债、所有者权益、收入、费用、利润六个会计要素有着十分紧密的联系，即六者之间存在一定的平衡关系。企业的经济业务发生时，与之相关的会计要素之间产生此消彼长或同消同长等变化，并且它们各自在一定时点或一定会计期间总体金额上具有相等关系，这种相等关系的表现形式就是会计等式。

会计等式也称会计恒等式、会计平衡公式，是一种反映企业发生经济业务资金运动时引起的各种资金要素数量相互平衡关系的数量模型。

（二）会计等式的种类

资产、负债、所有者权益、收入、费用、利润六个会计要素可分为静态会计要素和动态会计要素两种。资产、负债和所有者权益为静态会计要素，反映企业在某一时点或某一特定日期的财务状况；收入、费用、利润为动态会计要素，反映企业在一定时期内的财务状况。

1. 静态等式

反映静态要素之间的会计等式为静态会计等式，其反映企业在某一时点或某一特定日期的财务状况。

资产 = 负债 + 所有者权益

企业开始进行生产经营活动，首先需要一定数量的经济资源——资金，资金的来源分为两种：投资者投入的资金（所有者权益）和向债权人取得的借款（负债）。当投资者投入资金形成企业资产时，投资者在企业享有的所有权增加，即所有者权益增加；当企业取得债权人的借款形成企业资产时，企业的现时义务负债也相应增加。所以，无论投资者投入的资金还是向债权人取得的借款都使企业资产增加，而且资产的增加值总是等于负债和所有者权益合计的增加值。

【例2-1】 王某在校园里开了一家复印店，自己出资30000元购买了打印机以及电脑等设备。此时，企业收到王某的投资30000元，资产增加30000元，同时王某在企业享有的所有者权益也为30000元。因此：

资产30000元=所有者权益30000元

开业一周后，应广大同学的反响，王某为打印店增加了证件照拍业务，向朋友借款20000元用于购买单反相机、补光灯等设备。

此项经济业务导致企业增加20000元资产，资产变为50000元，同时负债增加了20000元，王某在企业享有的所有者权益仍为30000元，因此：

资产50000元=负债20000元+所有者权益30000元

或：资产50000元-负债20000元=所有者权益30000元

上述两个等式成立的实质在于：资产和权益是同一个事物的两面。负债是债权人对企业资产享有的直接索取权，所有者权益是投资人对企业资产享有的剩余索取权。负债和所有者权益表示企业全部资产的索取权，即企业资金的来源；资产是企业全部资金的不同占用形态。资金的来源与资金的占用必然相等，因此资产与负债和所有者权益的总和必然相等。

负债和所有者权益的区别在于：企业的资产首先要用于偿还债权人的权益，资产减去负债之后的部分才归投资人所有，投资人作为企业风险的最大承担者，既享受生产经营过程中产生的利润，也承担形成的亏损，因此所有者权益不仅包括投入的资金，还要包括生产经营过程的利润或亏损。

2. *动态等式*

反映动态要素之间的会计等式为动态会计等式，其反映企业在一定会计期间的经营成果。

收入-费用=利润

企业在日常生产经营活动中，必然会发生一定的经济利益流出，如购买原材料、聘请员工等，这些属于企业的费用；同时也会有一定的经济利益流入，如销售商品、提供劳务等，这些属于企业的收入。收入在弥补支出之后，剩余的经济利益就形成企业的利润。

有一部分经济利益的流入和流出不是企业日常生产经营活动产生的，不属于费用和收入的范畴，如工厂出售已提完折旧的废旧设备流入的资金，叫做利得；工厂的设备突发性报废流出的资金，叫做损失。利得和损失也会影响企业的利润。为简便起见，本书此处的等式暂未考虑利得和损失。

【例2-2】 王某的复印店开业后第一个月有7000元收入，购买打印纸等耗材成本为2000元，这个期间店里的水电费为1000元，没有其他支出，则第一个月复印店的利润为：

利润＝收入7000元－费用3000元＝4000元

利润的实质在于：企业要在收入与费用之间进行配比，当收入大于费用，产生利润；当收入小于费用，产生亏损。在费用一定的情况下，收入越多则利润越多、收入越少则利润越少；在收入一定的情况下，费用越多则利润越少，费用越少则利润越多。

3. 综合等式

静态会计等式和动态会计等式综合，可以全面地反映企业的财务状况和经营成果。

资产＝负债＋所有者权益＋利润（亏损）＝负债＋所有者权益＋收入－费用

由于投资人既享受生产经营过程中产生的利润，也承担形成的亏损，因此利润就是所有者权益在这个会计期间产生变化的部分，即期末的所有者权益等于期初的所有者权益加上生产经营过程中产生的利润（若利润为负则为亏损）。

【例2－3】王某在第一个月只有【例2－1】和【例2－2】的经济业务，则月末复印店的资产为54000元，负债仍为20000元，所有者权益为24000元。

资产54000元＝负债20000元＋所有者权益30000元＋利润4000元

会计等式是处理经济业务、编制会计分录和报表的基础，对会计核算起着至关重要的作用。

二、会计等式的应用

企业在生产经营过程中，会发生具体的经济业务，经济业务会导致会计要素发生增减变化，但无论会计要素怎样变化，都不会破坏会计等式的平衡。根据会计要素的增减变动关系，可以将经济业务归为四种情况：

第一，使等式两边会计要素同时增加的经济业务。如取得银行贷款，资产和负债同时增加，数额相等，等式保持平衡。

第二，使等式两边会计要素同时减少的经济业务。如偿还应付账款，资产和负债同时减少，数额相等，等式保持平衡。

第三，使等式左边会计要素发生增减变动的经济业务。如出售商品收到现金，库存现金增加，存货减少，数额相等，等式保持平衡。

第四，使等式右边会计要素发生增减变动的经济业务。如将应付账款转为对本企业的长期投资，负债减少，所有者权益增加，数额相等，等式保持平衡。

第三节 会计科目与会计账户

一、会计科目

（一）会计科目的含义

资产、负债、所有者权益、收入、费用及利润是对会计要素的基本分类，但在企业的实际生产经营中，六种要素不能满足企业信息分类的需要。例如，用银行存款购买原材料，银行存款减少，原材料增加，但两者都属于资产要素，如果不将资产要素细分，则无法管理类似的信息。为了更有效地核算和监督会计对象，必须对其进行更详细的分类。

会计科目就是对会计要素的具体内容进行分类的名称。一个会计科目只能反映某一个具体内容的经济业务，对应六种会计要素的其中一类。例如，根据负债这个会计要素的特点，可将其划分为短期借款、应付票据、应付账款、应付职工薪酬等，而提到短期借款，就知道其对应的一定是负债。

（二）设置会计科目的原则

1. 结合会计对象的内容和特点

会计对象的内容和特点，指企业所处行业及其自身经济业务的内容和特点。企业所处的行业不同，生产经营的特点也不同，对会计核算的详细内容有很大影响。例如，传统工业企业，生产制造产品是重要经济业务，因此生产过程的成本控制是需要重点把控的环节，应该设置“生产成本”“制造费用”等科目来细分产品各部分的成本，便于进行成本费用核算及下一步的预算；服务业企业主要提供服务，不需要制造产品，因此不需要设置“生产成本”等科目，而需要设置“劳务成本”等科目。

2. 满足会计信息使用者的需求

会计信息的使用者包括企业自身、政府、企业投资者和其他利益相关者，因此设置会计科目需要考虑多方会计信息使用者的需求。企业需要进行生产经营预测、决策和管理，科目的设置要满足企业内部经济管理的需求，核算重要的经济业务时应细分为更多科目；政府需要进行宏观经济管理，科目的设置要满足国家宏观经济管理的要求；企业投资者和其他利益相关者需要了解企业财务状况、经营成果和现金流量等有关的会计信息，以及企业管理层受托责任的履行情况，科目的设置需要有助于这些利益相关者做出经济决策。

3. 保持会计科目的相对稳定性

会计科目的设置在满足企业管理经济业务的同时，要保持相对稳定性。企业的经济业务往往不是一成不变的，会随着时间的推移逐渐向前发展，但会计核算需要在一定范围内进行汇总和分析，因此科目的设置不能对名称、内容、数量等进行随意变更，要尽可能地保持稳定，以使会计信息具有可比性，方便进行汇总核算。

4. 紧密结合统一性与灵活性

科目设置要注意统一性。企业在设置会计科目时，应按照《企业会计准则——应用指南》的要求对科目的名称及其内容进行统一规定，还要统一核算指标的计算标准和口径，以便向报表使用者提供统一口径的会计信息，增加会计信息的可比性。

同时，也要注意科目设置的灵活性。每个单位的经济业务都不尽相同，应该根据自身情况，设置一些符合本企业特色和管理要求的科目。我国《企业会计准则——应用指南》规定，企业在不违反会计准则中确认、计量和报告规定的前提下，可以根据本单位的实际情况自行增设、分拆、合并会计科目。企业不存在的交易或者事项，可不设置相关会计科目。对于明细科目，企业可以比照应用指南附录中的规定自行设置。

5. 名称简明清晰且通俗易懂

会计科目是进行分类会计核算的重要标识，要求简明清晰、通俗易懂。简明清晰是尽量简单明确地规定科目的名称，使业务的本质更加清晰。另外，报表使用者需要通过会计科目来了解企业的经济业务，因此科目名称的设置需要通俗易懂，容易使大多数人正确理解。例如，“投资性房地产”明确表达了企业持有此种房地产是为了投资获利，而不是为了供企业办公等。

（三）会计科目的内容

我国的会计科目及核算内容是由财政部统一规定的，现以银行业为例摘要列示《企业会计准则——应用指南》中常用会计科目，如表 2－1 所示。

观察以上会计科目表，可知会计科目都是按一定标准排序的，其中第一位的“1”代表资产类科目、“2”代表负债类科目、“3”代表共同类科目、“4”代表所有者权益类科目、“5”代表成本类科目、“6”代表损益类科目。第二位及之后的数字则代表此科目在本分类下的排序，并且一些科目之间留有部分空号，方便企业根据自身情况，增添会计科目。这些序号在会计电子信息系统中，也是识别、搜索会计科目的重要依据。

表2-1 常用会计科目

序号	编号	会计科目名称	序号	编号	会计科目名称
		一、资产类			二、负债类
1	1001	库存现金	70	2001	短期借款
2	1002	银行存款	71	2002	存入保证金
3	1003	存放中央银行款项	72	2003	拆入资金
4	1011	存放同业	73	2004	向中央银行借款
		三、共同类			四、所有者权益类
105	3001	清算资金往来	110	4001	实收资本
106	3002	货币兑换	111	4002	资本公积
107	3101	衍生工具	112	4101	盈余公积
108	3201	套期工具	113	4102	一般风险准备
		五、成本类			六、损益类
117	5001	生产成本	124	6001	主营业务收入
118	5101	制造费用	125	6011	利息收入
119	5201	劳务成本	126	6021	手续费及佣金收入
120	5301	研发支出	127	6031	保费收入

（四）会计科目的分类

1. 按会计要素

如上所述，按其归属的会计要素，会计科目可分为资产类科目、负债类科目、共同类科目、所有者权益类科目、成本类科目、损益类科目。按照会计对象的要素分类，有助于了解和掌握这个会计科目下核算和监督的内容，进而有利于帮助报表使用者更清晰地了解企业在生产经营过程中的经济业务。

2. 按会计科目级次分类

会计核算信息在企业的生产经营过程中，有着非常重要的作用，要求提供层次清晰、全面详细的内容，因此仅仅根据会计要素对科目进行分类是远远不够的。在此基础上，需要根据会计科目提供指标的详细程度，即其所在的层级进行分类，可分为总分类科目和明细分类科目。此种分类方法可以使会计科目之间形成一个相互联系，互为补充的有机整体，建立一个完整的会计科目体系。

总分类科目也称一级科目或总账科目，是对会计要素具体内容进行总括分类的科目，是进行会计总分类核算的基本依据，上文中摘要列示的《企业会计准则——应用指南》中的科目都属于总分类科目。设置总分类科目，可以对某一类会计要素的具体项目进行核算和监督。

明细分类科目也称明细科目，是对总分类科目内容进一步分类形成的项目，可以提供详细信息指标。设置明细分类科目，可以在总分类科目的基础上对会计科目作进一步的分类。企业在总分类科目下，可以根据单位自身经营管理的实际情况，自行设置部分明细科目。例如，“应付职工薪酬”科目可以设置“工资”“职工福利”“社会保险费”“住房公积金”“职工教育经费”等明细分类科目来进行明细核算，明确职工薪酬的详细构成；“应收账款”科目可以设置“A公司”“B公司”“C公司”等具体的公司名称来提供应收账款的详细信息。

当某一个总分类科目下的明细分类科目过多时，也可以在总分类科目和明细分类科目中间设置二级科目来形成更丰富的层次，以此满足管理的需要。如“管理费用”科目，企业可以将每一部分的管理费用进行细分，可以先划分二级科目，再划分为明细科目。以下是管理费用中部分二级科目和明细科目的示例，如表2-2所示。

表2-2 管理费用部分明细分类科目

<table>
<tr><th rowspan="2">总分类科目</th><th colspan="2">明细分类科目</th></tr>
<tr><th>二级科目</th><th>明细科目</th></tr>
<tr><td rowspan="10">管理费用</td><td rowspan="3">工资</td><td>基本工资</td></tr>
<tr><td>加班费</td></tr>
<tr><td>临时工工资</td></tr>
<tr><td rowspan="2">职工福利费</td><td>福利费</td></tr>
<tr><td>医疗补助</td></tr>
<tr><td rowspan="3">办公费</td><td>书报费</td></tr>
<tr><td>印刷费</td></tr>
<tr><td>审计费</td></tr>
<tr><td rowspan="2">培训费</td><td>讲师费</td></tr>
<tr><td>资料费</td></tr>
</table>

综上所述，一级科目统驭二级科目和明细科目；二级科目介于两者之间，承上启下，补充一级科目的内容，统驭明细科目；明细科目是针对以上两者最详细的补充说明。不一定每个总分类科目下都需要设置二级科目和明细科目，此处是需要根据企业实际生产经营的需要自行设置，有一些只需要设置一级科目，有一

些只需要设置一级科目和明细科目。

二、常用的会计账户

（一）会计账户的含义

会计科目仅仅为会计要素的具体内容提供了标识，无法提供会计要素的增减变动情况及其结果，为了能够给企业提供具体的数字资料，需要设置会计账户来进行分类核算。

会计账户是根据会计科目开设的，具有一定格式和结构，用以连续、全面、系统地记录和汇总企业发生的交易或事项，反映会计要素的增减变动及其结果的一种记账实体。账户可以为会计报告的编制提供直接的数据资料。

（二）设置会计账户的原则

1. 按照会计科目进行设置

会计科目是会计要素具体内容的标识，设置会计账户的目的是记录会计要素的增减变动及其结果，因此一个企业在设置会计账户时，需要按照本单位实际会计科目的构成及内容进行。只有这样，才能实现当单位发生交易或事项时，有合适的会计账户记录相对应的会计科目，使会计要素的增减变动情况及其结果一目了然。

2. 便于会计信息的加工整理

通过会计账户记录的数据资料是财务报告编制的基础，设置会计账户是收集和存储信息的手段。因此在设置会计账户时需要考虑后续的资料记录和收集，尽量充分考虑财务报告使用者及时、充分了解企业会计信息的需求，使设立的账户不仅能够易于加工和整理，节省汇总的时间和过程，还能反映最详细的、真实的会计信息。

（三）会计账户的结构

账户的结构是指账户都有哪些部分，每一个部分都代表什么含义。企业发生交易或事项时，会计要素数量都会随之变化，而变化的内容则有三个方面：增加、减少、增加或减少的结果。因此，账户的基本结构必然要反映这三个方面的内容：增加额、减少额、增加或减少后的结果。分别登记三个方面的数量情况就是账户的基本结构。目前，用于教学账户的基本结构有两种：T 形账户和开字账户。

1. T 形账户

T 形账户是账户基本结构的简化形式，也称丁字账户，如图 2 - 1 所示。

左方　账户名称（会计科目）　右方

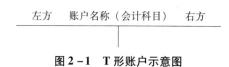

图 2－1　T 形账户示意图

账户规定左右两个方向（借贷记账法下分别为借方和贷方），一个方向登记会计要素的增加额，另外一个方向登记会计要素的减少额。

在具体记录中，哪一方记录增加额，哪一方记录减少额，要根据账户所记录的经济内容和记账方法来决定。账户余额一般与记录的增加额在同一方向。

2. 开字账户

与 T 形账户相比，开字账户更为复杂，反映的内容也更多。除以上内容外，开字账户还可以反映日期、凭证编号、摘要、余额等。具体格式如表 2－3 所示。

表 2－3　开字账户

年		凭证号		摘要	借方	贷方	余额
月	日	字	号				

此处需要注意，这两种会计账户均较为简单，在企业实务中已经较少使用，主要用于教学。但在上述两种账户中，增加额、减少额、余额均有列示，与实际使用中的账户原理相同，都可以记录企业交易或事项中会计要素的变动情况及结果。

3. 账户的核算公式

无论是 T 形账户还是开字账户，核算的内容都有四个要素：期初余额、本期增加发生额、本期减少发生额、期末余额。本期增加的金额为本期增加发生额、本期减少的金额为本期减少发生额，增减相抵之后的差额为余额，一个会计期间开始时的余额为期初余额，一个会计期间结束时的余额为期末余额，本期的期末余额为下个会计期间的期初余额。四者关系如下：

期末余额＝期初余额＋本期增加发生额－本期减少发生额

开字账户的借方和贷方根据记录的内容，分别记录本期增加发生额和本期减少发生额。

（四）会计账户的分类

1. 按经济内容分类

账户反映的经济内容就是账户反映的会计要素的性质，因此会计账户按经济内容分类就是按照会计要素分类，可分为资产类账户、负债类账户、所有者权益类账户、成本类账户、损益类账户以及共同类账户六种。其中，资产类账户、负债类账户、所有者权益类账户对应相应的会计要素；成本类账户核算企业在生产过程中所发生的各种成本费用，如生产成本、制造费用、劳务成本和研发费用等；损益类账户核算企业在一定期间内的利润或亏损，分为损收类（包括主营业务收入、其他业务收入、投资收益、利息收入、营业外收入等）和损费类（包括主营业务成本、其他业务成本、税金及附加、利息支出、销售费用、管理费用、财务费用、营业外支出、所得税费用、以前年度损益调整等）；共同类账户是指既有资产性质又有负债性质的共性科目，主要包括清算资金往来、货币兑换、衍生工具、套期工具、被套期项目。在此分类方法下，账户反映的经济内容与其相对应的会计要素基本是一致的，例如“银行存款”对应的就是资产类账户、“长期借款”对应的就是负债类账户。这种方法简便易懂，可以在账务处理中明确每个账户反映的经济内容。

2. 按提供指标的详略程度分类

如前文所述，会计账户是根据会计科目设置的，会计科目根据所提供信息的详略程度可以分为总分类科目和明细分类科目。同理，账户可以分为总分类账户和明细分类账户。

总分类账户是根据总分类科目设置的，可以提供总括的会计信息，但经常不够详细，不能满足企业经营管理的要求。例如“生产成本”总分类账户不能反映生产成本构成中每一部分的构成，不能提供足够的会计信息。

明细分类账户是根据明细分类科目设置的，可以提供一个会计要素中每一部分具体的构成。例如，“生产成本”明细分类账户可以分为“直接材料”账户、“直接人工”账户、“制造费用”账户等，以提供更详细的信息，使企业能够更清晰地监控生产成本，为后续经营决策提供具体信息。

第四节 复式记账法

一、复式记账原理

（一）复式记账的概念

复式记账法是针对企业发生的任何一项交易或事项，都要以相等的金额，同时在两个或两个以上相互联系的账户中进行平行登记的一种记账方法。这个定义主要包含以下两点内容：

经济业务要在两个或两个以上相互联系的账户中登记，因此根据账户的记录就可以了解经济活动的全过程；登记的金额是相等的，因此每个账户之间的记录结果可以试算平衡，从而检查记账的正确性。

（二）复式记账理论依据

复式记账法的理论依据是会计等式。

如上文对会计等式所述内容，企业发生的交易或事项使会计要素发生的变化，都是产生此消彼长或同消同长等变化，即起码要影响两个会计要素或者同一个会计要素中的两个部分，而无论发生何种经济业务，会计等式都存在平衡关系。根据会计等式，对每项经济业务以相等金额，同时在两个或两个以上相互联系的账户中平行登记就是复式记账法。

（三）复试记账分类

我国会计实务中曾使用过增减记账法、收付记账法以及借贷记账法三种。

增减记账法曾是我国特有的记账方法，20 世纪 60 年代产生于我国商业系统记账改革时期，使用“增”“减”作为记账符号，反映单位发生的交易或事项。主要用于 20 世纪 90 年代之前的商业企业等。

收付记账法主要包括我国金融业曾经采用的现金收付记账法、我国行政事业单位曾经采用的资金收付记账法以及财产收付记账法，使用“收”“付”作为记账符号，反映单位发生的交易或事项。

借贷记账法使用“借”和“贷”作为记账符号，产生于 13 世纪初的意大利，为当今世界各国所通用。我国在《企业会计准则——基本准则》（2014 年修订）中规定：“企业应当采用借贷记账法记账。”这种记账方法对于初学者而言比较难以理解和掌握，但更为科学和严谨。目前，借贷记账法是我国企事业单位唯一的记账方法。

二、借贷记账法

（一）借贷记账法记账符号及基本结构

借贷记账法的“借”与“贷”有双重的含义，是表示“增加”还是表示“减少”取决于账户的性质。在资产类账户和成本费用类账户中，“借”表示增加，“贷”表示减少；在负债类账户、所有者权益类账户、收入类账户中，“贷”表示增加，“借”表示减少。

借贷记账法的基本结构分为“借方”和“贷方”两栏，左侧栏为“借方”，右侧栏为“贷方”，分别用来记录增加额（减少额），并在增加额的一侧设置期初余额和期末余额。具体内容如图 2－2 所示。

借　　会计科目　　贷	
期初余额	减少额
增加额	
期末余额	

资产类账户、成本费用类账户

借　　会计科目　　贷	
减少额	期初余额
	增加额
	期末余额

负债类账户、所有者权益类账户、收入类账户

图 2－2　借贷记账法的基本结构

（二）借贷记账法规则

借贷记账法的记账规则为：有借必有贷，借贷必相等。这也体现了借贷记账法的本质。

【例 2－4】魔方科技公司接受了投资者 200 万元投资，款项存入银行。

记账：企业接受投资计入“实收资本”，增加 200 万元，所有者权益类账户增加计入贷方；款项存入银行计入“银行存款”，增加 200 万元，资产类账户增加计入借方。

借　　实收资本　　贷	
	2000000

借　　银行存款　　贷	
2000000	

【例 2－5】魔方科技公司取得银行短期借款 80 万元，款项存入银行账户。

记账：企业取得短期借款计入“短期借款”，增加 80 万元，负债类账户增

加计入贷方；款项存入银行计入“银行存款”，增加 80 万元，资产类账户增加计入借方。

借 短期借款 贷		借 银行存款 贷	
	800000	800000	

【例 2－6】魔方科技公司本期取得 50 万元销售收入，款项存入银行（此处未考虑相关税费）。

记账：企业取得销售收入计入“主营业务收入”，增加 50 万元，收入类账户增加计入贷方；款项存入银行计入“银行存款”，增加 50 万元，资产类账户增加计入借方。

借 主营业务收入 贷		借 银行存款 贷	
	500000	500000	

【例 2－7】魔方科技公司本期支出管理人员工资 60 万元，款项由银行发放。

记账：企业支出管理人员工资计入“管理费用”，增加 60 万元，成本费用类账户增加计入借方；款项由银行发放计入“银行存款”，减少 60 万元，资产类账户减少计入贷方。

借 管理费用 贷		借 银行存款 贷	
600000			600000

从以上例题得出，任何种类的会计账户，均适用“有借必有贷，借贷必相等”的原则。

（三）借贷记账法下会计分录编制

会计分录简称分录，是指将交易或事项按照复式记账的要求，列示出应借记和应贷记的账户及其金额。会计分录包括记账符号、账户名称和金额三部分。

编制会计分录时，应遵循以下步骤：明确经济业务中涉及的全部会计要素；确定会计要素相关的账户；明确账户的增减方向；根据账户的性质和增减方向，即确定登记在“借方”还是“贷方”；确定登记的金额。

根据【例 2－4】至【例 2－7】，编制如下会计分录。

根据【例2－4】编制的会计分录：

借：银行存款　2000000

　贷：实收资本　2000000

根据【例2－5】编制的会计分录：

借：银行存款　800000

　贷：短期借款　800000

根据【例2－6】编制的会计分录：

借：银行存款　500000

　贷：主营业务收入　500000

根据【例2－7】编制的会计分录：

借：管理费用　600000

　贷：银行存款　600000

编制会计分录时，应先写借再写贷，将两者分别写在上下两行，借贷上下要错开一个字。

以上分录均为“一借一贷”的简单分录，在会计实务中，存在“一借多贷”“多借一贷”的复杂分录，此处举例说明。

【例2－8】魔方科技公司购买办公桌花费1万元，其中用银行存款支付5000元，另外5000元尚未支付。

借：固定资产　10000

　贷：银行存款　5000

　　　应付账款　5000

（四）借贷记账法试算平衡

借贷记账法的试算平衡是根据会计等式“资产＝负债＋所有者权益”，来检查和验证账户记录是否准确和完整的一种方法。试算平衡的具体方法分为发生额平衡法和余额平衡法。资产类账户用借方表示增加，贷方表示减少；负债类和所有者权益类账户用贷方表示增加，借方表示减少。

因此，会计分录的试算平衡公式为：

借方科目金额＝贷方科目金额

发生额试算平衡的公式为：

全部账户借方发生额合计＝全部账户贷方发生额合计

余额试算平衡的公式为：

全部账户借方余额合计＝全部账户贷方余额合计

在会计实务中，一个会计期间结束时，在已经结出各个账户的本期发生额和期末余额后，可以通过编制试算平衡表来进行试算平衡工作。试算平衡表分两种：一种是将本期发生额和期末余额试算平衡分别列表编制，见表2－4和表2－5；另一种是将本期发生额和期末余额合并在一张表上进行试算平衡，见表2－6。

表2－4　总分类账户本期发生额试算平衡表

年　　月　　　　单位：元

会计科目	借方发生额	贷方发生额
合计		

表2－5　总分类账户余额试算平衡表

年　　月　　　　单位：元

会计科目	借方余额	贷方余额
合计		

表2－6　总分类账户本期发生额及余额试算平衡表

年　　月　　　　单位：元

会计科目	期初余额		本期发生额		期末余额	
	借方	贷方	借方	贷方	借方	贷方
合计						

需要注意的是，如果通过试算平衡得知借贷不平衡，那么账户的记录或计算一定存在错误。但如果借贷平衡，也不能完全肯定记账没有问题，因为有一些错误不会导致借贷不平衡。例如，将借贷方向弄反、漏记经济业务或记账方向正确但记错了账户等，就不能通过试算平衡发现借贷的错误。

第三章　货币资金、应收款项与存货

章前案例

沱牌舍得2016年存货金额超净利润26倍，定增募资18.4亿元持续进行产能扩张。3月2日晚间，沱牌舍得交出了新东家天洋控股入主后的第一份“成绩单”。报告显示，公司2016年实现营业收入14.62亿元，同比增长26.42%；尽管沱牌舍得公司业绩高歌猛进，旗下酒产品也曾多次提价，但与其他白酒企业一样，高库存依然是其甩不掉的梦魇。2016年年报显示，截至2016年12月31日，沱牌舍得存货金额达21.75亿元，与2015年同期同比增长1.03亿元。值得注意的是，存货金额超出沱牌舍得当年净利润26.12倍。

从存货周转天数来看，沱牌舍得2016年为1474天，与2015年的1312天相比增长了262天。也就是说，沱牌舍得纵使不扩大产能甚至间断生产，存货还能支撑4年的销售。虽然库存居高不下，但沱牌舍得对公司的现有产能似乎并不满足。2016年1月，沱牌舍得抛出定增预案及庞大的投资计划。根据方案，沱牌舍得拟以20.70元/股定向增发不超过1.32亿股，募集资金不超过27.32亿元，后来下调至18.39亿元。沱牌舍得在定增预案中表示，资金将用于酿酒配套工程技术改造、酒文化体验中心建设、营销体系建设等项目，投资金额分别为15.5亿元、0.97亿元和1.92亿元。

对于酿酒配套技术改造项目，沱牌舍得在报告中提到，建成后，公司成品酒生产能力将大幅提升：高档酒1.7万千升/年，中档酒3.12万千升/年，低档酒0.85万千升/年，总产能达5.67万升，较2015年产量3.26万吨大幅增加。对于沱牌舍得此举，有业内人士表示“不太理解”，因为公司有那么多存货，好像并不缺产能，想要实现突围关键是如何调整经营战略。

资料来源：和讯网。

第一节　货币资金

货币资金是指企业拥有的以货币形态存在的资产，可以立即流通。在企业的各种资产种类中，货币资金具有最强的流动性和普遍的可接受性的特点。

货币资金按照存放地点和用途标准可以分为三类：库存现金、银行存款和其他货币资金。

一、库存现金

（一）库存现金的概述

库存现金是企业留存的用于日常开销的现钞。

企业应设置“库存现金”科目来进行现金总分类核算，还须设置库存现金日记账，对库存现金按照发生的时间和顺序进行记录，其中包括对应的会计账目、方向及金额，如表 3－1 所示。

表 3－1　现金日记账

单位：元

20×1 年		凭证种类与编号	摘要	对应科目	收入	支出	结存
月	日						
6	1		期初余额				840
	1	现付 1	预付差旅费	其他应收款		200	640
	1	现付 2	报销办公费	管理费用		360	280
	1	银付 1	从银行提取现金	银行存款	500		780
			本日合计		500	560	780

（二）库存现金的收付

企业的库存现金收入主要包括从银行提取现金、收取不足转账起点的小额销货款、职工交回的多余出差借款等。企业收到现金时，应根据审核无误的会计凭证，借记“库存现金”科目，贷记有关科目。

企业的库存现金支出包括现金开支范围以内的各项支出。企业实际支付现金时，应根据审核无误的会计凭证，借记有关科目，贷记“库存现金”科目。

（三）库存现金的清查

库存现金的清查是为了保证账实相符。库存现金清查的方法主要是对库存现金进行实地盘点，并在此基础上编制库存现金盘点报告，将实地盘存数与账面结存数进行核对，如发现不同，就要立即查明原因，及时更正。

1. 盘亏库存现金时

借：待处理财产损溢

　贷：库存现金

确定原因，由保险公司等责任人赔偿时，需做如下分录：

借：其他应收款

　贷：待处理财产损溢

无法查明原因的，依据管理权限处理，即：

借：管理费用等

　贷：待处理财产损溢

2. 盘盈库存现金时

借：库存现金

　贷：待处理财产损溢

现金多出的部分，应付给单位或个人的：

借：待处理财产损溢

　贷：其他应付款

无法查明原因的部分，需做如下分录：

借：待处理财产损溢

　贷：营业外收入

二、银行存款

（一）银行存款的概述

银行存款是指企业存放在开户银行或其他金融机构中的货币资金。

企业各种来源的货币资金，除了按规定可以留存于企业的现金外，都应当存入银行或其他金融机构，增加企业的银行存款。

企业各种货币资金的使用，除了按规定可以使用现金支付外，都应当通过开户银行使用银行存款支付，减少企业的银行存款。

（二）银行存款的管理

1. 银行存款账户的开立和使用

企业银行存款账户的开立和使用应当遵循中国人民银行颁布的《银行账户

管理办法》和《支付结算办法》的规定。按照有关规定，企业应当在银行开立银行存款账户，用以办理现金存入、现金支取以及转账结算等业务，还应严格遵守银行存款账户使用的各项规定。

企业的银行存款账户依据用途不同可分为基本存款账户、一般存款账户、临时存款账户和专用存款账户四类。企业只能在一家银行开立一个基本存款账户。

2. 银行转账的结算方式

根据中国人民银行颁布的《支付结算办法》等有关规定，企业的银行转账结算方式有以下种类：

（1）银行汇票。银行汇票是出票银行签发的，由其在见票时按照实际结算金额无条件支付给收款人或者持票人的票据。银行汇票的出票银行为银行汇票的付款人。在我国，单位和个人办理各种款项结算，均可使用银行汇票。银行汇票可以用于转账，填明“现金”字样的银行汇票也可以用于支取现金。银行汇票的提示付款期限自出票日起 1 个月。收款人可以将银行汇票背书转让给被背书人。银行汇票丢失，失票人可以凭人民法院出具的享有票据权利的证明，向出票银行请求付款或退款。

（2）商业汇票。商业汇票是出票人签发的，委托付款人在指定日期无条件支付确定的金额给收款人或者持票人的票据。商业汇票分为商业承兑汇票和银行承兑汇票。商业承兑汇票由银行以外的付款人承兑，银行承兑汇票由银行承兑。在我国，开立存款账户的法人以及其他组织之间必须具有真实的交易关系或债权债务关系，才能使用商业汇票。

符合条件的商业汇票的持票人可持未到期的商业汇票连同贴现凭证向银行申请贴现。贴现银行可持未到期的商业汇票向其他银行转贴现，也可以向中国人民银行申请再贴现。贴现、转贴现和再贴现的期限从其贴现之日起至汇票到期日止。实付贴现金额按票面金额扣除贴现日至汇票到期前一日的利息计算。

（3）银行本票。银行本票是银行签发的，承诺自己在见票时无条件支付确定金额给收款人或者持票人的票据。在我国，单位和个人在同一票据交换区域需要支付各种款项，均可以使用银行本票。银行本票分为不定额本票和定额本票两种。

（4）支票。支票是出票人签发的，委托办理支票存款业务的银行在见票时无条件支付确定金额给收款人或持票人的票据。

支票上印有“现金”字样的为现金支票，只能用于支取现金。支票上印有“转账”字样的为转账支票，只能用于转账。支票上未印有“现金”或“转账”字样的为普通支票，既可用于支取现金，也可用于转账。在我国，单位和个人在同一票据交换区域的各种款项结算，均可以使用支票。

支票的出票人签发支票的金额不得超过付款时在付款人处实有的存款金额，禁止签发空头支票。

（5）汇兑。汇兑是汇款人委托银行将其款项支付给收款人的结算方式。单位和个人的各种款项的结算，均可使用汇兑结算方式。在我国，汇兑分为信汇和电汇两种。信汇是指委托银行通过邮寄方式将款项划给收款人。电汇是指汇款人委托银行通过电报或其他电子方式将款项划给收款人。

（6）托收承付。托收承付是根据购销合同由收款单位发货后委托银行向异地付款人收取款项，由付款人向银行承认付款的结算方式。在我国，使用托收承付结算方式的收款单位和付款单位，必须是国有企业、供销合作社以及经营管理较好并经开户银行审查同意的城乡集体所有制工业企业。办理托收承付结算的款项，必须是商品交易以及因商品交易而产生的劳务供应的款项。代销、寄销、赊销商品的款项，不得办理托收承付结算。

收款人按照签订的购销合同发货后，委托银行办理托收。付款人开户银行收到托收凭证及其附件后，应当及时通知付款人。托收承付货款分为验单付款和验货付款两种，由收付双方协商选用，并在合同中明确规定。

（7）委托收款。委托收款是收款人委托银行向付款人收取款项的结算方式。单位和个人凭已承兑商业汇票、债券、存单等付款人债务证明办理款项的结算，均可以使用委托收款结算方式。委托收款在同城和异地均可以使用。

（8）信用证。信用证是指开证银行应申请人的要求并按其指示向受益人开立的载有一定金额、在一定期限内凭符合规定的单据付款的书面保证文件。信用证起源于国际贸易结算。在国际贸易中，进口商不愿意先支付货款，出口商也不愿意先交货。在这种情况下，需要两家买卖双方的开户银行作为买卖双方的保证人代为收款交单，实际上是以银行信用代替商业信用。在这种方式下，银行充当了进出口商之间的中间人和保证人，一面收款，一面交单，并代为融通资金。银行在这一活动中所使用的工具就是信用证，由此产生了信用证结算方式。

3. 银行存款的核算

为全面、连续地反映银行存款的收入、支出和结存情况，企业需要对银行存款进行序时核算。具体方法为设置银行存款日记账，由出纳人员根据审核无误的银行存款收付款凭证，按照银行存款收支业务发生的时间顺序进行序时登记，并于每日终了时结出银行存款账面结存数额，银行存款日记账示例如表 3－2 所示。

表 3－2　银行存款日记账

20×1 年		凭证种类与编号	摘要	对应科目	收入	支出	结存
月	日						
6	1		期初余额				150000
	8	银付 1	购买办公设备	固定资产		42000	108000
	12	银收 1	收回货款	应收账款	77000		185000
	23	银付 2	支付货款	应付账款		90000	95000
	25	现付 8	将现金存入银行	库存现金	800		95800
	28	银收 2	销售货品	主营业务收入	5400		101200
			本月合计		83200	132000	101200

此外，为确保企业银行存款记录的正确性，企业与银行需要定期对有关银行存款的记录进行核对，至少每月核对一次。

未达账项是指企业或银行一方已登记入账，另一方尚未登记入账的款项。形成未达账项的原因，主要是有关银行结算的凭证在企业和银行间的传递时间上存在差异，以及由此形成的企业和银行对于银行存款在入账时间上存在差异。对于未达账项，企业应当通过编制银行存款余额调节表进行调节，银行存款余额调节表如表 3－3 所示。

表 3－3　银行存款余额调节表

项　　目	金额	项　　目	金额
企业银行存款日记账余额	154000	银行对账单余额	162000
加：银行已收款入账，而企业尚未收款入账的款项		加：企业已收款入账，而银行尚未收款入账的款项	
（1）企业委托银行收款	7900	（1）企业存入转账支票	2500
（2）银行转入存款利息	300	（2）银行误记企业存款	1100
减：银行已付款入账，而企业尚未付款入账的款项		减：企业已付款入账，而银行尚未付款入账的款项	
（1）银行代企业付款	2500	（1）未兑现企业转账支票	6000
（2）银行代扣借款利息	100		
调节后银行存款余额	159600	调节后银行存款余额	159600

三、其他货币资金

（一）其他货币资金的概述

其他货币资金是指除库存现金和银行存款之外的其他各种货币资金。

主要包括银行汇票存款、银行本票存款、信用卡存款、信用证保证金存款、存出投资款和外埠存款等种类。

（二）其他货币资金的核算

1. 银行汇票存款的核算

企业因取得银行汇票等而增加其他货币资金时：

借：其他货币资金——银行汇票

　贷：银行存款

企业因使用银行汇票等而减少其他货币资金时：

借：原材料、库存商品等

　贷：其他货币资金——银行汇票

2. 银行本票存款的核算

企业因取得银行本票等而增加其他货币资金时：

借：其他货币资金——银行本票

　贷：银行存款

企业因使用银行本票等而减少其他货币资金时：

借：原材料、库存商品等

　贷：其他货币资金——银行本票

3. 信用卡存款的核算

企业将银行存款转存入信用卡账户时：

借：其他货币资金——信用卡存款

　贷：银行存款

企业使用信用卡账户购买货品或支付费用时：

借：原材料、库存商品、管理费用等

　贷：其他货币资金——信用卡存款

4. 信用证保证金存款的核算

企业向银行申请开具信用证、向银行缴纳信用证保证金时：

借：其他货币资金——信用证保证金

　贷：银行存款

企业以信用证保证金存款购买货品等时：

借：原材料、库存商品等

　贷：其他货币资金——信用证保证金

5. 存出投资款的核算

企业将款项存入证券公司、准备进行投资时：

借：其他货币资金——存出投资款

　贷：银行存款

企业以存入证券公司的款项进行投资时：

借：交易性金融资产等

　贷：其他货币资金——存出投资款

第二节　应收款项

应收款项是指企业在日常生产经营活动中形成的应予收取但尚未收到的款项。应收款项形成的原因主要是赊销商品、赊账提供劳务等，它是市场经济中商业信用的表现形式。

应收款项的种类主要有应收票据、应收账款、预付账款和其他应收款等。

一、应收票据

（一）应收票据的概述

应收票据是指企业持有的尚未到期或尚未兑现的商业汇票，即它是企业尚未到期的债权。在我国，商业汇票的付款期限最长不超过6个月。因此，应收票据是企业的一种流动资产，或是企业的一种短期债权。

应收票据按照商业汇票承兑人不同分类为银行承兑汇票和商业承兑汇票；按照商业汇票是否附带利息分类为不带息商业汇票和带息商业汇票；按照商业汇票是否带有追索权分类为带追索权汇票和不带追索权的商业汇票。不同种类的应收票据在会计核算和反映的内容和方法上也可能会有些差异。

（二）应收票据的核算

1. 应收票据取得时的核算

企业因取得商业汇票而增加应收票据时：

借：应收票据

　贷：主营业务收入、应收账款等

应收票据在取得时通常按照票据面值计价入账，而不考虑货币的时间价值，即不将应收票据按照未来收款额经折现后的现值计价入账。

“应收票据”科目期末借方余额反映企业持有的商业汇票的票面金额。

2. 应收票据持有期间利息收入的核算

在会计期末对应收票据的利息收入进行应计时：

借：应收利息

　贷：财务费用

带息商业汇票一般在年末需要应计利息。至于在季末和月未是否需要应计利息，可视情况而定。如果利息数额较大，对财务成果有较大影响，应当考虑应计利息；反之，可以考虑不计提应计利息。

3. 应收票据到期收回款项的核算

不带息商业汇票到期收回票据面值时：

借：银行存款

　贷：应收票据

带息商业汇票到期收回本息时：

借：银行存款

　贷：应收票据

　　财务费用

4. 应收票据贴现的核算

应收票据贴现是指企业将未到期的商业汇票背书后送交银行，从银行取得相应数额贴现款项的票据行为。企业在向银行申请应收票据贴现时，银行需要按照规定的贴现率，从票据到期值中扣除一定数额的贴现息，然后，将票据到期值减去贴现息后的差额向企业支付贴现款项。

企业在发生应收票据贴现业务时需要使用的主要计算公式：

票据到期值 = 票据面值 + 票据到期利息

票据到期利息 = 票据面值 × 票据到期月数 × 票面利率 ÷ 12

= 票据面值 × 票据到期天数 × 票面利率 ÷ 360

贴现息 = 票据到期值 × 日贴现率 × 票据贴现天数

贴现款 = 票据到期值 − 贴现息

在以上计算公式中，票据贴现天数是指票据贴现日至票据到期日的天数。

企业将持有的银行承兑汇票向开户银行申请贴现时：

借：银行存款

　财务费用

贷：应收票据

企业将持有的商业承兑汇票向开户银行申请贴现时：

借：银行存款

贷：应收票据

开户银行到时收到贴现的商业承兑汇票款项时：

借：短期借款

财务费用

贷：应收票据

二、应收账款

（一）应收账款的概述

应收账款是指企业在生产经营活动中因销售商品、提供劳务等而形成的应向购货单位或接受劳务单位收取的款项。企业在销售商品过程中代购货单位垫付的包装费、运杂费等也属于应收账款的范围。

应收账款属于企业的短期债权，是企业的流动资产，企业在生产经营活动中形成的超过1年的应收分期销货款属于企业的长期应收款，而不属于应收账款。

（二）应收账款的核算

1. 应收账款发生时的核算

企业因销售商品、提供劳务等而增加应收账款时：

借：应收账款

贷：主营业务收入等

应收账款在发生或形成时通常按照销售发票的金额计价入账，而不考虑货币的时间价值，也不考虑销售商品或提供劳务时可能存在的现金折扣。现金折扣是指企业为鼓励购货方尽早偿付款项而给予其在销售价格基础上的一定比率的扣减数。

2. 应收账款收回时的核算

应收账款收回时应当相应地减少应收账款的数额。

如果存在现金折扣，在总价法下，应收账款的实际收回金额可能会小于入账金额，其差额属于理财性质的费用，应当计入财务费用。

企业收回应收账款时：

借：银行存款

贷：应收账款

在现金折扣期限内收回应收账款时：

借：银行存款
　　财务费用
　贷：应收账款

三、预付账款

(一) 预付账款的概述

预付账款是指企业按照购货合同或劳务合同的规定预先支付给货品或劳务供应商的款项。

预付账款与应收账款的主要区别是：应收账款是企业在销售货品中形成的，预付账款是企业在购买货品中形成的；应收账款将导致企业收到货币资金，预付账款将导致企业收到货品或劳务。

(二) 预付账款的核算

企业预付款项时：

借：预付账款
　贷：银行存款

企业收到订购的货品时：

借：原材料等
　贷：预付账款

四、其他应收款

1. 其他应收款的概述

其他应收款是指企业除应收票据、应收账款、预付账款、应收利息、应收股利、长期应收款、存出保证金等以外的其他各种应收和暂付款项。

2. 其他应收款的核算

企业发生其他各种应收款项时：

借：其他应收款
　贷：待处理财产损溢、银行存款等

企业收回或转销其他各种应收款项时：

借：银行存款、管理费用等
　贷：其他应收款

第三节 存货

一、存货的概述

（一）存货的定义

存货是指企业在日常活动中持有以备出售的产成品或商品、处于生产过程中的在产品、在生产过程或提供劳务过程中耗用的材料和物料等。

存货具有以下主要特征：

第一，存货具有实物形态，是企业的有形资产。

第二，企业持有存货的主要目的是出售。

第三，存货在使用后可能会改变原来的物质形态。

第四，存货属于非货币性资产。

存货通常在1年或超过1年的一个营业周期内被消耗或经出售转换为现金、银行存款或应收账款等，具有明显的流动性，属于流动资产。在大多数企业中，存货在流动资产中占有很大比重，是流动资产的重要组成部分。

列为存货项目的资产，都是为了进行正常生产经营而储存的流动资产。不是为了此种目的而储存的资产，都不能列为企业的存货。

（二）存货的分类

1. 按经济内容分类

存货按照经济内容或经济用途通常可以分为以下主要种类：

原材料。原材料是指用于生产产品并构成产品主要实体的原料及主要材料、辅助材料、外购半成品（外购件）、修理用备件（备品备件）、包装材料、燃料等。用于固定资产建造工程的专项材料不能作为存货。

在产品。在产品是指处于生产阶段尚未完工的生产物，包括处于各生产工序正在加工的在制品，以及尚未办理入库手续的制成品等。在产品一般不需要入半成品库。

半成品。半成品是指经过一定生产过程并由半成品库验收入库保管，但尚未制造完成，仍需进一步加工的中间产品，这部分中间产品能够单独计价。半成品一般需要入半成品库。从一个生产车间转到另一个生产车间继续加工制造的自制半成品，以及不能单独计价的自制半成品，属于在产品，不作为半成品对待。

产成品。产成品是指已经全部完成生产过程并验收入库，达到可出售或交货状态，可以作为商品对外销售或按合同规定的条件交订货单位的产品。

周转材料。周转材料是指能够多次使用但不符合固定资产条件的用品，主要包括用于包装本企业商品的各种包装物（但一次性包装材料不作为周转材料，而是作为原材料对待）、工具、管理用具、玻璃器皿、劳动保护用品、在生产经营过程中周转使用的容器等低值易耗品，以及建造承包商的钢模板、木模板、脚手架等。

2. 按来源渠道分类

存货按照来源渠道通常可以分为以下主要种类：

外购存货。外购取得的存货是从企业外部购入的存货，如商业企业的外购商品、工业企业的外购材料、外购零部件等。

自制存货。加工制造取得的存货是由企业制造的存货，如工业企业的自制材料、在产品、产成品等。

委托外单位加工完成的存货。委托加工存货也是一种自制存货，是指企业将外购或自制的某些存货通过支付加工费的方式委托外单位进行加工生产的存货，如工业企业的委托加工物资、委托加工商品等。

其他方式取得的存货。其他方式取得的存货包括投资者投入的存货、接受捐赠的存货等。

二、存货的初始确认及计量

（一）存货的初始确认

按照会计准则的相关要求，符合以下持有目的或用途的资产才作为存货：

第一，在正常生产经营过程中持有待售的资产（如产成品）。

第二，为销售而仍在生产过程的资产（如在产品）。

第三，在生产或提供服务的过程中将消耗的资产（如周转材料、物料用品等）。

企业对存货进行初始确认还要同时满足两个条件：

第一，对存货有控制权。

第二，预期存货带来的未来经济利益以及存货的成本能够可靠计量。

（二）存货的初始计量

存货应当按照成本进行初始计量。存货成本包括采购成本、加工成本和其他成本。

成本构成原则：原材料、商品、低值易耗品等通过购买而取得的存货的初始成本由采购成本构成；产成品、在产品、半成品和委托加工物资等通过进一步加工而取得的存货的成本由采购成本、加工成本以及为使存货达到目前场所和状态所发生的其他成本构成。

1. 外购存货

根据我国会计准则有关规定，外购存货以其采购成本入账，存货的采购成本包括购货价格、相关税费、其他可直接归属于存货采购成本的费用。

购货价格是指因购货而支付的对价。对于购货折扣的处理有总价法和净价法两种方法。我国一般采用总价法处理，发生现金折扣不调整购货价格，把获得的现金折扣作为财务费用列支。

计入外购存货采购成本的相关税费是指企业外购货物应支付的税金及相关费用，主要包括进口环节的关税、消费税、海关手续费、企业购入未税矿产品代缴的资源税、小规模纳税人购进货物支付的增值税以及一般纳税人购进货物按规定不能抵扣的增值税进项税额等，但不包含可以抵扣的增值税。

其他可归属于存货采购成本的代价主要是指为使外购存货达到预定可使用状态所支付的除买价及相关税费以外的采购费用。主要包括外购存货到达仓库以前发生的仓储费、包装费、运杂费、运输保险费、运输途中合理损耗以及入库前的挑选整理费用等。

2. 自制存货

自制存货的入账价值包括存货达到可使用状态的全部支出，如消耗的材料成本、发生的加工成本、其他成本。

存货加工成本由直接人工和制造费用构成。制造费用是指企业为生产产品和提供劳务而发生的各项间接费用。制造费用是一项间接生产成本，包括企业生产部门管理人员的职工薪酬、折旧费、办公费、水电费、机物料损耗、劳动保护费、车间固定资产的修理费、季节性和修理期间停工损失、为生产产品发生的符合资本化条件的借款费用、产品生产用的自行开发或外购的无形资产摊销等。

三、存货的取得和发出

存货包括的内容很多，本章仅以原材料为例说明存货取得和发出的会计处理。

（一）存货的取得

1. 原材料取得时的入账价值

原材料的日常业务按实际成本核算，表示原材料的取得或收入、原材料发出以及结存都以实际成本为基础进行核算。企业在取得原材料时，应当按照原材料的实际取得成本计价入账。

企业取得原材料的主要渠道是外购。企业外购原材料的实际成本也称为采购成本，它是指企业的原材料从采购到入库前所发生的全部合理支出。

2. 核算科目的设置

“原材料”总账科目核算企业库存各种原材料的实际成本。期末借方余额反映企业库存原材料的实际成本数。

“在途物资”总账科目核算企业已经购买但原材料尚在运输途中或尚未验收入库的在途原材料的实际成本。期末借方余额反映企业已经购买但尚未验收入库的在途原材料的实际采购成本数。

3. 核算举例

原材料已经验收入库，同时结算凭证已经到达的情况下：

借：原材料

　　应交税费——应交增值税（进项税额）

　贷：银行存款、应付票据等

原材料尚未验收入库，结算凭证已经到达的情况下：

借：在途物资

　　应交税费——应交增值税（进项税额）

　贷：银行存款、应付票据等

待原材料到达并验收入库后：

借：原材料

　贷：在途物资

原材料已经验收入库，结算凭证尚未到达的情况下：

如果原材料验收入库的日期不在会计期末，那么，企业可以暂时不作会计处理。

如果原材料验收入库的日期在会计期末，或者企业等到会计期末仍然没有收到有关的结算凭证时企业应当按照已经验收入库原材料的暂估价：

借：原材料

　贷：应付账款

待下一个会计期初，再冲回以上会计分录：

借：应付账款

　贷：原材料

待有关的结算凭证到达后：

借：原材料

应交税费——应交增值税（进项税额）

贷：银行存款等

（二）存货的发出

企业在确定发出存货的成本时，可以采用先进先出法、移动加权平均法、月末一次加权平均法和个别计价法等方法。企业不得采用后进先出法确定发出存货的成本。

1. 先进先出法

先进先出法是指以先取得的原材料先发出这样一种原材料成本流转顺序为前提，对发出原材料的实际成本以及剩余库存原材料的实际成本进行计价的一种方法。

在先进先出法下，由于采用先取得或先收入的原材料先转销、后取得或后收入的原材料后转销的做法，因此，转销的原材料成本为较先取得的原材料成本，结存的原材料成本为最近取得的原材料成本。

特点：①先进先出法可以随时结转存货发出成本，但较烦琐。②如果存货收发业务较多，且存货单价不稳定时，其工作量较大。③在物价持续上升时，期末存货成本接近于市价，而发出成本偏低，会高估企业当期利润和库存存货价值；在物价下降时，则会低估企业当期利润和库存存货价值。

2. 移动加权平均法

移动加权平均法是指以每次取得原材料的实际成本加上原有库存原材料的实际成本，除以每次取得原材料的数量加上原有库存原材料的数量，据以计算出移动加权平均单价，并以此来计算在下次取得原材料前各次发出原材料实际成本以及之后相应库存原材料实际成本的一种方法。

有关计算公式如下：

$$\text{移动加权平均单价}=\frac{\text{原有库存原材料的实际成本}+\text{本次取得原材料的实际成本}}{\text{原有库存原材料的数量}+\text{本次取得原材料的数量}}$$

本次发出原材料的实际成本 = 本次发出原材料的数量 × 本次发出原材料前原材料的移动加权平均单价

本次发出原材料后库存原材料的实际成本 = 本次发出原材料后的库存原材料数量 × 本次发出原材料前原材料的移动加权平均单价

特点：①在移动加权平均法下，由于每次发出原材料时，发出原材料实际成本和剩余库存原材料实际成本的计算中都综合地考虑了原材料购入价格的变动因素，因此，相应实际成本的数据比较客观。同时，企业也可以随时获得发出原材料的实际成本和剩余库存原材料的实际成本，从而有利于企业加强对原材料实际成本的控制。②由于每次收货都要计算一次平均单位成本，计算工作量较大，对收发货较频繁的企业不适用。

3. 月末一次加权平均法

月末一次加权平均法是指以本月合计取得原材料的实际成本加上月初库存原材料的实际成本，除以本月合计取得原材料的数量加上月初库存原材料的数量，据以计算出月份加权平均单价，并以此来计算月份发出原材料实际成本和月末库存原材料实际成本的一种方法。

有关计算公式如下：

$$月份加权平均单价=\frac{月初库存原材料的实际成本+本月取得原材料的实际成本}{月初库存原材料的数量+本月取得原材料的数量}$$

本月发出原材料的实际成本 = 本月发出原材料的数量 × 月份加权平均单价

月末库存原材料的实际成本 = 月末库存原材料数量 × 月份加权平均单价

特点：①与移动加权平均法一样，月末一次加权平均法在计算发出原材料和月末原材料的实际成本时，由于采用了加权平均单价，因此，相应的实际成本数字比较客观。②在这种方法下，企业在平时不能获得发出原材料的实际成本和剩余库存原材料的实际成本，因此，这种方法不利于企业对原材料实际成本的日常控制。

【例 3 -1】 甲公司 2 ×19 年 3 月 A 商品有关收、发、存情况如下：

（1）3 月 1 日结存 300 件，单位成本为 2 万元。

（2）3 月 8 日购入 200 件，单位成本为 2. 2 万元。

（3）3 月 10 日发出 400 件。

（4）3 月 20 日购入 300 件，单位成本为 2. 3 万元。

（5）3 月 28 日发出 200 件。

（6）3 月 31 日购入 200 件，单位成本为 2. 5 万元。

要求：①采用先进先出法计算 A 商品 2 ×19 年 3 月发出存货的成本和 3 月 31 日结存存货的成本。

②采用移动加权平均法计算 A 商品 2 ×19 年 3 月发出存货的成本和 3 月 31 日结存存货的成本。

③采用月末一次加权平均法计算 A 商品 2 ×19 年 3 月发出存货的成本和 3 月 31 日结存存货的成本。

解：①先进先出法：

本月可供发出存货成本 = 300 ×2 +200 ×2. 2 +300 ×2. 3 +200 ×2. 5 = 2230（万元）

本月发出存货成本＝（300×2＋100×2.2）＋（100×2.2＋100×2.3）＝1270（万元）

本月月末结存存货成本＝2230－1270＝960（万元）

②移动加权平均法：

3月8日购货的移动加权平均单位成本＝（300×2＋200×2.2）÷（300＋200）＝2.08（万元）

3月10日发出存货的成本＝400×2.08＝832（万元）

3月20日购货的移动加权平均单位成本＝（100×2.08＋300×2.3）÷（100＋300）＝2.245（万元）

3月28日发出存货的成本＝200×2.245＝449（万元）

本月发出存货成本＝832＋449＝1281（万元）

本月月末结存存货成本＝2230－1281＝949（万元）

③月末一次加权平均法：

加权平均单位成本＝2230÷（300＋200＋300＋200）＝2.23（万元）

本月发出存货成本＝（400＋200）×2.23＝1338（万元）

本月月末结存存货成本＝2230－1338＝892（万元）

4. 个别计价法

个别计价法也称个别认定法、具体辨认法或分批实际法，是指对发出的原材料和剩余库存的原材料分别进行具体辨认，并在此基础上以其实际的取得成本作为发出原材料的实际成本和剩余库存原材料的实际成本的一种方法。

特点：①个别计价法的成本计算准确、符合实际情况，但在存货收发频繁情况下，其发出成本分辨的工作量较大。②个别计价法适用于一般不能替代使用的存货，为特定项目专门购买或制造的存货以及提供的劳务，如珠宝、名画等贵重物品。

四、期末存货的计量

（一）存货估计售价的确定

用于出售的材料等通常以市场价格作为其可变现净值的计算基础。这里的市场价格是指材料等的市场销售价格。如果用于出售的材料存在销售合同约定，应按合同价格作为其可变现净值的计算基础。

为执行销售合同或者劳务合同而持有的存货，通常应以产成品或商品的合同价格作为其可变现净值的计算基础。如果企业持有存货的数量大于销售合同订购的数量，超出部分存货的可变现净值，应以产成品或商品的一般销售价格作为计算基础。如果企业持有存货的数量小于销售合同订购数量，实际持有与该销售合同相关的存货应以销售合同所规定的价格作为可变现净值的计算基础。

没有销售合同约定的存货，其可变现净值应以产成品或商品一般销售价格作为计算基础。

（二）材料存货的期末计量

材料存货的期末价值应当以所生产的产成品的可变现净值与成本的比较为基础加以确定。

对于为生产而持有的材料等，如果用其生产的产成品的可变现净值预计高于成本，则该材料仍然应当按照成本计量。

如果材料价格的下降表明产成品的可变现净值低于成本，则该材料应当按可变现净值计量，按其差额计提存货跌价准备。

如存在下列情况之一，则表明存货可能发生减值：

第一，存货的市场价格持续下跌，并且在可预见的未来无回升的希望。

第二，企业使用该项原材料生产的产品的成本大于产品的销售价格。

第三，企业因产品更新换代，原有库存原材料已不适应新产品的需要，而该原材料的市场价格又低于其账面成本。

第四，因企业所提供的商品或劳务过时或消费者偏好改变而使市场的需求发生变化，导致市场价格逐渐下跌。

第五，其他足以证明该项存货实质上已经发生减值的情形。

【例3－2】 20×9年12月31日，甲公司库存原材料——A材料账面价值（成本）1500000元，市场销售价格总额（不含增值税）为1400000元，假设不发生其他购买费用；用A材料生产的产成品——B型机器的可变现净值高于成本。

要求：确定20×9年12月31日A材料的价值。

解：在这种情况下，A材料即使其账面价值（成本）已高于市场价格，也不应计提存货跌价准备，仍应按其原账面价值（成本）1500000元列示在甲公司20×9年12月31日资产负债表的存货项目中。

（三）计提存货跌价准备的方法

1. 按存货项目比较

只要某一个存货项目的可变现净值低于其成本，就将该存货项目按可变现净值计价，不考虑其他存货的可变现净值是否低于成本，不受其他存货可变现净值大小的影响。

2. 按存货类别比较

只要某类存货的可变现净值低于其成本，就将该类存货按可变现净值计价，不考虑其他类存货的可变现净值是否低于成本，不受其他类别存货的影响。

3. 按全部存货比较

只有全部存货的可变现净值低于全部存货的成本时，才按可变现净值计价。

企业通常应当按照单个存货项目计提存货跌价准备。对于数量繁多、单价较低的存货，可以按照存货类别计提存货跌价准备。与在同一地区生产和销售的产品系列相关、具有相同或类似最终用途或目的，且难以与其他项目分开计量的存货，可以合并计提存货跌价准备。

（四）存货跌价准备转回的处理

企业应在资产负债表日，比较存货成本与可变现净值，计算出应计提的存货跌价准备，再与已提数进行比较，若应提数大于已提数，应予补提。企业计提的存货跌价准备，应计入当期损益（资产减值损失）。

借：资产减值损失

　贷：存货跌价准备

当以前减记存货价值的影响因素已经消失，减记的金额应当予以恢复，并在原已计提的存货跌价准备金额内转回，转回的金额计入当期损益（资产减值损失）。

借：存货跌价准备

　贷：资产减值损失

五、存货的清查盘点

（一）存货清查的概述

存货清查是指通过对存货进行实地盘点，然后将实地盘点的结果与账面记录的结果进行核对，从而确定存货实存数与账面结存数是否相符的一种专门方法。

企业至少应当在会计年度结束前对存货进行一次全面的清查，并对清查结果作出相应的会计处理，以确保存货的账面记录与实地盘点的结果相符。

（二）存货清查的会计处理

为如实反映存货清查过程中发现的盘盈、盘亏和毁损及其处理的业务，企业需要设置“待处理财产损溢”总账科目。

1. 盘盈

批准前：

借：原材料/库存商品等

贷：待处理财产损溢

批准后：

借：待处理财产损溢

贷：管理费用

2. 盘亏或毁损

按管理权限报经批准后，根据造成存货盘亏或毁损的原因，按照不同的方式进行处理。

若属于计量收发差错和管理不善等原因造成的存货短缺，应先扣除残料价值、可以收回的保险赔偿和过失人赔偿，将净损失计入管理费用。

因自然灾害等非常原因造成存货毁损时：

借：待处理财产损溢

贷：原材料（库存商品）

按管理权限报经批准后：

借：管理费用

其他应收款

贷：待处理财产损溢

若属于自然灾害等非常原因造成的存货毁损，应先扣除处置收入（如残料价值）、可以收回的保险赔偿和过失人赔偿，将净损失计入营业外支出。因非正常原因导致的存货盘亏或毁损，按规定不能抵扣的增值税进项税额，应当予以转出。

因自然灾害等非常原因造成存货毁损时：

借：待处理财产损溢

贷：原材料（库存商品）

按管理权限报经批准后：

借：营业外支出

其他应收款

贷：待处理财产损溢

第四章　金融工具与长期股权投资

章前案例

2013 年 8 月 23 日，光大集团半年报发布，“8·16 事件”交易当日的股市损失约为 1.94 亿元，对于上述交易，公司将从保持市场稳定、保护投资者利益出发进行平稳处置。因处置过程中的市场变化及公司可能面临的监管处罚等均存在较大不确定性，该事件对公司造成的最终损失及对公司财务状况的影响尚无法确定。公司为加强流动性管理，改善资产结构，拟加大对存量证券类资产的处置力度（包括交易性金融资产和可供出售金融资产），以上处置不会对公司的净资产造成影响，但会加强公司流动性，同时可能导致 2013 年年初至下一报告期期末的累计净利润为亏损或者与上年同期相比发生大幅度下降。

资料来源：东方财富网。

第一节　金融工具

一、金融工具概述

金融工具是形成一个企业的金融资产，并形成另一个企业金融负债或权益工具的合同，包括金融资产、金融负债和权益工具。其中，金融资产通常指企业的现金、银行存款、应收账款、应收票据、贷款、股权投资、债券投资等；金融负债通常指应付账款、应付票据、应付债券等；权益工具通常指企业发行的普通股、认股权证等。

金融工具按其内容的复杂程度可分为基础金融工具和衍生金融工具。

（一）基础金融工具

基础金融工具是金融工具的一类，包括企业持有的现金、存放于金融机构的款项、普通股以及代表在未来期间收取或支付金融资产的合同权利或义务等，如应收款项、应付账款、其他应收款、其他应付款、存出保证金、存入保证金、客户贷款、客户存款、债券投资、应付债券等。

（二）衍生金融工具

衍生金融工具也称金融衍生产品，是在货币、债券、股票等传统金融工具的基础上衍化和派生的，以杠杆和信用交易为特征的金融工具。其特征如下：

第一，其价值随着特定利率、金融工具价格、商品价格、汇率、价格指数、费率指数、信用等级、信用指数或其他类似变量的变动而变动，变量为非金融变量的，该变量与合同的任一方不应存在特定关系。

第二，不要求初始净投资，或与对市场情况变动有类似反应的其他类型合同相比，要求很少的初始净投资。

第三，在未来某一日期结算。

常见的衍生金融工具包括远期合同、期货合同、互换合同和期权合同等。

二、金融工具的分类

（一）金融资产及其分类

1. 金融资产概述

金融资产是指企业持有的现金、其他方的权益工具以及符合下列条件之一的资产：

第一，从其他方收取现金或其他金融资产的合同权利。

第二，在潜在有利条件下，与其他方交换金融资产或金融负债的合同权利。

第三，将来须用或可用企业自身权益工具进行结算的非衍生工具合同，且企业根据该合同将收到可变数量的自身权益工具。

第四，将来须用或可用企业自身权益工具进行结算的衍生工具合同，但以固定数量的自身权益工具交换固定金额的现金或其他金融资产的衍生工具合同除外。

金融资产包括的内容很多，可以从不同的角度进行分类。金融资产按照经济内容分类是最基本的分类，主要可以分为货币资金、应收票据、应收账款、其他应收账款、股权投资、债权投资等。其中，货币资金、应收票据、应收账款、其他应收账款内容在前面已经做了介绍，这里不再赘述。

2. 金融资产分类

《企业会计准则第22号——金融工具确认和计量》（2017）规定，企业应根据其管理金融资产的业务模式和金融资产的合同现金流量特征，基于后续计量视角将金融资产分为以摊余成本计量的金融资产、以公允价值计量且其变动计入其他综合收益的金融资产和以公允价值计量且其变动计入当期损益的金融资产三类。

（1）以摊余成本计量的金融资产。金融资产同时符合下列条件的，应当分类为以摊余成本计量的金融资产：

第一，企业管理该金融资产的业务模式是以收取合同现金流量为目标。

第二，该金融资产的合同条款规定，在特定日期产生的现金流量，仅为对本金和以未偿付本金金额为基础的利息的支付。

企业一般应当设置"贷款""应收账款""债权投资"等科目核算分类为以摊余成本计量的金融资产。

（2）以公允价值计量且其变动计入其他综合收益的金融资产。金融资产同时符合下列条件的，应当分类为以公允价值计量且其变动计入其他综合收益的金融资产：

第一，企业管理该金融资产的业务模式既以收取合同现金流量为目标又以出售该金融资产为目标。

第二，该金融资产的合同条款规定，在特定日期产生的现金流量，仅为对本金和以未偿付本金金额为基础的利息的支付。

企业应当设置"其他债权投资"科目核算分类为以公允价值计量且其变动计入其他综合收益的金融资产。

（3）以公允价值计量且其变动计入当期损益的金融资产。按照以上标准分类为以摊余成本计量的金融资产和以公允价值计量且其变动计入其他综合收益的金融资产之外的金融资产，企业应当将其分类为以公允价值计量且其变动计入当期损益的金融资产。例如，企业常见的下列投资产品通常应当分类为以公允价值计量且其变动计入当期损益的金融资产：股票、基金、可转换债券。

企业应当设置"交易性金融资产"科目核算以公允价值计量且其变动计入当期损益的金融资产。企业持有的直接指定为以公允价值计量且其变动计入当期损益的金融资产，也在本科目核算。

【例4-1】A公司2×19年有关资料如下：

（1）A公司于2×19年末购入某上市公司发行的可转换公司债券，债券期限为5年，票面利率为4%，债券发行满1年后，A公司有权以约定转股价格将该债券转换为该上市公司普通股。如何分类?

解：A公司应将其分类为以公允价值计量且其变动计入当期损益的金融资产。

(2) C公司为A公司主要客户，信用和还款记录良好，A公司为其提供了180天的赊销信用期。A公司2×19末与某银行签订协议，将2×19年产生的所有应收C公司款项，自产生之日起30天内，不附追索权地转让给该银行。如何分类?

解：A公司应将其分类为以公允价值计量且其变动计入当期损益的金融资产。

(二) 金融负债及其分类

1. 金融负债概述

金融负债是指企业符合下列条件之一的负债：

第一，向其他方交付现金或其他金融资产的合同义务。例如，发行的承诺支付固定利息的公司债券。

第二，在潜在不利条件下，与其他方交换金融资产或金融负债的合同义务。

第三，将来须用或可用企业自身权益工具进行结算的非衍生工具合同，且企业根据该合同将交付可变数量的自身权益工具。

第四，将来须用或可用企业自身权益工具进行结算的衍生工具合同，但以固定数量的自身权益工具交换固定金额的现金或其他金融资产的衍生工具合同除外。

2. 金融负债分类

除下列各项外，企业应当将金融负债分类为以摊余成本计量的金融负债。

第一，以公允价值计量且其变动计入当期损益的金融负债，包括交易性金融负债（含属于金融负债的衍生工具）和指定为以公允价值计量且其变动计入当期损益的金融负债。

第二，不符合终止确认条件或继续涉入被转移金融资产所形成的金融负债。

第三，部分财务担保合同，以及不属于以公允价值计量且其变动计入当期损益的金融负债的、以低于市场利率贷款的贷款承诺。

三、金融资产和金融负债的初始计量

企业初始确认金融资产或金融负债，应当按照公允价值计量。对于以公允价值计量且其变动计入当期损益的金融资产和金融负债，相关交易费用应当直接计入当期损益；对于其他类别的金融资产或金融负债，相关交易费用应当计入初始确认金额。

交易费用是指可直接归属于购买、发行或处置金融工具的增量费用。增量费用是指企业没有发生购买、发行或处置相关金融工具的情形就不会发生的费用，包括支付给代理机构、咨询公司、券商、证券交易所、政府有关部门等的手续费、佣金、相关税费以及其他必要支出，不包括债券溢价、折价、融资费用、内部管理成本和持有成本等与交易不直接相关的费用。

企业应当根据《企业会计准则第 39 号——公允价值计量》的规定，确定金融资产和金融负债在初始确认时的公允价值。

公允价值通常为相关金融资产或金融负债的交易价格。金融资产或金融负债公允价值与交易价格存在差异的，企业应当区别下列情况进行处理：

如果在初始确认时，金融资产或金融负债的公允价值依据相同资产或负债在活跃市场上的报价或者以仅使用可观察市场数据的估值技术确定的，企业应当将该公允价值与交易价格之间的差额确认为一项利得或损失。

如果在初始确认时，金融资产或金融负债的公允价值以其他方式确定的，企业应当将该公允价值与交易价格之间的差额递延。初始确认后，企业应当根据某一因素在相应会计期间的变动程度将该递延差额确认为相应会计期间的利得或损失。该因素应当仅限于市场参与者对该金融工具定价时将考虑的因素，包括时间等。

四、金融资产的后续计量

（一）金融资产的后续计量原则

金融资产的后续计量与金融资产的分类密切相关。企业应当对不同类别的金融资产，分别以摊余成本、以公允价值计量且其变动计入其他综合收益或以公允价值计量且其变动计入当期损益进行后续计量。

（二）以摊余成本计量的金融资产的会计处理

1. 实际利率

实际利率法是指计算金融资产或金融负债的摊余成本以及将利息收入或利息费用分摊计入各会计期间的方法。

实际利率是指将金融资产或金融负债在预计存续期的估计未来现金流量，折现为该金融资产账面余额（不考虑减值）或该金融负债摊余成本所使用的利率。

经信用调整的实际利率是指将购入或源生的已发生信用减值的金融资产在预计存续期的估计未来现金流量，折现为该金融资产摊余成本的利率。

2. 摊余成本

金融资产或金融负债的摊余成本，应当以该金融资产或金融负债的初始确认金额经下列调整确定：①扣除已偿还的本金；②加上或减去采用实际利率法将该初始确认金额与到期日金额之间的差额进行摊销形成的累计摊销额；③扣除计提的累计信用减值准备。

企业与交易对手方修改或重新议定合同，未导致金融资产终止确认，但导致合同现金流量发生变化的，或者企业修正了对合同现金流量的估计的，应当重新计算该金融资产的账面余额，并将相关利得或损失计入当期损益。重新计算的该金融资产的账面余额，应当根据将重新议定或修改的合同现金流量按金融资产的原实际利率（或者购买或源生的已发生信用减值的金融资产应按经信用调整的实际利率）折现的现值确定。对于修改或重新议定合同所产生的所有成本或费用，企业应当调整修改后的金融资产账面价值并在修改后金融资产的剩余期限内摊销。

以摊余成本计量且不属于任何套期关系的金融资产所产生的利得或损失，应当在终止确认、重分类、按照实际利率法摊销或确认减值时，计入当期损益。

3. 会计处理

（1）债权投资的初始计量。

借：债权投资——成本（面值）

——利息调整（差额，也可能在贷方）

应收利息（实际支付的款项中包含的利息）

贷：银行存款等

（2）债权投资的后续计量。

借：应收利息（分期付息债券按票面利率计算的利息）

债权投资——应计利息（到期一次还本付息债券按票面利率计算的利息）

贷：投资收益（债权投资期初账面余额或期初摊余成本乘以实际利率或经信用调整的实际利率计算确定的利息收入）

债权投资——利息调整（差额，利息调整摊销额，也可能在借方）

（3）出售债权投资。

借：银行存款等

债权投资减值准备

贷：债权投资——成本

——利息调整（或借方）

——应计利息

投资收益（差额，也可能在借方）

【例 4－2】 2×16 年 1 月 1 日，甲公司支付价款 1000 万元（含交易费用）从上海证券交易所购入乙公司同日发行的 5 年期公司债券 12500 份，债券票面价值总额为 1250 万元，票面年利率为 4.72%，于年末支付本年度债券利息（即每年利息为 59 万元），本金在债券到期时一次性偿还。合同约定，该债券的发行方在遇到特定情况时可以将债券赎回，且不需要为提前赎回支付额外款项。

甲公司在购买该债券时，预计发行方不会提前赎回。甲公司根据其管理该债券的业务模式和该债券的合同现金流量特征，将该债券分类为以摊余成本计量的金融资产。假定不考虑所得税、减值损失等因素。

解：计算该债券的实际利率 r：

$59\times(1+r)^{-1}+59\times(1+r)^{-2}+59\times(1+r)^{-3}+59\times(1+r)^{-4}+(59+1250)\times(1+r)^{-5}=1000$（万元）

或者：$59\times(P/A, r, 5)+1250\times(P/F, r, 5)=1000$（万元）

采用插值法，计算得出：$r=10\%$。

甲公司的有关账务处理如下（金额单位：元）：

（1）2×16 年 1 月 1 日，购入乙公司债券：

借：债权投资——成本　　12500000

　贷：银行存款　　10000000

　　债权投资——利息调整　　2500000

（2）2×16 年 12 月 31 日，确认乙公司债券实际利息收入、收到债券利息：

借：应收利息　　590000

　债权投资——利息调整　　410000

　贷：投资收益　　1000000（10000000×10%）

借：银行存款　　590000

　贷：应收利息　　590000

（3）2×17 年 12 月 31 日，确认乙公司债券实际利息收入、收到债券利息：

借：应收利息　　590000

　债权投资——利息调整　　451000

　贷：投资收益　　1041000（10410000×10%）

借：银行存款　　590000

　贷：应收利息　　590000

（4）2×18 年 12 月 31 日，确认乙公司债券实际利息收入、收到债券利息：

借：应收利息　590000
　　债权投资——利息调整　496100
　贷：投资收益　1086100（10861000×10%）
借：银行存款　590000
　贷：应收利息　590000

（5）2×19 年 12 月 31 日，确认乙公司债券实际利息收入、收到债券利息：

借：应收利息　590000
　　债权投资——利息调整　545710
　贷：投资收益　1135710（11357100×10%）
借：银行存款　590000
　贷：应收利息　590000

（6）2×20 年 12 月 31 日，确认乙公司债券实际利息收入、收到债券利息和本金：

借：应收利息　590000
　　债权投资——利息调整　597190
　贷：投资收益　1187190

利息调整的余额 = 2500000 − 410000 − 451000 − 496100 − 545710 = 597190（元）

借：银行存款　590000
　贷：应收利息　590000
借：银行存款　12500000
　贷：债权投资——成本　12500000

（三）以公允价值进行后续计量的金融资产的会计处理

1. 计量原则

对于按照公允价值进行后续计量的金融资产，其公允价值变动形成的利得或损失，除与套期会计有关外，应当按照下列规定处理：

第一，以公允价值计量且其变动计入当期损益的金融资产的利得或损失，应当计入当期损益。

第二，分类为以公允价值计量且其变动计入其他综合收益的金融资产所产生的所有利得或损失，除减值损失或利得和汇兑损益之外，均应当计入其他综合收益，直至该金融资产终止确认或被重新分类。但是，采用实际利率法计算的该金融资产的利息应当计入当期损益。该金融资产计入各期损益的金额应当与一直按摊余成本计量而计入各期损益的金额相等。

该金融资产终止确认时，之前计入其他综合收益的累计利得或损失应当从其他综合收益中转出，计入当期损益。

指定为以公允价值计量且其变动计入其他综合收益的非交易性权益工具投资，除了获得的股利（属于投资成本收回部分除外）计入当期损益外，其他相关的利得和损失（包括汇兑损益）均应当计入其他综合收益，且后续不得转入当期损益。当其终止确认时，之前计入其他综合收益的累计利得或损失应当从其他综合收益中转出，计入留存收益。

企业只有在同时符合下列条件时，才能确认股利收入并计入当期损益：①企业收取股利的权利已经确立；②与股利相关的经济利益很可能流入企业；③股利的金额能够可靠计量。

2. 以公允价值计量且其变动计入当期损益的金融资产的会计处理

以公允价值计量且其变动计入当期损益的金融资产以“交易性金融资产”科目进行核算。

（1）企业取得交易性金融资产。

借：交易性金融资产——成本（公允价值）
　　投资收益（发生的交易费用）
　　应收股利（已宣告但尚未发放的现金股利）
　　应收利息（已到付息期但尚未领取的利息）
　贷：银行存款等

（2）持有期间的股利或利息。

借：应收股利（被投资单位宣告发放的现金股利×投资持股比例）
　　应收利息（资产负债表日计算的应收利息）
　贷：投资收益

（3）资产负债表日公允价值变动。

①公允价值上升：

借：交易性金融资产——公允价值变动
　贷：公允价值变动损益

②公允价值下降：

借：公允价值变动损益
　贷：交易性金融资产——公允价值变动

（4）出售交易性金融资产。

借：银行存款（出售净价，即价款扣除手续费）
　贷：交易性金融资产——成本

——公允价值变动（或借方）

投资收益（差额，也可能在借方）

3. 以公允价值计量且其变动计入其他综合收益的金融资产会计处理

（1）债务工具。

以公允价值计量且其变动计入其他综合收益的金融资产（债务工具）以“其他债权投资”科目进行核算。

①企业取得金融资产：

借：其他债权投资——成本（面值）

应收利息/其他债权投资——应计利息

贷：银行存款等

其他债权投资——利息调整（可借可贷）

②资产负债表日计算利息：

借：应收利息/其他债权投资——应计利息

其他债权投资——利息调整（可借可贷）

贷：投资收益

③资产负债表日公允价值变动：

升值时：

借：其他债权投资——公允价值变动

贷：其他综合收益——其他债权投资公允价值变动

贬值时：

借：其他综合收益——其他债权投资公允价值变动

贷：其他债权投资——公允价值变动

④出售其他债权投资。出售所得的价款与其账面价值的差额计入当期损益，将原直接计入其他综合收益的公允价值变动的累计额转出，计入当期损益。

借：银行存款

贷：其他债权投资——成本

——利息调整（可借可贷）

——应计利息

——公允价值变动（可借可贷）

投资收益（可借可贷）

同时：

借：其他综合收益——其他债权投资公允价值变动

贷：投资收益

或相反分录。

（2）权益工具。以公允价值计量且其变动计入其他综合收益的金融资产（权益工具）以“其他权益工具投资”科目进行核算。

①企业取得金融资产。

借：其他权益工具投资——成本（公允价值与交易费用之和）
　　应收股利
　贷：银行存款等

②资产负债表日公允价值变动。

升值时：

借：其他权益工具投资——公允价值变动
　贷：其他综合收益——其他权益工具投资公允价值变动

贬值时：

借：其他综合收益——其他权益工具投资公允价值变动
　贷：其他权益工具投资——公允价值变动

③持有期间被投资单位宣布发放现金股利。

借：应收股利
　贷：投资收益

④出售其他权益工具投资。

出售所得的价款与其账面价值的差额计入留存收益，将原直接计入其他综合收益的公允价值变动的累计额转出，计入留存收益。

借：银行存款
　贷：其他权益工具投资——成本
　　　　　　　　　　　——公允价值变动（可借可贷）
　　　盈余公积（可借可贷）
　　　利润分配——未分配利润（可借可贷）

同时：

借：其他综合收益——其他权益工具投资公允价值变动
　贷：盈余公积
　　　利润分配——未分配利润

或相反分录。

【例4－3】（1）2×16年5月6日，甲公司支付价款1016万元（含交易费用1万元和已宣告发放现金股利15万元），购入乙公司发行的股票200万股，占乙公司有表决权股份的0.5%。甲公司将其指定为以公允价值计量且其变动计入其他综合收益的非交易性权益工具投资。

（2）2×16年5月10日，甲公司收到乙公司发放的现金股利15万元。

（3）2×16年6月30日，该股票市价为每股5.20元。

（4）2×16年12月31日，甲公司仍持有该股票；当日，该股票市价为每股5.00元。

（5）2×17年5月9日，乙公司宣告发放股利4000万元。

（6）2×17年5月13日，甲公司收到乙公司发放的现金股利。

（7）2×17年5月20日，甲公司由于某特殊原因，以每股4.9元的价格将股票全部转让。假定不考虑其他因素。

解：甲公司的账务处理如下（单位：元）

（1）2×16年5月6日，购入股票：

借：其他权益工具投资——成本　10010000

　　应收股利　150000

　贷：银行存款　10160000

股票单位成本＝10010000÷2000000＝5.005（元/股）

（2）2×16年5月10日，收到现金股利：

借：银行存款　150000

　贷：应收股利　150000

（3）2×16年6月30日，确认股票价格变动：

公允价值变动＝（5.20－5.005）×2000000

借：其他权益工具投资——公允价值变动　390000

　贷：其他综合收益——其他权益工具投资公允价值变动　390000

（4）2×16年12月31日，确认股票价格变动：

公允价值变动＝（5.00－5.20）×2000000

借：其他综合收益——其他权益工具投资公允价值变动　400000

　贷：其他权益工具投资——公允价值变动　400000

（5）2×17年5月9日，确认应收现金股利：

借：应收股利　200000（40000000×0.5%）

　贷：投资收益　200000

（6）2×17年5月13日，收到现金股利：

借：银行存款　200000

　贷：应收股利　200000

（7）2×17年5月20日，出售股票：

借：银行存款　　9800000（4.90×2000000）
　　其他权益工具投资——公允价值变动　　10000
　　盈余公积　　20000
　　利润分配——未分配利润　　180000
　贷：其他权益工具投资——成本　　10010000
借：盈余公积　　1000
　　利润分配——未分配利润　　9000
　贷：其他综合收益——其他权益工具投资公允价值变动　　10000

五、金融负债的后续计量

（一）金融负债后续计量原则

第一，以公允价值计量且其变动计入当期损益的金融负债。

第二，金融资产转移不符合终止确认条件或继续涉入被转移金融资产所形成的金融负债。对此类金融负债，企业应当按照《企业会计准则第23号——金融资产转移》相关规定进行计量。

第三，不属于指定为以公允价值计量且其变动计入当期损益的金融负债的财务担保合同或没有指定为以公允价值计量且其变动计入当期损益并将以低于市场利率贷款的贷款承诺，企业作为此类金融负债发行方的，应当在初始确认后按照损失准备金额以及初始确认金额扣除累计摊销额后的余额孰高进行计量。

第四，上述金融负债以外的金融负债，应当按摊余成本后续计量。

（二）金融负债后续计量的会计处理

1. 以公允价值进行后续计量的金融负债

对于以公允价值进行后续计量的金融负债，其公允价值变动形成利得或损失，除与套期会计有关外，应当计入当期损益。

（1）发行时：

借：银行存款
　贷：交易性金融负债

（2）确认公允价值变动：

上升时：

借：公允价值变动损益
　贷：交易性金融负债

下降时：

借：交易性金融负债

贷：公允价值变动损益

（3）确认利息费用：

借：财务费用

贷：应付利息

（4）到期时：

借：交易性金融负债

贷：银行存款

2. 以摊余成本进行后续计量的金融负债

以摊余成本计量且不属于任何套期关系的一部分的金融负债所产生的利得或损失，应当在终止确认时计入当期损益或在按照实际利率法摊销时计入相关期间损益。

企业与交易对手方修改或重新议定合同，未导致金融负债终止确认，但导致合同现金流量发生变化的，应当重新计算该金融负债的账面价值，并将相关利得或损失计入当期损益。重新计算的该金融负债的账面价值，应当根据将重新议定或修改的合同现金流量按金融负债的原实际利率折现的现值确定。对于修改或重新议定合同所产生的所有成本或费用，企业应当调整修改后的金融负债账面价值，并在修改后金融负债的剩余期限内进行摊销。

【例4－4】甲公司发行公司债券为建造专用生产线筹集资金。有关资料如下：

（1）2×16年12月31日，委托证券公司以7755万元的价格发行3年期分期付息公司债券。该债券面值为8000万元，票面年利率4.5%，实际年利率5.64%，每年付息一次，到期后按面值偿还（假定不考虑发行公司债券相关的交易费用）。

（2）生产线建造工程采用出包方式，于2×17年1月1日开始动工，发行债券所得款项当日全部支付给建造承包商，2×18年12月31日所建造生产线达到预定可使用状态。

（3）假定各年度利息的实际支付日期均为下年的1月10日；2×20年1月10日支付2×19年利息，一并偿付面值。

（4）所有款项均以银行存款支付。

相关账务处理如下（单位：元）：

（1）2×16年12月31日，发行债券：

借：银行存款	77550000
应计债券——利息调整	2450000

贷：应付债券——面值 80000000

补充内容：2×17 年 1 月 1 日，支付工程款：

借：预付账款 77550000

贷：银行存款 77550000

（2）2×17 年 12 月 31 日，确认和结转利息：

借：在建工程 4373820（77550000×5.64%）

贷：应付利息 3600000（80000000×4.5%）

应付债券——利息调整 773820

2×18 年 1 月 10 日，支付利息：

借：应付利息 3600000

贷：银行存款 3600000

（3）2×18 年 12 月 31 日，确认利息：

借：在建工程 4417463.45（78323820×5.64%）

贷：应付利息 3600000（80000000×4.5%）

应付债券——利息调整 817463.45

结算工程款时：

借：在建工程 77550000

贷：预付账款 77550000

借：固定资产 86341283.45

贷：在建工程 86341283.45

2×19 年 1 月 10 日，支付利息：

借：应付利息 3600000

贷：银行存款 3600000

（4）2×19 年 12 月 31 日，确认债券利息：

借：财务费用 4458716.55

贷：应付利息 3600000

应付债券——利息调整 858716.55

利息调整的差额＝2450000－773820－817463.45＝858716.55（元）

（5）2×20 年 1 月 10 日，债券到期兑付：

借：应付利息 3600000

应付债券——面值 80000000

贷：银行存款 83600000

六、金融工具减值

（一）金融工具减值概述

本章对金融工具减值的规定称为预期信用损失法。该方法与过去规定的、根据实际已发生减值损失确认损失准备的方法有着根本性不同。在预期信用损失法下，减值准备的计提不以减值的实际发生为前提，而是以未来可能的违约事件造成的损失的期望值来计量当前应当确认的损失准备。

企业应当以预期信用损失为基础，对下列项目进行减值会计处理并确认损失准备：

第一，分类为以摊余成本计量的金融资产和以公允价值计量且其变动计入其他综合收益的金融资产。

第二，租赁应收款。

第三，合同资产。合同资产是指第十六章第一节定义的合同资产。

第四，部分贷款承诺和财务担保合同。

损失准备是指针对按照以摊余成本计量的金融资产、租赁应收款和合同资产的预期信用损失计提的准备，按照以公允价值计量且其变动计入其他综合收益的金融资产的累计减值金额以及针对贷款承诺和财务担保合同的预期信用损失计提的准备。

信用损失是指企业按照原实际利率折现的、根据合同应收的所有合同现金流量与预期收取的所有现金流量之间的差额，即全部现金短缺的现值。其中，对于企业购买或原生的已发生信用减值的金融资产，应按照该金融资产经信用调整的实际利率折现。由于预期信用损失考虑付款的金额和时间分布，因此即使企业预计可以全额收款但收款时间晚于合同规定的到期期限，也会产生信用损失。

预期信用损失是指以发生违约的风险为权重的金融工具信用损失的加权平均值。

（二）金融工具减值的账务处理

借：信用减值损失

　贷：贷款损失准备

　　　债权投资减值准备

　　　坏账准备

　　　合同资产减值准备

　　　租赁应收款减值准备

　　　预计负债（用于贷款承诺及财务担保合同）

其他综合收益——信用减值准备（其他债权投资）

转回时作相反的会计分录。

第二节 长期股权投资

一、长期股权投资概述

（一）长期股权投资的性质

长期股权投资是指企业能够对被投资企业实施控制、共同控制或施加重大影响的权益性投资。在确定长期股权投资的日常会计处理和报表列报方法时，应重点考虑投资企业与被投资企业的关系。

企业持有长期股权投资的目的：除了是为了取得相应的投资收益外，更主要的是为了长期成为被投资企业的股东，通过控制、共同控制或影响被投资企业的财务和经营政策，从而从被投资企业的经营活动中获得长期的利益。

（二）投资企业与被投资企业的关系

由长期股权投资形成的投资企业与被投资企业的关系，从投资企业角度来看，可以分为控制、共同控制、重大影响等几个种类。

控制关系形成对子公司的投资，共同控制关系形成对合营企业的投资，重大影响关系形成对联营企业的投资。不同种类的长期股权投资关系，其会计处理方法也有所不同。

二、长期股权投资的初始计量

长期股权投资的初始计量即长期股权投资在取得时初始投资成本的确定，视企业控股合并形成的长期股权投资和除企业控股合并外形成的长期股权投资而有所不同。

控股合并是指一家公司通过股权投资取得对另一家公司控制权的行为。形成控股合并的长期股权投资，又分为同一控制下控股合并和非同一控制下控股合并的长期股权投资。未形成控股合并的长期股权投资，包括对合营企业和联营企业的长期股权投资。不同方式取得的长期股权投资，会计处理方法有所不同。

（一）同一控制下控股合并形成的长期股权投资

同一控制下的企业合并是指参与合并的企业在合并前后均受同一方或相同的

多方最终控制且该控制并非为暂时的企业合并。对于同一控制下的企业合并，从能够对参与合并各方在合并前后均实施最终控制的一方来看，最终控制方在企业合并前后能够控制的资产并没有发生变化。在这种情况下，应当应用权益结合法原则进行初始计量。

权益结合法是企业合并业务会计处理方法之一。与购买法基于不同的假设，即使企业合并为参与合并的双方通过股权交换形成的所有者权益的联合，而非资产的交易，换言之，它是由两个或两个以上经营主体对一个联合后的企业或集团公司开展经营活动的资产贡献，即经济资源的联合。合并方通过企业合并形成的长期股权投资，按照其在被合并方所有者权益账面价值中所占的份额计量。

合并方以支付货币资金、转让非现金资产或承担债务等方式取得被合并方的股权，应在合并日按照享有被合并方所有者权益账面价值的份额作为长期股权投资的初始投资成本，借记“长期股权投资——投资成本”科目；按照支付的货币资金或转让非现金资产、承担债务的账面价值，贷记“银行存款”以及相应的资产或负债科目。长期股权投资初始投资成本大于支付的现金、转让的非现金资产以及所承担债务账面价值的差额，调增资本公积，即贷记“资本公积——资本溢价或股本溢价”科目；长期股权投资初始投资成本小于支付的现金、转让的非现金资产以及所承担债务账面价值的差额，调减资本公积，资本公积不足冲减的，冲减留存收益，即依次借记“资本公积——资本溢价或股本溢价”“盈余公积”“利润分配——未分配利润”科目。投资企业支付的价款中如果含有已宣告发放但尚未支取的现金股利，应作为债权处理，不计入长期股权投资成本。

合并方以发行股票等方式取得被合并方的股权，应在合并日按照取得被合并方所有者权益账面价值的份额作为长期股权投资的初始投资成本，借记“长期股权投资——投资成本”科目；按照发行股份的面值总额作为股本，贷记“股本”科目。长期股权投资初始投资成本大于所发行股份面值总额的差额，贷记“资本公积——资本溢价或股本溢价”科目。

合并方为进行企业合并发生的各项直接相关费用，包括支付的审计费用、评估费用、法律服务费用等，应当于发生时计入当期损益，根据直接相关费用的价款借记“管理费用”科目，根据可以抵扣的增值税借记“应交税费——应交增值税（进项税额）”等科目，根据支付的全部款项贷记“银行存款”等科目。

企业合并中，合并方发行债券或承担其他债务支付的手续费、佣金等，应当计入所发行债券及其他债务的初始成本。

企业合并中，发行权益性证券发生的手续费、佣金等费用，应当抵减权益性证券溢价收入，溢价收入不足冲减的，冲减留存收益。

【例4－5】甲、乙公司为同属某集团股份有限公司控制的两家子公司。2×20年4月1日，甲公司以账面原价为1000万元、累计折旧300万元的一台设备作为对价，自其集团公司处取得对乙公司100%的控股股权，相关手续已办理，能够对乙公司实施控制。合并当日，乙公司所有者权益在其最终控制方合并财务报表中的账面价值为900万元。

甲公司与乙公司的会计年度和采用的会计政策相同，不考虑增值税等相关税费和其他因素的影响。相关分录如下：

借：固定资产清理　　700
　　累计折旧　　300
　　贷：固定资产　　1000

借：长期股权投资　　900（900×100%）
　　贷：固定资产清理　　700
　　　　资本公积——股本溢价　　200

（二）非同一控制下控股合并形成的长期股权投资

非同一控制下的企业合并是指参与合并的各方在合并前后不受同一方或相同的多方最终控制的企业合并。

相对于同一控制下的企业合并而言，非同一控制下的企业合并是合并各方通过市场进行公平交易的企业合并行为，由此形成的长期股权投资应当以公允价值为基础进行计量，基本的处理原则为购买法。即将企业合并视为购买企业以一定的价款购进被购买企业的机器设备存货等资产项目，同时承担该企业所有负债的行为，从而按合并时的公允价值计量被购买企业的净资产，将合并成本超过享有可辨认净资产公允价值份额的差额确认为商誉的会计方法。

购买方在购买日以支付货币资金的方式取得被购买方的股权，应以支付的货币资金作为初始投资成本，借记"长期股权投资——投资成本"科目，贷记"银行存款"科目。购买方支付的价款中如果含有已宣告发放但尚未支取的现金股利，应作为债权处理，不计入长期股权投资成本。

购买方在购买日以付出货币资金以外的其他资产的方式取得被购买方的股权，付出的资产应按资产处置的方式进行处理，应按照资产的公允价值作为初始投资成本，借记"长期股权投资——投资成本"科目；按照资产的价值，贷记"主营业务收入""其他业务收入""固定资产清理""应交税费——应交增值税（销项税额）"等科目；同时结转付出资产的成本，将其公允价值与账面价值的差额计入当期损益。

购买方以承担债务的方式取得被购买方的股权，应按照债务的公允价值作为初始投资成本，借记“长期股权投资——投资成本”科目，贷记有关负债科目。

购买方以发行股票等方式取得被购买方的股权，应在购买日按照发行股票等的公允价值作为长期股权投资的初始投资成本，借记“长期股权投资——投资成本”科目；按照发行股份的面值总额作为股本，贷记“股本”科目；按照长期股权投资初始投资成本与所发行股份面值总额之间的差额，贷记“资本公积——资本溢价或股本溢价”科目。

购买方为进行长期股权投资发生的审计、法律服务、评估咨询等中介费用以及其他相关费用，应于发生时计入当期损益，根据直接相关费用的价款，借记“管理费用”科目，根据可以抵扣的增值税，借记“应交税费——应交增值税（进项税额）”等科目，根据支付的全部款项，贷记“银行存款”等科目。

【例4-6】甲公司和乙公司不属于同一控制下的两个公司。甲公司为增值税一般纳税人，适用的增值税税率为13%。甲公司2×20年4月1日与乙公司原投资者A公司签订协议，甲公司以一批库存商品换取A公司持有的乙公司60%的股权，对乙公司实施控制。甲公司投出的库存商品的公允价值为10000万元，相关的增值税税额为1300万元，账面成本8000万元。

要求：编制购买日甲公司相关会计分录。

借：长期股权投资	11300	
贷：主营业务收入		10000
应交税费——应交增值税（销项税额）		1300
借：主营业务成本	8000	
贷：库存商品		8000

三、长期股权投资的后续计量

长期股权投资的后续计量，有成本法和权益法两种处理方法。其中，成本法适用于对子公司的长期股权投资，权益法适用于对合营企业和联营企业的长期股权投资。

（一）长期股权投资的成本法

成本法适用于以下两种情况：①投资企业能够对被投资单位实施控制的长期股权投资，即投资企业对其子公司的长期股权投资。②投资企业对被投资单位不具有共同控制或重大影响，并且在活跃市场中没有报价、公允价值不能可靠计量的长期股权投资。

长期股权投资会计处理的成本法是指长期股权投资以初始投资成本计量后，除非追加或收回投资，初始投资成本通常不予调整的方法，即长期股权投资以投资成本进行计价的方法。

在成本法下，企业持有长期股权投资期间，被投资单位宣告分派现金股利时：

借：应收股利

　贷：投资收益

成本法坚持了会计处理的历史成本原则。采用成本法的基本理由是：投资企业与被投资企业都是独立的法人，除非被投资企业宣告分派股利，被投资企业实现的利润只属于被投资企业，投资企业无法按比例分享。

【例4－7】20×7年6月20日，甲公司以1500万元购入乙公司80%的股权。甲公司取得该部分股权后，能够有权利主导乙公司的相关活动并获得可变回报。20×7年9月30日，乙公司宣告分派现金股利，甲公司按照其持有比例确定可分回20万元。

甲公司对乙公司长期股权投资应进行的账务处理如下：

借：长期股权投资	15000000	
贷：银行存款		15000000
借：应收股利	200000	
贷：投资收益		200000

（二）长期股权投资的权益法

1. 长期股权投资权益法的概念和适用性

我国企业会计准则规定，投资企业对被投资单位具有共同控制或重大影响的长期股权投资，即投资企业对合营企业及联营企业的投资，应当采用权益法核算。

长期股权投资会计处理的权益法是指长期股权投资以初始投资成本计量后，按投资企业享有被投资单位所有者权益份额的变动对长期股权投资的账面价值进行调整的方法，即长期股权投资按权益份额进行计价的方法。

企业通常可以通过以下一种或几种情形来判断是否对被投资单位具有重大影响：①在被投资单位的董事会或类似权力机构中派有代表；②参与被投资单位的财务和政策制定过程，包括股利分配政策等的制定；③与被投资单位之间发生重要交易；④向被投资单位派出管理人员；⑤向被投资单位提供关键技术资料。

【例4－8】甲公司于2020年取得A公司20%的股权，并在取得该股权后向A公司董事会派出一名成员。A公司董事会由5名成员组成，除甲公司外，A公司另有两名其他投资者，其各持有A公司40%的股权并分别向A公司董事会派出两名成员。

A 公司章程规定：其财务和生产经营决策由参加董事会成员简单多数通过后即可实施。

从实际运行情况来看，除甲公司所派董事会成员外，其他董事会成员经常提议召开董事会，并且在甲公司派出董事会成员缺席情况下做出决策。

为财务核算及管理需要，甲公司曾向 A 公司索要财务报表，但该要求未得到满足。

甲公司派出的董事会成员对 A 公司生产经营的提议基本上未提交到董事会正式议案中，且在董事会讨论过程中，甲公司派出董事会成员的意见和建议均被否决。

问题：甲公司向其投资单位 A 公司派出董事会成员，是否对 A 公司构成重大影响？

解：虽然甲公司拥有 A 公司有表决权股份的比例为 20%，且向被投资单位派出董事会成员参与其生产经营决策，但从实际运行情况来看，其提议未实际被讨论、其意见和建议被否决以及提出获取 A 公司财务报表的要求被拒绝等事实来看，甲公司向 A 公司董事会派出的成员无法对 A 公司生产决策施加影响，该项投资不构成联营企业投资。

2. *初始投资成本的调整*

在权益法下，长期股权投资的初始投资成本大于投资时应享有被投资单位可辨认净资产公允价值份额的，不调整已确认的初始投资成本。

长期股权投资的初始投资成本小于投资时应享有被投资单位可辨认净资产公允价值份额的，应调整增加长期股权投资的成本，按其差额，借记“长期股权投资——成本”科目，贷记“营业外收入”科目。

【例 4 –9】A 企业于 2019 年 1 月取得 B 公司 30% 的股权，支付价款 9000 万元。取得投资时被投资单位可辨认净资产账面价值为 22500 万元（假定被投资单位各项可辨认资产、负债的公允价值与其账面价值相同）。

在 B 公司的生产经营决策过程中，所有股东均按持股比例行使表决权。A 企业在取得 B 公司的股权后，派人参与了 B 公司的生产经营决策。因能够对 B 公司施加重大影响，A 企业对该投资应当采用权益法核算。

取得投资时，A 企业应进行以下账务处理：

借：长期股权投资——投资成本　　90000000

　贷：银行存款　　90000000

长期股权投资的初始投资成本 9000 万元大于取得投资时应享有被投资单位可辨认净资产公允价值的份额 6750 万元（22500 × 30%）两者之间的差额不调

整长期股权投资的初始投资成本。

【例4－10】如果【例4－9】中取得投资时被投资单位可辨认净资产的公允价值为36000万元，A企业按持股比例30%计算确定应享有10800万元（36000×30%），则初始投资成本与应享有被投资单位可辨认净资产公允价值份额之间的差额1800万元应计入取得投资当期的营业外收入。

借：长期股权投资——投资成本　　90000000

　贷：银行存款　　90000000

借：长期股权投资——投资成本　　18000000

　贷：营业外收入　　18000000

3. 投资损益的确认

（1）被投资企业净利润的调整。在权益法下，投资企业取得长期股权投资后，应当按照应享有或应分担的被投资单位实现的净利润或净亏损的份额，确认投资损益并调整长期股权投资的账面价值。

投资企业按照应享有的被投资单位实现的净利润的份额，确认投资收益并调整长期股权投资的账面价值。

借：长期股权投资——损益调整

　贷：投资收益

被投资单位发生净亏损时，投资企业按照应分担的份额，做相反的会计分录，但“长期股权投资”科目的账面价值以减记至零为限。

投资企业在确认应享有或应分担的被投资单位净利润或净亏损的份额时，应当以取得投资时被投资单位各项可辨认资产、负债的公允价值为基础，对被投资单位的净利润或净亏损进行调整后确认。

（2）未实现内部交易损益的抵销。投资企业取得长期股权投资后，它与被投资企业即与其联营企业或合营企业之间发生的交易属于内部交易。投资企业在确认长期股权投资以及投资收益的数额时，其与被投资企业之间未实现的内部交易损益应当予以抵销。

在权益法下，对于未实现内部交易损益，投资企业应据以调整被投资单位实现的净利润，然后根据经调整后的净利润中享有的份额，做如下分录：

借：长期股权投资——损益调整

　贷：投资收益

投资企业也可以单独抵销未实现内部交易损益，根据未实现内部交易损益中属于投资企业的份额，做如下分录：

借：投资收益

贷：长期股权投资——损益调整

【例4-11】甲公司于20×7年1月10日购入乙公司30%的股份，购买价款为3300万元，并自取得投资之日起派人参与乙公司的财务和生产经营决策。

取得投资当日，乙公司可辨认净资产公允价值为9000万元，除表4-1所列项目外，乙公司其他资产、负债的公允价值与账面价值相同。

表4-1　乙公司可辨认净资产账面价值　　单位：万元

项目	账面原价	已提折旧或摊销	公允价值	乙公司预计使用年限	甲公司取得投资后剩余使用年限
存货	750		1050		
固定资产	1800	360	2400	20	16
无形资产	1050	210	1200	10	8
合计	3600	570	4650		

假定乙公司于20×7年实现净利润900万元，其中在甲公司取得投资时的账面存货有80%对外出售。甲公司与乙公司的会计年度及采用的会计政策相同。固定资产、无形资产均按年限平均法（直线法）提取折旧或摊销，预计净残值均为0。假定甲、乙公司间未发生任何内部交易。

甲公司在确定其应享有的投资收益时，应在乙公司实现净利润的基础上，根据取得投资时乙公司有关资产的账面价值与其公允价值差额的影响进行调整（假定不考虑所得税影响）。

存货账面价值与公允价值的差额应调减的利润＝（1050－750）×80%＝840－600＝240（万元）

固定资产公允价值与账面价值差额应调整增加的折旧额＝2400÷16－1800÷20＝150－90＝60（万元）

无形资产公允价值与账面价值差额应调整增加的摊销额＝1200÷8－1050÷10＝150－105＝45（万元）

调整后的净利润＝900－240－60－45＝555（万元）

甲公司应享有份额＝555×30%＝166.50（万元）

确认投资收益的账务处理为：

借：长期股权投资——损益调整　　1665000

　贷：投资收益　　1665000

4. 取得现金股利的处理

在权益法下，投资企业在取得被投资单位宣告发放的现金股利时，应冲减长期股权投资的账面价值，记作：

借：应收股利

　贷：长期股权投资——损益调整

从被投资单位取得的现金股利超过已确认的损益调整的部分应作为投资成本的收回，记作：

借：应收股利

　贷：长期股权投资——成本

5. 超额亏损的处理

在权益法下，当被投资单位发生超额亏损时，投资企业应当按照下列顺序确认应分担的相应份额：

首先，减记长期股权投资的账面价值。

其次，在长期股权投资的账面价值减记至零的情况下，减记其他实质上构成对被投资单位净投资的长期权益账面价值，如长期应收款等。

最后，在减记了长期股权投资、其他长期权益后，按照投资合同或协议的约定，投资企业仍需承担额外义务的，应按预计将承担义务的金额确认成预计负债。

由此，当被投资单位发生超额亏损时，投资企业应借记“投资收益”科目，按顺序贷记“长期股权投资”“长期应收款”“预计负债”等科目。

投资企业在确认了被投资单位的超额亏损后，被投资单位在以后期间实现盈利的，投资企业应按以上相反的顺序减记账外备查登记的金额、冲销预计负债、恢复其他长期权益和长期股权投资，同时确认投资收益。

【例 4－12】甲企业持有乙企业 40% 的股权，能够对乙企业施加重大影响。2018 年 12 月 31 日该项长期股权投资的账面价值为 6000 万元。

乙企业 2019 年由于一项主要经营业务市场条件发生变化，当年发生亏损 18000 万元。假定甲企业在取得该投资时，乙企业各项可辨认资产、负债的公允价值与其账面价值相等，双方所采用的会计政策及会计期间也相同。

甲企业按其持股比例确认应分担的损失为 7200 万元，但长期股权投资的账面价值仅为 6000 万元，如果没有其他实质上构成对被投资单位净投资的长期权益项目，则甲企业应确认的投资损失仅为 6000 万元，超额损失在账外进行备查登记。

在确认了 6000 万元的投资损失，长期股权投资的账面价值减记至零以后，如果甲企业账上仍有应收乙企业的长期应收款2400万元，该款项从目前情况看，没有明确的清偿计划（并非产生于商品购销等日常活动），则在长期应收款的账面价值大于1200万元的情况下，应以长期应收款的账面价值为限进一步确认投资损失1200万元。

甲企业应进行的账务处理为：

借：投资收益　　60000000

　贷：长期股权投资——损益调整　　60000000

借：投资收益　　12000000

　贷：长期应收款　　12000000

6. 被投资单位所有者权益其他变动的调整

在持股比例不变的情况下，被投资单位除净损益以外所有者权益的其他变动，投资企业应按持股比例计算应享有的份额，调整长期股权投资的账面价值，并计入所有者权益。

借（或贷）：长期股权投资——其他权益变动

　贷（或借）：资本公积——其他资本公积

7. 被投资单位其他综合收益的调整

采用权益法进行长期股权投资的核算，被投资企业除净损益以外所有者权益的增加，投资企业应调整长期股权投资的账面价值，并计入其他综合收益，借记“长期股权投资——其他综合收益调整”科目，贷记“其他综合收益”科目。如果被投资企业除净损益以外的所有者权益减少，投资企业做相反的处理。

四、长期股权投资后续计量方法的转换

（一）追加股权投资后续计量方法的调整

1. 追加股权投资后对被投资单位形成控制

投资企业因追加股权投资形成非同一控制下的控股合并，应当按照原持有的股权投资账面价值与新增投资成本之和，作为改按成本法核算的初始投资成本。调整原投资账面价值时，应按照改按成本法核算的初始投资成本，借记“长期股权投资”科目；按照原权益法核算的长期股权投资账面价值，贷记“长期股权投资”科目；按照以货币资金追加投资的金额，贷记“银行存款”等科目；按照原交易性金融资产的账面价值，贷记“交易性金融资产”等科目。

原持有的股权投资确认为长期股权投资的，因采用权益法核算而确认的其他综合收益，应当在处置该项投资时确认为投资收益，借记或贷记“其他综合收益”科目，贷记或借记“投资收益”科目。

2. 追加股权投资后对被投资企业形成共同控制或重大影响

投资企业因追加投资能够对被投资企业实施共同控制或施加重大影响但不构成控制的，应当按照原持有的股权投资的公允价值与新增投资成本之和，作为改按权益法核算的初始投资成本，借记“长期股权投资”科目，贷记“银行存款”“交易性金融资产”等科目。

【例 4-13】 A 公司于 20×8 年 3 月以 12000 万元取得 B 公司 20% 的股权，并能对 B 公司施加重大影响，采用权益法核算该项股权投资，当年度确认对 B 公司的投资收益 450 万元，编制分录如下：

借：长期股权投资——投资成本　　120000000

　贷：银行存款　　120000000

借：长期股权投资——损益调整　　4500000

　贷：投资收益　　4500000

20×9 年 4 月，A 公司又斥资 15000 万元自 C 公司取得 B 公司另外 35% 的股权，A 公司除净利润以外，无其他所有者权益变动，按净利润的 10% 提取盈余公积。A 公司对该项长期股权投资未计提任何减值准备。其他资料同上，编制分录如下：

购买日，A 公司应进行以下账务处理：

借：长期股权投资——B 公司　　150000000

　贷：银行存款　　150000000

借：长期股权投资——B 公司　　124500000

　贷：长期股权投资——投资成本　　120000000

　　　　　　　　　——损益调整　　4500000

购买日对 B 公司长期股权投资的账面价值 =（12000 + 450）+ 15000 = 27450（万元）

（二）处置股权投资后续计量方法的调整

1. 处置部分长期股权投资后由控制转为共同控制或重大影响

投资企业因处置部分投资对被投资企业不再具有控制权，但仍存在共同控制或重大影响的，应当将剩余投资改按权益法进行核算，并对该剩余股权视同自取得时即采用权益法核算进行调整。剩余长期股权投资账面价值大于原投资时，按照剩余持股比例计算应享有被投资企业可辨认净资产公允价值份额的差额，视为商誉，不需要对剩余长期股权投资的初始成本进行调整；剩余长期股权投资账面价值小于原投资时，按照剩余持股比例计算应享有被投资企业可辨认净资产公允价值份额的差额，应在调整长期股权投资初始成本的同时调整期初留存收益。对于原投资日至处置日之间被投资企业实现的以公允价值为基础计量的净利润、分配现金股利和所有者权益的其他变动，投资企业应采用权益法进行追溯调整，在调整长期股权投资账面价值的同时，调整期初留存收益、当期投资收益和其他综合收益。

2. 处置部分长期股权投资后不存在控制、共同控制或重大影响

企业在持有长期股权投资的过程中，可能会因为某种原因而将持有的长期股权投资予以处置。

企业在处置长期股权投资时，按照处置所得价款，借记“银行存款”等科目，按照应结转与处置股权相对应的长期股权投资的账面价值，贷记“长期股权投资”科目，处置所得价款与处置长期股权投资账面价值之间的差额，作为处置损益确认，借记或贷记“投资收益”科目。已计提减值准备的，还应同时结转减值准备。

采用权益法核算的长期股权投资，原计入资本公积的金额在处置时应予以转出并计入当期损益，借记或贷记“资本公积”科目，贷记或借记“投资收益”科目。

【例 4－14】甲公司持有乙公司 60% 股权并能控制乙公司，投资成本为 1200 万元，按成本法核算。20×8 年 5 月 12 日，甲公司出售所持乙公司股权的 90% 给非关联方，所得的价款为 1800 万元，剩余 6% 股权于丧失控制权日的公允价值为 200 万元，甲公司将其分类为以公允价值计量且其变动计入当期损益的金融资产。假定不考虑其他因素，甲公司于丧失控制权日的会计处理如下：

（1）出售股权时：

借：银行存款　　18000000

　贷：长期股权投资　　10800000（1200×90%）

　　投资收益　　7200000

（2）剩余股权的处理时：

借：交易性金融资产　　2000000

　贷：长期股权投资　　1200000（1200×10%）

　　投资收益　　800000

五、长期股权投资的减值

（一）资产减值迹象的判断

资产减值是指资产的可收回金额低于其账面价值。每年年末，企业应当对长期股权投资的账面价值进行检查。

资产是否存在减值迹象是资产是否需要进行资产减值测试的必要前提。企业在判断资产是否存在减值迹象时，应当根据实际情况来确定。如果出现减值迹象，应对其可收回金额进行估计。

（二）资产可收回金额的计量

资产的可收回金额应当以资产的公允价值减去处置费用后的净额与资产预计未来现金流量的现值两者之间的较高者来确定。企业在估计资产的可收回金额时，原则上应当以单项资产为基础。如果单项资产的可收回金额难以估计，企业应以该单项资产所属的资产组为基础估计该资产组的可收回金额。

1. 资产的公允价值减去处置费用后的净额

企业在估计资产的公允价值减去处置费用后的净额时，应当按照下列顺序进行：

首先，应当根据公平交易中资产的销售协议价格减去可直接归属于该资产处置费用的金额确定。

其次，在资产不存在销售协议但存在活跃市场的情况下，应当根据该资产的市场价格减去处置费用后的净额确定。

最后，在既不存在资产销售协议又不存在资产活跃市场的情况下，企业应当以可获取的最佳信息为基础，估计资产的公允价值减去处置费用后的净额。

企业在按照上述要求仍然无法可靠估计资产的公允价值减去处置费用后的净额的，应当以该资产预计未来现金流量的现值作为其可收回金额。

2. 预计未来现金流量现值的确定

资产预计未来现金流量的现值，不仅要按照资产在持续使用过程中和最终处置时所产生的预计未来现金流量，选择恰当的折现率对其进行折现后的金额确定；还要以资产的当前状况为基础，对资产在剩余使用寿命内的整个经济状况作出最佳估计，并将对资产预计未来现金流量的估计建立在经企业管理层批准的最近财务预算或预测数据的基础上。

企业在计算资产预计未来现金流量时选择使用的折现率，应是反映当期市场货币时间价值和资产特定风险的税前利率。企业在确定折现率时，应当以资产的市场利率为依据。如果有关资产的市场利率无法获得，可以使用替代利率。

（三）资产减值损失的确认

企业在计算确定了资产的可收回金额后，如果发现资产的可收回金额低于其账面价值，应当计提资产减值准备，确认资产减值损失，将资产的账面价值减记至可收回金额。

为避免确认资产重估增值和操纵利润，同时也出于对会计信息稳健原则的考虑，资产减值损失一经确认，在以后会计期间不能转回。

企业需要等到以后会计期间发生报废、出售、对外投资等资产处置业务时，相应的资产减值准备才可予以转销。

企业在资产负债表日确认长期股权投资减值损失时：

借：资产减值损失

　贷：长期股权投资减值准备

企业在处置长期股权投资时，同时结转已计提的长期股权投资减值准备。“长期股权投资减值准备”科目期末贷方余额，反映企业已计提但尚未转销的长期股权投资减值准备。

第五章　其他非流动资产

章前案例

合康新能（300048）2019年半年度报告显示，报告期内实现营业收入5.11亿元，同比下滑21.71%；归属于上市公司股东的净利润2881.69万元，较2018年同期增长79.98%；基本每股收益为0.0256元，2018年同期为0.0143元。据了解，2019年上半年，公司投资活动产生的现金流量净额较2018年同期增长55.41%，主要系报告期内处置固定资产、无形资产和其他长期资产收回的现金净额增加。

资料来源：挖贝网。

第一节　固定资产

一、固定资产概述

（一）含义及特征

我国《企业会计准则第4号——固定资产》规定，固定资产是为生产商品、提供劳务、出租或经营管理而持有，且使用寿命超过一个会计年度的有形资产。

固定资产具有以下特征：固定资产是有形资产；可供企业长期使用；不以投资和销售为目的；具有可衡量的未来经济利益。

（二）固定资产的分类

基本分类是依据经济用途，分为经营用固定资产和非经营用固定资产；或者按使用情况分类，分为使用中、未使用、出租、不需用固定资产四类。

除基本分类外，固定资产还可按其他标准进行分类。如按固定资产的所有权、性能、来源渠道分类。在会计实务中，企业往往采用综合的标准对固定资产进行分类。

企业应根据固定资产的定义，结合本企业的具体情况，制定适合于本企业的固定资产目录和分类方法、每类或每项固定资产的折旧年限和折旧方法，为进行固定资产的实物管理和价值核算提供依据。

（三）固定资产的计价标准

固定资产的计价是指以货币为计量单位计算固定资产的价值额。

1. 原始价值

原始价值是指取得某项固定资产时和直至该项固定资产达到预定可使用状态前所实际支付的各项必要的、合理的支出。一般包括买价、进口关税、运输费、场地整理费、装卸费、安装费、专业人员服务费和其他税费等。

2. 重置价值

重置价值是指在现时的生产技术和市场条件下，重新购置同样的固定资产所需支付的全部代价。由于重置价值本身是经常变化的，在会计实务中不具有可操作性。

通常用于对会计报表进行必要的补充、附注说明，以弥补原始价值计价的不足。此外，在取得无法确定原始价值的固定资产时，应以重置价值为计价标准，对固定资产进行计价。

3. 净值

固定资产净值是指固定资产原始价值减去折旧后的余额，也称折余价值。将其与原始价值或重置价值相比较，还可以大致了解固定资产的新旧程度。

企业根据这个计价标准可以合理制订固定资产的更新计划，适时进行固定资产的更新等。

4. 现值

现值是指固定资产在使用期间以及处置时产生的未来净现金流量的折现值。

二、固定资产的确认与初始计量

（一）固定资产确认

固定资产的确认是指企业在什么时候、以多少金额将固定资产作为企业所拥有或控制的资源进行反映。

确认条件：①该固定资产包含的经济利益很可能流入企业；②该固定资产的

成本能够可靠地计量。

（二）固定资产初始计量

固定资产的初始计量是指企业最初取得固定资产时对其入账价值的确定。

1. 外购的固定资产

成本包括实际支付的买价、进口关税和其他税费，以及使固定资产达到预定可使用状态前所发生的可归属于该项资产的费用（场地整理费、运输费、装卸费、安装费和专业人员服务费等）。

外购的固定资产分为不需要安装的固定资产和需要安装的固定资产。

外购不需要安装的固定资产：

借：固定资产

　　应交税费——应交增值税（进项税额）

　贷：银行存款

外购需要安装的固定资产：

先通过“在建工程”科目核算购置固定资产所支付的价款、运输费和安装成本等。待固定资产安装完毕并达到预定可使用状态后，再将“在建工程”科目归集的固定资产成本一次性转入“固定资产”科目。

特殊考虑：企业以一笔款项同时购入多项没有单独标价的固定资产，需将购买的总成本按每项资产的公允价值占各项资产公允价值总和的比例进行分配，以确定各项资产的入账价值。

【例5-1】某企业购入需要安装的机器设备一台，用银行存款支付买价10000元，增值税1300元，运输费200元，运输费增值税18元，合计11518元；机器设备出包安装，用银行存款支付安装费500元，增值税65元。该机器设备安装完工后交付使用。根据以上资料，编制会计分录如下：

购入固定资产时：

固定资产原始价值 = 10000 + 200 = 10200（元）

增值税进项税额 = 1300 + 18 = 1318（元）

借：在建工程	10200
应交税费——应交增值税（进项税额）	1318
贷：银行存款	11518

支付安装费时：

借：在建工程	500
应交税费——应交增值税（进项税额）	65
贷：银行存款	565

工程完工时：

借：固定资产　10700

　贷：在建工程　10700

2. 自行建造的固定资产

建造该项固定资产达到预定可使用状态前所发生的全部支出作为入账价值。为了便于归集和计算固定资产的实际建造成本，企业应设置“在建工程”科目。在建工程发生减值的，可以单独设置“在建工程减值准备”科目进行核算。

自行建造的固定资产按营建方式的不同，可分为自营工程和出包工程。

（1）自营工程。企业通常只将固定资产建造工程中所发生的直接支出计入工程成本。一些间接支出，如制造费用等并不计入固定资产建造工程成本。

【例5－2】某企业根据自营方式建造生产流水线发生的经济业务，编制会计分录如下：

（1）购入工程用材料一批，价款200000元，增值税26000元，共计226000元，用银行存款支付，材料入库。

借：工程物资　200000

　　应交税费——应交增值税（进项税额）　26000

　贷：银行存款　226000

（2）自营工程领用材料200000元。

借：在建工程　200000

　贷：工程物资　200000

（3）自营工程应负担职工薪酬11400元。

借：在建工程　11400

　贷：应付职工薪酬　11400

（4）用银行存款支付自营工程应负担的其他支出30000元。

借：在建工程　30000

　贷：银行存款　30000

（2）出包工程。出包工程是指企业委托建筑公司等其他单位进行的固定资产建造工程。企业以出包方式建造固定资产，其成本由建造该项固定资产达到预定可使用状态前所发生的必要支出构成，主要包括建筑工程支出、安装工程支出。结算的工程价款计入在建工程成本；在建设期间发生的待摊支出，不能直接计入某项固定资产价值，而应由所建造固定资产共同负担相关费用。

如果建筑工程、建筑安装工程均采用外包方式，固定资产的原始价值就主要由企业按合同规定，由工程的进度预付的工程款和最终结算的工程款构成。

设备安装工程，全部的设备安装业务出包给外单位，由此支付的安装费计入固定资产的原始价值。

对于整体建设项目在进行过程中发生的待摊支出，需要将待摊支出在各单项工程之间进行分配。分配方法如下：

$$待摊费用分配率=\frac{累计发生的待摊支出}{建筑工程支出+建设安装支出+在安装设备支出}\times 100\%$$

$$某项工程应分摊的待摊支出=该项工程支出\times 待摊费用分配率$$

3. 投资转入的固定资产

企业因接受投资者以固定资产形式对企业进行投资而增加的固定资产为投资转入的固定资产。其入账价值是按投资各方签订的合同或协议约定的价值和相关税费之和。合同或协议约定的价值不公允的除外。

4. 租入的固定资产

租赁是出租人在承租人给予一定报酬的条件下，授予承租人在约定的期限内占有和使用租赁财产（不动产或动产）权利的一种协议。

按照租赁资产上的风险和报酬是否从出租人转移给承租人，可以将租赁分为经营性租赁和融资性租赁两大类。如果出租人实质上将与租赁资产所有权有关的风险和报酬转移给承租人，那么这种租赁则为融资性租赁；反之，为经营性租赁。

经营性租赁租入的固定资产的增加不能记入正式会计账簿，但应在备查簿中进行登记，租入企业不能计提折旧及减值准备。融资租赁的固定资产，应作为企业自有固定资产进行管理与核算，同时计提折旧及减值准备。

5. 接受捐赠的固定资产

通过接受捐赠获得的固定资产，如果有相关凭证，按照凭证上标明的金额与应支付相关税费的合计数确定账面价值；如果没有相关凭证，按照同类或类似固定资产的市场价格估计金额或预计未来现金流量现值与应支付相关税费的合计数确定账面价值。

6. 盘盈盘亏的固定资产

为了限制企业利用盘盈固定资产来操纵利润，我国现行企业会计准则及其应用指南要求企业对固定资产盘盈比照会计差错进行账务处理。盘盈的固定资产待报经批准处理后，应作为企业以前年度的差错计入“以前年度损益调整”科目。

盘亏的固定资产应通过“待处理财产损溢——待处理固定资产损溢”科目进行核算。

固定资产盘亏时，应及时办理固定资产注销手续，按盘亏固定资产的账面价值，借记“待处理财产损溢——待处理非流动资产损溢”科目，按已提折旧额，借记“累计折旧”科目，按其原价，贷记“固定资产”科目。涉及增值税和递延所得税的，还应按照相关规定处理。

三、固定资产折旧

固定资产折旧是指在固定资产使用寿命内，按照确定的方法对应计折旧额进行系统分摊。固定资产折旧的过程，实际上是一个持续的成本分配过程，并不是为了计算固定资产的净值。

（一）影响因素

（1）原始价值。以原始价值作为计算折旧的基数，可以使折旧的计算建立在客观的基础上，不容易受会计人员主观因素的影响。

（2）预计净残值。我国企业所得税法规定了固定资产净残值比例标准，即固定资产净残值比例应在其原价的5%以内，具体比例由企业自行确定。

（3）预计使用年限。固定资产的使用年限取决于固定资产的使用寿命。

应计提折旧总额 = 固定资产原值 - 预计净残值（预计残值收入 - 预计清理支出）

（二）折旧范围

我国现行会计准则规定：除已提足折旧但仍继续使用的固定资产和按规定单独估价作为固定资产入账的土地外，企业应对所有固定资产计提折旧。

（三）折旧方法

固定资产折旧方法是将应计提折旧总额在固定资产各使用期间进行分配时所采用的具体计算方法。折旧方法的选用将直接影响应提折旧总额在固定资产各使用年限之间的分配结果，从而影响各年的净收益和所得税。固定资产折旧方法一经确定，不得随意变更，如需变更，应按规定的程序报经批准后备案，并在会计报表附注中予以说明。其变更应在年终通过对影响折旧计算因素进行复核的基础上进行。

常用的固定资产折旧计算方法可以分为两类：直线法和加速折旧法。直线法是指按照时间或完成的工作量平均计提折旧的方法，主要包括年限平均法和工作量法。加速折旧法又称递减折旧费用法，是指固定资产折旧费用在使用早期提得较多，在使用后期提得较少，以使固定资产的大部分成本在使用早期尽快得到补偿，从而相对加快折旧速度的一种计算折旧的方法。我国会计准则规定企业可用双倍余额递减法和年数总和法。

为了简化折旧计算工作，月折旧额一般按年折旧额除以12计算。

1. 年限平均法

年限平均法也称直线法或固定费用法，它是以固定资产预计使用年限为分摊标准，将固定资产的应提折旧总额平均分摊到使用各年的一种折旧方法。

年折旧额 = （原始价值 - 预计净残值） ÷ 预计使用年限

年折旧率 = 年折旧额 ÷ 原始价值 × 100% = （1 - 预计净残值率） ÷ 预计使用年限 × 100%

月折旧率 = 年折旧率 ÷ 12

年限平均法计算过程简单方便，易理解且在会计实务中应用最广泛。但年限平均法只注重固定资产的使用时间，忽视了使用情况。

【例 5 - 3】某企业某项固定资产原值为 700000 元，预计净残值率为 4%，预计使用年限为 10 年，采用年限平均法计提折旧。其折旧率和月折旧额计算如下：

工作量法年折旧率 = （1 - 4%） ÷ 10 = 9.6%

工作量法月折旧率 = 9.6% ÷ 12 = 0.8%

工作量法月折旧额 = 700000 × 0.8% = 5600（元）

2. 工作量法

工作量法称变动费用法，是以固定资产预计可完成的工作总量为分摊标准，根据各年实际完成的工作量计算折旧的一种方法。工作量法也被归类为直线法。

工作量法计算折旧的过程是分两个步骤来完成的：

单位工作量折旧额 = 原始价值 × （1 - 预计净残值率） ÷ 预计工作量总额

年折旧额 = 某年实际完成工作量 × 单位工作量折旧额

工作量法比较简单实用，体现了收入与费用相配比的原则。但工作量法在固定资产不使用时就不提折旧，并不合理，同时其采用一致的单位工作量折旧额，实际上这一数值在各期是不一样的。

此方法适用于使用情况很不均衡，使用的季节性较为明显的大型机器设备、大型施工机械以及运输单位或其他企业专业车队的客、货运汽车等。

【例 5 - 4】某企业运输汽车一辆，原值为 300000 元，预计净残值率为 4%，预计行驶总里程为 800000 千米。该汽车采用工作量法计提折旧。某月该汽车行驶 6000 千米。该汽车的单位工作量折旧额和该月折旧额计算如下：

单位工作量折旧额 = 300000 × （1 - 4%） ÷ 800000 = 0.36（元/千米）

月折旧额 = 0.36 × 6000 = 2160（元）

3. 双倍余额递减法

双倍余额递减法是以双倍的直线折旧率作为加速折旧率，乘以各年初固定资产账面净值计算各年折旧额的一种方法。计算公式如下：

双倍直线折旧率 = 2 ÷ 预计使用年限 × 100%

固定资产年折旧额 = 固定资产期初净值 × 双倍直线折旧率

固定资产月折旧额 = 固定资产年折旧额 ÷ 12

最初计算折旧时并没有考虑固定资产净残值，但在固定资产最后处置时，其账面净值按要求仍不得低于固定资产净残值，要做到这一点，就必须对固定资产使用到期前的剩余几年的折旧额进行调整。在会计实务中，现行会计准则规定，为简化折旧的计算，在固定资产预计使用年限到期前两年，就要进行方法的转换，将未提足的折旧平均提取。

按照现行会计准则的规定，折旧计算的加速要求应当按“月”予以体现。

【例 5 -5】 某企业某项固定资产原值为 60000 元，预计净残值为 2000 元，预计使用年限为 5 年。该项固定资产采用双倍余额递减法计提折旧。年折旧率及各年折旧额计算如表 5 - 1 所示。

表 5 - 1　折旧计算表

（双倍余额递减法）　　单位：元

年	期初净值	年折旧率（%）	年折旧额	累计折旧额	期末净值额
1	60000	40	24000	24000	36000
2	36000	40	14400	38400	21600
3	21600	40	8640	47040	12960
4	12960		5480	52520	7480
5	7480		5480	58000	2000

4. 年数总和法

年数总和法是指按固定资产应计提折旧总额和某年尚可使用年数占各年尚可使用年数总和的比重（即年折旧率）计提折旧的方法。各年尚可使用年数总和（以下简称年数总和），是一个以预计使用年限为初项和项数、级差为 - 1 的等差数列。其年折旧率和年折旧额的计算公式如下：

$$各年折旧率 = \frac{折旧当年年初固定资产尚可使用年数}{各年年初固定资产尚可使用年数的总和}$$

$$= \frac{预计使用年限 - 已使用年数}{预计使用年限 \times （预计使用年限 + 1）/2}$$

各年折旧额 = 应计提折旧数 × 各年折旧率

【例 5 -6】 某企业某项固定资产原值为 60000 元，预计净残值为 3000 元，预计使用年限为5年。该项固定资产按年数总和法计提折旧。各年折旧率和折旧额计算如表5-2所示。

年数总和=5+4+3+2+1=15

表5-2 折旧计算表

（年数总和法）　　单位：元

年	应计提折旧总额	年折旧率	年折旧额	累计折旧
1	60000-3000=57000	5/15	19000	19000
2	57000	4/15	15200	34200
3	57000	3/15	11400	45600
4	57000	2/15	7600	53200
5	57000	1/15	3800	57000

（四）固定资产折旧的核算

在会计实务中，企业一般都是按月计提固定资产折旧的。

月份内开始使用的固定资产，当月不计提折旧，从下月起计提折旧；月份内减少或停用的固定资产，当月仍计提折旧，从下月起停止计提折旧。

固定资产的折旧费用应根据固定资产的受益对象分配计入有关的成本或费用。企业管理部门使用的固定资产、未使用的固定资产计提管理费用；生产部门使用的固定资产计提制造费用；专设销售机构使用的固定资产计提销售费用；经营性出租的固定资产计提其他业务成本；自行建造固定资产过程中使用的固定资产计提在建工程成本。

四、固定资产的后续支出

固定资产后续支出是指固定资产在投入使用以后期间发生的与固定资产使用效能直接相关的各种支出，如固定资产的增置、改良与改善、换新、修理、重新安装等业务发生的支出。

（一）增置

增置是指固定资产总体数量的增加，包括添置全新的资产项目和对原有资产项目进行改建、扩建、延伸、添加、补充等。这主要表现在对原有固定资产进行实物的添加。

由于增置需要追加固定资产投资，因此，在会计概念上就将这项追加的投资看作固定资产使用中增加的一项资本性支出。

新增固定资产在会计处理上和重置固定资产并无区别，因而不构成新的会计问题。

扩建固定资产则存在扩建后的固定资产如何计价的问题。在会计实务中采取了一种变通的做法，即将拆除部分残料的实际变价收入视同为拆除部分的账面价值，从固定资产价值中减除。

（二）改良与改善

改良与改善是对现有固定资产质量的改进，目的是提高固定资产的适用性或使用效能，改良与改善的特征对比如表 5 – 3 所示。例如，零售商店为吸引客户而重新装修门面，工厂为提高资产的技术性能和使用效率而改造设备装置等。改良与改善在性质上并无区别，只是对资产质量的提高程度不同而已。

表 5 – 3　改良与改善对比

	对资产质量的影响	所需支出	会计处理
改良	较大改进	较大	作为资本性支出，增加有关固定资产的价值
改善	程度有限	较小	作为收益性支出，直接计入当期损益

（三）换新

换新是指以新的资产单元或部件替换废弃的资产单元或部件。换新从性质上来说是对资产质量的恢复，而不是对资产质量的提高。会计处理如下：

资产单元换新，将替换下来的旧资产单元成本从有关资产中减除，代之以新资产单元的成本。

部分换新，在会计处理上可与固定资产修理一并进行。大量换新可视同大修理进行核算；零星换新可视同日常修理进行核算。

（四）修理

固定资产的修理按其修理范围大小、费用支出多少、修理间隔时间长短等，分为日常修理和大修理两种。固定资产进行的日常修理和大修理，在发生的当期按照固定资产的受益对象分别计入有关成本和费用中，不再进行资本化处理。如果有确凿的证据表明大修理费用符合固定资产确认的条件，可以计入固定资产的成本，即可以将支出资本化。

（五）重安装

先将初始安装成本的账面净值从有关资产价值中减除，并作为该项资产的废弃损失，计入管理费用，然后代之以重安装成本。

重安装成本一般包括拆除地基、搬运机器以及新建地基等支出。如果固定资产的有关记录不能提供初始安装成本的数额，可按一定的方法加以合理估计，以防止重复计算其安装成本。

【例5－7】某企业改建机器设备一台，改建前的原值为100000元，预计使用年限为10年，预计净残值为5000元，已使用8年，采用年限平均法计提折旧；该项机器设备采用出包方式进行改建，用银行存款支付改建工程款30000元，增值税3900元；改建机器设备拆除部件的残料计价2000元入库；工程完工后，延长使用年限2年，预计净残值提高到6000元。根据以上资料，编制会计分录如下：

（1）将改建前的固定资产原值及累计折旧注销，将其净值转作在建工程。

累计折旧＝（100000－5000）×8÷10＝76000（元）

净值＝100000－76000＝24000（元）

借：在建工程　　24000

　　累计折旧　　76000

　贷：固定资产　　100000

（2）用银行存款支付改建工程款30000元，增值税3900元。

借：在建工程　　30000

　　应交税费——应交增值税（进项税额）　　3900

　贷：银行存款　　33900

（3）拆除部件的残料计价2000元入库。

借：原材料　　2000

　贷：在建工程　　2000

（4）改建工程完工，全部工程成本52000元（24000＋30000－2000）计入固定资产原值。

借：固定资产　　52000

　贷：在建工程　　52000

（5）改建后第9～12年的各年折旧额计算。

改建后的年折旧额＝（52000－6000）÷4＝11500（元）

五、固定资产的处置

（一）固定资产处置的含义及业务内容

固定资产处置是指由于各种原因使企业固定资产退出生产经营过程中所做的处理活动。

满足下列条件之一的固定资产应当予以终止确认：

第一，该固定资产处于处置状态。

第二，该固定资产预期通过使用或处置不能产生经济利益。

（二）固定资产处置的核算

企业应设置“固定资产清理”科目核算固定资产的处置损益。

1. 固定资产出售

企业的固定资产出售时，首先应计算其账面价值。固定资产账面价值应根据固定资产原值减去累计折旧和固定资产减值准备计算。企业出售固定资产后，其原值和累计折旧应予以注销（如果已计提固定资产减值准备，则计提的减值准备也应一并注销），账面价值转入“固定资产清理”科目。结转出售固定资产账面价值、累计折旧和固定资产减值准备时，应按其账面价值借记“固定资产清理”科目，按累计折旧借记“累计折旧”科目；按已提固定资产减值准备借记“固定资产减值准备”科目；按原值贷记“固定资产”科目。

企业出售固定资产的收入大于固定资产净值、清理费用之和的差额为清理净收益，应作为资产处置收益，借记“固定资产清理”科目，贷记“资产处置损益”科目；出售固定资产的收入小于固定资产账面价值、清理费用之和的差额为清理净损失，作为资产处置损失，借记“资产处置损益”科目，贷记“固定资产清理”科目。经过上述结转后，“固定资产清理”科目没有余额。需要说明的是，资产处置损益属于营业利润的组成部分。企业出售固定资产，视为日常经营活动，因此其净损益计入资产处置损益。

【例5－8】某企业某项机器设备出售，原值为50000元，累计折旧为30000元，未计提固定资产减值准备，清理过程中用现金支付清理费用150元，取得出售价款22000元，增值税额2860元存入银行。根据以上资料，编制会计分录如下：

注销机器设备原值和累计折旧：

借：固定资产清理	20000	
累计折旧	30000	
贷：固定资产		50000

支付清理费用，未取得增值税专用发票：

借：固定资产清理	150	
贷：库存现金		150

收取价款和增值税：

借：银行存款	24860	
贷：固定资产清理		22000

应交税费——应交增值税（销项税额） 2860

结转机器设备清理净损益：

机器设备清理净收益 = 22000 - 20000 - 150 = 1850（元）

借：固定资产清理 1850

贷：资产处置损益 1850

2. 固定资产报废

固定资产报废有到期正常报废、提前报废和超龄使用后报废三种情况。无论是何种情况的报废，其损益的计算方法是一样的。

固定资产报废损益 = 固定资产的残料变价收入 - 固定资产账面价值 - 发生的清理费用

固定资产报废的核算方法与出售的核算方法基本相同，均需要通过"固定资产清理"科目进行核算。不同之处在于，固定资产报废不属于日常经营活动，因此其净损益应计入营业外收入或营业外支出。

3. 固定资产盘亏

如果通过清查发现账簿记录的企业拥有固定资产的实物并不存在，那么实物并不存在的固定资产，在会计上则被称为盘亏。

发现盘亏的固定资产，在未报经批准处理前，要先按账面原价和累计折旧及时予以注销，其净值记入"待处理财产损溢——待处理固定资产损溢"科目；待报经批准处理后，再将净值转入"营业外支出——固定资产盘亏"科目。

第二节 无形资产

一、无形资产概述

（一）含义及特征

无形资产是指企业拥有或者控制的没有实物形态，且为企业带来多少经济利益具有较大不确定性的可辨认经济资源。

无形资产需具备以下四项特征：一是无实体性，这是与固定资产等具有实物形态的资产相对而言的。二是长期性，一般来说，无形资产使用年限应在 1 年以上，这主要是与应收账款等没有实物形态的流动资产相对而言的。三是不确定性，无形资产能为企业带来多少未来的经济利益具有较大的不确定性。这主要是与长期投资等既没有实物形态又能在较长时期内供企业使用的资产相对而言的。四是可辨认性，无形资产能够单独确认，可用于出售、转移、授予许可、租赁或者交换。这主要是与商誉等不可辨认经济资源相对而言的。

（二）无形资产的分类

无形资产按照不同的标准，可以分为不同的类别。

1. 按经济内容分类

无形资产按经济内容分类可分为专利权、非专利技术、商标权、著作权、土地使用权、特许权等。

专利权是指经国家专利管理机关审定并授予发明者在一定年限内对其成果的制造、使用和出售的专门权利。它一般包括发明专利权、实用新型专利权和外观设计专利权等。专利权受法律保护。

非专利技术是指发明者未申请专利或不够申请专利的条件而未经公开的先进技术，包括先进的生产经验、先进的技术设计资料以及先进的原料配方等。非专利技术不需到有关管理机关注册登记，只靠少数技术持有者采用保密方式维持其独占性。

商标权是指企业拥有的在某类指定的商品上使用特定名称或图案的权利。商标经商标管理机关核准后，成为注册商标，受法律保护。

著作权也称为版权，是指著作者或文艺作品创作者以及出版商依法享有的在一定年限内发表、制作、出版和发行其作品的专有权利。著作权受法律保护，未经著作权所有者许可或转让，他人不得占有和行使。

土地使用权是指企业经国家土地管理机关批准享有的在一定期间内对国有土地开发、利用和经营的权利。在我国，土地归国家所有，任何单位或个人只能拥有土地使用权，没有土地所有权。

特许权是指企业经批准在一定区域内，以一定的形式生产经营某种特定商品的权利。特许权可以是政府授予的，也可以是某单位或个人授予的。

2. 按来源途径分类

无形资产按来源途径分类可分为外来无形资产和自创无形资产。

外来无形资产是指企业用货币资金或可以变现的资产从国内外科研单位及其他企业购进的无形资产以及接受投资或接受捐赠形成的无形资产。

自创无形资产是指企业自行开发、研制的无形资产。

3. 按经济寿命期限分类

无形资产按是否具备确定的经济寿命期限，可以分为期限确定的无形资产和期限不确定的无形资产。

期限确定的无形资产是指在有关法律中规定有最长有效期限的无形资产。

期限不确定的无形资产是指没有相应法律规定其有效期限，其经济寿命难以预先准确估计的无形资产，如非专利技术。

二、无形资产的确认与初始计量

（一）无形资产确认

企业取得的无形资产，只有在其产生的经济利益很可能流入企业且其成本能够可靠计量的情况下才能加以确认。

（二）无形资产初始计量

1. 购入一般无形资产

企业购入无形资产的实际成本，包括购买价款、相关税费以及直接归属于使该项资产达到预定用途所发生的如律师费、咨询费、公证费、鉴定费、注册登记费等其他支出。

【例5－9】企业购入一项专利权，双方协商确认的不含增值税的价值为600000元，增值税为36000元，以银行存款支付。根据以上资料，编制会计分录如下：

借：无形资产	600000	
应交税费——应交增值税（进项税额）	36000	
贷：银行存款		636000

2. 购入土地使用权

根据不同情况，将土地使用权分别进行确认：

企业购入的用于非房屋建筑物的土地使用权，应单独确认为无形资产，在使用期限内分期摊销。

企业购入的用于房屋建筑物的土地使用权，由于土地使用权和房屋建筑物的使用年限不同，也应单独确认为无形资产，不计入房屋建筑物成本；土地使用权和房屋建筑物成本在使用期限内应分别摊销和计提折旧。

企业购入房屋建筑物实际支付价款中包含的土地使用权价值，应采用合理的方法将其从支付的全部价款中分离出来，单独确认为无形资产；如果无法合理将其进行分离，则应计入房屋建筑物成本。

房地产开发企业购入用于建造对外出售房屋建筑物的土地使用权，应计入房屋建筑物等存货成本，不确认为无形资产。

已出租的土地使用权和持有并准备增值后转让的土地使用权，确认为投资性房地产。

3. 自行研究开发无形资产

企业自行研究开发项目的支出，应当区分研究阶段支出与开发阶段支出。研究是指为获取并理解新的科学或技术知识而进行的独创性的有计划调查。开发是指在进行商业性生产或使用前，将研究成果或其他知识应用于某项计划或设计，以生产出新的或具有实质性改进的材料、装置、产品等。

研究阶段的特点在于其属于探索性的过程，是为了进一步的开发活动进行资料及相关方面的准备。从已经进行的研究活动来看，将来是否能够转入开发、开发后是否会形成无形资产等具有较大的不确定性。为此，企业研究阶段发生的支出，应予以费用化。

企业应根据自行研究开发项目在研究阶段发生的支出，计：

借：研发支出——费用化支出

　贷：有关科目

期末应根据发生的全部研究支出，计：

借：管理费用

　贷：研发支出——费用化支出

开发阶段特点是完成了研究阶段的工作，在很大程度上形成一项新产品或新技术的基本条件已经具备。企业自行研究开发项目在开发阶段发生的支出，同时满足下列条件的应当确认为无形资产：完成该无形资产以使其能够使用或出售在技术上具有可行性；具有完成该无形资产并使用或出售的意图；无形资产产生经济利益的方式，包括能够证明运用该无形资产生产的产品存在市场或无形资产自身存在市场，无形资产将在内部使用的，应当证明其有用性；有足够的技术、财务资源和其他资源支持，以完成该无形资产的开发，并有能力使用或出售该无形资产；归属于该无形资产开发阶段的支出能够可靠地计量。

企业开发阶段发生的应予以资本化支出，计：

借：研发支出——资本化支出

　贷：有关科目

在确认无形资产时，应根据发生的全部开发支出，计：

借：无形资产

　贷：研发支出——资本化支出

企业开发阶段发生的不应予以资本化支出，应作为费用化支出处理。企业取得的仍处于研究阶段的无形资产，在取得后发生的支出也应当按照上述规定处理。无法区分研究阶段支出和开发阶段支出的，应当将其所发生的研发支出全部费用化。

三、无形资产摊销

（一）无形资产的摊销期限

1. 使用寿命有限的无形资产

如果无形资产的使用寿命是有限的，则应估计该使用寿命的年限或者构成使用寿命的产量等类似计量单位数量；使用寿命有限的无形资产，其应摊销金额应当在使用寿命内系统合理摊销。

如果预计使用寿命超过了相关合同规定的受益年限或法律规定的有效年限，无形资产的摊销期限，一般按下列原则确定：合同规定了受益年限，而法律未规定有效年限，摊销年限以合同规定的受益期限为上限；合同未规定受益年限，而法律规定了有效年限，摊销年限以法定有效年限为上限；合同规定了受益年限，法律也规定了有效年限，摊销年限以受益年限与有效年限中较短者为上限。

2. 使用寿命不确定的无形资产

无法预见无形资产为企业带来经济利益期限的，应当视为使用寿命不确定的无形资产。使用寿命不确定的无形资产不应摊销，应于期末进行减值测试。

（二）无形资产的摊销方法

无形资产的摊销方法，应当反映与该项无形资产有关的经济利益的预期实现方式，可以采用年限平均法、产量法、双倍余额递减法和年数总和法等。无法可靠确定预期实现方式的，应当采用年限平均法摊销。

无形资产的应摊销金额为其成本扣除预计残值后的金额。已计提减值准备的无形资产，还应扣除已计提的无形资产减值准备累计金额。

使用寿命有限的无形资产，如果有第三方承诺在无形资产使用寿命结束时购买该无形资产，或可以根据活跃市场得到预计残值信息，并且该市场在无形资产使用寿命结束时很可能存在，则可以预计其净残值；否则，其残值应当视为零。

为了分别反映无形资产的原始价值和累计摊销额，应设置“累计摊销”这一备抵科目。摊销无形资产价值时，应借记“管理费用”“制造费用”“其他业务成本”等科目，贷记“累计摊销”科目。

四、无形资产处置

（一）无形资产出售

无形资产的出售是指将无形资产的所有权让渡给他人。即在出售以后，企业不再对该项无形资产拥有、占用、使用、收益、处置的权利。企业出售无形资产收取的价款，不属于营业收入。企业出售无形资产时，应将出售所得的价款扣除相关税费和该项无形资产账面价值后的差额，确认为当期损益。

借：银行存款
　　累计摊销
　　无形资产减值准备
　贷：无形资产
　　　应交税费
　　　营业外收入（或借方营业外支出）

（二）无形资产报废

无形资产报废是指无形资产由于已被其他新技术所代替或不再受法律保护等原因，预期不能为企业带来经济利益而进行的处置。无形资产报废时：

借：营业外支出
　　累计摊销
　　无形资产减值准备
　贷：无形资产
　　　应交税费

第三节　投资性房地产

一、投资性房地产概述

投资性房地产是指为赚取租金或资本增值，或两者兼有而持有的房地产。主要包括已出租的建筑物、已出租的土地使用权、持有并准备增值后转让的土地使用权等。

二、投资性房地产的确认与初始计量

企业取得的投资性房地产，不论是外购还是自行建造或开发，均应按照取得成本进行初始计量。其取得成本的确认与计量方法与取得固定资产或无形资产的方法相同。

借：投资性房地产——成本
　贷：银行存款

三、投资性房地产的出租收入

投资性房地产对外出租取得的出租收入，属于其他业务收入。

企业取得出租收入时，应根据收取的全部价款，借记“银行存款”等科目；根据确认的收入金额，贷记“其他业务收入”科目；根据收取的增值税额，贷记“应交税费——应交增值税（销项税额）”科目。

四、投资性房地产的后续计量

投资性房地产的计量模式有成本模式和公允价值模式。一个企业的投资性房地产只能采用一种计量模式，计量模式一经确定，不得随意变更。

（一）成本模式

采用成本模式计量的投资性房地产比照固定资产或无形资产对已出租的建筑物或土地使用权进行计量，并计提折旧或摊销。

借：其他业务成本

　贷：投资性房地产累计折旧（摊销）

如果投资性房地产存在减值迹象，应当进行减值测试，计提相应的减值准备。

借：资产减值损失

　贷：投资性房地产减值准备

（二）公允价值模式

采用公允价值模式计量的投资性房地产，应当同时满足以下条件：①投资性房地产所在地有活跃的房地产交易市场，投资性房地产可以在房地产交易市场中直接交易；②企业能够从房地产交易市场上取得同类或类似房地产的市场价格及其他相关信息，从而对投资性房地产的公允价值做出科学合理的估计。

采用公允价值模式计量的投资性房地产，不计提折旧或摊销。资产负债表日，应以投资性房地产的公允价值为基础，对其账面价值进行调整，差额计入当期损益，借记或贷记“投资性房地产——公允价值变动”科目，贷记或借记“公允价值变动损益”科目。

（三）成本模式转换为公允价值模式

首先，应将以前年度和当年计提的折旧和摊销予以冲销，将投资性房地产的账面价值还原为初始成本。当年计提的折旧摊销冲销其他业务成本，借记“投资性房地产累计折旧（摊销）”科目，贷记“利润分配——未分配利润”和“其他业务成本”科目。其次，将投资性房地产初始成本按照变更日当年年初的公允价值进行调整，借记或贷记“投资性房地产——公允价值变动”科目，贷记或借记“利润分配——未分配利润”科目。最后，将投资性房地产变更日当年年初的公允价值调整为变更日的公允价值，借记或贷记“投资性房地产——公允价值变动”科目，贷记或借记“公允价值变动损益”科目。

如果将投资性房地产由成本模式计量转为公允价值模式计量，属于会计政策变更，需要进行追溯调整。已采用公允价值模式计量的投资性房地产，不得从公允价值模式转为成本模式。

五、投资性房地产的转换

（一）其他资产转换为投资性房地产

企业将作为存货的房地产改用于出租，或将自用的土地使用权改用于出租或资本增值，或将自用房屋建筑物改用于出租时，应将上述资产转换为投资性房地产。

1. 投资性房地产采用成本模式计量

在成本模式下，企业应将其他资产转换前的账面价值作为转换后投资性房地产的入账价值，其中，原始价值、累计折旧、累计摊销应分别进行结转，借记“投资性房地产”“累计折旧”“累计摊销”科目，贷记“固定资产”“无形资产”“库存商品”“投资性房地产累计折旧（摊销）”等科目。如果其他资产发生减值，计提的减值准备也应一并结转。

2. 投资性房地产采用公允价值模式计量

自用房地产或存货转换为采用公允价值模式计量的投资性房地产时，应将转换当日的公允价值作为投资性房地产的入账价值。转换当日的公允价值小于原账面价值的，其差额计入当期损益，借记“投资性房地产”“累计折旧”“累计摊销”“公允价值变动损益”等科目，贷记“固定资产”“无形资产”“库存商品”等科目；转换当日的公允价值大于原账面价值的，其差额计入其他综合收益，借记“投资性房地产”“累计折旧”“累计摊销”等科目，贷记“固定资产”“无形资产”“库存商品”“其他综合收益”等科目。如果其他资产发生过减值，计提的减值准备也应一并结转。

（二）投资性房地产转换为其他资产

企业的投资性房地产转为自用，应将投资性房地产转换为其他资产。

1. 投资性房地产采用成本模式计量

在成本模式下，企业应将投资性房地产转换前的账面价值作为转换后其他资产的入账价值，其中，原始价值、累计折旧、累计摊销应分别进行结转，账务处理与其他资产转换为投资性房地产相反。

2. 投资性房地产采用公允价值模式计量

采用公允价值模式计量的投资性房地产转换为自用房地产时，应当以其转换当日的公允价值作为自用房地产的入账价值，公允价值与原账面价值的差额计入当期损益，借记“固定资产”“无形资产”等科目，贷记“投资性房地产”科目，借记或贷记“公允价值变动损益”科目。

六、投资性房地产处置

投资性房地产处置是指投资性房地产的出售或报废。企业在出售投资性房地产或投资性房地产永久退出使用且预计不能从其处置中取得经济利益时，应当终止确认该项投资性房地产。按照企业会计准则的规定，出售投资性房地产的收入确认为营业收入。

（一）采用成本模式计量的投资性房地产处置

记录处置收入：

借：银行存款（实际收到的金额）

  贷：其他业务收入

记录应交纳的税费：

借：营业税金及附加

  贷：应交税费

结转处置成本：

借：其他业务成本

  投资性房地产累计折旧（摊销）

  投资性房地产减值准备

  贷：投资性房地产

（二）采用公允价值模式计量的投资性房地产处置

记录处置收入：

借：银行存款（实际收到的金额）

  贷：其他业务收入

记录应交纳的税费：

借：营业税金及附加

  贷：应交税费

结转投资性房地产的账面余额：

借：其他业务成本

贷：投资性房地产——成本

——公允价值变动（也可能在借方）

将累计公允价值变动转入其他业务成本：

借或贷：公允价值变动损益

借或贷：其他业务成本

【例5－10】某企业2017年12月31日购入一栋房屋，以银行存款支付买价30000000元，增值税2700000元，合计32700000元，作为管理用房使用，采用年限平均法计提折旧，预计使用年限为50年，预计净残值为0。2019年6月30日，该企业将房屋的用途改为出租，并以公允价值模式计量，当日的公允价值（不含增值税，本例下同）为32000000元。2019年下半年，该企业收交取租金1000000元，增值税90000元；2019年12月31日，该房屋的公允价值为34000000元。2020年1月10日，该企业将房屋出售，收取价款32400000元，增值税2916000元，合计35316000元，存入银行。根据以上资料，编制有关会计分录如下：

（1）2017年12月31日购入房屋时：

借：固定资产	30000000	
应交税费——应交增值税（进项税额）	2700000	
贷：银行存款		32700000

（2）2018年1月至2019年6月计提房屋折旧时（为了简化举例，汇总编制会计分录）：

年折旧额＝30000000÷50＝600000（元）

累计折旧＝600000×1.5＝900000（元）

借：管理费用	900000	
贷：累计折旧		900000

（3）2019年6月30日将固定资产转换为投资性房地产时：

公允价值大于账面价值的差额＝32000000－（30000000－900000）

＝2900000（元）

借：投资性房地产——成本	32000000	
累计折旧	900000	
贷：固定资产		30000000
其他综合收益		2900000

（4）收取2019年下半年租金时：

借：银行存款	1090000	

贷：其他业务收入　　1000000

应交税费——应交增值税（销项税额）　　90000

（5）2019 年 12 月 31 日调整投资性房地产公允价值时：

公允价值变动 = 34000000 − 32000000 = 2000000（元）

借：投资性房地产——公允价值变动　　2000000

贷：公允价值变动损益　　2000000

（6）2020 年 1 月出售投资性房地产时：

①取得出售收入：

借：银行存款　　35316000

贷：其他业务收入　　32400000

应交税费——应交增值税（销项税额）　　2916000

②结转出售成本：

借：其他业务成本　　34000000

贷：投资性房地产——成本　　32000000

——公允价值变动　　2000000

③结转公允价值变动损益：

借：公允价值变动损益　　2000000

贷：其他业务成本　　2000000

④结转原计入其他综合收益的金额：

借：其他综合收益　　2900000

贷：其他业务成本　　2900000

第四节　其他非流动资产

非流动资产是指超过 1 年或一个营业周期以上变现或耗用的资产，具有占用资金多、周转速度慢等特点。

第四章和本章前三节已经对非流动资产中的长期股权投资、固定资产、无形资产和投资性房地产等进行了介绍。此外，非流动资产还包括长期待摊费用、长期应收款、商誉等。

一、长期待摊费用

长期待摊费用是指企业已经支出，但摊销期限在1年以上（不含1年）的各项费用。长期待摊费用包括开办费、固定资产修理支出、租入固定资产的改良支出及摊销期限在一年以上的其他待摊费用（不再包括开办费、固定资产修理支出）。长期待摊费用不能全部计入当年损益，应当在以后年度内分期摊销，包括租入固定资产的改良支出及摊销期限在一年以上的其他待摊费用。

企业发生的长期待摊费用，借记“长期待摊费用”科目，贷记“银行存款”“原材料”等科目。摊销长期待摊费用，借记“管理费用”“销售费用”等科目，贷记“长期待摊费用”科目。新会计准则规定，开办费和修理费均一次性计入当期损益，不再通过“长期待摊费用”科目核算。

二、长期应收款

长期应收款是指企业融资租赁产生的应收款项和采用递延方式分期收款、实质上具有融资性质的销售商品和提供劳务等经营活动产生的应收款项。

企业应设置“长期应收款”科目进行核算。企业发生长期应收款时借记“长期应收款”科目，贷记“主营业务收入”等科目。企业收回长期应收款时借记“银行存款”等科目，贷记“长期应收款”科目。“长期应收款”科目的期末借方余额，反映企业尚未收回的长期应收款。

三、商誉

商誉是指能在未来期间为企业经营带来超额利润的潜在经济价值，或一家企业预期的获利能力超过可辨认资产正常获利能力（如社会平均投资回报率）的资本化价值。商誉是企业整体价值的组成部分。在企业合并时，它是购买企业投资成本超过被合并企业净资产公允价值的差额。

商誉的经济含义是企业收益水平与行业平均收益水平差额的资本化价格。它是由顾客形成的良好声誉、企业管理卓著、经营效率较好、生产技术的垄断以及地理位置的天然优势所产生的。

商誉可以由自创和外购两种方式产生。这两种商誉的会计处理方式大不一样。从国际上大部分国家的管理来看，对于本企业自创的商誉，一般不予确认，在企业合并中，对于购买法下的外购商誉，一般予以确认；对于权益结合法下的外购商誉，一般不予确认。目前，对于自创商誉的确认还没有明确规定，其计量问题也无从规定。所以，目前规定的商誉的计量其实就是外购商誉的计量问题。

第六章　负债与所有者权益

章前案例

天宝股份（002220）2014 年 10 月 12 日晚间发布定增预案，公司拟非公开发行9200 万股，发行价格为 6.51 元/股，募集资金总额不超过 59892 万元，拟用于偿还银行贷款及补充公司流动资金，其中用于还银行贷款的金额达 4 亿元。公告称，公司股票将于 10 月 13 日复牌。

财报数据显示，天宝股份近四年时间的负债情况是：2011 年末、2012 年末、2013 年末及 2014 年 6 月末，公司的资产负债率（合并口径）分别为 39.65%、48.32%、53.78%和 56.77%，资产负债率持续走高。值得注意的是，一直以来，天宝股份主要通过债务融资方式补充流动资金，财务费用负担较重。数据显示，截至 2014 年上半年，公司长短期借款及一年之内非流动负债总额近 20 亿元，偿债压力较大，面临较高的财务风险。按照公司预计，此次 4 亿元募集资金偿还银行贷款后，公司的资产负债率将由 56.77%下降到 44.42%。

有券商分析师表示，天宝股份主营业务所处的水产品加工行业，其经营模式为，公司从海洋捕捞公司或鱼类供应商购买原材料，需要预付部分货款，应收账款规模普遍较大。随着近年来宏观经济持续下行对水产品加工行业的影响不断加大，公司回款能力遭到削弱，银行还贷压力也加大，客观上造成这一类公司融资能力受到限制。

但他认为，单从天宝股份当前主营业务的现状来讲，其募集资金主要用于偿还银行贷款，这将有效确保公司后续融资渠道的畅通，进而转化为对公司主营业务拓展的提振。

对此，公司方面也表示，公司新增物流库（冷库）项目、新增冰激凌加工项目尚未建成，资本性支出需求较大。由于行业特点，公司承接和执行订单需要有大量的资金支持，营运资金需求量较大。本次募集资金到位后，将有效满足公司的资金需求，提高公司的核心竞争力。

资料来源：公告解读：天宝股份拟定增募资6亿元近7成用来还债[N/OL].中国证券报·中证网，2014－10－12.

第一节　流动负债

一、流动负债概述

（一）流动负债概念

负债是指企业过去的交易或者事项形成的、预期会导致经济利益流出企业的现时义务。流动负债是指将在一年或者超过一年的一个营业周期内偿还的债务。主要包括短期借款、应付票据、应付账款、预收账款、应付职工薪酬、应交税费、应付利息、其他应付款等。

（二）流动负债分类

1. 按偿付手段分类

按照偿付手段分为货币性流动负债和非货币性流动负债。

货币性流动负债是指需要以货币资金偿还的流动负债，如短期借款、应付票据、应付账款、应付职工薪酬等。

非货币性流动负债是指不需要用货币偿还的流动负债，如预收账款、其他应付款中的某些项目等。

2. 按偿付金额分类

按偿付金额是否确定分为金额确定的流动负债和金额需要估计的流动负债。

金额确定的流动负债是指负债已经形成，是企业必须履行的一项义务。如短期借款、应付票据、应交税费、应付职工薪酬等。

金额需要估计的流动负债是指没有确切的债权人和偿付日期，或虽有确切的债权人和偿付日期，但偿付金额需要估计的流动负债。包括没有取得结算凭证的应付账款和预计负债等。结算凭证尚未到达材料已经入库的存货，应在月末按暂估价入账；预计负债、或有负债是指企业在与或有事项相关的义务符合一定条件时估计入账的债务。

3. 按负债形成原因分类

按照负债形成原因分为融资活动形成的流动负债和经营活动形成的流动负债。

融资活动形成的流动负债主要是指从银行和其他金融机构借入的短期借款。如人民币短期借款、外币短期借款等。

经营活动形成的流动负债是指在正常的经营活动中形成的流动负债。如应付账款、应付票据、应交税费、应付职工薪酬等。

（三）流动负债计价

负债是企业未来应偿付的一项义务，应按未来应付金额的现值计价。但因流动负债是不超过一年的负债，未来应付的金额与贴现值相差不多，按照重要性原则其差额可忽略不计，故流动负债一般按照业务发生时的金额计价。

二、短期借款

（一）短期借款概念

短期借款是指企业从银行或其他金融机构借入的偿还期在一年以内（含一年）的各种借款。

（二）短期借款核算

设置“短期借款”账户，该账户属于负债类账户，贷方记增加，登记从金融机构借入资金的数额，借方记减少，登记归还借款的数额，余额在贷方反映企业尚未归还的借款金额。

企业从银行或其他金融机构借入款项时，首先应签订借款合同，明确借款金额、借款利率、利息支付方式、还款方式和还款时间等。

【例6-1】 A企业4月1日从银行借入1年期借款800000元，年利率8%，每季度结息一次，不计复利。

（1）借入时：

借：银行存款　　800000

　贷：短期借款　　800000

（2）4～5月，根据权责发生制原则计算利息费用，每月作分录：

$800000 \times 8\% \div 12 \times 1 = 5333$（元）

借：财务费用　　5333

　贷：应付利息　　5333

（3）6月支付利息时：

$800000 \times 8\% \div 12 \times 3 = 16000$（元）

16000 - 5333 - 5333 = 5334（元）

借：应付利息　　10666

　　财务费用　　5334

　贷：银行存款　　16000

每季度支付利息时，重复上述分录。下一年，归还贷款时：

借：短期借款　　800000

　贷：银行存款　　800000

三、应付票据与应付账款

应付票据与应付账款是企业在正常的生产经营过程中因购买货物或接受劳务形成的流动负债。

（一）应付票据概念

应付票据是企业采用商业汇票结算方式延期付款购入货物或接受劳务形成的应付票据款。目前我国规定商业汇票的付款期最长为6个月。应付票据分为带息票据与不带息票据。

（二）应付票据核算

设置"应付票据"账户，该账户属于负债类账户，贷方记增加，登记开出的商业汇票增加额，借方记减少，登记已经归还的商业汇票款，余额在贷方反映尚未归还的商业汇票款。

1. 带息票据

带息票据是指债务人到期还款时，除了偿还面值金额以外还要偿还按面值和票面利率计算的利息。对利息的处理有两种方法：第一种是按期计提利息，即在每个会计期末，按面值和票面利率计算利息；第二种是在付款时将利息一并计算。

【例6-2】 A企业9月1日购买原材料一批，买价200000元，增值税34000元，材料已验收入库，经双方协商A企业出具一张商业承兑商业汇票，金额为234000元，票面利率为6%，期限6个月。

（1）票据交给供应商时：

借：原材料　　200000

　　应交税费——应交增值税（进项税额）　　34000

　贷：应付票据　　234000

（2）12月31日年度报表结账日，无论采用哪一种利息处理方法，根据权责发生制原则，都必须计提利息：

$234000\times6\%\div12\times4=4680$（元）

借：财务费用　　4680

　贷：应付票据——商业汇票利息　　4680

下一年 3 月 1 日应付票据到期时，A 企业有支付能力，作分录：

1 月 1 日至 3 月 1 日的利息 $=234000\times6\%\div12\times2=2340$（元）

借：应付票据　　234000

　　应付票据——商业汇票利息　　4680

　　财务费用　　2340

　贷：银行存款　　241020

（3）下一年 3 月 1 日应付票据到期时，A 企业无力支付票款，则该商业承兑汇票作废，可再开一张商业汇票，也可以用其他方式支付货款，或征得供应商的同意再延期一段时间支付货款。如果不再开新的商业汇票应将应付票据转为应付账款。

借：应付账款　　241020

　贷：应付票据　　241020

2. 不带息票据

不带息票据是指债务人到期还款时，只偿还票据面值，即票据的到期价值等于票据面值。

【例 6-3】A 企业 3 月 10 日购买钢材一批，买价 500000 元，增值税 85000 元，材料已验收入库，经协商 A 企业出具一张银行承兑商业汇票金额为 585000 元，期限 4 个月，A 企业将签发的汇票交银行，申请银行承兑，与银行签署协议后，银行在汇票上签字盖章，由银行承担第一付款责任。

（1）A 企业将汇票交与供应商时：

借：原材料　　500000

　　应交税费——增值税（进项税额）　　85000

　贷：应付票据　　585000

（2）7 月 10 日应付汇票到期时，A 企业有能力支付票款时：

借：应付票据　　585000

　贷：银行存款　　585000

（3）7 月 10 日应付票据到期时，A 企业无力支付票款，则银行无条件将票款支付给供应商，并根据协议将这笔票款算作 A 企业的逾期贷款：

借：应付票据　　585000

　贷：短期借款——逾期借款　　585000

（三）应付账款概念

应付账款是指企业因购买商品、材料或接受劳务供应等经营活动应支付给供应者的款项。应付账款与其他应付款不同，因购销活动或提供劳务而产生的应付未付款属于应付账款，因购销活动或提供劳务以外的事项而产生的应付款属于其他应付款。

（四）应付账款核算

设置"应付账款"账户，该账户属于负债类，贷方记增加，登记企业欠供应商的货款，借方记减少，反映企业归还供应商的款项，余额在贷方反映企业尚未归还的欠款。

【例6－4】南方公司2019年8月1日赊购一批材料，增值税专用发票标明价款50000元，增值税税款8500元。当日材料验收入库，价税款均未支付。8月20日以银行存款归还全部款项。

（1）8月1日购货时：

借：原材料	50000	
应交税费——应交增值税（进项税额）	8500	
贷：应付账款		585000

（2）8月20日支付货款时：

借：应付账款	58500	
贷：银行存款		585000

四、应付职工薪酬

（一）职工薪酬概念

职工薪酬是指企业为获得职工的服务而给予职工的各种形式的报酬以及其他相关支出。

职工薪酬的内容具体包括：①职工工资、奖金、津贴和补贴；②职工福利费；③医疗保险、养老保险、失业保险、工伤保险和生育保险等社会保险费；④住房公积金；⑤工会经费和职工教育经费；⑥非货币性福利；⑦因解除与职工的劳动关系给予的补偿；⑧其他与获得职工提供的服务相关的支出。

（二）职工薪酬核算

设置"应付职工薪酬"账户，该账户属于负债类，贷方登记增加反映企业接受职工的服务应该支付给职工的工资等报酬；借方登记减少反映企业归还了欠职工的工资，该账户一般没有余额。

1. 货币性工资

货币性应付职工薪酬，是指企业在一定时期内以货币形式支付给职工的劳动报酬总额。包括计时工资、计件工资、奖金、津贴和补贴、加班加点工资和特殊情况下支付的工资等。

【例6－5】A企业6月应付职工薪酬122000元，其中生产部门直接生产人员工资73000元；生产车间管理人员工资6000元；企业管理人员工资19800元，企业销售部门人员工资8700元；建造厂房人员工资14500元。工资结算汇总情况如表6－1所示。

表6－1　工资结算汇总　　单位：元

项目	计时工资	奖金	岗位津贴	加班工资	应发合计	代扣医疗保险	代扣养老保险	代扣住房公积金	代扣个人所得税	实发现金
生产工人	50000	8000	10000	5000	73000	1500	1000	2000	500	68000
车间管理人员	3000	1000	1500	500	6000	900	60	120	30	4890
企业管理人员	11000	2600	6000	200	19800	1100	220	440	110	17930
销售人员	5000	2400	1000	300	8700	150	100	200	50	8200
在建工程人员	6000	2000	2500	4000	14500	180	120	240	60	13900
合计	75000	16000	21000	10000	122000	3830	1500	3000	750	112920

（1）将实发现金部分发给职工时：

借：应付职工薪酬　　112920

　贷：银行存款　　112920

（2）结转代扣社保基金时：

借：应付职工薪酬　　8330

　贷：其他应付款　　8330

（3）结转代扣个人所得税时：

借：应付职工薪酬　　750

　贷：应交税费——个人所得税　　750

上述分录可以合并为：

借：应付职工薪酬　　122000

　贷：银行存款　　112920

　　　其他应付款　　8330

　　　应交税费——个人所得税　　750

工资分配是指将企业发放的工资，按照权责发生制的原则依据职工出勤、产量记录计算的工资额，按照工资的用途分别记入有关科目，工资分配具体情况如表 6－2 所示。

表 6－2　工资分配表　　单位：元

应借科目	生产工人	车间管理人员	企业管理人员	销售人员	在建工程人员	合计
生产成本	73000					73000
制造费用		6000				6000
管理费用			19800			19800
销售费用				8700		8700
在建工程					14500	14500
合计	73000	6000	19800	8700	14500	122000

依据上例，作会计分录：

借：生产成本　73000
　　制造费用　6000
　　管理费用　19800
　　销售费用　8700
　　在建工程　14500
　贷：应付职工薪酬　122000

2. 非货币性职工福利

企业提供的非货币性应付职工薪酬，如企业出资为职工缴纳的社会保险费；企业以自产产品或外购商品发放给职工作为福利。

企业以自产的产品作为非货币性福利提供给职工时，应将该产品的公允价值和相关税费计入各项成本费用的应付职工薪酬，并确认为主营业务收入，其销售成本的结转和相关税费的处理与正常商品相同。以外购商品作为非货币性福利提供给职工时，亦应按照商品的公允价值和相关税费，计入各成本费用的职工薪酬。

需要特别注意的是以自产的产品作为福利发放给职工时，相关税费视同销售，计入增值税的销项税额；以外购商品作为非货币性福利发放给职工时，支付的相关税费不能计入进项税额，而应该计入应付职工薪酬。

【例 6－6】 A 企业共有职工 200 名，假定其中从事生产的工人和车间管理人员共有 150 人，其余为厂部管理人员。春节时，将自己生产的节能电冰箱和外购的节能电暖气作为福利发给每个职工。电冰箱的成本每台为5000元，售价为8000元，适用的增值税税率为13%。电暖气的购入价是每台500元，增值税税率为13%。作：

将自己生产的节能冰箱发放给职工作为福利：

电冰箱总售价 = 8000 × 150 + 8000 × 50 = 1600000（元）

增值税销项税额 = 1600000 × 13% = 208000（元）

计入生产成本的金额 = 8000 × 150 + 8000 × 150 × 0.13 = 1356000（元）

计入管理费用的金额 = 8000 × 50 + 8000 × 50 × 0.13 = 452000（元）

借：生产成本	1356000
管理费用	452000
贷：应付职工薪酬——非货币性薪酬	1808000
借：应付职工薪酬——非货币性薪酬	1872000
贷：主营业务收入	1600000
应交税费——应交增值税（销项税额）	208000
借：主营业务成本	1000000
贷：库存商品	1000000

将外购的节能电暖气发放给职工作为福利：

节能电器总价 = 500 × 150 + 500 × 50 = 100000（元）

增值税进项税额 = 100000 × 13% = 13000（元）

计入生产成本的金额 = 500 × 150 + 500 × 150 × 13% = 84750（元）

计入管理费用的金额 = 500 × 50 + 500 × 50 × 13% = 28250（元）

借：生产成本	84750
管理费用	28250
贷：应付职工薪酬	113000
借：应付职工薪酬	113000
贷：库存商品	100000
应交税费——应交增值税（进项税额转出）	13000

3. 解除劳动关系的补偿

解除劳动关系的补偿即辞退福利是指企业与其职工提前解除劳动合同时应当给予职工的经济补偿。辞退补偿属于企业的法定义务。辞退福利多为一次性补偿。

由于被辞退的职工不再为企业带来未来经济利益，因此，对于所有辞退福利，均应当于辞退计划满足负债确认条件的当期一次计入费用，不计入资产成本。

五、应交税费

（一）应交税费概念

应交税费是指企业在经营过程中依据税法的规定应向国家缴纳的各种税费。企业应缴纳的税金按征税对象不同，分为流转税、所得税和其他税收，企业缴纳的税费，目前主要是教育费附加。

（二）应交税费核算

设置“应交税费”账户，该账户属于负债类，贷方记增加，反映企业应向国家缴纳的税款，借方记减少，反映企业已经缴纳的税款，余额在贷方反映企业有尚未缴纳的税款，余额如果在借方反映企业多缴或应退的税款。

（三）增值税

增值税是以商品生产、流通以及工业性加工、修理修配各个环节的增值额为征税对象的一种流转税。对在我国境内销售货物或者提供加工、修理修配劳务以及进口货物的单位和个人为增值税的纳税义务人。

根据我国现行制度的规定，增值税的纳税义务人分为一般纳税人和小规模纳税人。

1. 一般纳税人

应纳税额的计算公式为：

应纳增值税税额 = 本期销项税额 - 本期进项税额

本期销项税额的计算公式为：

本期销项税额 = 本期销售商品、提供劳务不含税收入 × 增值税税率

其中本期销售额为不含税销售额，在增值税专用发票上销售额和增值税是以价和税的形式分别反映的。如果销售额为含税销售额，在计算本期销售额时，要将含税销售额换算成不含税销售额，计算公式为：

不含税销售额 = 含税销售额 ÷（1 + 增值税税率）

本期进项税额的确定依据主要有：

（1）增值税专用发票。购入货物或接受应税劳务时，须取得销货单位或提供应税劳务单位出具的增值税专用发票，按发票上注明的增值税额作为进项税额。

（2）完税凭证。企业进口货物时，须取得海关的完税凭证，按完税凭证上注明的增值税额作为进项税额。

（3）收购凭证。购入免税农副产品时，按收购凭证上注明的收购金额和9%

的扣除率计算进项税额。

（4）运费单据。外购货物所支付的运费，按运费单据所列示的运费金额和7%的扣除率计算进项税额。

增值税的核算，应在“应交税费”账户下设置“应交增值税”二级科目。在“应交增值税”下设“进项税额”“销项税额”“进项税额转出”等科目。

【例6－7】A企业购入一批钢材，增值税专用发票上注明的价款为300000元，增值税为39000元，另支付运费为1000元。货款已由银行支付，材料已经验收入库。则：

原材料成本＝300000＋1000×（1－7%）＝300930（元）

进项税额＝39000＋1000×7%＝39070（元）

借：原材料　　300930

　　应交税费——应交增值税（进项税额）　　39070

　贷：银行存款　　340000

2. 小规模纳税人

小规模纳税人应交增值税的核算采用简化的方法，即购进货物或接受应税劳务支付的增值税进项税额，一律不予抵扣，均计入购进货物和接受应税劳务的成本；销售货物或提供应税劳务时，按应征增值税销售额的3%计算，但不得开具增值税专用发票。

小规模纳税人的应征增值税销售额计算方法与一般纳税人相同。一般来说，小规模纳税人采用销售额和应纳税额合并定价的方法，销售货物或提供应税劳务后应进行价税分离，计算公式为：

应纳增值税＝不含税销售额×征收率

不含税销售额＝含税销售额÷（1＋征收率）

小规模纳税人的进项税额不得抵扣。

税法规定，如果小规模纳税人的会计核算健全，能按会计制度和税务部门的要求准确核算进项税额、销项税额和应纳税额，可以认定为一般纳税人；应税销售额超过规定标准，但会计核算不健全或者不能提供准确的税务资料的纳税人，应确认为小规模纳税人；虽然符合一般纳税人条件但不申请办理一般纳税人认定手续的，确认为小规模纳税人。

小规模纳税人在“应交税费”科目下应设置“应交增值税”明细科目。

【例6－8】某厂为小规模纳税企业，9月发生的与增值税有关的经济业务如下：从某供应单位购进材料一批，已验收入库，以银行存款支付材料的价款、运杂费、增值税共计9445元，则：

借：原材料　　9455
　贷：银行存款　　9455

向某购买单位销售甲产品一批，其价款为20000元，增值税为100元，共计21200元，款项尚未收到，则：

借：应收账款　　21200
　贷：主营业务收入　　20000
　　　应交税费——应交增值税　　1200

以银行存款上缴增值税1000元，则：

借：应交税费——应交增值税　　1000
　贷：银行存款　　1000

（四）消费税

消费税是指对消费品和特定消费行为按消费流转额征收的一种商品税。消费税可分为一般消费税和特别消费税，一般消费税是对所有消费品即生活必需品和日用品普遍课税；特别消费税是只对特定消费品或特定消费行为等课税。我国现行消费税是对在我国境内生产、销售、委托加工和进口应税消费税的单位和个人征收的一种流转税，属于特别消费税。

对某些消费品征收消费税的目的是多方面的，如调节产品结构、引导消费方向、保证财政收入等。我国目前消费税的税目有15种商品，具体可以划分为以下三类：①过量消费后不利于身体健康的：烟、酒。②奢侈品或高档消费品：高档化妆品、贵重首饰及珠宝玉石、高尔夫球及球具、高档手表、游艇、摩托车、小汽车。③为保护生态环境、节约自然资源而不鼓励消费的商品：鞭炮烟花、成品油、木制一次性筷子、实木地板、电池、涂料。消费税的计算采用从价定率或者从量定额的办法计算应纳税额。

从价定率征收的应税消费品应纳税额的计算公式：

应纳税额 = 应税消费品的销售额 × 比例税率

从量定额征收的应税消费品应纳税额的计算公式：

应纳税额 = 应税消费品的销售数量 × 单位税额

以上公式中的销售额是指纳税人销售应税消费品向购买方收取全部价款和价外费用，但不包括应向购货方收取的增值税税款。

【例6－9】某公司2019年销售高尔夫球及球具，取得不含税销售额260万元，适用税率为10%，则：

应缴消费税 = 260 × 10% = 26（万元）

借：主营业务税金及附加　　260000

　贷：应交税费——应交消费税　　260000

交税时：

借：应交税费——应交消费税　　260000

　贷：银行存款　　260000

（五）城市维护建设税与教育费附加

城市维护建设税与教育费附加均为一种附加的税费。按照现行法规的有关规定，城市维护建设税与教育费附加均应根据应交增值税、消费税之和的一定比例计算缴纳。城市维护建设税与教育费附加均属于价内税，应由营业收入来补偿。

结转应交城市维护建设税与教育费附加时，应借记“税金及附加”科目，贷记“应交税费——应交城市维护建设税”“应交税费——应交教育费附加”科目；实际缴纳城市维护建设税与教育费附加时，应借记“应交税费——应交城市维护建设税”“应交税费——应交教育费附加”科目，贷记“银行存款”科目。

【例 6－10】 A 企业本会计期间应缴纳的增值税为 10000 元；应缴纳的消费税为 4000 元。城市维护建设税税率为 7%，适用的教育费附加费率为 5%。则：

应缴城建税 = (10000 + 4000) × (7% + 5%) = 1680(元)

借：营业税金及附加　　1680

　贷：应交税费——应交城市维护建设税　　1680

六、应付股利

应付股利是指企业经股东大会或类似机构审议批准分配的现金股利或利润。企业股东大会或类似机构审议批准的利润分配方案、宣告分派的现金股利或利润，在实际支付前形成企业的负债。

审议批准时：

借：利润分配

　贷：应付股利

实际支付现金股利或利润时：

借：应付股利

　贷：银行存款等

七、其他应付款

其他应付款是指除短期借款、应付票据、应付账款、应付职工薪酬、应交税费、应付利息、应付股利等以外的各种偿付期在 1 年以内的款项。如出租出借包装物收取的押金，应付经营性租入固定资产的租金等。

【例 6－11】A 企业收到 C 公司使用包装物的押金 1000 元，存入银行。则：

借：银行存款　　1000

　贷：其他应付款　　1000

C 公司退还包装物，经验收无损坏，如果包装物是无偿出借使用的，退还押金，作：

借：其他应付款　　1000

　贷：银行存款　　1000

如果包装物是出租使用的，应扣除租金，将剩余部分退还给客户。假定租金按天计算，每天 1 元，客户共使用 48 天，应退还 952 元，则：

借：其他应付款　　1000

　贷：其他业务收入　　48

　　　银行存款　　952

第二节　非流动负债

一、非流动负债概述

非流动负债是指偿还期在一年或者超过一年的一个营业周期以上的负债。根据筹措方式的不同，主要分为长期借款、应付债券、长期应付款等。长期负债性质上属于非流动负债，与流动负债相比，长期负债具有债务金额大、偿还期限长、偿还风险高、偿付利息大等特点。

二、长期借款

（一）长期借款概念

长期借款是企业向银行或其他金融机构借入的期限在一年以上（不含一年）的各种借款。

（二）长期借款核算

设置“长期借款”账户核算企业长期借款的借入及归还情况。该账户属于负债类账户，贷方登记借款本金和利息的增加数，借方登记借款本金和利息的减少数，期末贷方余额反映企业按照合同约定支付但尚未支付的利息。

确认的利息费用应根据借款的用途等情况，确定应予费用化还是资本化，分别借记“财务费用”或“在建工程”等科目。

【例6-12】康达公司为建造一条生产线，于2017年1月1日向银行取得期限为3年、年利率为6%的2000万元专门借款（同期市场利率为6%），并当即将该资金投入生产线的建造工程中。合同规定借款利息按年支付。生产线于2018年末竣工交付使用。相关会计分录如下：

2017年1月1日取得借款时：

借：银行存款　　20000000

　贷：长期借款——本金　　20000000

2017年和2018年（两年的利息应当资本化）年末分别计算和支付利息时，则：

借：在建工程　　1200000（20000000×6%）

　贷：应付利息　　1200000

借：应付利息　　1200000

　贷：银行存款　　1200000

2019年各月末分别计提利息时：

借：财务费用　　100000（20000000×6%÷12）

　贷：应付利息　　100000

2019年末偿还借款本金和利息时：

借：长期借款——本金　　20000000

　　应付利息　　1200000

　贷：银行存款　　21200000

三、应付债券

（一）应付债券概念

债券是企业为筹集资金而依照法定程序发行，约定在一定日期还本付息的有价证券。企业发行的超过一年以上的债券为应付债券，应付债券是企业因发行债券筹措资金而形成的一种非流动负债。

（二）应付债券核算

设置“应付债券”账户，该账户属于负债类账户，贷方登记发行债券实际收到的金额及利息，借方登记已偿付的债券本金及利息金额，期末贷方余额反映企业尚未偿还的企业长期债券的摊余成本。

1. 债券发行的核算

（1）平价发行。如果发行时的市场利率与债券票面利率相同，企业可按面值发行债券，即平价发行。按债券的发行价格（面值），借记“银行存款”账户，贷记“应付债券——面值”账户。

（2）溢价发行。如果发行时的市场利率低于债券票面利率，企业可按超过面值的价格发行债券，即溢价发行。按债券的发行价格借记“银行存款”科目，以债券面值贷记“应付债券——面值”科目，以溢价额贷记“应付债券——利息调整”科目。

（3）折价发行。如果发行时的市场利率高于债券票面利率，企业应以低于面值的价格发行债券，即折价发行。按债券的发行价格借记“银行存款”科目，以折价额借记“应付债券——利息调整”科目，以债券面值贷记“应付债券——面值”科目。

【例6－13】南方公司为筹集扩大生产经营规模所需资金于2017年1月1日发行期限为3年，一次还本的债券10000000元，债券利息每半年支付一次，债券发行时市场利率为年利率8%。

假定债券发行时票面利率也为8%，则上述债券按面值发行，则：

借：银行存款　　1000000

　贷：应付债券——面值　　1000000

假定债券发行时票面利率为10%，上述债券按1052405元的价格溢价发行，则：

借：银行存款　　1052405

　贷：应付债券——面值　　1000000

　　　应付债券——利息调整　　52405

假定债券发行时票面利率为6%，上述债券按947563元的价格折价发行，则：

借：银行存款　　947563

应付债券——利息调整　　52437

　贷：应付债券——面值　　1000000

2. 期末计提利息的核算

企业发行债券后，应在债券存续期间按期计提利息，确认利息费用。在计算债券利息时，不仅要考虑本期该债券的应计利息，还要考虑本期应承担的溢价或折价的摊销额。企业应采用实际利率法确定每一会计期间应摊销的折价或者溢价金额，调整每期的利息费用。

会计期末，应按摊余成本和实际利率计算确定的长期债券的利息费用，对符合资本化条件的利息费用应借记“在建工程”“制造费用”“研发支出”等科目；对计入当期损益的利息费用，应借记“财务费用”科目，贷记“应付债券——应计利息”科目（对于分期付息、到期一次还本的长期债券利息金额，贷记“应付利息”科目），按其差额，借记或者贷记“应付债券——利息调整”科目。

【例 6－14】 南方公司为筹集扩大生产经营规模所需资金于 2017 年 1 月 1 日发行期限为 3 年，一次还本的债券 1000000 元，债券利息每半年支付一次，债券发行时市场利率为年利率 8%。假定债券发行时票面利率也为 8%，按面值发行，企业 2017 年至 2019 年 6 月末和 12 月末计提和支付利息时的会计分录为：

借：财务费用　　40000

　贷：应付利息　　40000

假定债券发行时票面利率为 10%，债券按 1052405 元的价格溢价发行，企业 2017 年至 2019 年 6 月末和 12 月末计提和支付利息、按实际利率法摊销溢价，如表 6－3 所示。

表 6－3　南方公司债券溢价摊销表　　单位：元

日期	贷：应付利息＝面值×5%	借：财务费用＝上期×4%	借：应付债券——利息调整	期初账面价值
2017 年 1 月 1 日				1052405. 00
2017 年 6 月 3 日	50000	42096. 20	7903. 80	1044501. 20
2017 年 12 月 31 日	50000	41780. 05	8219. 95	1036281. 25
2018 年 6 月 3 日	50000	41451. 25	8548. 75	1027732. 50
2018 年 12 月 31 日	50000	41109. 30	8890. 70	1018841. 80
2019 年 6 月 3 日	50000	40753. 67	9246. 33	1009595. 47
2019 年 12 月 31 日	50000	40404. 53	9595. 47	1000000. 00
合计	300000	247595. 00	52405. 00	

2017 年 6 月 30 日应编写相关会计分录为：

借：财务费用　　42096. 20

　　应付债券——利息调整　　7903. 80

　贷：应付利息　　50000

借：应付利息　　50000

贷：银行存款 50000

3. 到期归还本金和利息的核算

借：应付债券——面值

——应计利息（到期一次还本付息债券利息）

——应付利息（分期付息债券最后一次利息）

贷：银行存款

四、其他非流动负债

常见的非流动负债主要有长期借款、应付债券，此外，其他非流动负债也包括预计负债和资本化的借款费用等。

预计负债是基于某些或有事项引发的义务而确认的负债。其主要特点是，相关义务的发生本身或发生的具体时间、金额等方面具有一定的不确定性，其计量需要某种程度的估计或预计。或有事项是指过去的交易或者事项形成的不确定事项，该事项的结果须由某些未来事项的发生或不发生才能决定。典型的或有事项有未决诉讼、未决仲裁、债务担保、产品质量保证、票据贴现和背书转让。

借款费用是指企业因借款而发生的利息及其他相关成本。借款费用本质上是企业因借入资金所付出的代价，因此利息和作为利息费用调整金额的借款折价或溢价的摊销等应是借款费用的主要组成部分。可资本化的借款是指能够将其所产生的利息费用及其他相关成本纳入某项资产成本的借款，既包括专门借款，也包括一般借款。

第三节 所有者权益

一、所有者权益概述

（一）所有者权益概念

所有者权益是指企业资产扣除负债后由所有者享有的剩余权益，又称股东权益。

从财务角度看，所有者权益也是企业的重要资金来源。所有者权益主要包括投资者向企业投入的资本以及企业在生产经营过程中形成的留存收益。

（二）所有者权益分类

基于公司制企业的特点，其所有者权益应划分为实收资本（或股本）、其他权益工具、资本公积、其他综合收益和留存收益五部分。

实收资本（股本）是企业实际收到的由投资者投入的资本。也是企业在设立时向工商行政管理部门注册登记的资本总额。

其他权益工具是指企业发行的除普通股以外的归类为权益工具的各种金融工具，主要包括归类为权益工具的优先股、永续债（如长期限含权中期票据）、认股权、可转换公司债券等金融工具。

资本公积是指所有者投入的尚未确定为实收资本（或股本）的其他资本，主要包括资本或股本溢价、发行可转换债券、认股权证以及实行股权激励等形式形成的归属于所有者的资本。

其他综合收益是指在企业经营活动中形成的未计入当期损益但归所有者所共有的利得或损失，主要包括其他债权投资和其他权益工具投资公允价值变动、权益法下被投资单位其他综合收益调整、债权投资重分类为其他债权投资公允价值变动以及非投资性房地产转换为投资性房地产转换日公允价值高于账面价值差额等形成的利得或损失。

留存收益是指归所有者所共有的、由利润转化而形成的所有者权益，主要包括盈余公积和未分配利润。盈余公积是企业按规定从税后利润中提取形成的公积金，是由企业盈利而形成的所有者权益。包括法定盈余公积、任意盈余公积和法定公益金。未分配利润是指企业实现的利润中留于以后年度分配或待分配的部分。

二、实收资本

（一）实收资本概述

实收资本是指所有者在企业注册资本的范围内实际投入的资本。

按企业类型的不同，所有者在企业注册资本范围内实际投入的资本的表现形式有所不同。在股份有限公司，其表现为实际发行股票的面值，一般称为股本。在其他企业（有限责任公司、国有独资企业），所有者在注册资本范围内的实际出资额，一般称为实收资本。

按投资形式的不同，所有者对企业的投资可以分为货币投资、实物投资和无形资产投资等。

（二）实收资本核算

为总括地反映所有者投入资本的情况，企业应设置“实收资本”账户。该账户属于所有者权益类，贷方反映投资者的出资额，以及企业按规定用资本公积、盈余公积转增资本的数额；借方反映因各种原因减少的数额，期末贷方余额表示期末实收资本的实有数额。股份有限公司可设置“股本”账户。

1. 接受现金资产投资

企业接受投资者投入的现金资产投资，借记“银行存款”或“库存现金”科目，按其在注册资本中所占份额，贷记“实收资本”科目，按其差额，贷记“资本公积——资本（股本）溢价”科目。

2. 接受非现金资产投资

企业接受非现金资产投资时，应按投资合同或协议约定价值（公允价值）确定非现金资产的价值，以此作为入账价值（还应确认进项增值税）。借记各类资产或相应的增值税科目，贷记“实收资本”“资本公积——资本（股本）溢价”科目。

【例 6 – 15】 利华公司收到 A 公司按合资协议投入的原材料一批，双方确认的价值为 230420 元，其中增值税为 30420 元。则：

借：原材料	200000	
应交税费——应交增值税（进项税额）	30420	
贷：实收资本——利华公司		230420

【例 6 – 16】 甲企业收到乙企业作为资本投入的专利权一项，该专利按照投资合同或协议约定的价值为 100000 元。假设合同约定的价值与公允价值相符，不考虑其他因素。则：

借：无形资产	100000	
贷：实收资本——乙企业		100000

三、资本公积

（一）资本公积概述

资本公积是指归所有者共有的、非收益转化而形成的资本，包括资本溢价（股本溢价）、接受非现金资产捐赠准备、接受现金捐赠、股权投资准备以及其他资本公积等。

为了反映和监督企业资本公积的增减变动及结余情况，应设置“资本公积”科目。

（二）资本溢价

资本溢价是指投资人缴付的出资额大于其在注册资本中所占份额的差额（包括股票溢价），属于股东投入资本的组成部分。

【例 6－17】某有限责任公司是 3 年前由甲、乙两位股东各出资 300000 元建立的。现有投资者丙以实际出资 400000 元占有该公司 1/3 的股份为条件加入该公司。该公司变更后登记后的注册资本为 900000 元。则：

借：银行存款　400000

　贷：实收资本　300000

　　　资本公积——资本溢价　100000

（三）资本公积转增资本

企业根据需要，经一定的程序可将资本公积中的股本溢价、接受现金捐赠、其他资本公积等转作资本。将资本公积转作资本时，借记“资本公积”科目，贷记“实收资本”或“股本”科目。

【例 6－18】某股份有限公司经董事会研究决定，并经有关部门批准，将企业资本公积中的股本溢价 1000000 元转作股本。则：

借：资本公积——股本溢价　1000000

　贷：股本　100000

（四）股权投资准备

股权投资准备是指企业采取权益法进行长期股权投资时，接受投资企业的资本公积增加而按持股比例确认的资本公积。在接受投资企业资本公积增加时，投资企业应按确认的份额，借记“长期股权投资——股权投资准备”科目，贷记“资本公积——股权投资准备”科目。

股权投资准备属于企业尚未实现的价值，在处置前，不得用于转增资本。在长期投资处置以后，应将股权投资准备转为其他资本公积，借记“资本公积——股权投资准备”科目，贷记“资本公积——其他资本公积”科目。

（五）接受捐赠资产准备

企业接受非现金资产捐赠时，没有实际的货币流入，在处置前，不得用于转增资本。接受的非现金资产只有在处置后，即资产价值实现后，才能用于转增资本。

按照我国现行的《企业会计制度》的规定，企业可以接受现金捐赠，可以全部计入资本公积，且由此形成的资本公积，可以直接用于转增资本。

（六）其他资本公积

其他资本公积主要包括从资本公积准备项目等转入的资本公积、债务重组时由债权人豁免的债务以及确实无法支付的应付款项等。

四、留存收益

（一）留存收益概述

留存收益是指企业从历年实现利润中提取或形成的留存于企业内部的积累，来源于企业的生产经营活动所实现的利润。主要包括盈余公积和未分配利润。

（二）盈余公积

盈余公积是企业按一定比例从净利润（税后利润）中提取的资本积累，目的是对投资者的利润分配进行限制，增强企业自我发展和承受风险的能力。

1. 法定盈余公积

法定盈余公积是企业按照税后利润和法定比例计提的盈余公积，法定盈余公积达到注册资本的50%时，可以不再计提；增资后剩余部分不得少于注册资本的25%。法定盈余公积的主要用途是弥补亏损和转增资本。

企业计提法定盈余公积时，应借记“利润分配”科目，贷记“盈余公积——法定盈余公积”科目。

2. 任意盈余公积

任意盈余公积是企业在提取法定盈余公积后，经股东大会决议，从税后利润中提取的盈余公积。

【例6－19】某企业本年实现税后利润500000元，按10%的比例提取法定盈余公积50000元。则：

借：利润分配——提取法定盈余公积　　50000

　贷：盈余公积——法定盈余公积　　50000

【例6－20】某企业经股东大会决议，并经有关部门批准，将任意盈余公积中的100000元用于转增资本。则：

借：盈余公积——任意盈余公积　　100000

　贷：实收资本　　100000

（三）未分配利润

未分配利润是指企业实现的净利润经过弥补亏损、提取盈余公积和向投资者分配利润后留存在企业的、历年结存的利润。

未分配利润通过“利润分配——未分配利润”账户核算。借方反映企业各项利润分配的数额或全年发生的亏损总额；贷方反映企业全年实现的利润总额或以盈余公积弥补的亏损的数额。年末借方余额表示尚未弥补的亏损；贷方余额则表示历年积存的尚未分配利润总额。

【例6－21】公司2011年实现净利润3000000元，利润分配方案已获股东大会通过，决定提取 10% 法定盈余公积金、8% 任意盈余公积金。分派股利 120000 元。

（1）结转本年利润至利润分配时：

借：本年利润　3000000

　贷：利润分配——未分配利润　3000000

（2）提取盈余公积时：

借：利润分配——提取法定盈余公积　300000

　　　　　——提取任意盈余公积　240000

　贷：盈余公积——法定盈余公积　300000

　　　　　　——任意盈余公积　240000

（3）法定盈余公积转增资本时：

借：盈余公积——法定盈余公积　120000

　贷：股本——普通股　120000

（4）分派股利时：

借：利润分配——应付股利　120000

　贷：应付股利　120000

借：应付股利　120000

　贷：银行存款　120000

（5）结转未分配利润时：

借：利润分配——未分配利润　54000

　贷：利润分配——提取法定盈余公积　300000

　　　　　　——提取任意盈余公积　240000

五、所有者权益变动表

（一）所有者权益变动表概述

所有者权益变动表是指反映构成所有者权益各组成部分当期增减变动情况的报表。反映三个方面的内容：一是因资本业务而导致所有者权益总额发生变动的项目，即所有者投入资本和向所有者分配利润；二是所有者权益项目内部的变动，如提取盈余公积；三是综合收益导致的所有者权益的变动。综合收益由净利润和其他综合收益两部分构成。

（二）所有者权益变动表的列示原则

第一，在所有者权益变动表中，综合收益和与所有者（或股东）的资本交易导致的所有者权益的变动，应当分别列示。

其中，与所有者的资本交易是指企业与所有者以其所有者身份进行的、导致企业所有者权益变动的交易。

第二，所有者权益变动表至少应当单独列示反映下列信息的项目：

（1）综合收益总额。在合并所有者权益变动表中还应单独列示归属于母公司所有者的收益总额和归属于少数股东的收益总额。

（2）会计政策变更和前期差错更正的累积影响金额。

（3）所有者投入资本和向所有者分配利润等。

（4）提取的盈余公积。

（5）所有者权益各组成部分的期初和期末余额及其调节情况。

第七章　收入、费用与利润

章前案例

上海物贸 10 月 24 日公告，公司 10 月 23 日召开 2014 年第一次临时股东大会，会议以 99.64% 的赞成比例审议通过了《关于转让本公司及全资子公司所合计持有的上海燃料有限公司（以下简称“上燃”）100% 股权暨关联交易的议案》。据悉，10 日内，上海物贸将与大股东百联集团（以下简称百联）签署正式交易合同，百联有望以 3495 万元的价格接手上燃。

上燃这家曾经是华东地区油品贸易领域金字招牌的国有企业，如今绝大部分业务已经陷入停滞，2014 年净资产骤降至 -8258 万元。为甩掉包袱，上海物贸决定剥离上燃。《中国证券报》记者赴上海调查了解到，由于下游需求不振，上燃既有经营模式已无法维系。而且，因为担保问题与债务纠纷，上燃多个银行账户被冻结，公司面临前所未有的资金链危局。

上海物贸在此前的公告中表示，近几年受能源结构调整、市场萎缩、自身经营管理不适应市场竞争等因素影响，上燃业务正处于收缩、调整中，持续亏损局面较难扭转，并成为制约上海物贸业绩提升和影响资产质量的主要障碍。

根据上海物贸公布的数据，2014 年 1 ~ 7 月，上燃实现营业收入 274508 万元，净利润 -8475 万元。截至 7 月 31 日，公司资产净值大幅下跌，仅为 -8258 万元，已经资不抵债。

经营方面“人艰不拆”，上燃已经成为上海物贸着力剥离的对象。根据公司 10 月 23 日晚间发布的临时股东大会决议公告，当日 25 名股东和代理人出席了会议，在接盘方百联集团回避表决的情况下，同意上海物贸剥离上燃公司的股份比例高达 99.64%。

资料来源：深度：上海物贸弃将上燃资金链危局调查［N］. 中国证券报，2014 - 10 - 24.

第一节 收入

一、收入概述

（一）收入的概念

收入可分为广义收入和狭义收入。广义收入是指会计期间内经济利益的总流入，表现为因资产的增加或负债的减少而引起的所有者权益的增加，但不包括与所有者出资等有关的资产增加或负债减少。狭义收入是指企业销售商品、提供劳务或让渡资产使用权等与所有者出资无关的经营活动引起的经济利益的流入。

狭义收入包括营业收入和投资收益；广义收入除包括狭义收入外，还包括公允价值变动收益和营业外收入。

（二）收入的分类

1. 按收入的性质分类

按收入的性质分类，收入可分为商品销售收入、提供劳务收入、让渡资产使用权收入。

让渡资产使用权收入包括因他人使用本企业现金而收取的利息收入；因他人使用本企业的无形资产而形成的使用费收入；因他人使用本企业固定资产、包装物而取得的租金收入等。

2. 按企业经营业务主次分类

按收入的经营业务主次分类，收入可分为主营业务收入和其他业务收入。

主营业务收入指企业为完成其经营目标而从事的日常活动中的主要活动所取得的收入。可根据企业营业执照上规定的主营业务范围确定。

其他业务收入指主营业务以外的其他日常活动所取得的收入，如工业企业销售材料、提供非工业性劳务、技术转让、出租固定资产、出租包装物等收入。

二、收入的确认和计量

营业收入的确认有不同的方式。《企业会计准则第 14 号收入》（2017）关于营业收入确认的核心原则为：营业收入的确认方式应当反映企业向客户转让商品或服务的模式。

（一）识别与客户订立的合同

合同是指双方或多方之间订立有法律约束力的权利义务的协议，包括书面形式、口头形式以及其他可验证的形式（如隐含于商业惯例或企业以往的习惯做法中等）。

1. 收入确认的原则

企业应当在履行了合同中的履约义务，即在客户取得相关商品控制权时确认收入。其中，取得相关商品控制权是指能够主导该商品的使用并从中获得几乎全部的经济利益，也包括有能力阻止其他方主导该商品的使用并从中获得经济利益。

2. 收入确认的前提条件

企业与客户之间的合同同时满足下列条件的，企业应当在客户取得相关商品控制权时确认收入：

第一，合同各方已批准该合同并承诺将履行各自义务。

第二，该合同明确了合同各方与所转让的商品相关的权利和义务。

第三，该合同有明确的与所转让的商品相关的支付条款。

第四，该合同具有商业实质，即履行该合同将改变企业未来现金流量的风险、时间分布或金额。

第五，企业因向客户转让商品而有权取得的对价很可能收回。

【例7-1】甲公司与乙公司签订合同，将一项专利技术授权给乙公司使用，并按其使用情况收取特许权使用费。甲公司评估认为，该合同在合同开始日满足本节合同确认收入的五个条件。该专利技术在合同开始日即授权给乙公司使用。

在合同开始日后的第一年内，乙公司每季度向甲公司提供该专利技术的使用情况报告，并在约定的期间内支付特许权使用费。

在合同开始日后的第二年内，乙公司继续使用该专利技术，但是乙公司的财务状况下滑，融资能力下降，可用现金不足，因此，乙公司仅按合同支付了当年第一季度的特许权使用费，后三个季度仅按名义金额付款。

在合同开始日后的第三年内，乙公司继续使用甲公司的专利技术，但是，甲公司得知，乙公司已经完全丧失了融资能力，且流失了大部分客户，因此，乙公司的付款能力进一步恶化，信用风险显著升高。

解：该合同在合同开始日满足收入确认的前提条件，因此，甲公司在乙公司使用该专利技术的行为发生时，按照约定的特许权使用费确认收入。合同开始日后的第二年，由于乙公司的信用风险升高，甲公司在确认收入的同时，按照金融资产减值的要求对乙公司的应收账款进行减值测试。合同开始日后的第三年，由于乙公司的财务状况恶化，信用风险显著升高，甲公司对该合同进行了重新评估，认为“企业因向客户转让商品而有权取得的对价很可能收回”这一条件不再满足，因此，甲公司不再确认特许权使用费收入，同时对现有应收款项是否发生减值继续进行评估。

3. 合同存续期间的确定

合同存续期间：是合同各方拥有现时可执行的具有法律约束力的权利和义务的期间。

判断原则：①在确定合同存续期间时无论该合同是否有明确约定的合同期间，该合同的存续期间都不会超过已经提供的商品所涵盖的期间；②当合同约定任何一方在某一特定期间之后才可以随时无代价地终止合同时，该合同的存续期间不会超过该特定期间；③当合同约定任何一方均可以提前终止合同，但要求终止合同的一方需要向另一方支付巨大的违约金；④当只有客户拥有无条件终止合同的权利时，客户的该项权利才会被视为客户拥有的一项续约选择权，重大的续约选择权应当作为单项履约义务进行会计处理。

4. 合同合并

企业与同一客户（或该客户的关联方）同时订立或在相近时间内先后订立的两份或多份合同，在满足下列条件之一时，应当合并为一份合同进行会计处理：

（1）该两份或多份合同基于同一商业目的而订立并构成一揽子交易，如一份合同在不考虑另一份合同的对价的情况下将会发生亏损。

（2）该两份或多份合同中的一份合同的对价金额取决于其他合同的定价或履行情况，如一份合同如果发生违约，将会影响另一份合同的对价金额。

（3）该两份或多份合同中所承诺的商品（或每份合同中所承诺的部分商品）构成本节后文所述的单项履约义务。

两份或多份合同合并为一份合同进行会计处理的，仍然需要区分该一份合同中包含的各单项履约义务。

（二）识别合同中的单项履约义务

合同开始日，企业应当对合同进行评估，识别该合同所包含的各单项履约义务，并确定各单项履约义务是在某一时段内履行，还是在某一时点履行，然后，在履行了各单项履约义务时分别确认收入。

履约义务是指合同中企业向客户转让可明确区分商品的承诺。履约义务既包括合同中明确的承诺，也包括由于企业已公开宣布的政策、特定声明或以往的习惯做法等导致合同订立时客户合理预期企业将履行的承诺。

下列情形通常表明企业向客户转让该商品的承诺与合同中的其他承诺不可明确区分：

第一，企业需提供重大的服务以将该商品与合同中承诺的其他商品进行整合，形成合同约定的某个或某些组合产出转让给客户。

第二，该商品将对合同中承诺的其他商品予以重大修改或定制。

第三，该商品与合同中承诺的其他商品具有高度关联性。

（三）确定交易价格

企业应当按照分摊至各单项履约义务的交易价格计量收入。

交易价格是指企业因向客户转让商品而预期有权收取的对价金额。

企业代第三方收取的款项以及企业预期将退还给客户的款项，应当作为负债进行会计处理，不计入交易价格。

【例 7－2】供应商与某商场签订供货合同，合同金额为 2000 万元，供货期 4 个月，同时约定向商场按照销售额的 10% 支付上架费、进场费等（如中断供货，该款项不予退还）（假定第 1 个月供应商的供货金额为 100 万元）。

供应商本月应确认的收入＝100×（1－10%）＝90（万元）

（四）将交易价格分摊至各单项履约义务

当合同中包含两项或多项履约义务时，企业应当在合同开始日，按照各单项履约义务所承诺商品的单独售价的相对比例，将交易价格分摊至各单项履约义务。企业不得因合同开始日之后单独售价的变动而重新分摊交易价格。单独售价是指企业向客户单独销售商品的价格。

企业在类似环境下向类似客户单独销售商品的价格，应作为确定该商品单独售价的最佳证据。单独售价无法直接观察的。企业应当综合考虑其能够合理取得的全部相关信息，采用市场调整法、成本加成法、余值法等方法合理估计单独售价。在估计单独售价时企业应当最大限度地采用可观察的输入值，并对类似的情况采用一致的估计方法。

（五）履行每一单项履约义务时确认收入

1. 在某一时段内履行的履约义务的收入确认

满足下列条件之一的，属于在某一时段内履行的履约义务，相关收入应当在该履约义务履行的期间内确认：

第一，客户在企业履约的同时即取得并消耗企业履约所带来的经济利益。

第二，客户能够控制企业履约过程中在建的商品。

第三，企业履约过程中所产出的商品具有不可替代性，且该企业在整个合同期间内有权就累计至今已完成的履约部分收取款项。

企业应当考虑商品的性质，采用产出法或投入法确定恰当的履约进度，并且在确定履约进度时，应当扣除那些控制权尚未转移客户的商品和服务。

产出法主要是根据已转移给客户的商品对于客户的价值确定履约进度，主要包括按照实际测量的完工进度、评估已实现的结果、已达到的里程碑、时间进度、已完工或交付的产品等确定履约进度的方法。

投入法主要是根据企业履行履约义务的投入确定履约进度，主要以投入的材料数量、花费的人工工时或机器工时、发生的成本和时间进度等指标确定履约进度。

【例7-3】甲公司与客户签订合同，为该客户拥有的一条铁路更换100根铁轨，合同价格为10万元（不含税价）。

截至20×7年12月31日，甲公司共更换铁轨60根，剩余部分预计在20×8年3月31日之前完成。该合同仅包含一项履约义务，且该履约义务满足在某一时段内履行的条件（假定不考虑其他情况）。

解：甲公司提供的更换铁轨的服务属于在某一时段内履行的履约义务，甲公司按照已完成的工作量确定履约进度。

因此，截至20×7年12月31日，该合同的履约进度为60%（60÷100），甲公司应确认的收入为6万元（10万元×60%）。

【例7-4】20×8年10月，甲公司与客户签订合同，为客户装修一栋办公楼并安装一部电梯，合同总金额为100万元。甲公司预计的合同总成本为80万元，其中包括电梯的采购成本30万元（补充：假定无毛利）。

20×8年12月，甲公司将电梯运达施工现场并经过客户验收，客户已取得对电梯的控制权，但是根据装修进度，预计到20×9年2月才会安装该电梯。

截至20×8年12月，甲公司累计发生成本40万元，其中包括支付给电梯供应商的采购成本30万元以及因采购电梯发生的运输和人工等相关成本5万元。

假定该装修服务（包括安装电梯）构成单项履约义务，并属于在某一时段内履行的履约义务，甲公司是主要责任人，但不参与电梯的设计和制造；甲公司用成本法确定履约进度。上述金额均不含增值税。

解：截至20×8年12月，甲公司发生成本40万元（包括电梯采购成本30万元以及因采购电梯发生的运输和人工等相关成本5万元），甲公司认为其已发生的成本和履约进度不成比例，因此需要对履约进度计算作出调整，将电梯的采购成本排除在已发生成本和预计总成本之外，在该合同中，该电梯不构成单项履约义务，其成本相对于预计总成本而言是重大的，甲公司是主要负责人。但是未参与该电梯的设计和制造，客户先取得了电梯的控制权，随后才接受与之相关的安装服务，因此，甲公司在客户取得该电梯控制权时，按照电梯采购成本的金额确认转让电梯产生的收入。

20×8 年 12 月，该合同：

履约进度＝[（40－30）÷（80－30）]＝20%

应确认的收入＝[（100－30）×20%＋30]＝44（万元）

应确认的成本＝[（80－30）×20%＋30]＝40（万元）

2. 在某一时点内履行的履约义务的收入确认

对于在某一时点履行的履约义务，企业应当在客户取得相关商品控制权时确认收入。

在判断客户是否已取得商品控制权时，企业应当考虑下列迹象：①企业就该商品享有现时收款权利，即客户就该商品负有现时付款义务；②企业已将该商品的法定所有权转移给客户，即客户已拥有该商品的法定所有权；③企业已将该商品实物转移给客户，即客户已实物占有该商品，客户如果已经实物占有商品，则可能表明其有能力主导该商品的使用并从中获得其几乎全部的经济利益，或者使其他企业无法获得这些利益；④企业已将该商品所有权上的主要风险和报酬转移给客户，即客户已取得该商品所有权上的主要风险和报酬；⑤客户已接受该商品；⑥其他表明客户已取得商品控制权的迹象。

三、销售商品收入的账务处理

（一）商品销售业务

确认销售商品收入时，企业应按已收或应收的合同或协议价款，加上应收取得增值税额，借记“银行存款”“应收账款”“应收票据”等科目，按确定的收入金额，贷记“主营业务收入”“其他业务收入”等科目，按应收取的增值税额，贷记“应收税费——应交增值税（销项税额）”科目。并在月终结转已实现销售的商品销售成本。

【例 7－5】某一般纳税企业销售甲产品 100 件，每件售价 800 元，单位成本 500 元。货已发出，并以银行存款代垫装卸费 600 元，客户开出并承兑一张期限 3 个月的商业汇票支付。增值税率 13%。

（1）销售成立时：

借：应收票据	91000
贷：主营业务收入	80000
应交税费——应交增值税（销项税额）	10400

银行存款　　600

（2）结转主营业务成本时：

借：主营业务成本　　56000

　贷：库存商品　　56000

（二）附有销售退回条款的销售

对于附有销售退回条款的销售，企业应当在客户取得相关商品控制权时：

第一，按照因向客户转让商品而预期有权收取的对价金额确认收入；按照预期因销售退回将退还的金额确认负债。

第二，按预期将退回商品转让时的账面价值，扣除收回该商品预计发生的成本后的余额，确认为一项资产，按照所转让商品转让时的账面价值，扣除上述资产成本的净额结转成本。

第三，每一资产负债表日，企业应当重新估计未来销售退回情况，如有变化，应当作为会计估计变更进行会计处理。

【例7－6】甲公司是一家健身器材销售公司。20×7年11月1日，甲公司向乙公司销售5000件健身器材，单位销售价格为500元，单位成本为400元，开出的增值专用发票上注明的销售价格为250万元，增值税为32.5万元。健身器材已经发出，但款项尚未收到。

根据协议约定，乙公司应于20×7年12月31日之前支付货款。在20×8年3月31日之前有权退还健身器材。甲公司根据过去的经验，估计该批健身器材的退货率约为20%。

在20×7年12月31日，甲公司对退货率进行了重新评估，认为只有10%的健身器材会被退回。

甲公司为增值税一般纳税人，健身器材发出时纳税义务已经发生，实际发生退回时取得税务机关开具的红字增值税专用发票。假定健身器材发出时控制权转移给乙公司。

甲公司的账务处理如下：

（1）20×7年11月1日发出健身器材时：

借：应收账款　　2825000

　贷：主营业务收入　　2000000[5000×(1－20%)×500]

　　预计负债——应付退货款　　500000[5000×20%×500]

　　应交税费——应交增值税(销项税额)　　325000

借：主营业务成本　　1600000[5000×(1－20%)×400]

　　应收退货成本　　400000(5000×20%×400)

贷：库存商品 2000000

(2) 20×7 年 12 月 31 日前收到货款时：

借：银行存款 2825000

贷：应收账款 2825000

(3) 20×7 年 12 月 31 日，甲公司对退货率进行重新评估：

借：预计负债——应付退货款 250000（5000×10%×500）

贷：主营业务收入 250000

借：主营业务成本 200000（5000×10%×400）

贷：应收退货成本 200000

(4) 20×8 年 3 月 31 日发生销售退回，实际退货量为 400 件，退货款项已经支付：

借：库存商品 160000（400 件×400）

应交税费——应交增值税（销项税额） 26000

预计负债——应付退货款 50000（冲减余额）

主营业务成本 40000

贷：应收退货成本 200000（冲减余额）

主营业务收入 50000

银行存款 226000

（三）销售商品涉及现金折扣、商业折扣、销售折让的处理

1. 现金折扣

企业销售商品涉及现金折扣的，应当按照扣除现金折扣前的金额确定销售商品收入金额。现金折扣在实际发生时计入财务费用。

2. 商业折扣

企业销售商品涉及商业折扣的，应当按照扣除商业折扣后的金额确定销售商品收入金额。

3. 销售折让

销售折让是指企业因售出商品的质量不合格等原因而在售价上给予的减让。对于销售折让，企业应分别不同情况进行处理：

①已确认收入的售出商品发生销售折让的，通常应当在发生时冲减当期销售商品收入。

②已确认收入的销售折让属于资产负债表日后事项的，应当按照有关资产负债表日后事项的相关规定进行处理。

【例 7-7】某公司销售一批商品，增值税专用发票上注明售价为 70000 元，

增值税额 11900 元。货到后买方发现商品的质量不合格，要求价格上给予 4% 的折让。

（1）销售实现时：

借：应收账款　81900

　贷：主营业务收入　70000

　　　应交税费——应交增值税（销项税额）　11900

（2）发生销售折让时：

借：主营业务收入　2800

　　应交税费——应交增值税（销项税额）　476

　贷：应收账款　3276

（3）收到款项时：

借：银行存款　78624

　贷：应收账款　78624

（四）分期收款销售商品的处理

企业采用分期收款方式销售商品，如果收款期较短，在满足收入确认条件的情况下，不需要考虑分期收款总额中包含的融资成分，应全额确认收入，借记“应收账款”科目，贷记“主营业务收入”科目；同时结转商品销售成本，借记“主营业务成本”科目，贷记“库存商品”科目。按照增值税相关规定，在合同规定的收款日期确认应交增值税，因此，在发出商品时不需要缴纳增值税，但应确认待转销项税额，借记“应收账款”科目，贷记“应交税费——待转销项税额”科目；在合同规定的收款日期，开具增值税专用发票，根据收到的全部价款，借记“银行存款”等科目，贷记“应收账款”科目；根据确认的增值税，借记“应交税费——待转销项税额”科目，贷记“应交税费——应交增值税（销项税额）”科目。在合同规定的收款日期，如果未收到价款，也应确认应交增值税。

【例 7－8】2011 年 3 月 31 日，甲公司采用分期收款方式销售 E 商品 60 件，不含增值税的价款为 60000 元，增值税销项税额为 7800 元，合计 67800 元；合同规定分三次收款，收款日期分别为当年 6 月 30 日、9 月 30 日和 12 月 31 日；总成本为 48000 元；甲公司在各收款日均收取货款 22600 元，并开具增值税专用发票。

甲公司编制会计分录如下：

（1）3 月 31 日销售 E 商品时：

借：应收账款　　67800
　贷：主营业务收入　　60000
　　应交税费——待转销项税额　　7800
借：主营业务成本　　48000
　贷：库存商品　　48000
（2）6月30日、9月30日和12月31日收取货款时：
借：银行存款　　22600
　贷：应收账款　　22600
借：应交税费——待转销项税额　　2600
　贷：应交税费——应交增值税（销项税额）　　2600

第二节　费用

一、费用概述

（一）费用的概念

费用分为狭义费用和广义费用。广义费用是指会计期间内经济利益的总流出，表现为资产的减少或负债的增加所引起的所有者权益的减少，扣除与所有者分配等有关的资产减少及负债增加；狭义的费用仅指企业在日常经营活动中为获取狭义收入而发生的耗费。

狭义费用包括营业费用和投资损失；广义费用除了狭义费用以外，还包括公允价值变动损失、资产减值损失和营业外支出。这些费用可以称为税前费用，广义费用还包括所得税费用。

（二）支出、费用、成本的关系

支出、费用、成本是三个既有关系又有区别的概念。支出是指各项资产的减少，包括权益性支出、偿债性支出、费用性支出和成本性支出等。权益性支出是指某一项现金资产或非现金资产的减少，引起除利润以外的其他所有者权益项目减少的支出。权益性支出一般能引起资产与所有者权益同时减少，如用银行存款支付现金股利等。偿债性支出是指用现金资产或非现金资产偿付各项债务的支出。偿债性支出一般能引起资产和负债同时减少，如用银行存款归还短期借款等。费用性支出是指用一项现金资产或非现金资产的减少引起费用增加的支出。

费用性支出一般引起资产与利润同时减少，如用银行存款支付广告费等。成本性支出是指一项现金资产或非现金资产的减少引起另一项资产增加的支出。这种支出一般保持资产总额不变，如生产部门领用原材料。需要注意的是，有些资产的减少不属于支出，如从银行提取现金等。

支出、费用和成本三者的关系：支出是资产的减少，包含费用性支出、成本性支出，也包含其他支出；费用是一种引起利润减少的耗费，费用除包括费用性支出外，还包括未形成支出的耗费，如固定资产折旧、无形资产的摊销等；成本是一种对象化的支出与耗费，既包括成本性支出，也包括未形成支出的耗费，如生产车间预提的固定资产修理费等。

（三）费用的分类及构成

1. 产品生产费用

产品生产费用是指为生产产品而发生的各种耗费，直接计入产品成本的费用。包括直接材料、直接人工、燃料和动力、制造费用。

2. 期间费用

期间费用是指与产品的生产没有直接关系，不能计入产品成本，而从当期损益中扣除的费用。包括管理费用、销售费用和财务费用。

二、费用的核算

（一）生产费用的核算

生产费用是为生产产品而发生的各种耗费，包括直接计入产品成本的直接费用（直接材料、直接人工）和分配计入产品成本的间接费用（制造费用）。设置“生产成本”“制造费用”等账户。

（二）期间费用的核算

1. 管理费用

管理费用是指企业行政管理部门为组织和管理生产经营活动而发生的各项费用。包括企业的董事会和行政管理部门在企业的经营管理中发生的，或者应当由企业统一负担的劳动保险费、咨询费、诉讼费、研究与开发费等。通过“管理费用”科目核算。

【例7-9】A公司本月发生各种管理费用，其中管理人员工资220000元，管理用固定资产折旧费用45000元，以银行存款支付保险费50000元、董事会会费100000元、其他管理费用30000元。则：

借：管理费用　　　　445000

　贷：应付职工薪酬　　　　220000

累计折旧 45000

银行存款 180000

2. 财务费用

财务费用是指企业为筹集生产经营所需资金等而发生的费用，包括应当作为期间费用的利息支出、利息收入、汇兑损失、汇兑收益以及相关的手续费。通过“财务费用”科目核算。

【例7-10】 A公司以6%的利息从银行取得一笔30000000元的贷款，该公司每月对该笔贷款预提利息。

A公司须在每月计提150000（30000000×6%÷12）元的利息时：

借：财务费用 150000

贷：应付利息 150000

3. 销售费用

销售费用是指企业在销售商品和提供劳务等主要经营业务过程中发生的各项费用。包括运输费、装卸费、包装费、保险费、展览费和广告费，以及为销售本企业商品而专设的销售机构的职工工资及福利费等。通过“销售费用”科目进行核算。

【例7-11】 A公司本月发生各种销售费用120000元，其中广告费用70000元，外地销售机构费用40000元，其他销售费用10000元，均用银行存款支付。则：

借：销售费用 120000

贷：银行存款 120000

（三）所得税费用

1. 所得税费用概述

所得税费用是指企业按照税法规定计算确定的针对当期发生的交易和事项应缴纳的所得税金额。所得税费用的确认有应付税款法和资产负债表债务法等。应付税款法只确认当期所得税费用，不确认递延所得税费用；资产负债表债务法，既要确认当期所得税费用，也要确认递延所得税费用。

我国现行会计准则规定，所得税费用的确认采用资产负债表债务法。

2. 所得税费用的确认和计量

（1）当期所得税。当期所得税是企业按照税法规定针对当期的交易和事项计算确定应交纳的所得税金额。由于会计税前利润与应纳税所得额在计算口径、计算时间上可能不一致，所以企业在纳税时，应在会计利润的基础上，按照适用税收法规的规定进行调整，计算出当期应纳税所得额，按照应纳税所得额与适用税率确定当期应交所得税。计算公式为：

本期应交所得税 = 本期应税所得 × 税率

本期应税所得 = 本期税前会计利润 ± 永久性差异

= 本期税前会计利润 − 会计收益非应税收益 + 应税收益非会计收益 + 会计费用非应税费用 − 应税费用非会计费用

【例 7 − 12】A 企业 12 月应纳税所得额计算如下：

会计税前利润	569265
减：国债利息收入	5000
加：非公益性捐赠支出	3000
加：资产减值损失	15000
减：公允减值变动收益	8000
应纳税所得额	574265

应交所得税 = 574265 × 25% = 143566. 25（元）

借：所得税费用——当期所得税费用 143566. 25

　贷：应交税费——所得税 143566. 25

（2）递延所得税。递延所得税是指由于暂时性差异的发生或转回应确认的所得税金额。公式为：

递延所得税 =（期末递延所得税负债 − 期初递延所得税负债）−（期末递延所得税资产 − 期初递延所得税资产）

需要注意的是，某项交易或事项按照会计准则规定应计入所有者权益，由该交易或事项产生的递延所得税资产或负债及其变化仍要计入所有者权益，不构成利润表中的递延所得税费用（或收益）。

【例 7 − 13】A 企业持有的一项可供出售的金融资产，成本为 300 万元，会计期末，其公允价值为 370 万元，所得税税率为 25%，假定除该事项外，A 企业不存在任何会计与税收之间的差异，递延所得税资产和负债无期初余额。会计期末确认 70 万元的公允价值变动时，则：

借：可供出售金融资产 700000

　贷：资本公积——其他资本公积 700000

确认应纳税暂时性差异时：

700000 × 25% = 175000

借：资本公积——其他资本公积 175000

　贷：递延所得税负债 175000

（3）所得税费用。利润表中所得税费用由当期所得税和递延所得税两个部分组成。公式为：

所得税费用 = 当期所得税 + 递延所得税

【例 7－14】 A 企业年末利润表中利润总额为 800 万元，所得税税率为 25%，会计处理与税收处理的差异有：

①上年末投入使用，今年开始计提折旧的一项固定资产原值 100 万元，使用年限为 5 年，净残值为零，会计按双倍余额递减法计提折旧，税法按直线法提折旧，假定税法规定的使用年限、净残值与会计规定一致。

②向灾区本企业的供应商捐赠 100 万元。

③因违反税法规定被罚款 5 万元。

④计提存货跌价准备 10 万元。

⑤本年支出研究开发费 600 万元。其中 300 万元是符合资本化条件后发生的支出，假定开发的无形资产在期末达到预定可使用状态。税法规定，研究开发费用可按实际支出的 150% 加计扣除。

⑥董事会决定用 100 万元利润弥补上年度亏损。

⑦上期递延所得税资产有 25 万元余额。

A 企业应纳税所得额 = 800（利润总额）+ 20（折旧费多扣部分）+ 100（非公益性捐赠）+ 5（税法罚款）+ 10（存货跌价准备）－［600 × 150%（允许扣除）－ 300（已计入费用）］－ 25（递延所得税资产）= 300（万元）

应交所得税 = 300 × 25% = 75（万元）

（四）其他费用的核算

1. 主营业务成本的核算

主营业务成本是指企业根据收入准则确认销售商品、提供劳务等主营业务收入时应结转的相应成本。通过“主营业务成本”科目核算。

2. 营业税金及附加

营业税金及附加是指企业在销售产品时应交的各种税金。通过“营业税金及附加”科目核算。

3. 其他业务成本

其他业务成本是指除产品销售以外的其他业务所发生的支出。通过“其他业务成本”科目核算。

第三节　利润及利润分配

一、利润概述

（一）利润的概念

利润是企业在一定会计期间内的经营成果，利润包括收入减去费用后的净额、直接计入当期利润的利得和损失。狭义的收入与费用配比后，再考虑非正常经营活动带来的利得和损失。

（二）利润的构成

企业利润总额一般包括营业利润、投资净收益、补贴收入和营业外收支等部分。

营业利润是指企业在一定期间内取得的主营业务利润和其他业务利润，减除有关的期间费用、资产减值损失并加减公允价值变动损益和投资收益后的余额。营业利润是企业利润的主要来源。

公允价值变动损益是指企业由于交易性金融资产、交易性金融负债以及采用公允价值模式计量的投资性房地产、衍生工具、套期保值业务等由于公允价值变动形成的应计入当期损益的利得和损失。

营业外收入是与企业生产经营活动没有直接关系的各种利得。包括非流动资产处置的利得、非货币性资产交换利得、债务重组利得、政府补助、盘盈利得、捐赠利得等。

营业外支出与企业生产经营活动是没有直接关系的，但应该从企业实现的利润总额中扣除的支出。包括非流动资产处置损失、非货币性资产交换损失、债务重组损失、公益性捐赠支出、非常损失、盘亏损失等。

利润总额 = 营业利润 + 投资净收益 + 补贴收入 + 营业外收支净额

营业利润 = 营业收入 − 营业成本 − 营业税费 − 期间费用 − 资产减值损失 + 公允价值变动损益 + 投资净收益

净利润 = 利润总额 − 所得税

二、利润的核算

月末，将所有收入转入“本年利润”：

借：主营业务收入/其他业务收入/投资收益/补贴收入/营业外收入
　贷：本年利润

月末，将所有的费用转入“本年利润”：

借：本年利润
　贷：主营业务成本/主营业务税金及附加/其他业务支出/营业费用/管理费用/财务费用/营业外支出/所得税

年终：将净利润转入未分配利润：

借：本年利润
　贷：利润分配——未分配利润

【例7-15】大中公司2018年有关收入和费用类账户结账前余额如表7-1所示。

表7-1　大中公司账户结账前余额

账户	借方余额	账户	贷方余额
主营业务成本	83000	主营业务收入	129000
税金及附加	6120	其他业务收入	3900
其他业务成本	2900	营业外收入	1000
销售费用	1540	投资收益	660
管理费用	2300		
财务费用	1120		
营业外支出	1580		
合计	98560	合计	134560

（1）结转各项费用时：

借：本年利润　98560
　贷：主营业务成本　83000
　　税金及附加　6120
　　其他业务支出　2900
　　销售费用　1540
　　管理费用　2300
　　财务费用　1120
　　营业外支出　1580

（2）结转各项收入时：

借：主营业务收入　　129000
　　其他业务收入　　3900
　　营业外收入　　1000
　　投资收益　　660
　贷：本年利润　　134560

三、净利润

净利润是指企业的税前利润扣除所得税后的余额。净利润的核算方法有账结法和表结法。账结法是指每月月末将所有损益类科目的余额转入本年利润账户，以便结算出利润或亏损的方法。表结法是指将本月损益类科目的余额登录在利润表上以便计算利润的方法。表结法在年末也要使用账结法。

账结法：每月月末将所有损益类科目的余额转入“本年利润”科目。借记所有收入类科目，贷记“本年利润”科目；借记“本年利润”科目，贷记所有费用类科目。

表结法：各月月末不结转本年利润，只有在年末将所有损益类科目的余额转入“本年利润”科目。

【例 7－16】 A 企业采用账结法计算利润。本月各损益账户的余额为：主营业务收入 900000 元、其他业务收入 65000 元、投资收益 43000 元、营业外收入 5000 元。主营业务成本 560000 元、其他业务支出 42000 元、营业外支出3000元、营业税金及附加 4900 元、销售费用 7000 元、管理费用 169000 元、财务费用 2000 元。则：

借：主营业务收入　　900000
　　其他业务收入　　65000
　　投资收益　　43000
　　营业外收入　　5000
　贷：本年利润　　1013000
借：本年利润　　787900
　贷：主营业务成本　　560000
　　　其他业务支出　　42000
　　　营业税金及附加　　4900
　　　销售费用　　7000
　　　管理费用　　169000
　　　财务费用　　2000

营业外支出：　　3000

所得税费用 =（1013000 - 787900）×25% = 56275（元）

借：所得税费用　　56275

　贷：应交税费——所得税　　56275

净利润 = 1013000 - 787900 - 56275 = 168825（元）

四、利润分配

企业税后利润分配的内容主要包括弥补以前年度亏损、提取盈余公积和向投资者分配利润等。

为了反映利润分配的数额，应设置“利润分配”科目，该科目贷方记增加，借方记减少，余额如果在贷方反映未分配的利润额，余额如果在借方反映未弥补的亏损额。

还应设置“盈余公积”科目核算提取的盈余公积金。该科目贷方记增加，借方记减少，余额在贷方。设置“应付利润”科目核算董事会批准的应支付给股东的款项。该科目贷方记增加，借方记减少，实际支付后一般无余额。

企业实现的利润可按以下顺序进行分配：

（1）弥补以前年度亏损。所得税法规定，企业某年度发生的亏损，在 5 年内可以用税前利润弥补，从第六年开始，只能用税后利润弥补。如果税后利润不够弥补亏损，则可以用发生亏损以前年度提取的盈余公积弥补。用盈余公积弥补亏损时，应借记“盈余公积”科目，贷记“利润分配——盈余公积补亏”科目。

【例 7 - 17】某企业第一年发生亏损 90 万元，第二年至第六年累计税前利润为 81 万元，第六年末尚有亏损 9 万元没有弥补。该企业第七年的税前利润为 10 万元，应先按所得税税率 33% 计算应交所得税 3.3 万元，当年的税后利润 6.7 万元可以用来弥补亏损。用税后利润弥补亏损以后，仍有亏损 2.3 万元没有弥补。“盈余公积”科目的贷方余额为 110 万元，用于弥补亏损 2.3 万元。

借：盈余公积　　23000

　贷：利润分配——盈余公积补亏　　23000

（2）提取盈余公积。企业的税后利润在弥补了以前年度亏损以后，如果还有剩余，应按一定比例计提盈余公积，借记“利润分配——提取盈余公积”科目，贷记“盈余公积”科目。

【例 7 - 18】A 企业本年实现利润 500000 元，以前年度未发生亏损，按 10% 的比例提取盈余公积金。则：

借：利润分配——提取盈余公积　　50000
　　贷：盈余公积　　50000

盈余公积金可以用来弥补亏损、转增资本金、在企业亏损时发放股利等。

（3）向投资者分配利润。企业实现的净利润在弥补以前年度亏损、提取盈余公积金以后的剩余，加上以前年度的未分配利润，即为当年可以向投资者分配利润的限额。企业可以在此限额内，决定向投资者分配利润的具体数额。结转应付投资者利润时，借记“利润分配——应付利润”科目，贷记“应付利润”科目。实际支付利润时，借记“应付利润”科目，贷记“银行存款”科目。

【例7－19】 A企业董事会决定向投资者分配50000元现金股利，另外每10股派发1股，发行在外的股票共有200000股，需要派发20000股，每股面值1元。则：

借：利润分配——应付股利　　50000
　　贷：应付股利　　50000

发放股利时：

借：应付股利　　50000
　　贷：银行存款　　50000

借：利润分配　　20000
　　贷：股本　　20000

五、利润结算

企业实现的利润及其分配情况最终都反映在“利润分配”账户。年末如果“利润分配”账户有贷方余额，说明企业有未分配完的利润；如果“利润分配”账户有借方余额，说明企业有未弥补的亏损。

【例7－20】 A企业结算本年利润：

借：本年利润　　335330
　　贷：利润分配——未分配利润　　335330

按10%的比例计提法定盈余公积33533元，向投资者分配利润30万元，则：

借：利润分配——提取盈余公积　　33533
　　贷：盈余公积——法定盈余公积　　33533

借：利润分配——应付利润　　300000
　　贷：应付利润　　300000

结算本年利润时：

借：利润分配——未分配利润　　333533

贷：利润分配——提取盈余公积　33533

——应付利润　300000

六、以前年度损益调整

企业的年度会计报表报出后，如果由于以前年度记账差错等造成的已无法更正的旧账记录，只能对因错误导致多计或少计的利润进行调整。

设置"以前年度损益调整"账户，用来核算本年度发生的调整以前年度损益的事项以及相关税费的调整。该账户属损益类，贷方记增加，登记增加以前年度利润或减少以前年度亏损；借方记减少，登记减少以前年度利润或增加以前年度亏损，调整后将本账户余额转入利润分配账户，结转后本账户无余额。

【例 7－21】 A 企业上年度报表经审核有几处问题：

（1）少提折旧 60000 元。

借：以前年度损益调整　60000

贷：累计折旧　60000

（2）自创无形资产多提摊销费 4000 元。

借：累计摊销　4000

贷：以前年度损益调整　4000

（3）调增以前年度利润 4000 元，调减以前年度利润 60000 元，应减少所得税 14000 元［（60000－4000）×25%］。

借：应交税费——应交所得税　14000

贷：以前年度损益调整　14000

（4）将"以前年度损益调整"账户借方余额 42000 元（60000－4000－14000）转入"利润分配"账户。

借：利润分配——未分配利润　42000

贷：以前年度损益调整　42000

第八章　财务分析概述

章前案例

张家港海锅新能源装备股份有限公司（以下简称“海锅股份”或“公司”）日前完成了首发上市的第二轮问询，并更新披露了创业板首次公开发行股票招股说明书（申报稿）。更新后的招股书对公司主营产品毛利率变动、存贷双高等问题做了进一步披露。

报告期内，公司营收净利上行，主营毛利率连续低于同业均值。2020 年 1 ~ 9 月，公司总营业收入约 7.56 亿元，其中主营业务收入约 7.19 亿元，同比增长 56.81%；归于母公司的净利润约 7914.68 万元，2020 年前三季度公司主营毛利率有所下降，原因之一是毛利率相对较低的风电装备锻件产品收入占比大幅提升。需要留意的是，对比行业来看，公司主营毛利率在报告期内长期低于可比公司均值。根据招股书，公司主营毛利率低于同业较大程度上受到风电装备锻件业务毛利率低于同业的影响。公司表示风电装备锻件毛利率较低的主要原因是产能未能充分释放，产品生产成本较高，单位直接人工以及单位制造费用均高于同行业可比公司。公司毛利率下行风险需留意。

另外需要注意的是，海锅股份的资产结构呈“存贷双高”状态，引发监管部门问询。招股书显示，2018 年、2019 年、2020 年 3 月末及 2020 年 9 月末，公司账面的银行理财及结构性存款金额分别约 8000 万元、1.36 亿元、1.52 亿元及 8860.68 万元。截至 2020 年 3 月 31 日及 2020 年 9 月 30 日，公司交易性金融资产中结构性存款分别约 1.31 亿元及 5990 万元用于为开具的银行承兑汇票提供质押。另外，公司账面货币资金于报告期各期末持续低于短期借款。报告期内，公司的利息支出远大于利息收入及理财产品投资收益。从负债率来看，公司报告期内的资产负债率分别为 67.28%、67.69%、52.10%和 54.31%，高于同行业平均水平。首轮问询中，监管部门对公司在利息收入及理财产品投资收益小于利息支出的情况下，借款进行银行理财并用作保证金进行了问询，要求公司披露“存贷双高”的原因。根据招股书更新信息，公司表示锻造行业系资本密集型行业，资金需求较大，报告期内公司融资渠道单一，主要通过银行借款解决资金需求。公司存在大额短期银行借款的同时，将部分资金进行银行理财并作为保证金主要是为了提高资金的使用效率，降低资金使用成本。

资料来源：面包财经。

第一节　财务分析

一、财务分析的概念

财务分析是以会计核算和报表资料及其他相关资料为依据，采用一系列专门的分析技术和方法，对企业等经济组织过去和现在有关筹资活动、投资活动、经营活动、分配活动的盈利能力、营运能力、偿债能力和增长能力状况等进行分析与评价的经济管理活动。它是为企业的投资者、债权人、经营者及其他关心企业的组织或个人了解企业过去、评价企业现状、预测企业未来做出正确决策提供准确的信息或依据的经济应用学科。

财务分析也有许多不同的提法，如财务报表分析或财务报告分析。财务报告是企业对外提供的反映企业某一特定日期的财务状况和某一会计期间的经营成果、现金流量等会计信息的文件。财务报告包括财务报表和其他应当在财务报告中披露的相关信息和资料。财务报表具体由会计报表本身及其附注两部分构成，而会计报表仅指报表本身不包括附注。财务报表是企业财务会计确认与计量的最终结果体现，投资者等相关使用者主要通过财务报表来了解企业当前的财务状况、经营成果和现金流量等情况，从而预测未来的发展趋势。因此，财务报表是向投资者等财务报告使用者提供决策有用信息的主要媒介和渠道，是沟通投资者、债权人、政府及其他利益相关者等与企业管理层之间信息的桥梁和纽带。以财务报表为核心的财务报告体系可以从不同的侧面提供反映企业财务状况、经营业绩和现金流量等方面较为完整的信息。在经济全球化背景下，高质量的财务报表能产生多样化信息，为投资人、债权人和其他利益相关者做出合理的决策具有重要的意义和价值。

二、财务分析的作用

（一）评价企业的过去

财务分析的基础是企业的财务报表，通过财务报表可以正确地说明企业过去的业绩状况，指出企业存在的问题及产生的原因，这不仅对正确评价企业过去的经营业绩是十分有益的，而且对企业投资者和债权人的行为能够产生积极的影响。

（二）反映企业的现状

财务报表分析及管理会计报表等资料是企业各项生产经营活动的综合反映。但会计报表的格式及提供的数据往往是根据会计的特点和管理的一般需要而设计的，它不可能全面提供不同目标报表使用者所需要的各方面数据资料。根据不同的分析手段和方法，可得出反映企业在某方面现状的指标，如反映企业资产结构的指标、企业权益结构的指标、企业支付能力和偿债能力的指标、企业营运能力的指标、企业盈利能力的指标等。这种分析对全面反映和评价企业的现状有重要的作用。

（三）评估企业的未来

财务分析最重要的作用在于通过对过去和现状的分析，评估企业未来的发展趋势，为企业的投资做出重要的判断依据，主要体现在以下几个方面：第一，可为企业未来财务预测、财务决策和财务预算指明方向；第二，可准确评估企业的价值与价值创造，这对企业进行经营者绩效评价、资本经营和产权交易都十分有益；第三，可为企业进行财务危机预测提供必要的信息。

三、财务分析的财政法规基础与依据

我国会计法规体系框架随着会计改革而不断变化，目前正在向国际惯例靠近，从总体上来说，主要有以下五个层次：

（1）全国人民代表大会及其常务委员会颁布的法律，如《中华人民共和国会计法》《中华人民共和国公司法》《中华人民共和国注册会计师法》和税法等。

（2）国务院制定或颁布的法规，如《企业财务与会计报告条例》《总会计师条例》《企业会计准则（基本准则）》《事业单位会计准则》等。这些法规主要涉及会计核算中所必须遵守的基本要求，以及会计工作中涉及和运用到的基本概念，一般不具备直接指导实务的作用。

（3）由财政部或财政部与其他部委联合制定与颁布的法规，如《企业会计准则（具体准则）》《企业财务通则》《企业会计制度》《事业单位会计制度》

《行政单位会计制度》《民间非营利组织会计制度》《会计基础工作规范》《会计从业资格管理办法》《会计档案管理办法》《企业内部会计控制规范》等。这些法规是指根据企业会计基本准则的框架和原则，针对不同的具体经济业务或报表项目有可能发生的各种确认和计量以及披露问题做出的处理规范。

（4）地方政府、主管部委和非政府机构制定的法规，如上海市人民政府发布的《上海市证券交易管理办法》、注册会计师协会制定的法规、证券交易委员会制定的法规、行业协会制定的财会制度等。

（5）企业、非营利组织、行政单位内部财务与会计管理制度，如企业内部控制制度、内部财务管理制度、内部会计管理制度、成本管理制度、资金管理制度等。这些制度是在遵守各种法规的前提下，将企业或单位的实际情况与法规原则相结合而形成的行为守则。

第二节　财务分析常用方法

一、财务分析方法

在做企业财务分析的时候，指标分析是常用的方法，但是更需要将财务指标与非财务指标结合起来进行综合分析。总的来说，财务分析可以包括战略分析与会计分析、结构分析法、趋势分析法、比较分析法、比率分析法、项目质量分析法以及财务综合分析评价法等。

二、战略分析与会计分析

战略分析与会计分析是财务效率分析的基础，该阶段主要分为两个步骤：

（一）企业战略分析

企业战略分析通过对企业所在行业或企业拟进入行业的分析，明确企业自身地位及应采取的竞争战略。企业战略分析通常包括行业分析和企业竞争策略分析。行业分析的目的在于分析行业的盈利水平与盈利潜力，因为不同行业的盈利能力和盈利潜力大小是不同的。影响行业盈利能力的因素有许多，归纳起来主要可分为两类：一是行业的竞争程度；二是市场谈判或议价能力。企业战略分析的关键在于企业如何根据行业分析结果，正确选择企业的竞争策略，使企业保持持久竞争优势和高盈利能力。企业进行竞争的策略有许多，最重要的有两种，即低成本竞争策略和产品差异竞争策略。企业战略分析是会计分析和财务效率分析的导向，通过企业战略分析，分析人员能深入了解企业的经济状况和经济环境，从而进行客观、正确的会计分析与财务效率分析。

（二）财务报表会计分析

会计分析的目的在于评价企业会计所反映的财务状况与经营成果的真实程度。会计分析的作用：一方面通过对会计政策、会计方法、会计披露的评价，揭示会计信息的质量；另一方面通过对会计政策、会计估计变更的调整，修正会计数据，为财务效率分析奠定基础，并保证财务分析结论的可靠性。进行会计分析时，一般可按以下步骤进行：第一，阅读会计报告；第二，比较会计报表；第三，解释会计报表；第四，修正会计报表信息。

前文提到，会计分析是财务效率分析的基础，通过会计分析，对由于会计原则、会计政策等引起的会计信息差异，应通过一定的方式加以说明或调整。

三、结构分析法

结构分析法又称垂直分析法、纵向分析法或者共同分析法，它以财务报表中的某个总体指标作为100%，计算出各组成项目占该总体指标的百分比，从而比较各个项目百分比的增减变动，揭示各个项目的相对地位和总体结构关系，以便分析比较同一报表内各项目变动的适当性，判断有关财务活动的变化趋势。因此，结构分析法既可用于静态分析，也可用于动态分析。

结构分析法通常用于资产负债表和利润表结构分析中。在对资产负债表进行结构分析时，一般以总资产作为分母，其他资产与总资产进行比较；负债与权益类以此类推，以总资产作为分母，即负债与所有者权益之和作为分母，分别计算负债或者所有者权益项目占总资产的百分比，以分析资本结构的合理性；利润表一般以营业收入作为分母，即为100%，利润表其他项目与营业收入进行比较，从而反映各项收入对利润的贡献程度和各项费用开支的合理性。

为了进一步考察各类项目的内在构成情况，也可以将各类项目的总额设定为100%。例如，为了分析流动资产的结构，可以将流动资产合计设为100%，分别计算各流动资产项目所占比例。同理，在分析负债的结构时可以将负债合计设为100%，分别计算各流动负债项目和非流动负债项目所占比例。

四、趋势分析法

趋势分析法又称水平分析法或横向分析法。它是将两期或连续数期的财务报表中的相同指标进行对比，确定其增减变动的方向、数额和幅度，以说明企业财务状况和经营成果的变动趋势的一种方法，趋势分析的目的在于：①确定引起财务状况与经营成果变动的主要项目；②确定变动趋势的性质是否有利；③预测未来的发展趋势。

在趋势分析中，常见的分析方法有以下三种：

（一）绝对数分析法

绝对数分析法就是将有关项目连续几期的绝对数额逐一列示并进行对比，这种分析方法易于看出相关项目的变动方向以及趋势。

（二）环比分析法

环比分析法就是计算有关项目相邻两期的变化率，即分析期某项目的数值相对于前期该项目数值的变动百分比，这种分析方法不仅可以看出相关项目变动的方向，还可以看出其变动的幅度。环比变动百分比的计算公式为：

$$\text{环比变动百分比}=\frac{\text{分析期某项目数值}-\text{前期某项目数值}}{\text{前期某项目数值}}\times 100\%$$

如果前期某项目的数值为零或者为负数，则无法算出有意义的环比变动百分比。

（三）定基分析法

定基分析法就是选择一个固定的期间作为基期，计算相关项目在各分析期的水平相对于基期水平的变动百分比，这种分析方法不仅能看出不同期间的变动方向和幅度。还可以看出一个较长期间内的总体变化趋势，便于进行较长时期的趋势分析。定基变动百分比的计算公式为：

$$\text{定基变动百分比}=\frac{\text{分析期某项目数值}-\text{基期某项目数值}}{\text{基期某项目数值}}\times 100\%$$

选择基期时不要选择项目数值为零，或者负数的期间，最好选择企业财务状况比较正常的年份作为基期，否则得出的定基百分比不具有典型意义。

五、比较分析法

比较分析法是通过比较不同的数据，发现规律性的东西并找出与被比较对象差别的一种分析法。用于比较的可以是绝对数，也可以是相对数，其主要作用在于揭示指标间客观存在的差距，并为进一步分析指明方向。

比较形式可以是本期实际与以前各期的比较，可以是本期实际与计划或定额指标的比较，也可以将企业相关项目和指标与国内外同行业平均水平或者先进水平进行比较。比较时要特别注意企业分析指标与比较标准之间的可比性，即与选择的比较标准在内容、期间、计算口径、计价基础、总体性质等各方面均应具有一致性。

常用的比较标准有基期标准、预期标准、行业标准等。

（一）基期标准

基期标准通常是指前期实际发生的、已经成为历史数据的比较标准。它反映企业分析指标的历史水平，可以是上期指标、往年同期指标或者历史上任意时期的指标。将企业分析指标与基期标准进行比较，可以对分析指标改进情况、发展方向和变动趋势进行评价。

（二）预期标准

预期标准是指企业预先确定的比较标准，通常可以根据企业制定的计划、预算以及各部门相应责任加以确定，它反映企业分析指标的目标水平。将企业分析指标与预期标准进行比较，可以对企业完成计划、预算、定额或者责任指标的情况进行评价，作为衡量企业目标是否达成的重要依据。

（三）行业标准

行业标准是指企业所在行业的同类指标比较标准，反映分析指标的行业水平。行业标准可以是本行业的平均水平，也可以是本行业的先进水平，还可以是本企业的标杆水平。将企业分析指标与行业标准进行比较，可以对企业在本行业中的地位和相对竞争优势或劣势进行评价，找出本企业与行业先进水平或者对标企业之间的差距，为企业今后的发展指明方向。

六、比率分析法

比率分析法是财务分析最基本、最重要的方法。正因如此，有人甚至将财务分析与比率分析等同起来，认为财务分析就是比率分析。比率分析法实质上是将影响财务状况的两个相关因素联系起来，通过计算比率，反映它们之间的关系，借以评价企业财务状况和经营状况的一种财务分析方法。比率分析的形式有：一是百分率，如流动比率为200%；二是比率，如速动比率为1∶1；三是分数，如负债为总资产的1/2。比率分析法以其简单、明了、可比性强等优点在财务分析实践中被广泛采用。

以资产负债率为例，资产负债率是企业长期偿债能力的重要指标，资产负债率等于负债总额/资产总额。一般认为，资产负债率的适宜水平是40%～60%，70%称为警戒线。乐视股份有限公司（以下简称为乐视）2014～2018年偿债能力指标见表8－1，2014年资产负债率已超60%。至2018年，资产负债率总体呈上升状态，仅在2016年有小幅降低，这说明乐视一直在高杠杆运营，对债务融资的依赖度过高，长期偿债能力较弱。2016年资产负债率有所下降是由于2016

年乐视收入仍保持较高增速，增加了权益净资产。2017 年乐视资产负债率继续大幅增加，达到了 103.72%，出现资不抵债的情形。截至 2018 年 9 月，资产负债率仍超过 100%，没有改善。

表 8－1　2014～2018 年乐视股份有限公司偿债能力指标

项目	2018 年 12 月 31 日	2017 年 12 月 31 日	2016 年 12 月 31 日	2015 年 12 月 31 日	2014 年 12 月 31 日
资产负债率	141.25	103.72	67.48	77.53	62.23
流动资产/总资产	34.75	44.22	49.23	53.66	40.50
非流动资产/总资产	65.25	55.78	50.77	46.34	59.50
流动比率	0.36	0.55	1.27	1.22	0.81
速动比率	0.30	0.50	1.20	1.07	0.65
现金到期债务比	－294.39	－61.84	－19.51	47.75	12.94
现金流量利息保障倍数	－1.55	－3.35	－1.94	3.08	1.59
已获利息倍数	－7.32	－21.61	0.39	1.27	1.51
长期负债占比	4.77	0.71	14.56	16.98	1.49
净债务/股权价值	35.00	8.19	1.84	1.36	4.62
带息债务/股权价值	43.59	14.19	5.69	1.82	6.85
EBITDA/带息债务	－4.61	－3.07	0.29	0.49	0.65
EBITDA/利息费用	－5.93	－17.20	4.62	7.17	9.00

虽然比率分析法被认为是最基本或最重要的财务分析方法，但应用比率分析法时必须了解它的不足：第一，比率的变动可能仅仅被解释为两个相关因素之间的变动；第二，很难综合反映比率与计算它的会计报表的联系；第三，比率给人们不保险的最终印象；第四，比率不能给人们会计报表关系的综合观点。

七、项目质量分析法

项目质量分析法主要是通过对财务报表各项目的规模、结构以及状态进行分析，还原企业具体经营环境和经营战略，对各项目的质量进行评价。在此基础上，还可以对企业整体的资产质量、资本结构质量、利润质量以及现金流量质量进行分析与评价，最终对企业财务状况质量做出整体判断。

在进行项目质量分析时，通常不需要面面俱到地对报表中的每一个项目进行分析，而是可以根据重要性原则和例外原则，找出重大项目和异动项目，这样便于提高分析效率。对于每个企业来说，其重大项目和异动项目会因企业所处的行业、自身经营战略的选择，以及具体业务环境不同而有所不同。这就意味着，项目质量分析法更像是为每个企业量身定做的个性化的分析方案，而不是像比率分析法那样，对每个企业的财务状况都采用统一的一套财务指标体系进行衡量。

八、财务综合分析评价法

财务综合分析方法有许多，概括起来可分为两类：一是财务报表综合分析，如资产与权益综合分析、利润与现金流量综合分析等；二是财务指标体系综合分析，如杜邦财务分析体系、杜邦财务指标体系改进分析等。

杜邦财务分析体系亦称杜邦财务分析法，是指根据各主要财务比率指标之间的内在联系，建立财务分析指标体系，综合分析企业财务状况的方法。由于该指标体系是由美国杜邦公司最先采用的，故称为杜邦财务分析体系。杜邦财务分析体系的特点是将若干反映企业盈利状况、财务状况和营运状况的比率按其内在联系有机地结合起来，形成一个完整的指标体系，并最终通过净资产收益率（或资本收益率）这一核心指标来综合反映在杜邦财务分析体系中，杜邦分析以及其后来的改进体系得到企业界的广泛认同，被广泛运用。

总之，财务分析方法在实际运用中有较多的形式，在具体运用的时候，应将多种方法有机整合，不断加以完善和创新，在财务数据的基础上结合其他相关信息，只有这样才能为财务信息使用者提供更科学有效的决策依据。

第九章　资产负债表分析

章前案例

印加股份是一家从事EPC总承包、光伏电站投资运营和光伏电站设计业务的公司。据2019年11月29日消息，印加股份（871376）因尚欠89.7万元货款被供应商起诉。在11月期间，印加股份先后披露了8份涉诉公告，其中一半均因未支付货款引起。

2017~2018年，印加股份与江苏晨洋电缆有限公司签订《采购合同》，晨阳电缆为印加股份的供应商，按合同给印加股份提供电缆。2018年上半年印加股份负债总计1.8亿元，占同期期末资产总计的55.8%。截至2018年10月15日，印加股份尚欠货款89.7万元未支付。晨阳电缆遂向南京市江宁区人民法院提起诉讼，请求判令印加股份支付货款及逾期付款利息。11月，印加股份先后披露了上述诉讼在内的共8起诉讼案件，其中有一半都是因为印加股份未支付货款，被供应商等起诉。4起诉讼中目前已有3起作出判决，判决印加股份支付货款、利息等合计约为118.6万元。印加股份上半年负债总额1.8亿元。《2018年半年度报告》显示，印加股份上半年营业收入为6374万元，较2016年同期下降61.25%，净利润亏损246万元。2018年上半年，印加股份资产总计为3.2亿元，负债总计为1.8亿元，负债总计占资产总额的一半以上。同时，货币资金为720万元。印加股份的负债总额较大，面临一定的偿债压力。

面对上述压力，印加股份表示，将提高盈利能力和业务拓展能力，并且改善资本结构，将来计划增加股权募集资金。目前，公司加快了与资本市场对接的步伐，未来将通过新三板做市以及其他方式引入股权资金优化公司资本结构。那么，印加股份能否顺利渡过难关？

资料来源：搜狐财经。

第一节　资产负债表分析概述

一、资产负债表的概念

资产负债表是企业三大财务报表之一，是反映企业在某一特定日期（月末、季末、年末）财务状况的静态报表。它揭示企业某一特定日期所拥有或控制的经济资源、所承担的现时义务和所有者对净资产的要求权。

二、资产负债表分析的基础

资产负债表是反映企业在某一特定日期财务状况的报表。它是企业筹资活动和投资活动的具体体现。

（一）筹资活动与资产负债表

筹资活动是企业重要的财务活动之一，是指企业为了生产经营而筹集的所需要资金。更好地理解筹资活动对资产负债表分析也有重要意义。

筹资渠道是指筹措资金来源的方向与通道，体现着资金的源泉和流量。现阶段，我国企业筹集资金的渠道主要有：①国家财政资金；②银行信贷资金；③非银行金融机构的资金；④企业内部资金；⑤其他企业资金；⑥民间资金；⑦境外资金。

筹资方式是指企业筹措资金所采取的具体形式，体现着资金的属性。企业筹集资金的方式一般分为八种：①吸收直接投资；②发行股票；③利用留存收益；④向银行借款；⑤利用商业信用；⑥发行公司债券；⑦融资租赁；⑧杠杆收购。

目前，资产负债表反映的筹资活动是按债权性筹资和权益性筹资进行分类的。所谓的债权性筹资是指企业通过借钱的方式来筹集资金，企业要承担利息，在借款到期后还要向债权人偿还本金；权益性筹资是由公司所有者投入以及以发行股票支付股息的方式筹集资金。

（二）投资活动与资产负债表

投资是企业为通过分配来增加财富，或为谋求其他利益，而将资产让渡给其他单位所获得的另一项资产，它分为短期投资和长期投资。

企业投资活动实际上是对筹集资金的使用，资金的使用形成各类资产。资产根据不同的标准可以分为不同的种类。从资产的流动性来看，资产可分为流动资产和非流动资产两大类。流动资产包括货币资金、短期投资、应收票据、应收股息、应收账款、其他应收款、存货、待摊费用、一年内到期的长期债权投资、其他流动资金；非流动资产主要包括持有到期投资、长期应收款、长期股权投资、工程物资、投资性房地产、固定资产、在建工程、无形资产、长期待摊费用、可供出售金融资产等。

目前，我国的资产负债表对资产的分类和排列就是按照这种方法来分类的。除按资产流动性进行分类外，还可按资产的存在形式，企业资产可分为有形资产和无形资产；按资产与生产经营的关系，企业资产还可分为经营性资产和非经营性资产等分类方法。

三、资产负债表分析的目的

一般来说财务报表分析是为满足不同信息使用者的需求而进行的，充分发挥了财务报表的作用。科学合理的财务报表分析，可以帮助公司投资者、债权人以及其他利益相关者了解上市公司的整体财务状况，在深入分析的基础上进行相关预测和决策。

资产负债表是反映企业在某一特定日期财务状况的报表。企业的所有资本活动及结果，会直接通过资产负债表全面、系统、综合地反映出来。但是，仅通过阅读资产负债表，只能了解企业在某一特定日期的财务状况，不能满足报表使用者进行决策的需要。所以，需要通过对资产负债表进行更深入的分析以便了解企业会计对企业财务状况的反映程度，以及所提供的会计信息的质量，据此对企业的资产和权益的变动情况及企业财务状况做出恰当的评价，最大限度地满足报表使用者的需求并及时对企业的相关活动做出调整。比如，是否欠银行和供应商太多的钱，导致企业“超负荷”；账面上的现金和现金等价物是否过低而影响企业的正常运营；存货和应收账款周转是否过慢影响了企业的正常经营活动等。

从财务分析的角度看，资产负债表分析的目的可分别从筹资分析目的、投资分析目的和综合分析目的三方面进行考虑：

第一，从筹资角度看，企业的筹资规模决定着企业的经营规模；企业的筹资结构决定着企业的投资结构；企业的筹资成本影响着企业的经营效益。因此，对企业进行筹资分析具有十分重要的意义。

第二，从投资角度看，通过对企业投资活动的分析，不仅可以分析企业的资产规模和资产结构变动趋势是否合理，而且也可以正确评价企业的财务状况。

第三，从综合分析角度看，通过对企业筹资活动和投资活动进行综合分析，可以了解企业的资金来源与资金运用行为是否合理及相适应的程度，进而评价企业的风险与收益相适应的程度。

四、资产负债表分析的内容

（一）资产负债表水平分析

资产负债表水平分析方法是一种将资产负债表的实际数与对比标准或基数进行比较，以揭示资产、负债和所有者权益的变动差异的分析方法。

资产负债表水平分析是指通过对企业各项资产、负债和股东权益的对比分析，揭示企业筹资与投资过程的差异，从而分析与揭示企业生产经营活动、经营管理水平、会计政策及会计变更对筹资与投资活动的影响。

（二）资产负债表垂直分析

资产负债表垂直分析方法是一种通过计算资产负债表中各项目在总资产或总权益中所占的比重，分析说明企业资产结构及其增减变动的合理程度的分析方法。

资产负债表垂直分析是指通过将资产负债表中各项目与总资产权益或权益总额的对比，分析企业的资产构成、负债构成和股东权益构成，揭示企业资产结构和资本结构的合理程度，探索企业资产结构优化、资本结构优化及资产结构与资本结构适应程度优化的思路。

（三）资产负债表主要项目分析

资产负债表项目分析是指在资产负债表全面分析的基础上，对资产负债表中资产、负债和股东权益的主要项目进行深入分析，包括会计政策、会计估计等变动对相关项目影响的分析。

第二节　资产负债表水平分析

一、资产负债表水平分析概述

（一）分析目的

资产负债表水平分析是对总资产规模的变动和各类、各项资产的变动状况以及权益变动情况进行分析，揭示资产与权益变动的主要方面及产生原因，从总体上了解企业经过一定时期经营后资产、负债和所有者权益变动的差异。

（二）分析方法

资产负债表水平分析是将资产负债表的实际数与对比标准或基数进行比较，以揭示资产、负债和所有者权益的变动差异的分析方法。

资产负债表水平分析需要编制资产负债表水平分析表，在此基础上进行分析。

二、资产负债表水平分析表的编制

资产负债表水平分析表的编制采用水平分析法，将资产负债表各个项目报告期数与上年实际数或本年资产负债表的预算或计划数进行比较。

由于资产负债表对比标准或基数不同，其分析目的与作用也不同。当以资产负债表预算为对比基数时，分析的目的在于评价资产、负债及所有者权益的预算完成情况，揭示影响资产负债表预算完成情况的原因；当以上年资产负债表为对比基数时，分析的目的在于评价资产、负债及所有者权益的增减变动情况，揭示本年财务状况与上年对比产生差异的原因。分析时需要计算以下两个指标：

某项目变动额 = 该项目报告期数 - 该项目基期数

$$某项目变动率 = \frac{该项目变动额}{该项目基期数} \times 100\%$$

资产负债表水平分析除了要计算某项目的变动额和变动率外，还应该计算出该项目变动对总资产或负债和所有者权益总额的影响程度，以便确定影响总资产或负债和所有者权益总额的重点项目。计算公式为：

某项目变动对总资产（权益总额）的影响 =

$$\frac{某项目的变动额}{基期总资产（负债和所有者权益总额）} \times 100\%$$

编制的资产负债表水平分析表格式如表 9 - 1 所示。

表 9 - 1　资产负债表水平分析表　　单位：元

项目	本年度	上年度	变动情况		对总额的影响（%）
			变动额	变动率（%）	
流动资产					
货币资金	853110170	3669146356	-2816036186	-76.75	-8.74
应收票据	2000000	5884729	-3884729	-66.01	-0.01
应收账款	3614408001	8685855148	-5071447146	-58.39	-15.73
预付款项	574386059	619331276	-44945217	-7.26	-0.14

续表

项目	本年度	上年度	变动情况		对总额的影响（%）
			变动额	变动率（%）	
应收利息	24332681	18110044	6222637	34.36	0.02
其他应收款	1220388754	696016127	524372626	75.34	1.63
存货	653157851	945179397	-292021546	-30.90	-0.91
其他流动资产	972216181	1229643291	-257427110	-20.94	-0.80
流动资产合计	7913999696	15869166368	-7955166672	-50.13	-24.68
非流动资产					
发放贷款及垫款	58669581	714141820	-655472239	-91.78	-2.03
可供出售金融资产	797618603	1690529136	-892910532	-52.82	-2.77
长期股权投资	2089964470	2070302116	19662354	0.95	0.06
固定资产净额	546878881	1140315635	-593436754	-52.04	-1.84
无形资产	4567035178	6882018054	-2314982877	-33.64	-7.18
开发支出	148085237	696578155	-548492917	-78.74	-1.70
商誉	747585265	747585265	0	0	0
长期待摊费用	806667	1546403	-739736	-47.84	0
递延所得税资产	55170945	763343422	-708172477	-92.77	-2.20
其他非流动资产	971834614	1658299634	-686465021	-41.40	-2.13
非流动资产合计	9983649441	16364659641	-6381010200	-38.99	-19.80
资产总计	17897649137	32233826009	-14336176872	-44.48	-44.48
流动负债					
短期借款	2754826592	2600361000	154465592	5.94	0.48
应付票据	0	226884007	-226884007	-100.00	-0.70
应付账款	6514482975	5421247492	1093235483	20.17	3.39
预收款项	456754865	182669921	274084944	150.04	0.85
应付职工薪酬	1228870	9609937	-8381067	-87.21	-0.03
应交税费	564668668	774198911	-209530243	-27.06	-0.65
应付利息	111768418	81875727	29892691	36.51	0.09
应付股利	43446154	25850903	17595251	68.06	0.05
其他应付款	681851358	105029679	576821679	549.20	1.79
一年内到期的非流动负债	1515222435	2646401714	-1131179278	-42.74	-3.51
其他流动负债	1790000000	0	1790000000		5.55

续表

项目	本年度	上年度	变动情况		对总额的影响（%）
			变动额	变动率（%）	
流动负债合计	14494250336	12483269997	2010980339	16.11	6.24
非流动负债					
长期借款	0	3024445809	-3024445809	-100.00	-9.38
长期应付款	131586824	142094228	-10507404	-7.39	-0.03
预计非流动负债	340331756	0	340331756		1.06
递延所得税负债	3037852	3037852	0	0	0
长期递延收益	245989785	483948011	-237958226	-49.17	-0.74
其他非流动负债	3348941000	5615277373	-2266336373	-40.36	-7.03
非流动负债合计	4069887216	9268803272	-5198916056	-56.09	-16.13
负债合计	18564137552	21752073270	-3187935717	-14.66	-9.89
股东权益					
股本	3989440192	1981680127	2007760065	101.32	6.23
资本公积	8643234323	6197235638	2445998685	39.47	7.59
其他综合收益	-27671447	54771628	-82443074	-150.52	-0.26
盈余公积	286311763	286311763	0	0	0
未分配利润	-12228327856	1705569136	-13933896993	-816.96	-43.23
归属于母公司股东权益合计	662986975	10225568292	-9562581317	-93.52	-29.67
少数股东权益	-1329475390	256184448	-1585659837	-618.95	-4.92
股东权益总计	-666488415	10481752740	-11148241155	-106.36	-34.59
负债和股东权益总计	17897649137	32233826009	-14336176872	-44.48	-44.48

三、资产负债表变动情况的分析评价

资产负债表水平分析表是分析评价资产负债表变动情况的基础，编制出资产负债表水平分析表就可以帮助公司投资者、债权人以及其他利益相关者进行更深入的分析。对资产负债表水平分析表的评价可以从以下三方面进行：

（一）从投资或资产角度

第一，从资产或投资角度进行评价主要是观察企业经过一定时期的生产经营后资产总规模的变动状况及各类、各项资产的变动状况，以及各类、各项资产对总资产规模的影响程度。帮助利益相关者从总体上概括了解资产的变动情况。

第二，通过计算各类、各项资产对总资产规模的影响程度，可以发现变动幅度较大的重点类别和重点项目，并在此基础上分析各类或各项资产规模变动产生的原因。

第三，要注意分析资产变动的合理性与效率性。

第四，在上述分析过程中要特别注意会计政策变动的影响，由于资产各项目的变动既可能是由企业的生产经营活动造成的，也可能是由于会计政策的变更造成的，只有结合对会计政策的合理分析才能揭示资产变动的真正原因。例如，坏账损失的核算、存货的计价、长期投资的核算、固定资产及折旧、在建工程核算、无形资产及其摊销、递延费用及其摊销等。

（二）从筹资或权益角度

第一，从权益或筹资角度进行评价主要是观察企业经过一定时期的生产经营后权益总额的变动状况及各类、各项筹资的变动状况，以及各类、各项筹资对权益总额的影响程度。帮助利益相关者从总体上概括了解权益的变动情况。

第二，通过计算各类、各项筹资对权益总额的影响程度，可以发现变动幅度较大的重点类别和重点项目，在此基础上分析各类、各项筹资变动产生的原因。

第三，在上述分析过程中也要注意不反映在资产负债表上的表外业务的影响。

（三）从投资与筹资角度

第一，从投资与筹资角度进行综合评价，就是要分析评价资产规模及构成的变动情况受筹资规模及构成的变动情况的影响程度。

第二，注意考察资产规模变动与所有者权益总额变动的适应程度，进而评价企业财务结构的稳定性和安全性。

四、资产规模变动的原因

从资产负债表左右两方的对应关系方面分析变动原因，可归纳为以下几种类型。

（一）负债变动型

负债变动型是指在其他权益项目不变时，资产总额发生变动是因为负债变动引起的，如表 9－2 所示。

（二）追加投资变动型

追加投资变动型是指在其他权益项目不变时，由于投资人追加投资或收回投资引起资产总额发生变动，如表 9－3 所示。

表 9－2　负债变动型　　单位：万元

资产	期初	期末	负债及股东权益	期初	期末
流动资产 非流动资产			负债	500	700
			股本	300	300
			盈余公积	100	100
			未分配利润	100	100
总计	1000	1200	总计	1000	1200

表 9－3　追加投资变动型　　单位：万元

资产	期初	期末	负债及股东权益	期初	期末
流动资产 固定资产			负债	500	500
			股本	300	500
			盈余公积	100	100
			未分配利润	100	100
总计	1000	1200	总计	1000	1200

（三）经营变动型

经营变动型是指在其他权益项目不变时，企业资产总额变动是因为经营原因引起的，如表 9－4 所示。如企业本期盈利，进行各种提取和保留未分配利润而使资产增加，或因经营亏损而使未分配利润减少造成资产总额减少。

表 9－4　经营变动型　　单位：万元

资产	期初	期末	负债及股东权益	期初	期末
流动资产 固定资产			负债	500	500
			股本	300	300
			盈余公积	100	300
			未分配利润	100	100
总计	1000	1200	总计	1000	1200

（四）股利分配变动型

股利分配变动型是指在其他权益项目不变时，由于股利分配原因引起资产发生变动，如表 9－5 所示。例如，分配的股利小于本期净利润而使资产总额增加，或分配的股利大于本期净利润而使资产总额减少。

表 9－5 股利分配变动型 单位：万元

资产	期初	期末	负债及股东权益	期初	期末
流动资产 固定资产			负债	500	500
			股本	300	300
			盈余公积	100	100
			未分配利润	100	300
总计	1000	1200	总计	1000	1200

第三节 资产负债表垂直分析

一、资产负债表垂直分析概述

（一）分析目的

资产负债表垂直分析是通过计算资产负债表中各项目在总资产或总权益中所占的比重，分析说明企业资产结构、权益结构及其增减变动的合理程度。通过资产负债表垂直分析，第一，可评价企业资产结构及变动的合理性；第二，可评价企业资本结构及变动的合理性；第三，可评价企业资产结构与资本结构的适应程度。

（二）分析方法

资产负债表垂直分析方法是通过对总资产和总权益中各项目所占比例的计算，来分析企业现有资产结构、权益结构是否恰当以及变动是否合理的一种垂直分析方法。

资产负债表水平分析需要编制资产负债表垂直分析表，在此基础上进行分析。

二、资产负债表垂直分析表的编制

资产负债表垂直分析表的编制采用垂直分析法，计算资产负债表各项目所占的比重。

选定标准：可以是本期实际数，也可以是上期实际数、预算数和同行业的平均数或可比企业的实际数。

资产负债表垂直分析可以从静态角度和动态角度两方面进行。从静态角度分析就是以本期资产负债表为分析对象，分析评价其实际构成情况；从动态角度分析就是将资产负债表的本期实际构成与选定的标准进行对比分析。具体对比标准的选择可以视分析目的而定。分析时需要计算以下两个指标：

$$某项目的比重 = \frac{该项目金额}{资产总额（或负债及股东权益总额）} \times 100\%$$

某项目比重变动情况 = 该项目报告期比重 - 该项目基期比重

编制的资产负债表垂直分析表格式如表 9-6 所示。

表 9-6　资产负债表垂直分析表　　单位：元

项目	本年度	上年度	本年度（%）	上年度（%）	变动情况（%）
流动资产					
货币资金	853110170	3669146356	4.77	11.38	-6.62
应收票据	2000000	5884729	0.01	0.02	-0.01
应收账款	3614408001	8685855148	20.19	26.95	-6.75
预付款项	574386059	619331276	3.21	1.92	1.29
应收利息	24332681	18110044	0.14	0.06	0.08
其他应收款	1220388754	696016127	6.82	2.16	4.66
存货	653157851	945179397	3.65	2.93	0.72
其他流动资产	972216181	1229643291	5.43	3.81	1.62
流动资产合计	7913999696	15869166368	44.22	49.23	-5.01
非流动资产					
发放贷款及垫款	58669581	714141820	0.33	2.22	-1.89
可供出售金融资产	797618603	1690529136	4.46	5.24	-0.79
长期股权投资	2089964470	2070302116	11.68	6.42	5.25
固定资产净额	546878881	1140315635	3.06	3.54	-0.48
无形资产	4567035178	6882018054	25.52	21.35	4.17
开发支出	148085237	696578155	0.83	2.16	-1.33
商誉	747585265	747585265	4.18	2.32	1.86
长期待摊费用	806667	1546403	0	0	0
递延所得税资产	55170945	763343422	0.31	2.37	-2.06
其他非流动资产	971834614	1658299634	5.43	5.14	0.29

续表

项目	本年度	上年度	本年度（%）	上年度（%）	变动情况（%）
非流动资产合计	9983649441	16364659641	55.78	50.77	5.01
资产总计	17897649137	32233826009	100.00	100.00	0.
流动负债					
短期借款	2754826592	2600361000	15.39	8.07	7.32
应付票据	0	226884007	0.00	0.70	-0.70
应付账款	6514482975	5421247492	36.40	16.82	19.58
预收款项	456754865	182669921	2.55	0.57	1.99
应付职工薪酬	1228870	9609937	0.01	0.03	-0.02
应交税费	564668668	774198911	3.15	2.40	0.75
应付利息	111768418	81875727	0.62	0.25	0.37
应付股利	43446154	25850903	0.24	0.08	0.16
其他应付款	681851358	105029679	3.81	0.33	3.48
一年内到期的非流动负债	1515222435	2646401714	8.47	8.21	0.26
其他流动负债	1790000000	0	10.00	0	10.00
流动负债合计	14494250336	12483269997	80.98	38.73	42.26
非流动负债					
长期借款	0	3024445809	0	9.38	-9.38
长期应付款	131586824	142094228	0.74	0.44	0.29
预计非流动负债	340331756	0	1.90	0	1.90
递延所得税负债	3037852	3037852	0.02	0.01	0.01
长期递延收益	245989785	483948011	1.37	1.50	-0.13
其他非流动负债	3348941000	5615277373	18.71	17.42	1.29
非流动负债合计	4069887216	9268803272	22.74	28.75	-6.02
负债合计	18564137552	21752073270	103.72	67.48	36.24
股东权益					
股本	3989440192	1981680127	22.29	6.15	16.14
资本公积	8643234323	6197235638	48.29	19.23	29.07
其他综合收益	-27671447	54771628	-0.15	0.17	-0.32
盈余公积	286311763	286311763	1.60	0.89	0.71
未分配利润	-12228327856	1705569136	-68.32	5.29	-73.61

续表

项目	本年度	上年度	本年度（%）	上年度（%）	变动情况（%）
归属于母公司股东权益合计	662986975	10225568292	3.70	31.72	-28.02
少数股东权益	-1329475390	256184448	-7.43	0.79	-8.22
股东权益总计	-666488415	10481752740	-3.72	32.52	-36.24
负债和股东权益总计	17897649137	32233826009	100.00	100.00	0

三、资产负债表结构变动情况的分析评价

（一）资产结构分析

1. 资产结构的含义

资产结构即资产的构成，是指企业各项资产占总资产的比重以及各类资产之间的比例关系。

2. 资产结构分析的意义

资产结构分析是指通过计算各资产明细项目占总资产的比重，反映企业资源配置与财务稳定性的情况，帮助企业及时发现资产占用是否合理，以减少资金的沉淀，保持企业资产的流动性。

3. 资产结构分析

企业资产结构分析主要从以下两个方面进行：

从静态角度分析企业资源配置情况是否合理，具体可以对流动资产与非流动资产占总资产的比重以及其中个别重要项目所占比重进行分析，与行业平均水平或可比企业资产结构比较，进而对企业资产结构的合理性做出判断，还可获知企业资产的流动性和风险性水平。例如，对于流动资产来说，流动资产比重大，意味着企业资产的流动性和抵御风险的能力强。

从动态角度分析企业资产结构的变动是否合理，观察是否有变动幅度较大的项目，对企业资产结构的稳定性做出评价，进而对资产结构进行适当的调整。

分析时应特别注意，企业实际经营中，资产的基本构成会受到所处行业、企业的经营规模、经营策略、盈利模式等众多因素的影响，还需要分析者结合具体情况来分析。

（二）资本结构分析

1. 资本结构的含义

资本结构是指企业全部资金来源中负债与所有者权益两大资金来源各自所占

的比重以及每类资金来源内部的比重构成情况。

2. 资本结构分析的意义

资本结构分析可以揭示企业资金的来源，不同来源的资金性质不同。同时也是衡量企业偿债能力及评估企业财力雄厚程度的基础，提醒企业保持适度负债，既能充分加大负债的财务杠杆效用，又利于降低企业的综合资本成本。

3. 资本结构分析

企业资本结构分析主要从以下两个方面进行：

从静态角度观察企业资本的构成，评估企业财务实力和财务风险，同时也可结合企业的盈利能力和经营风险进行分析，评价其资本结构的合理性。

从动态角度分析企业资本结构的变动是否合理，观察是否有变动幅度较大的项目，评估资本结构的调整情况及对股东收益可能产生的影响。

（三）资产结构与资本结构适应性分析

资产结构和资本结构的适应性分析主要是对企业资本结构与资产匹配关系进行研究，并通过对匹配关系的分析达到揭示企业风险状况的目的。正常经营企业结构有以下四种类型：

1. 保守结构

保守结构的主要标志是企业全部资产的资金来源都依靠长期资金来满足。其形式如表 9－7 所示。

表 9－7　保守结构的资产负债表

<table>
<tr><td rowspan="2">流动资产</td><td>临时性占用流动资产</td><td>非流动负债</td></tr>
<tr><td>永久性占用流动资产</td><td rowspan="2">所有者权益</td></tr>
<tr><td colspan="2">非流动资产</td></tr>
</table>

从表 9－7 可以看出，保守型资产负债表的财务结果可能是：①企业风险极低。②导致较高的资金成本。③筹资结构弹性弱。在这种结构下，企业的偿债压力较小，由于长期资金来源的资金成本一般高于短期资金来源的资金成本，会降低企业的盈利水平。

其中临时性流动资产是指由于季节性或临时性原因占用的流动资产，如销售旺季增加的存货和应收账款等。永久性流动资产是指用于满足企业长期稳定发展需要的流动资产，如保险储备中的存货和现金。

2. 稳健结构

稳健结构的主要标志是企业流动资产的一部分资金需要使用流动负债来满

足，另一部分资金则需要由非流动负债来满足。其形式如表 9 - 8 所示。

表 9 - 8　稳健结构的资产负债表

<table>
<tr><td rowspan="2">流动资产</td><td>临时性占用流动资产</td><td>流动负债</td></tr>
<tr><td>永久性占用流动资产</td><td>非流动负债</td></tr>
<tr><td colspan="2">非流动资产</td><td>所有者权益</td></tr>
</table>

从表 9 - 8 可以看出，稳健型资产负债表的财务结果可能是：①较强的短期偿债能力和较小的企业风险。②负债成本相对较低，具有可调性。③无论是资产结构还是资本结构，都具有一定的弹性。

3. 平衡结构

平衡结构的主要标志是流动资产的资金需要全部依靠流动负债来满足，其形式如表 9 - 9 所示。

表 9 - 9　平衡结构的资产负债表

流动资产	流动负债
非流动资产	非流动负债与所有者权益

从表 9 - 9 可以看出，平衡型资产负债表的财务结构可能是：①企业风险均衡。②负债政策要依据资产结构变化进行调整。③存在潜在的风险。将资产与负债的期间相互配合，以降低企业不能偿还到期债务的风险，并尽可能降低企业的资金成本。但是在企业的经济活动中，往往做不到资产与负债的完全配合。一旦企业的销售和经营不理想，未能取得预期的现金收入，就会面临偿还流动负债的困难，所以平衡型结构是一种理想性结构。

4. 风险结构

风险结构的主要标志是以短期资金来满足部分长期资产的资金需要。其形式如表 9 - 10 所示。

表 9 - 10　风险结构的资产负债表

<table>
<tr><td>流动资产</td><td rowspan="2">流动负债</td></tr>
<tr><td rowspan="2">非流动资产</td></tr>
<tr><td>非流动负债与所有者权益</td></tr>
</table>

从表 9 - 10 可以看出，风险型资产负债表的财务结构可能是：①财务风险较大。②负债成本最低。③存在“黑字”破产的潜在危险。这一结构形式只适用于企业在发展壮大期，而且只能在短期内采用。

第四节　资产负债表主要项目分析

一、主要资产项目分析

（一）货币资金

1. 货币资金的概述

货币资金是指企业在生产经营过程中处于货币状态的那部分资产，包括库存现金、银行存款和其他货币资金。企业持有货币资金的目的主要是经营的需要、预防的需要和投机的需要。

货币资金是企业流动性最强、最有活力，但获利能力最低的资产。

2. 货币资金规模合理性分析

货币资金多，说明企业的支付能力和财务适应能力强，但同时资金过多会导致企业资金的闲置，影响资金的利用效果而导致资金的盈利能力低，增加持有的机会成本。

货币资金少，会影响企业的正常经营活动和支付能力，影响企业简单再生产，可能造成企业信誉受损而影响短期偿债能力。

企业货币资金规模是否合理还要结合以下几个方面进行考虑：第一，资产规模与业务量，如果企业近期的业务量较大或有投资机会，而企业正在为潜在的投资机会进行一定量的资金储备，可能会造成货币资金规模较大。第二，企业的融资能力，如果企业有很好的融资渠道和融资来源，能在短期内获得大量的资金，就不必储备大量的货币资金。第三，行业特点，比如银行业与工业企业，在相同的总资产规模下，不可能保持相近规模的货币资金。

3. 货币资金变动情况合理性分析

货币资金变动易受下列因素的影响：①销售规模，如果近期内企业销售规模扩大，那么相应的货币资金也会随之增加。②信用政策，企业的信用政策相对严格，会使现销增加，从而使货币资金增加，那么这种变动就是合理的。③为支出大笔现金做准备，如近期内企业需要还款、派发股利和采购大宗商品等，企业则需要储备一定量的货币资金以备不时之需。④尚未使用的已筹资金，如企业通过负债或发行新股、债券等取得了大量现金，但现在还未来得及投入生产经营活动中而造成暂时性的储备，就会有大量的资金余额出现。

（二）应收账款

1. 应收账款的概述

应收账款是指企业因销售商品、提供劳务等应向购货单位或接受劳务单位收取的款项。

2. 应收账款规模合理性分析

对比前后几个会计年度的应收账款及坏账准备的有关信息，查看是否有重大的波动，可以从应收账款的总量及应收账款分别占营业收入及资产总额的比例来分析。如应收账款占资产总额的比例过大，可能会出现坏账的情况，应收账款的收回存在一定的风险，说明企业资产质量可能并不像表现出来的那么高。

与同行业的其他企业进行对比。如果企业的应收账款与同行业其他企业的平均水平差距不大，说明应收账款的规模较为合理，如果明显高于其他企业的平均水平，说明应收账款收回的风险比较大，需要特别注意。

应收账款的增减变动与营业收入以及现金流量表中销售商品、提供劳务收到的现金应该有一个大概的数量勾稽关系，若三者之间严重脱节，则应追查原因。

3. 应收账款变动情况合理性分析

应收账款变动易受下列因素的影响：①销售规模，销售规模越大导致销售增加，销售增加引起应收账款的自然增加。②企业的信用政策，企业为扩大销售适当放宽信用标准，延长信用期限，企业应收账款的数额就会增加。③会计政策变更，如果企业坏账准备计提比例增加，则应收账款可能降低。

4. 坏账分析

坏账准备计提的合理性分析：计提比例过低有潜在亏损挂账之嫌；计提比例过高有调节利润之嫌。

坏账损失分析：坏账准备对评价收益的质量起着重要的作用。如果公司通过降低赊销标准来扩大销售，那么坏账准备应该有相应比例的增长。

（三）存货

1. 存货的概述

存货是指企业在日常经营活动中持有以备出售的产成品或商品、处在生产过程中的在产品、在生产过程或提供劳务过程中耗用的材料和物料等。主要包括商品、产成品、半成品、在产品以及各类材料、燃料、包装物和低值易耗品等。

2. 存货规模合理性分析

存货过多影响企业的短期偿债能力、资金周转能力同时增加存货的储存成本。存货过少则无法满足企业正常生产经营的需要。

同时也需要结合行业特点进行分析，像服务类行业存货占总资产的比重相对较少，规模较小，而食品类、服装类行业存货的规模相对来说较大。

3. 存货计价方法的合理性分析

因为价格的变动，存货的不同计价方法会导致不同的结果。存货的不同计价方法对资产负债表的影响如表 9 – 11 所示。

表 9 – 11　存货计价方法

计价方法	对资产负债表的影响
先进先出法	基本反映存货当前价值
个别计价法	基本反映存货真实价值
加权平均法	介于两者之间

4. 存货的盘存制度分析

存货数量变动是影响资产负债表主要存货项目的基本因素，企业存货数量的确定主要有两种方法可供选择：定期盘存法和永续盘存法。①定期盘存法是指平时只在账簿中登记各项实物资产的增加数，不登记减少数，期末通过盘点实物来确定其实有数据并据以倒算出来本期实物资产减少的盘存方法。②永续盘存法是指平时对各项实物资产的增减变动都必须根据会计凭证逐笔地在有关账簿中登记，并随时结算出其账面结存数量的盘存方法。

两种不同的存货数量确认方法会造成资产负债表上存货项目的差异，这种差异不是存货数量本身变动引起的，而是存货数量的会计确认方法不同造成的。

二、主要负债项目分析

（一）短期借款

1. 短期借款的概述

短期借款是指企业向银行或其他金融机构等借入的期限在一年以下（含一年）的各种借款。

短期借款筹资的优点在于可以随企业的需要安排，便于灵活使用，取得程序较为简便；缺点是短期内要归还，容易给企业造成一定程度上的财务负担，面临财务风险。因此短期借款的规模要与企业对短期资金的需求、流动资产的规模相适应。

2. 短期借款变动合理性分析

短期借款变动易受下列因素的影响：①流动资产资金需要，主要来自季节性和临时性的需要，可能在短期内需要一定数额的短期借款。②节约利息支出，举借短期借款相对于举借长期借款来说，可以减少利息及其他费用的支出。③调整负债结构和财务风险，从调整负债结构角度来说，企业增加短期借款，就可以相对减少长期负债；从调整财务风险角度来说，短期借款具有风险大，利率低的特点，负债结构变化会引起负债成本和财务风险发生相应的变化。④增加企业资金弹性，短期借款有随时借还的特点，可以对企业资金存量进行简单调整。

（二）应付账款与应付票据分析

1. 应付账款与应付票据的概述

应付账款是指企业因购买材料、商品和接受劳务供应等而应付供应单位的款项。

应付票据是指企业购买材料、商品和接受劳务供应而开出、承兑的商业汇票，包括银行承兑汇票和商业承兑汇票。

2. 应付账款和应付票据规模合理性分析

一般认为，应付账款和应付票据的规模代表了企业利用商业信用推动其经营活动的能力。但是，由于应付账款和应付票据的财务成本并不相同，因此，从企业应付账款和应付票据的数量变化，可以透视企业的经营情况。

第一，随着企业存货或营业成本的增长，应付账款规模相对较大。

从债务企业角度来说，应付账款增长在很大程度上代表了债务企业与供应企业在结算方式谈判上具有较强的能力，企业成功地利用了商业信用来支持自己的经营活动，又避免了采用汇票结算所可能引起的财务费用。

第二，随着企业存货或营业成本的增长，应付票据规模相对较大。

从债务企业角度来说，应付票据规模增长在很大程度上代表了债务企业处于支付能力下降而失去与供应企业在结算方式的谈判上的优势而不得不采用汇票进行结算。同时，应付票据规模相对较大会不可避免地引起财务费用增加，货币资金的周转压力增加。

通过比较应付票据和应付账款占负债和所有者权益总额的比例，可以判断一个企业在购货环节的市场谈判能力。一般来说，应付票据占负债和所有者权益总额的比例较高的企业，其购货环节的市场谈判能力相对较低；应付账款占负债和所有者权益总额的比例较高的企业，其购货环节的市场谈判能力相对较高。

3. 应付账款与应付票据变动情况合理性分析

应付账款与应付票据变动易受下列因素的影响：①企业销售规模的变动，当企业销售规模扩大时，存货需求也随之增加，使应付账款及应付票据等债务规模扩大；当企业销售规模缩小时，应付账款及应付票据规模会降低。②为充分利用无成本资金，应付账款及应付票据是因商业信用而产生的一种无资金成本或资金成本极低的资金来源，使用应付账款和应付票据可节约利息支出。③提供商业信用企业的信用政策发生变化，如果其他企业放宽信用政策和收账政策，企业应付账款和应付票据的规模相对来说就大一些；如果信用政策和收账政策比较严格，应付账款和应付票据规模就比较小。④企业资金的充裕程度，当企业资金相对充裕时，应付账款和应付票据规模相对来说就比较小；当企业资金比较紧张时，可能对应付账款和应付票据的清偿产生一定的影响。

（三）长期借款

1. 长期借款的概述

长期借款是指期限在一年以上的借款，与期限在一年以内的短期借款相比，长期借款的利息率通常较高，除了需要支付较高的利息外，借款企业还将被银行收取其他费用。

2. 长期借款变动情况合理性分析

长期借款变动易受下列因素的影响：①银行信贷政策及资金市场的资金供求状况的改变。如果调整了长期借款的利率，降低到企业完全愿意接受的水平，一直用短期借款“拆东墙补西墙”的企业，可能会考虑改变这种状态，转成借入长期借款。②为了满足企业对资金的长期需要。如有新的盈利较好的项目，而一时又没有好的资金来源，可通过长期借款借入资金。③保持企业权益结构的稳定性。当企业收益率远远高于资本市场收益率时，企业的股东非常愿意用借入长期借款的方式来获取更多的收益。④调整企业负债结构和财务风险。如果企业欠债较多，财务风险相对较高，企业可能会考虑提前归还部分长期借款，出现长期借款项目余额的变化。

案例分析

×信息技术股份有限公司（以下简称×公司）是唯一在国内上市的视频网站，自 2011 年上市起，×公司就致力于企业的规模扩张，涉及电视、影视、体育、商城、手机、汽车、农业、智能硬件、音乐等多个业务领域，×公司的业务拓展速度之快和领域之广令人咋舌。2016 年下半年，×公司负面新闻频出，11

月6日，公司发布公开信，承认公司扩张速度过快导致资金紧张，11～12月，陆续有新闻爆出，×公司拖欠手机供应商款项达100多亿元，已被拒绝供货。欠款新闻爆出，12月6日，×公司股价大跌7.85%，几乎触及跌停，×公司随即发布停牌公告，宣布从12月7日起暂停股票交易。下面将从财务分析角度入手，采用资产负债表水平分析和垂直分析等方法，探究×公司危机背后症结所在，分析×公司困局的主要原因。

一、×公司资产负债表变动情况的分析评价

（一）从投资或资产角度进行分析评价

根据表9－12和表9－13，可以对×公司总资产变动情况做出以下分析评价：×公司总资产本期减少143.36176872亿元，与2016年相比减少44.48%，说明×公司本年资产规模大幅度减少。通过进一步分析可以发现：流动资产本期减少79.55166672亿元，与2016年相比减少幅度为50.13%，使总资产规模减少了24.68%；非流动资产本期减少了63.810102亿元，与2016年同期相比减少幅度为38.99%，使总资产规模减少了19.8%。两者合计使总资产减少143.36176872亿元，减少幅度为44.48%。

表9－12　×公司资产负债表部分项目水平分析　　单位：元

项目	2017年	2016年	变动情况		对总额的影响（%）
			变动额	变动率（%）	
流动资产					
货币资金	853110170	3669146356	－2816036186	－76.75	－8.74
应收票据	2000000	5884729	－3884729	－66.01	－0.01
应收账款	3614408001	8685855148	－5071447146	－58.39	－15.73
预付款项	574386059	619331276	－44945217	－7.26	－0.14
应收利息	24332681	18110044	6222637	34.36	0.02
其他应收款	1220388754	696016127	524372626	75.34	1.63
存货	653157851	945179397	－292021546	－30.90	－0.91
其他流动资产	972216181	1229643291	－257427110	－20.94	－0.80
流动资产合计	7913999696	15869166368	－7955166672	－50.13	－24.68

本期总资产的减少主要体现在流动资产的大幅度减少上。虽然流动资产的各个项目增减变动各有不同，但我们可以看出其减少主要体现在两个方面：一是货

币资金的大幅度减少。货币资金本期减少金额为28.16036186亿元，减少幅度为76.75%，对资产总额影响相对较大，为-8.74%。由此可以看出×公司在扩张过程中其资金出现严重问题，因为扩张速度过快、扩张战线太长、导致资金短缺，从而使公司遭遇困局。×公司应该结合自身的现金需要量，保证企业的正常运转，避免产生这种浪费和不合理的投资行为。二是应收账款的减少。应收账款本期减少50.71447146亿元，减少幅度为58.39%，对资产总额的影响最大，为-15.73%。结合×公司的具体情况来看，应收账款大幅度减少意味着×公司2017年的市场规模大幅度下降，销售业务大幅度减少，说明目前×公司形势不容乐观。

表9-13　2017年×公司资产负债表部分项目水平分析　　单位：元

项目	2017年	2016年	变动情况		对总额的影响（%）
			变动额	变动率（%）	
非流动资产					
发放贷款及垫款	58669581	714141820	-655472239	-91.78	-2.03
可供出售金融资产	797618603	1690529136	-892910532	-52.82	-2.77
长期股权投资	2089964470	2070302116	19662354	0.95	0.06
固定资产净额	546878881	1140315635	-593436754	-52.04	-1.84
无形资产	4567035178	6882018054	-2314982877	-33.64	-7.18
开发支出	148085237	696578155	-548492917	-78.74	-1.70
商誉	747585265	747585265	0	0	0
长期待摊费用	806667	1546403	-739736	-47.84	0
递延所得税资产	55170945	763343422	-708172477	-92.77	-2.20
其他非流动资产	971834614	1658299634	-686465021	-41.40	-2.13
非流动资产合计	9983649441	16364659641	-6381010200	-38.99	-19.80

非流动资产的变动主要体现在无形资产的减少上。无形资产本期减少23.14982877亿元，减少幅度为33.64%，对资产总额减少影响相对较大，为-7.18%。×公司无形资产由影视版权、系统软件和非专利计算三部分构成，影视版权占据大头，对于以内容为核心竞争力的×公司而言，无形资产的大幅度减少说明企业在经营过程中诚信度降低、企业经营的产品质量下降，无疑使企业形象受到影响、品牌影响力下降，对公司未来的经营有一定的消极作用。

（二）从筹资或权益角度进行分析评价

根据表9－14可以对×公司权益总额变动情况做出以下分析评价：×公司权益总额相比2016年同期减少143.36176872亿元，减少幅度为44.48%，说明×公司本年权益总额有较大幅度的减少，进一步分析可以发现：负债本期减少31.87935717亿元，减少幅度为14.66%，使权益总额减少了9.89%；股东权益本期减少了111.48241155亿元，减少幅度为106.36%，使权益总额减少34.59%，两者合计使权益总额本期减少143.36176872亿元，减少幅度为44.48%。

表9－14　2017年×公司资产负债表部分项目水平分析　　单位：元

项目	2017年	2016年	变动情况		对总额的影响（%）
			变动额	变动率（%）	
股东权益					
股本	3989440192	1981680127	2007760065	101.32	6.23
资本公积	8643234323	6197235638	2445998685	39.47	7.59
其他综合收益	－27671447	54771628	－82443074	－150.52	－0.26
盈余公积	286311763	286311763	0	0	0
未分配利润	－12228327856	1705569136	－13933896993	－816.96	－43.23
归属于母公司股东权益合计	662986975	10225568292	－9562581317	－93.52	－29.67
少数股东权益	－1329475390	256184448	－1585659837	－618.95	－4.92
股东权益总计	－666488415	10481752740	－11148241155	－106.36	－34.59
负债和股东权益总计	17897649137	32233826009	－14336176872	－44.48	－44.48

本期权益总额的减少主要体现在股东权益的减少上。第一，未分配利润减少是其主要方面。未分配利润本期减少139.33896993亿元，减少幅度为816.96%，对权益总额的影响最大，达43.23%。未分配利润是指企业实现的净利润经过弥补亏损、提取盈余公积和向投资者分配利润后留存在企业的、历年结存的利润。×公司资产负债表中未分配利润减少说明企业可用于分配盈余公积、红利、股东利润的金额急剧减少，可能是因为过多弥补以前的年度损益所致，导致资不抵债而使未分配利润为负。由此可见，×公司已经陷入巨大的财务危机，面临着严重的财务风险。第二，少数股东权益的减少也是权益总额减少的重要原因。少数股东权益本期为－13.2947539亿元，与2016年同期相比减少了15.85659837亿元，

减少幅度为618.95%，减少幅度巨大，对权益总额的影响为－4.92%。从少数股东权益为负数可以看出，×公司由于亏损过多已经出现资不抵债的情况，其目前形势不容乐观。

如表9－15所示，负债本期减少31.87935717亿元，减少幅度为14.66%，对权益总额的影响为9.89%。其中非流动负债本期减少51.98916056亿元，减少幅度为56.09%，对权益总额的影响为－16.13%；这种情况下流动负债反而增加，本期增加20.10980339亿元，增加幅度为16.11%，对权益总额的影响为6.24%。相比于长期负债，短期负债需要在近期内支付本金和利息，容易产生更高的财务风险水平，使企业陷入财务困境。由表9－15可以看出，流动负债的增加主要表现在两方面：一是应付账款的增加。其中应付账款本期增加10.93235483亿元，增加幅度为20.17%，对权益总额的影响为3.39%。二是其他流动负债的增加导致流动负债合计增加。流动负债本期增加20.10980339亿元，增加幅度为16.11%，影响权益总额的比重为6.24%。结合×公司的具体负债情况可知，这种变动情况可能导致公司偿债压力加大和相应财务风险的增加。

表9－15　2017年×公司资产负债表部分项目水平分析　　单位：元

项目	2017年	2016年	变动情况		对总额的影响（%）
			变动额	变动率（%）	
流动负债					
短期借款	2754826592	2600361000	154465592	5.94	0.48
应付票据	0	226884007	－226884007	－100.00	－0.70
应付账款	6514482975	5421247492	1093235483	20.17	3.39
预收款项	456754865	182669921	274084944	150.04	0.85
应付职工薪酬	1228870	9609937	－8381067	－87.21	－0.03
应交税费	564668668	774198911	－209530243	－27.06	－0.65
应付利息	111768418	81875727	29892691	36.51	0.09
应付股利	43446154	25850903	17595251	68.06	0.05
其他应付款	681851358	105029679	576821679	549.20	1.79
一年内到期的非流动负债	1515222435	2646401714	－1131179278	－42.74	－3.51
其他流动负债	1790000000	0	1790000000		5.55
流动负债合计	14494250336	12483269997	2010980339	16.11	6.24

续表

项目	2017 年	2016 年	变动情况		对总额的影响（%）
			变动额	变动率（%）	
非流动负债					
长期借款	0	3024445809	-3024445809	-100.00	-9.38
长期应付款	131586824	142094228	-10507404	-7.39	-0.03
预计非流动负债	340331756	0	340331756		1.06
递延所得税负债	3037852	3037852	0	0	0
长期递延收益	245989785	483948011	-237958226	-49.17	-0.74
其他非流动负债	3348941000	5615277373	-2266336373	-40.36	-7.03
非流动负债合计	4069887216	9268803272	-5198916056	-56.09	-16.13
负债合计	18564137552	21752073270	-3187935717	-14.66	-9.89

二、×公司资产负债表结构变动情况的分析评价

（一）资产结构的分析评价

从静态方面分析，应该特别关注流动资产和非流动资产的比重，流动资产的变现能力强，资产风险较小；而非流动资产变现能力差，资产风险较大。由表 9-16 可知，×公司 2017 年流动资产占总资产的比重为 44.22%，比 2016 年同期流动资产比重 49.23% 减少了 5.01%。非流动资产占总资产比重高达 55.78%，比 2016 年同期非流动资产比重 50.77% 增加了 5.01%。×公司的业务主要涵盖互联网视频、影视制作与发行、智能终端等高新技术，是一家上市视频网站。结合×公司的行业特点，非流动资产比重应该较小，而流动资产比重相应较大。但是通过数据我们发现非流动资产高于流动资产，是资产总额的主要部分，所以可以认为该公司资产流动性较差，资产风险较高，资产结构不合理。

表 9-16　2017 年×公司资产负债表部分项目垂直分析　　单位：元

项目	2017 年	2016 年	2017 年（%）	2016 年（%）	变动情况（%）
流动资产					
货币资金	853110170	3669146356	4.77	11.38	-6.62
应收票据	2000000	5884729	0.01	0.02	-0.01
应收账款	3614408001	8685855148	20.19	26.95	-6.75

续表

项目	2017 年	2016 年	2017 年（%）	2016 年（%）	变动情况（%）
预付款项	574386059	619331276	3.21	1.92	1.29
应收利息	24332681	18110044	0.14	0.06	0.08
其他应收款	1220388754	696016127	6.82	2.16	4.66
存货	653157851	945179397	3.65	2.93	0.72
其他流动资产	972216181	1229643291	5.43	3.81	1.62
流动资产合计	7913999696	15869166368	44.22	49.23	-5.01
非流动资产					
发放贷款及垫款	58669581	714141820	0.33	2.22	-1.89
可供出售金融资产	797618603	1690529136	4.46	5.24	-0.79
长期股权投资	2089964470	2070302116	11.68	6.42	5.25
固定资产净额	546878881	1140315635	3.06	3.54	-0.48
无形资产	4567035178	6882018054	25.52	21.35	4.17
开发支出	148085237	696578155	0.83	2.16	-1.33
商誉	747585265	747585265	4.18	2.32	1.86
长期待摊费用	806667	1546403	0	0	0
递延所得税资产	55170945	763343422	0.31	2.37	-2.06
其他非流动资产	971834614	1658299634	5.43	5.14	0.29
非流动资产合计	9983649441	16364659641	55.78	50.77	5.01
资产总计	17897649137	32233826009	100.00	100.00	0

从动态方面分析，本期×公司流动资产比重下降了5.01%，非流动资产比重上升了5.01%，结合各资产项目的结构变动情况来看，货币资金和应收账款变动幅度较大，货币资金占总资产的比重下降了6.62%，应收账款比重下降了6.75%，再次说明×公司的资金出现了问题。同时，除了货币资金和应收账款外其他项目也都存在不同程度的增减变动，变动幅度相对来说均不是很小，所以我们可以得出×公司资产结构较为波动，相对缺乏稳定性。

（二）资本结构的分析评价

表9-17是2017年×公司资产负债表部分项目垂直分析。从静态角度观察资本的构成情况，×公司的股东权益比重为-3.72%，负债比重为103.72%，股东权益为负数，资产负债率高达103.72%，说明×公司面临巨大的财务风险，

出现资不抵债的状况，这样的资本结构难以支撑强企业的正常经营活动，短期内根本无法从内部获得大量资金弥补债务，而以债还债的形式就更行不通，×公司未来能否生存下去是个未知数。

表9－17　2017年×公司资产负债表部分项目垂直分析　　单位：元

项目	2017年	2016年	2017年（%）	2016年（%）	变动情况（%）
流动负债					
短期借款	2754826592	2600361000	15.39	8.07	7.32
应付票据	0	226884007	0.00	0.70	－0.70
应付账款	6514482975	5421247492	36.40	16.82	19.58
预收款项	456754865	182669921	2.55	0.57	1.99
应付职工薪酬	1228870	9609937	0.01	0.03	－0.02
应交税费	564668668	774198911	3.15	2.40	0.75
应付利息	111768418	81875727	0.62	0.25	0.37
应付股利	43446154	25850903	0.24	0.08	0.16
其他应付款	681851358	105029679	3.81	0.33	3.48
一年内到期的非流动负债	1515222435	2646401714	8.47	8.21	0.26
其他流动负债	1790000000	0	10.00	0	10.00
流动负债合计	14494250336	12483269997	80.98	38.73	42.26
非流动负债					
长期借款	0	3024445809	0	9.38	－9.38
长期应付款	131586824	142094228	0.74	0.44	0.29
预计非流动负债	340331756	0	1.90	0	1.90
递延所得税负债	3037852	3037852	0.02	0.01	0.01
长期递延收益	245989785	483948011	1.37	1.50	－0.13
其他非流动负债	3348941000	5615277373	18.71	17.42	1.29
非流动负债合计	4069887216	9268803272	22.74	28.75	－6.02
负债合计	18564137552	21752073270	103.72	67.48	36.24
股东权益					
股本	3989440192	1981680127	22.29	6.15	16.14
资本公积	8643234323	6197235638	48.29	19.23	29.07
其他综合收益	－27671447	54771628	－0.15	0.17	－0.32

续表

项目	2017年	2016年	2017年(%)	2016年(%)	变动情况(%)
盈余公积	286311763	286311763	1.60	0.89	0.71
未分配利润	-12228327856	1705569136	-68.32	5.29	-73.61
归属于母公司股东权益合计	662986975	10225568292	3.70	31.72	-28.02
少数股东权益	-1329475390	256184448	-7.43	0.79	-8.22
股东权益总计	-666488415	10481752740	-3.72	32.52	-36.24
负债和股东权益总计	17897649137	32233826009	100.00	100.00	0

从动态角度分析资本的变动情况，2017年股东权益比重为-3.72%，比2016年同期股东权益比重32.52%下降了36.24%，经历了股东权益从正变为负的过程；而负债比重由2016年的67.48%上升到2017年的103.72%，增加了36.24%，资产负债率由67.48%变为103.72%。由数据可知，股本、资本公积、未分配利润和归属于母公司股东权益等项目变动幅度也均较大，变化非常明显，这表明×公司这一年之中资本结构极其不稳定，出现了很大的波动，财务实力大幅度下降。

×公司这次危机由于盲目扩张，发展速度过快而引发了一系列问题。×公司企图构建全产业链从而形成协调的生态系统，但这些模块之间目前还只是弱联系，而且×公司刚刚进入这些行业，困难重重，还没办法发挥这种系统效应。这种只顾铺摊子而不着力赚钱的模式，估计还没等到摊子真正铺成，企业就已经垮了。近年来，互联网飞速发展，以腾讯、阿里巴巴、百度为首的互联网巨头纷纷跨界扩张，但是这种扩张还处在起步阶段，成功与否还是未知数，互联网巨头扩张毕竟还有退路，有资金支持，而×公司几乎赤膊上阵，其原本的核心业务尚且被爱奇艺、腾讯压制，更何况其他新业务。因此，×公司应该首先发展具有核心竞争力的业务，再开展其他业务也会有底气、有退路。

资料来源：笔者根据相关公司财务报告整理。

第十章　利润表分析

章前案例

中国建筑（601668. SH）于 2019 年 4 月 11 日晚间披露了 2018 年年报。报告显示，公司全年实现营业收入 1. 2 万亿元、归母净利润 382. 41 亿元，同比分别增长了 13. 8% 和 16. 1%。对比公司此前披露的业绩预告，利润处于中间偏上位置。除了业绩的较快增长，公司 2018 年的毛利率上升至 11. 89%，分红指标上，绝对额上升至 70. 53 亿元，但分红总额占归母净利润的比例从前一年的 19. 57% 下降到了 18. 44%。公司对此的解释是基于加大海外业务和基础设施业务等领域的资金投入的需要。

从营业收入构成来看，房屋建筑工程业务的占比最大，达到了 60. 3%，2018 年比 2017 年上升了 1 个百分点。基础设施建设与投资业务的占比为 23. 1%，近三年处于持续上升的趋势。房地产开发与投资业务占比 15. 4%，由于结算的原因，虽然绝对额上升，但占比有所下降；勘察设计、其他共占比 2. 5%，分部间抵消 -1. 3%。

不过，公司三大业务的盈利能力正好与规模相反。2018 年，房地产开发与投资业务的毛利率遥遥领先，达到了 35%，同比上升了 5. 9 个百分点，贡献了公司整体毛利润的 46. 76%。基础设施建设与投资业务的毛利率处于中间位置，约为 8. 4%。房屋建筑工程业务的毛利率则相对最低，只有约 6. 7%，占公司整体毛利润的 35. 10%。

资料来源：面包财经。

第一节　利润表概述

在资产负债表中，企业在某一时点上有多少资产、多少负债、多少企业所有者权益可以一目了然。但企业都是以盈利为目的的，因此从一定程度上来说，报表使用者往往对企业的盈利情况更为关注，因此除了资产负债表，企业需要编制一张可以反映企业一定期间内经营业绩、盈利能力、利润分配情况的会计报表——利润表。

利润表是反映企业在一定会计期间经营成果的会计报表，是企业三大财务报表之一。报表使用者可以通过利润表了解企业在一定会计期间内收入、费用、利润（或亏损）的金额及组成，为企业内部管理者经营决策、投资者及其他利益相关者的投资或信贷决策、国家制定宏观经济政策等提供相关信息。

理解利润表的定义，需要注意以下两点：

第一，与静态的资产负债表不同，利润表定义中强调的是“一定会计期间”，不论这个会计期间长短，它都是一个时间段，而不是一个时间点，因此利润表是动态报表。利润表中所列示的收入和费用都是在这个时间段内陆续形成的，也就是说，这两者的金额应为这个会计期间内多次发生额的累计，而不是某一次的发生额。

第二，利润表反映的是企业的经营成果，而经营成果是企业在这个会计期间内总体收入与费用的差额。若收入大于费用，则产生利润；若收入小于费用，则产生亏损。企业除了日常活动产生收入和费用外，非日常活动产生利得和损失（利得是指由企业非日常活动所形成的、会导致所有者权益增加的、与所有者投入资本无关的经济利益的流入）。利得和损失分两种：一种直接计入所有者权益，另一种直接计入当期损益。因此，企业的利润额还需要加上计入当期损益部分利得和损失的差额。

第二节　利润表的编制

一、利润表的编制原理

利润表是以“收入－费用＝利润”这个平衡公式作为原理，按照一定的标准和次序，将企业一定时期内的收入、费用和利润予以适当排列编制而成的。利润表的编制原理要注意以下两点原则：

（一）收入的确认原则

收入包括销售商品收入、提供劳务收入和让渡资产使用权收入。对于销售收入而言，根据我国的会计准则，只有同时具备以下五个条件，才可以算是实现了收入，被计入利润表之中：

第一，企业已将商品所有权上的主要风险和报酬转移给购货方。

第二，企业既没有保留对该商品的继续管理权，也没有对已售出的商品实施有效控制。

第三，相关的经济利益很可能流入企业。

第四，相关的收入金额能够可靠地计量。

第五，相关的已发生或者即将发生的成本能够可靠地计量。

以上前两点表示“已取得”，后三点表示“已实现”。但以上的标准比较原则化，在实际工作中，需要针对不同交易的特点和实质来分析是否满足以上五个条件，只有同时满足上述五个条件，才能确认收入，否则即使已经发出商品，或者已经收到货款，都不能确认收入。

符合已取得和已实现的业务很多，不同行业、不同交易方式有不同的确认方法。按照时间来划分，可以分为交货前、交货时、交货后来确认收入。

交货前确认收入主要采用完工百分比法。完工百分比法用于须签订合同的长期项目，是根据完工的比例确认收入和成本。采用完工百分比法确认收入时，需要满足若干条件，特别是可靠性的条件，如完工百分比可以合理确定，价款明确可以收回等。

交货后确认收入主要针对一些风险较高的业务，如分期收款、收款法、成本补偿法等。收款法要求在收到现金后确认收入、成本补偿法要求在收到的现金足以补偿成本后再确认收入。

交货时确认收入是最常见和最典型的方法，操作也最简单，即交货时直接计入收入。

（二）成本和费用的配比原则

“收入－费用＝利润”这个平衡公式只表示利润是用收入减去各种成本、费用而得到的。但按照上文所述的收入确认原则确认收入后，还需要按照配比原则来确定费用。配比原则即当期确定的费用，必须是为取得一定收入而发生的费用。

在运用配比原则时，需要考虑收入与费用的因果关系：

第一，存在直接因果关系的。这种情况最为简单，直接根据本期收入确定本期费用。如销售机床的生产成本，很容易直接认定。

第二，存在不直接的因果关系。如生产车间作为固定资产的生产设备，购置成本往往是一次性发生的，但这些生产设备与后面许多期间的收入都有一定的因果关系，需要采用合理的方法对使用资产的成本和使用资产产生的收入进行配比。

第三，没有明确的因果关系。如管理部门固定资产的消耗、管理人员的工资、银行借款产生的利息等。虽然它们也是产生收入所必需的支出，但没有明确的因果关系，这类费用一般称为期间费用。这类费用可以直接计入当期的利润表，不必对其进行分摊。

二、利润表格式

利润表的格式分为多步式和单步式两种。多步式利润表依据利润构成因素，将收入与相关的成本、费用在表中分别对应填列，从而计算出利润总额、净利润等利润指标。单步式利润表是将本期所有的收入列在一起，将所有的成本、费用列在一起，前者减去后者即为本期损益。在单步式利润表中，利润表分为营业收入和收益、营业费用和损失、净收益三部分，此种格式计算较为直观且编制简单，但是缺少利润构成情况的详细资料，不利于对企业不同时期利润表与行业之间利润表的纵向和横向的比较、分析。

我国《企业会计准则》规定：企业应当采用多步式列报利润表，将不同性质的收入和费用类别进行对比，得出一些中间性的利润数据，便于使用者理解企业经营成果的不同来源。

企业可以根据以下四个步骤来编制多步式利润表：

第一，用营业收入减去营业成本、税金及附加、销售费用、管理费用、研发费用、财务费用，加上其他收益、投资收益、套期收益、公允价值变动收益、信用减值损失、资产减值损失、资产处置收益，计算出营业利润。

第二，以营业利润为基础，加上营业外收入，减去营业外支出，计算出利润总额。

第三，以利润总额为基础，减去所得税费用，得出净利润（净亏损）。

第四，以净利润为基础，加上其他综合收益扣除所得税影响后的净额计算综合收益。净利润加上其他综合收益为综合收益总额。

其他综合收益指根据会计准则规定，未在损益中确认的各项利得和损失扣除所得税影响后的净额。综合收益是指除所有者的出资额和各种为第三方或客户代收的款项以外的各种收入。

普通股或潜在普通股已公开交易的企业，以及正处在公开发行普通股或潜在普通股过程中的企业，还应当在利润表中列示每股收益信息。

每股收益包括基本每股收益和稀释每股收益。基本每股收益是指普通股每股税后利润。稀释每股收益是以基本每股收益为基础，假设企业所有发行在外的稀释性潜在普通股均已转换为普通股，从而分别调整归属于普通股股东的当期净利润以及发行在外普通股的加权平均数计算而得的每股收益。潜在普通股是指赋予其持有者在报告期或以后期间享有取得普通股权利的一种金融工具或其他合同。目前，我国发行的潜在普通股主要有可转换公司债券、认股权证、股份期权等。

多步式利润表的具体格式如表 10－1 所示。

表 10－1　利润表

编制单位：　　　　　　　　　　年　　月　　　　　　　　　　单位：元

项目	本期金额	上期金额
一、营业收入		
减：营业成本		
税金及附加		
销售费用		
管理费用		
研发费用		
财务费用		
其中：利息费用		
利息收入		
加：其他收益		
投资收益（损失以“－”填列）		

续表

项目	本期金额	上期金额
其中：对联营企业和合营企业的投资收益		
以摊余成本计量的金融资产终止确认收益（损失以“－”填列）		
净敞口套期收益（损失以“－”填列）		
公允价值变动收益（损失以“－”填列）		
信用减值损失（损失以“－”填列）		
资产减值损失（损失以“－”填列）		
资产处置收益（损失以“－”填列）		
二、营业利润（亏损以“－”填列）		
加：营业外收入		
减：营业外支出		
三、利润总额（亏损总额以“－”填列）		
减：所得税费用		
四、净利润（净亏损以“－”填列）		
（一）持续经营净利润（净亏损以“－”填列）		
（二）终止经营净利润（净亏损以“－”填列）		
五、其他综合收益的税后净额		
（一）不能重分类进损益的其他综合收益		
1. 重新计量设定受益计划变动额		
2. 权益法下不能转损益的其他综合收益		
3. 其他权益工具投资公允价值变动		
4. 企业自身信用风险公允价值变动		
……		
（二）将重分类进损益的其他综合收益		
1. 权益法下可转损益的其他综合收益		
2. 其他债权投资公允价值变动		
3. 金融资产重分类计入其他综合收益的金额		
4. 其他债权投资信用减值准备		
5. 现金流量套期储备		
6. 外币财务报表折算差额		
……		

续表

项目	本期金额	上期金额
六、综合收益总额		
七、每股收益		
（一）基本每股收益		
（二）稀释每股收益		

第三节　利润表分析

一、构成营业利润的项目

（一）“营业收入”项目

内容：反映企业经营主要业务和其他业务所确认的收入总额。主营业务收入是企业主要经营活动产生的收入，特点是经常重复发生，如制造业的销售产品收入、证券公司的佣金收入等。其他业务收入是从非主要经营活动中取得的收入。如制造业企业直接销售原材料、出租生产设备收入等。

依据：根据“主营业务收入”科目的发生额和“其他业务收入”科目的发生额进行汇总填列。

（二）“营业成本”项目

内容：反映企业经营主要业务和其他业务所确认的成本总额。主营业务成本是企业销售商品、提供劳务等经常性活动所发生的成本。如制造业企业生产产品的原材料、生产人员的工资等。其他业务成本是企业确认的除主营业务活动以外的其他经营活动所发生的支出，如制造业企业销售原材料的成本、出租设备的折旧额、出租无形资产的摊销额等。

依据：根据“主营业务成本”科目的发生额和“其他业务成本”科目的发生额进行汇总填列。

（三）“税金及附加”项目

内容：税金及附加是指企业经营活动应负担的相关税费，包括消费税、城市维护建设税、教育费附加、资源税、房产税、城镇土地使用税、车船税、印花税等。

依据：根据“税金及附加”科目的发生额填列。

（四）“销售费用”项目

内容：反映企业销售商品和材料、提供劳务的过程中发生的各种费用。包括企业在销售商品过程中发生的保险费、包装费、展览费、广告费、商品维修费、预计产品质量保证损失、运输费、装卸费等以及为销售本企业商品而专设的销售机构（含销售网点、售后服务网点等）的职工薪酬、业务费、折旧费等经营费用。企业发生的与专设销售机构相关的固定资产修理费用等后续支出也属于销售费用。

依据：根据“销售费用”科目的发生额填列。

（五）“管理费用”项目

内容：反映企业行政管理部门为组织和管理生产经营活动而发生的各种费用。包括企业董事会和行政管理部门在企业经营管理中发生的，或者应当由企业统一负担的公司经费、工会经费、待业保险费、劳动保险费、董事会费、聘请中介机构费、咨询费、诉讼费、业务招待费、办公费、差旅费、邮电费、绿化费、管理人员工资及福利费等。

依据：根据“管理费用”科目下除“研发费用”和“无形资产摊销”以外的明细科目发生额分析填列。

（六）“研发费用”项目

内容：反映企业进行研究与开发过程中发生的费用化支出以及计入管理费用的自行开发无形资产的摊销。

依据：根据“管理费用”科目下的“研究费用”明细科目的发生额，以及“管理费用”科目下的“无形资产摊销”明细科目的发生额分析填列。

（七）“财务费用”项目

内容：反映企业为筹集生产经营所需资金等而发生的费用。包括企业生产经营期间发生的利息支出（减利息收入）、汇兑损益（有的企业如商品流通企业、保险企业进行单独核算，不包括在财务费用）、金融机构手续费，企业发生的现金折扣或收到的现金折扣等。

依据：根据“财务费用”科目的发生额分析填列。

1.“利息费用”项目

内容：反映企业为筹集生产经营所需资金等而发生的应予费用化的利息支出。

依据：根据“财务费用”科目相关明细科目的发生额分析填列。该项目作为“财务费用”项目的其中项，以正数填列。

2. “利息收入”项目

内容：反映企业按照相关会计准则确认的应冲减财务费用的利息收入。

依据：根据“财务费用”科目的相关明细科目的发生额分析填列。该项目作为“财务费用”项目的其中项，以正数填列。

（八）“其他收益”项目

内容：反映计入其他收益的政府补助，以及其他与日常活动相关且计入其他收益的项目。

依据：根据“其他收益”科目的发生额分析填列。企业作为个人所得税的扣缴义务人，根据《中华人民共和国个人所得税法》收到的扣缴税款手续费，应作为其他与日常活动相关的收益在该项目中填列。

（九）“投资收益”项目

内容：反映企业对外投资所得的收入（或损失），包括企业对外投资取得股利收入、债券利息收入以及与其他单位联营所分得的利润等。

依据：根据“投资收益”科目的发生额填列。如为损失，以“－”填列。

1. “对联营企业和合营企业的投资收益”项目

内容：反映被投资单位实现净利润（或净损失）后，企业按权益法核算的长期股权投资相应确认损益的金额。

依据：根据“投资收益”科目的相关明细科目的发生额分析填列。如为损失，以“－”填列。

2. “以摊余成本计量的金融资产终止确认收益”项目

内容：反映企业因转让等情形导致终止确认以摊余成本计量的金融资产而产生的利得或损失。

依据：根据“投资收益”科目的相关明细科目的发生额分析填列。如为损失，以“－”填列。

（十）“净敞口套期收益”项目

内容：反映净敞口套期下被套期项目累计公允价值变动转入当期损益的金额或现金流量套期储备转入当期损益的金额。

依据：根据“净敞口套期损益”科目的发生额填列。如为套期损失，以“－”填列。

（十一）“公允价值变动收益”项目

内容：反映采用公允价值计量且公允价值变动直接计入当期损益的金融工具（包括金融资产和金融负债）公允价值的变动。

依据：根据“公允价值变动损益”科目的发生额填列。如为损失，以“－”

填列。

（十二）“信用减值损失”项目

内容：反映企业按照《企业会计准则第 1322 号——金融工具确认和计量》（财会〔2017〕7 号）的要求计提的各项金融工具信用减值准备所确认的信用损失。

依据：根据“信用减值损失”科目的发生额分析填列。如为损失，以“－”填列。

（十三）“资产减值损失”项目

内容：反映因资产的账面价值高于其可收回金额而造成的损失。

依据：根据“资产价值损失”科目的发生额填列。如为损失，以“－”填列。

（十四）“资产处置收益”项目

内容：反映企业出售划分为持有待售的非流动资产（金融工具、长期股权投资和投资性房地产除外）或处置组（子公司和业务除外）时确认的处置利得或损失，以及处置未划分为持有待售的固定资产、在建工程、生产性生物资产及无形资产而产生的处置利得或损失。债务重组中因处置非流动资产（金融工具、长期股权投资和投资性房地产除外）产生的利得或损失和非货币性资产交换中换出非流动资产（金融工具、长期股权投资和投资性房地产除外）产生的利得或损失也包括在本项目内。

依据：根据“资产处置损益”科目的发生额分析填列。如为处置损失，以“－”填列。

（十五）“营业利润”项目

内容：反映企业从事生产经营活动而取得的利润。

依据：根据公式“营业利润＝营业收入－营业成本－税金及附加－销售费用－管理费用－研发费用－财务费用＋其他收益＋投资收益＋净敞口套期收益＋公允价值变动收益＋信用减值损失＋资产减值损失＋资产处置收益”计算填列。

二、构成利润总额的项目

（一）“营业外收入”项目

内容：反映企业发生的除营业利润以外的收益，主要包括与企业日常活动无关的政府补助、盘盈利得、捐赠利得（企业接受股东或股东的子公司直接或间接的捐赠，经济实质属于股东对企业的资本性投入的除外）等。

依据：根据“营业外收入”科目的发生额分析填列。

（二）“营业外支出”项目

内容：反映企业发生的除营业利润以外的支出，主要包括公益性捐赠支出、非常损失、盘亏损失、非流动资产毁损报废损失等。“非流动资产毁损报废损失”通常包括因自然灾害发生毁损、已丧失使用功能等原因而报废清理产生的损失。企业在不同交易中形成的非流动资产毁损报废利得和损失不得相互抵销，应分别在“营业外收入”项目和“营业外支出”项目进行填列。

依据：根据“营业外支出”科目的发生额分析填列。

（三）“利润总额”项目

内容：反映企业当期取得的全部利润之和。

依据：根据公式“利润总额 = 营业利润 + 营业外收入 - 营业外支出”计算填列。

三、构成净利润的项目

（一）“所得税费用”项目

内容：反映企业经营利润应缴纳的所得税。

依据：根据“所得税费用”科目的发生额填列。

（二）“净利润”项目

内容：反映企业扣除所得税后的利润，是企业最终的财务成果。

依据：根据“净利润 = 利润总额 - 所得税费用”的公式填列。

（三）“持续经营净利润”项目

内容：反映净利润中与持续经营相关的净利润。

依据：根据《企业会计准则第 42 号——持有待售的非流动资产、处置组和终止经营》的相关规定填列，如为净亏损，以“ - ”填列。

（四）“终止经营净利润”项目

内容：反映净利润中与终止经营相关的净利润。

依据：根据《企业会计准则第 42 号——持有待售的非流动资产、处置组和终止经营》的相关规定填列，如为净亏损，以“ - ”填列。

四、构成其他综合收益的税后净额的项目

（一）“其他综合收益的税后净额”项目

内容：反映其他综合收益扣除所得税影响后的金额。包括计入其他综合收益的可供出售金融资产公允价值变动、长期股权投资权益法下的其他所有者权益变动、投资性房地产公允模式下的转换等。

依据：根据“其他综合收益”科目的发生额分析填列。

（二）“不能重分类进损益的其他综合收益”项目

内容：反映在以后会计期间不能重分类进损益的其他综合收益，指这些交易或事项发生时企业会产生利得或损失，但这些利得或损失按相关会计准则规定不得计入企业当期损益，而且在以后会计间也不能重分类转入损益。

依据：根据“其他综合收益”科目的相关明细科目的发生额分析填列。

1.“重新计量设定受益计划额变动额”项目

内容：反映重新计量设定受益计划净负债或净资产导致的变动的税后净额。

依据：根据“其他综合收益”科目的相关明细科目的发生额分析填列。

2.“权益法下不能转损益的其他综合收益”项目

内容：反映按照权益法核算的在被投资单位以后会计期间不能重分类进损益的其他综合收益中所享有份额的税后净额。

依据：根据“其他综合收益”科目的相关明细科目的发生额分析填列。

3.“其他权益工具投资公允价值变动”项目

内容：反映企业指定为以公允价值计量且其变动计入其他综合收益的非交易性权益工具投资发生的公允价值变动。

依据：根据“其他综合收益”科目的相关明细科目的发生额分析填列。

4.“企业自身信用风险公允价值变动”项目

内容：反映企业指定为以公允价值计量且其变动计入当期损益的金融负债，由企业自身信用风险变动引起的公允价值变动而计入其他综合收益的金额。

依据：根据“其他综合收益”科目的相关明细科目的发生额分析填列。

（三）“将重分类进损益的其他综合收益”项目

内容：反映交易或事项发生时形成的利得和损失按照相关会计准则的规定不计入当期损益而计入资本公积，但在以后会计期间满足规定条件时将重分类进入损益。

依据：根据“其他综合收益”科目相关明细科目的发生额分析填列。

1.“权益法下可转损益的其他综合收益”项目

内容：反映按照权益法核算的在被投资单位以后会计期间在满足规定条件时将重分类进损益的其他综合收益中所享有份额的税后净额。

依据：根据“其他综合收益”科目的相关明细科目的发生额分析填列。

2.“其他债权投资公允价值变动”项目

内容：反映企业分类为以公允价值计量且其变动计入其他综合收益的债权投资发生的公允价值变动。企业将一项以公允价值计量且其变动计入其他综合收益的金融资产重分类为以摊余成本计量的金融资产，或重分类为以公允价值计量且其变动计入当期损益的金融资产时，之前计入其他综合收益的累计利得或损失从其他综合收益中转出的金额作为该项目的减项。

依据：根据“其他综合收益”科目的相关明细科目的发生额分析填列。

3. “金融资产重分类计入其他综合收益的金额”项目

内容：反映企业将一项以摊余成本计量的金融资产重分类为以公允价值计量且其变动计入其他综合收益的金融资产时，计入其他综合收益的原账面价值与公允价值之间的差额。

依据：根据“其他综合收益”科目的相关明细科目的发生额分析填列。

4. “其他债权投资信用减值准备”项目

内容：反映企业按照《企业会计准则第 22 号——金融工具确认和计量》（2017 年修订）第十八条分类为以公允价值计量且其变动计入其他综合收益的金融资产的损失准备。

依据：根据“其他综合收益”科目的“信用减值准备”明细科目的发生额分析填列。

5. “现金流量套期储备”项目

内容：反映企业套期工具产生的利得或损失中属于套期有效的部分。

依据：根据“其他综合收益”科目的“套期储备”明细科目的发生额分析填列。

6. “外币财务报表折算差额”项目

内容：反映企业在合并报表中对于外币作为记账本位币的子公司编制折算为本币的报表，根据不同汇率折算，产生的外币财务报表折算差额。

依据：可以采用交易发生日的即期汇率折算，也可以采用按照系统合理的方法确定的、与交易发生日即期汇率近似的汇率折算。外币报表折算差额是一个报表项目，不是一个会计科目。不需要做分录。

五、构成综合收益总额的项目

内容：综合收益指企业在某一期间除与所有者以其所有者身份进行的交易之外的其他交易或事项所引起的所有者权益变动。“综合收益总额”项目反映净利润和其他综合收益扣除所得税影响后的净额相加后的合计金额。

依据：根据“净利润”项目和“其他综合收益的税后净额”项目汇总填列。

六、构成每股收益的项目

（一）“每股收益”项目

内容：反映普通股股东每持有一股所能享有的企业净利润或需承担的企业净亏损。

依据：根据公式“每股收益 = 净利润 ÷ 流通在外的普通股总数”计算填列。

（二）“基本每股收益”项目

内容：可分配给普通股股东的当期净利润应为当期扣除优先股股利的后的净利润。

依据：根据公式“每股收益 = 归属于普通股股东的当期净利润 ÷ 发行在外的普通股加权平均数”计算填列。

其中，发行在外的普通股加权平均数 = 期初发行在外普通股股数 + 当期新发行普通股股数（已发行时间/报告期时间 - 当期回购普通股股数（已回购时间/报告期时间））。

可分配给普通股股东的当期净利润应为当期扣除优先股股利后的净利润。

（三）“稀释每股收益”项目

稀释每股收益是以基本每股收益为基础，假设企业所有发行在外的稀释性潜在普通股均已转换为普通股，从而分别调整归属于普通股股东的当期净利润以及发行在外普通股的加权平均数计算而得的每股收益。

案例分析

东莞勤上光电股份有限公司（以下简称勤上股份），曾经是LED照明领域的佼佼者，并于2011年在深交所中小板成功上市（股票代码：002638），成为了LED行业的第一家上市公司。同时勤上股份也是最早一批进入半导体照明行业的上市公司。其主营产品涵盖LED照明产品、LED背光源及LED显示屏、LED驱动电源及控制系统、LED庭院用品、LED休闲用品、家用小电器、半导体照明通信和可见光通信等。曾获得国家和省市的多项资质，涵盖了国家火炬计划重点高新技术企业、广州LED产业联盟主席单位等，并且拥有国家认可实验室（CNAS）、博士后科研工作站，是LED户外照明、LED景观照明、LED轨道交通照明、LED医疗照明等产品综合应用解决方案供应商和优秀商业模式提供商。

发展多年的LED行业近年来企业快速增多，竞争加剧，导致利润下滑，发展速度和行业增长率均在下滑，作为行业龙头单位的勤上股份也无法逃过这一劫。如表 10－2 所示，其营业收入从 2013 年的 114051 万元下降至 2014 年的 90579 万元，降幅 20.6%，净利润从 2013 年的 10400 万元下降至 2014 年的 1229 万元，降幅达 88.2%。

表 10－2　2013～2015 年勤上股份收入及利润数据

年份	营业收入（万元）	同比增幅（%）	净利润（万元）	同比增幅（%）
2013	114051	38.8	10400	－1.2
2014	90579	－20.6	1229	－88.2
2015	84966	－6.2	2074	68.8

由于主业半导体照明产品获利能力减弱，急需新的盈利增长点，勤上股份在 2016 年以 20 亿元收购了龙文教育，并购时龙文教育可辨认净资产公允价值为 469 万元，并购形成近 20 亿元商誉。双方签署了对赌协议，龙文教育承诺在 2015～2018 年累计实现的税后净利润不低于 5.64 亿元，否则将进行补偿。但回顾 2015～2018 龙文教育的业绩，扣除非经常性损益的净利润分别为 8626 万元、6642 万元、8414 万元、5769 万元，合计仅为 2.95 亿元，仅完成承诺业绩的 52.30%。因此，勤上股份商誉面临巨额减值。最终在 2018 年，勤上股份决定一次进行资产减值近 15 亿元，使得本就业绩疲乏的勤上股份雪上加霜，面临更加严峻的考验。下面我们以并购过程中勤上股份和龙文教育的利润表为基础，分析导致勤上股份进行巨额资产减值的因素。

一、勤上股份利润表分析

（一）营业收入构成分析

勤上股份 2016 年中期报表的营业收入 4.46 亿元全部为主营业务收入，即 LED 照明业务收入。在 LED 照明业务收入构成中，主要的收入来源是户外照明和显示屏及其他，这两类收入合计 33784.17 万元，占总营业收入的比例为 75.79%，并且毛利润率较高，二者均超过了 29%，如表 10－3 所示。

表 10－3　2016 年勤上股份中期报表照明及相关营业收入构成

类型	营业收入（万元）	毛利润率（%）
户外照明	23019.17	31.35
显示屏及其他	10765.00	29.24

续表

类型	营业收入（万元）	毛利润率（%）
线材	3667.00	19.87
景观产品	4801.60	30.43
室内照明	2324.80	21.23

通过2016年年报数据可以看出，勤上股份营业收入的分布涵盖了教育培训和半导体行业。其主营业务为LED照明，营业收入为7.79亿元，在所有营业收入中具有主导地位，占比达到了92.79%，而并购后的龙文教育所贡献的收入仅为6052.31万元，仅占7.21%，如表10－4所示。

表10－4　2016年勤上股份年报营业收入构成

类型	营业收入（万元）	毛利润率（%）
半导体照明	77900.00	31.23
教育培训	6052.31	44.51

如表10－5所示，在勤上股份的主营业务（LED照明）构成中，主要的收入来源仍是户外照明和显示屏及其他，合计为54117万元，占主营业务收入的比例为69%，并且二者的毛利润率均超过了31%。

表10－5　2016年勤上股份年报LED照明及相关营业收入构成

类型	营业收入（万元）	毛利润率（%）
户外照明	33684.00	31.71
显示屏及其他	20433.00	33.17
景观产品	11500.00	33.52
线材	8185.57	25.57
室内照明	4088.19	22.53

通过分析2017年的中期报表发现，勤上股份的营业收入构成中涵盖教育培训和半导体照明，总收入达到了8.64亿元。如表10－6所示，其主营业务LED照明营业收入为4.84亿元，占比56%；教育培训收入为3.8亿元，占比44%。就此收入构成而言，其收入跨界的结果有所体现，说明勤上股份有意要跨界到教育领域。

表 10－6　2017 年勤上股份中期报表营业收入构成

类型	营业收入（万元）	毛利润率（%）
半导体照明	48400	25.44
教育培训	38000	31.83

在勤上股份 2017 年中期的主营业务（LED 照明）收入构成中，主要的收入来源仍是户外照明和显示屏及其他相关，二者合计为 37000.18 万元，占主营业务收入的比例为 76.43%，二者毛利润率均超过了 26%，毛利率占据前两位，如表 10－7 所示。

表 10－7　2017 年勤上股份中期报表 LED 照明及相关营业收入构成

类型	营业收入（万元）	毛利润率（%）
户外照明	23110.15	26.24
显示屏及其他	13890.03	28.65
景观产品	4215.98	23.23
线材	4678.47	16.78
室内照明	2513.83	20.1

通过分析勤上股份 2016 年中报、2016 年年报及 2017 年中报的营业收入构成，可以看出勤上股份从 LED 行业跨界并购发展教育行业，其主营收入中教育行业虽有增加，营业收入也开始更加多元化，但是其主营收入仍然为 LED 照明，而并购的培训教育行业并未给勤上股份提供足够的收入支持。因此，从营业收入来看，勤上股份高溢价收购龙文教育得不偿失。

（二）资产收益率分析

勤上股份原本属于制造业，主营业务为半导体照明设备，但勤上股份公告宣称由于行业竞争白热化，为了实施战略转型，找到新的业绩增长点，选择向教育行业进军。那么，勤上股份选择跨界并购的原因只是本行业竞争过于激烈，只能寻求转型吗？下面以勤上股份和同行业福日电子的资产收益率作为对比，分析勤上股份的经营问题。

1. 资产规模比较

2012～2016 年勤上股份和福日电子的总资产如表 10－8 和图 10－1 所示。勤上股份和福日电子资产规模较为相近，2016 年勤上股份的资产规模超过了福日电子，原因是发生了并购行为。

表 10－8　勤上股份与福日电子总资产对比　　单位：元

年份	2012	2013	2014	2015	2016
勤上股份	2990673759.66	3180177009.70	3249311035.48	3240836434.12	7163440003.58
福日电子	1362643583.40	1984550667.70	3981927098.31	4682896171.76	5196565448.89

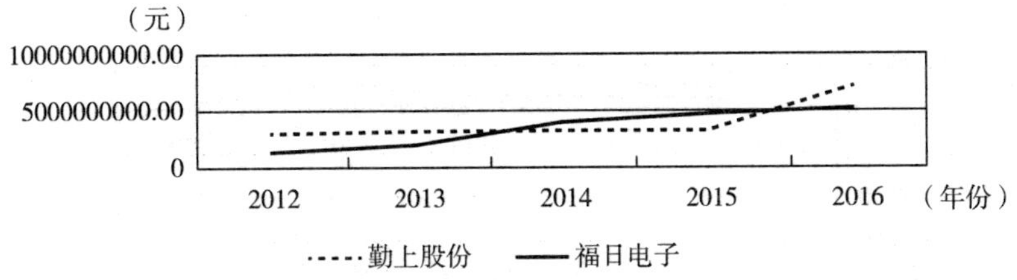

图 10－1　总资产对比

2. 收入规模比较

2012～2016 年勤上股份和福日电子的营业收入如表 10－9 和图 10－2 所示。在相近的资产规模下，福日电子的营业收入规模远高于勤上股份。

表 10－9　勤上股份与福日电子营业收入对比　　单位：元

年份	2012	2013	2014	2015	2016
勤上股份	821668290	1140513683	905786744	849664393	842743857
福日电子	2723301862	2499476676	3511289560	6182667324	7096127236

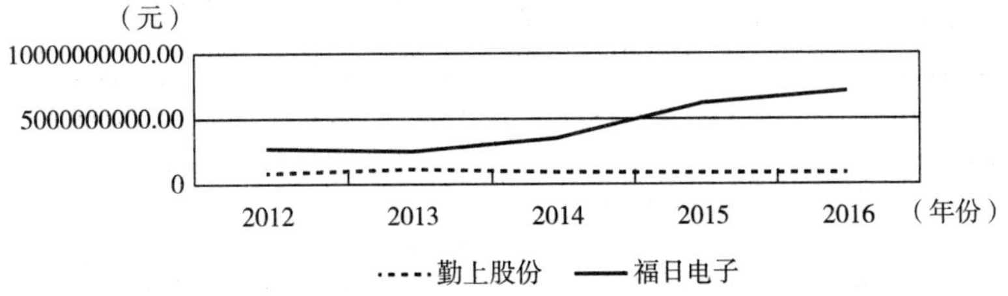

图 10－2　营业收入对比

3. 净利润比较

2012～2016 年勤上股份和福日电子的净利润如表 10－10 和图 10－3 所示。2013 年前，福日电子的净利润低于勤上股份，从 2014 年开始福日电子的净利润开始高于勤上股份，2016 年勤上股份由于商誉减值而出现巨额亏损。

表 10－10 勤上股份与福日电子净利润对比　　单位：元

年份	2012	2013	2014	2015	2016
勤上股份	104647685.55	103489699.57	10970596.69	27229240.14	－417344055.63
福日电子	38357238.99	51448851.20	63529772.63	120115401.03	23058232.45

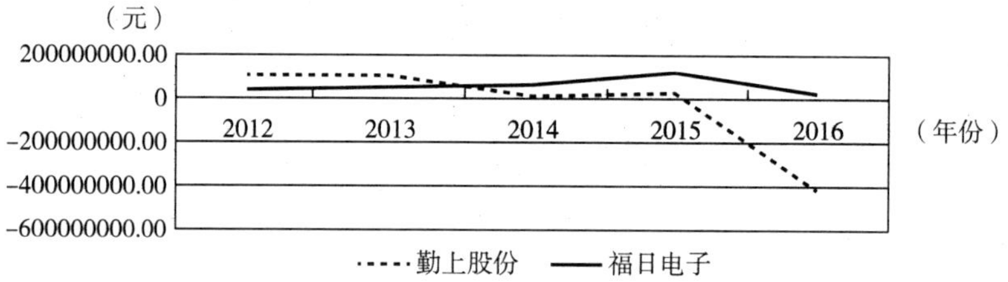

图 10－3 净利润对比

4. 总资产收益率比较

2012～2016 年勤上股份和福日电子的总资产收益率如表 10－11 和图 10－4 所示。2013 年前，福日电子的总资产收益率低于勤上股份，从 2014 年开始福日电子的总资产收益率开始高于勤上股份，2016 年勤上股份由于商誉减值而出现巨额亏损，总资产收益率急剧下降。

表 10－11 勤上股份与福日电子总资产收益率对比

年份	2012	2013	2014	2015	2016
勤上股份	0.035	0.033	0.003	0.008	－0.058
福日电子	0.028	0.026	0.016	0.026	0.004

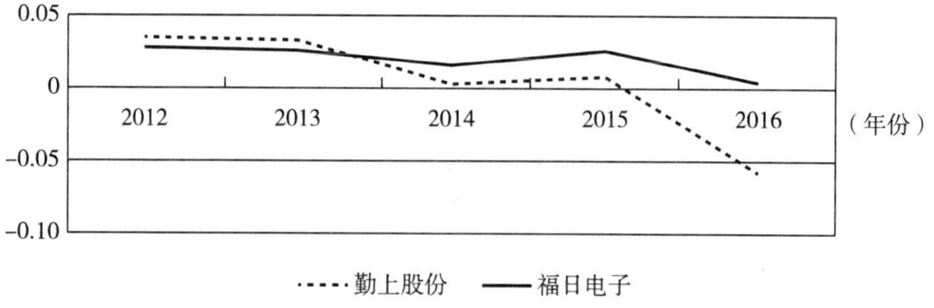

图 10－4 总资产收益率对比

5. 净资产收益率比较

2012～2016 年勤上股份和福日电子的净资产收益率如表 10－12 和图 10－5 所示。

表 10－12　勤上股份与福日电子净资产收益率对比

年份	2012	2013	2014	2015	2016
勤上股份	0.049	0.047	0.005	0.012	－0.081
福日电子	0.086	0.106	0.039	0.068	0.010

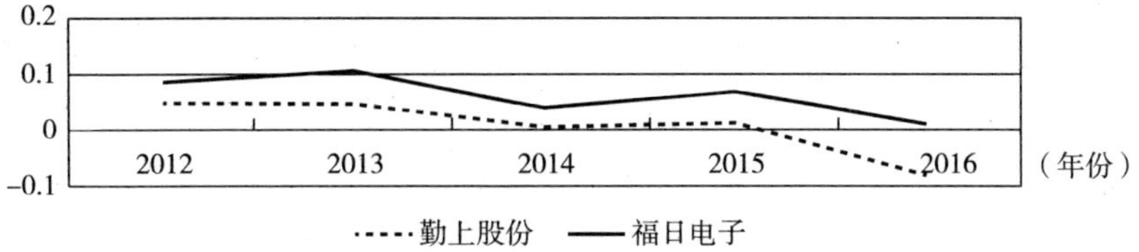

图 10－5　净资产收益率比较

2014 年后，无论是总资产收益率还是净资产收益率，勤上股份这个“LED 照明第一股”始终远低于同行业的福日电子。

由此可见，勤上股份业绩下滑的原因不只有行业不景气，必然还有自身经营的问题。但此时，勤上股份没有在自身经营上寻找问题，或利用自身优势进行更合理的转型，而是急于进入教育行业，导致并购行为发生三年后的商誉巨额减值，为企业带来了沉重打击。

二、龙文教育利润表分析

龙文教育与勤上股份签署的业绩承诺补偿协议中说明：2015～2018 年的净利润不低于 5.638 亿元。龙文教育在被收购前，经营业绩表面上处于良好状态，所处 K12 行业前景良好。如表 10－13 所示，2015 年的营业收入与 2014 年基本持平，但利润是 2014 年的 2 倍。

表 10－13　2015 年龙文教育利润表摘要　　单位：万元

项目	2015 年	2014 年
营业收入	70015.37	75393.37
营业成本	49826.69	57863.09
营业利润	10346.39	4889.05
利润总额	10477.28	5200.57
净利润	8725.39	4224.99

仔细分析其财务数据，会发现其非经常性损益比较高。根据勤上股份发布的公告，龙文教育在2015年的非经常性损益达到6005.44万元，2014年为3400.94万元。如表10－14所示，扣除非经常性损益后，龙文教育2014年、2015年净利润分别为824.05万元和2719.95万元，财务业绩表现一般。

表10－14　2014～2015年龙文教育非经常性损益　　单位：万元

项目	2015年	2014年
同一控制下企业合并产生的子公司期初至合并日的当期净损益	5874.55	3089.42
除上述各项之外的其他营业外收入和支出	134.52	323.33
非经常性损益合计	6005.44	3400.94

2016年我国修改了《中华人民共和国民办教育促进法》，提高了民办学校教师的工资及福利待遇，提高了民办教育行业的成本，提升了民办学校的收费透明度和教学监管，这在一定程度上导致龙文教育2016年的培训收费没有达到原来的标准。

因此，龙文教育的业绩承诺未考虑其自身发展情况及政策影响，存在虚高之嫌。

三、小结

通过分析勤上股份和龙文教育的利润表发现，勤上股份进行巨额资产减值的原因主要有两个：一是在发展受到限制时，没有在自身经营上寻找问题，没有在熟悉的本行业内利用自身优势，而是盲目进行跨界并购；二是龙文教育虚高的业绩承诺导致并购的过高溢价，为勤上股份日后的巨额资产减值埋下了隐患。

第十一章　现金流量表分析

章前案例

晶盛机电（300316. SZ），主要从事晶体硅生长设备的制造。2016～2018 年，由于光伏和半导体市场景气上行，硅片需求拉动了晶体硅生长设备的生产和销售，公司业绩快速增加。财报显示：2015～2017 年，晶盛机电的净利润由 1. 13 亿元增加至 3. 72 亿元，增加了 2. 29 倍，三年净利润合计约 6. 69 亿元；公司的经营活动净现金流量却连续 3 年为负，三年现金流出量约 3. 21 亿元。公司业绩高速增长，经营活动现金净流量却持续为负，为什么会出现这种现象呢？

从年报来看，这可能与公司应收账款及存货大幅增加有关。公司应收账款及应收票据由 2014 年的 1. 82 亿元增加至 2017 年的 22. 64 亿元，增长超过 11 倍；存货账面价值由 2016 年的 3. 47 亿元增加至 2017 年的 10. 45 亿元，增加了 2 倍。

晶盛机电未来利润是否能维持高速增长，这需要留待时间检验。然而，2018 年 4 月 26～27 日，公司实际控制人合计减持 462 万股股份，参考市值约 1. 12 亿元。实际控制人减持后，公司股价自 2018 年 5 月 9 日开始持续下滑，至 2018 年 5 月 25 日跌幅超过 9%。

现金流可谓企业的“生命流”，在对现金流量表学习后，讨论晶盛机电经营性净现金流连续 3 年为负是在传递什么样的信号？

资料来源：面包财经。

第一节 现金流量表概述

现金流量表是企业三大基本财务报表之一，反映企业在一定期间内现金（包含银行存款）的增减变化情形。自1998年起，我国要求企业编制现金流量表并对外公布该表，用以向企业利益相关者传递企业变现能力的信息。资产负债表反映了企业在某一时点的资产、负债以及所有者权益状况，利润表反映了企业在一段时间内的经营成果，但是以上两表都是建立在权责发生制的基础之上的，也就是说，无法通过以上两表准确反映出企业创造现金净流量的能力。如何判断企业是否拥有现金流这种“真金白银”的能力，需要研究按照收付实现制原则编制的现金流量表。

在分析现金流量表前，首先需要对几个概念进行明确的定义。

首先，什么是现金？在现金流量表中，现金不仅包括库存现金、随时可支付的银行存款和其他货币资金，还包括现金等价物，企业持有的期限短、流动强、风险小、易于转换为确定金额货币的投资资产。这种投资资产虽然不是通常意义上的现金，但是由于变现能力强、风险小，在现金流量表中我们把它等同于现金来看待，即现金等价物。在日常经营活动中，企业需要具备一定的支付能力，这种支付能力不仅体现在企业所持有的现金上，还体现在企业所拥有的现金等价物上，企业在保证支付能力的同时，为不使现金闲置，流失其中的时间价值，可以购买现金等价物，如短期债权等投资产品。由于期限短、流动强、风险小、易于转换为确定金额货币的四个特点，一般情况下，现金等价物是指企业所拥有的3个月内到期的短期债权投资。

其次，现金流量表主要分成了经营活动现金流量、投资活动现金流量以及筹资活动现金流量三类来计量现金的流入流出。经营活动现金流量是指企业投资活动和筹资活动以外的所有交易和事项产生的现金流量，它是企业现金的主要来源。经营活动产生的现金流量范围很广，对于工商企业来说主要包括销售商品、提供劳务、经营性租赁、购买商品、接受劳务、广告宣传、推销产品、缴纳税款等产生的现金流入和流出。投资活动现金流量是指企业长期资产（通常指一年以上）的购建和处置产生的现金流量，包括取得和收回权益性证券的投资，购买或收回债券投资，购建和处置固定资产、无形资产和其他长期资产等产生的现金流入和流出。筹资活动现金流量是指导致企业所有者权益及借款规模和构成发生变化的活动产生的现金流量，包括吸收权益资本、发行债券、借入资金、支付股利、偿还债务等产生的现金流入和流出。

第二节　现金流量表的编制

现金流量表包括主表和附表两部分，主表列示了企业经营、投资、筹资三大活动产生的现金流入流出金额及净额。附表则是对主表的一项补充资料，列示了某些会计账户的当期发生额或期末期初的余额差。在这里我们主要了解现金流量表主表的编制，编制方法主要有直接法和间接法。

直接法是以利润表中的营业收入为基础计算经营活动产生的现金流量净额，间接法以利润表中的净利润为基础计算出经营活动产生的现金流量净额。在实际运用中，企业多以直接法编制现金流量表，以间接法检验现金流量表的数据是否正确。本章主要介绍2018年会计准则修改后现金流量表直接法的编制过程。

一、经营活动产生的现金流量

（一）经营活动产生的现金流入

1. 销售商品、提供劳务收到的现金

内容：反映企业销售商品提供劳务实际收到的现金（含销售收入和应向购买者收取的增值税销项税额）。本期销售商品和提供劳务本期收到的现金、前期销售商品和提供劳务本期收到的现金、本期预收的商品款和劳务款等，本期发生销货退回而支付的现金应从销售商品或提供劳务收到款项中扣除。企业销售材料和代购代销业务收到的现金也应在本项目反映。

依据：主营业务收入、其他业务收入、应收账款、应收票据、预收账款、库存现金、银行存款。

2. 收到的税费返还

内容：返还的增值税、消费税、关税、所得税、教育费附加。

依据：税金及附加、补贴收入、应收补贴款、库存现金、银行存款。

3. 收到其他与经营活动有关的现金

内容：反映企业除上述各项目外，收到的其他与经营活动有关的现金，如罚款收入、经营租赁固定资产收到的现金、投资性房地产收到的租金收入、流动资产损失中由个人赔偿的现金收入、除税费返还外的其他政府补助收入等。

依据：营业外收入、其他业务收入、库存现金、银行存款。

（二）经营活动产生的现金流出

1. 购买商品、接受劳务支付的现金

内容：反映企业购买材料、商品、接受劳务支付的现金（包括支付的货款及增值税进项税额）。主要包括：本期购买商品接受劳务本期支付的现金，本期支付前期购买商品、接受劳务的未付款项和本期预付款项。本期发生购货退回，而收到的现金应从购买商品或接受劳务支付的款项中扣除。

依据：主营业务成本、存货、应付账款、应付票据、预付账款。

2. 支付给职工以及为职工支付的现金

内容：支付给职工的工资、奖金、津贴、劳动保险、社会保险、住房公积金、其他福利费（不含离退休人员）。

依据：应付工资、应付福利费、库存现金、银行存款。

公式：

支付给职工以及为职工支付的现金=（应付职工薪酬年初余额+计入生产成本、制造费用、管理费用中的职工薪酬－应付职工薪酬期末余额）－[应付职工薪酬（在建工程）年初余额－应付职工薪酬（在建工程）期末余额]

3. 支付的各项税费

内容：该项目反映企业按规定支付的各种税费，包括企业本期发生并支付的税费，以及本期支付以前各期发生的税费和本期预交的税费，包括所得税、增值税、消费税、印花税、房产税、土地增值税、车船税、教育费附加、矿产资源补偿费等，但不包括计入固定资产价值、实际支付的耕地占用税，也不包括本期退回的增值税、所得税。

依据：应交税费、税金及附加、应交所得税、库存现金、银行存款。

公式：

支付的各项税费=（应交所得税期初余额+当期所得税费用－应交所得税期末余额）+支付的税金及附加+应交税费——应交增值税（已交税金）

4. 支付其他与经营活动有关的现金

内容：罚款支出、差旅费、业务招待费、保险支出、经营租赁支出等。

依据：制造费用、营业费用、管理费用、营业外支出。

公式：

支付其他与经营活动有关的现金=支付的其他管理费用+支付的销售费用+支付的制造费用

二、投资活动产生的现金流量

（一）投资活动产生的现金流入

1. 收回投资收到的现金

内容：反映企业出售、转让或到期收回除现金等价物以外的对其他企业的以公允价值计量且其变动计入当期损益的金融资产、以摊余成本后续计量的金融资产、以公允价值计量且其变动计入其他综合收益的金融资产、长期股权投资（不包括处置子公司）收到的现金。

依据：交易性金融资产、债权投资、其他债权投资、其他权益工具投资、长期股权投资。

2. 取得投资收益收到的现金

内容：反映企业以公允价值计量且其变动计入当期损益的金融资产、以摊余成本后续计量的金融资产投资分得的现金股利，从子公司、联营企业或合营企业分回利润、现金股利而收到的现金（收到的现金股利），因债权性投资而取得的现金利息收入。包括在现金等价物范围内的债权性投资，其利息收入在本项目中反映。不包括股票股利。

依据：投资收益、库存现金、银行存款。

公式：

取得投资收益收到的现金 = 现金股利 + 利息收入

3. 处置固定资产、无形资产和其他长期资产收回的现金净额

内容：反映处置固定资产、无形资产、其他长期资产收到的现金，减去处置费用后的净额，包括保险赔偿；负数在“其他投资活动”中反映。

依据：固定资产清理、库存现金、银行存款。

4. 处置子公司及其他营业单位收到的现金净额

内容：反映企业处置子公司及其他营业单位所取得的现金，减去相关处置费用以及子公司及其他营业单位持有的现金和现金等价物后的净额。

依据：长期股权投资、银行存款、库存现金。

公式：

企业整体处置非法人营业单位的情况下：

处置子公司或其他营业单位收到的现金净额 = 处置价款中收到的现金 - 其他营业单位持有的现金和现金等价物 - 相关处置费用

如为负数，应将该金额填列至“支付其他与投资活动有关的现金”项目中。

企业处置子公司的情况下：

处置子公司及其他营业单位收到的现金净额 = 处置价款中收到的现金 - 相关处置费用

5. 收到其他投资活动

内容：收回购买时宣告未付的股利及利息。

依据：应收股利、应收利息、库存现金、银行存款。

（二）投资活动产生的现金流出

1. 购建固定资产、无形资产和其他长期资产支付的现金

内容：购建固定资产、无形资产、其他长期资产支付的现金，分期购建资产首期付款（不含后期付款、利息资本化部分、融资租入资产租赁费）。

依据：固定资产、在建工程、无形资产。

注意：企业以分期付款方式购建的固定资产、无形资产，以及融资租入固定资产，各期支付的现金均在“支付其他与筹资活动有关的现金”项目中反映；为购建固定资产、无形资产而发生的借款利息资本化部分，在筹资活动产生的现金流量“分配股利、利润或偿付利息支付的现金”中反映。

2. 投资支付的现金

内容：进行股权性投资、债权性投资支付的本金及佣金、手续费等附加费。

依据：短期投资、长期股权投资、长期债权投资、库存现金、银行存款。

3. 取得子公司及其他营业单位支付的现金净额

内容：反映企业购买子公司及其他营业单位购买出价中以现金支付的部分，减去子公司及其他营业单位持有的现金和现金等价物后的净额。

依据：“长期股权投资”“库存现金”“银行存款”等科目的记录分析填列。

公式：

发生吸收合并（含同一控制和非同一控制）或业务合并的情况下：

取得子公司及其他营业单位支付的现金净额 = 购买出价中以现金支付的部分 - 其他营业单位持有的现金和现金等价物

如为负数，应在“收到其他与投资活动有关的现金”项目反映。

控股合并取得的情况下：

取得子公司及其他营业单位支付的现金净额 = 购买出价中以现金支付的部分

4. 支付的其他与投资活动有关的现金

内容：反映企业除上述项目外支付的其他与投资活动有关的现金流出，金额较大的应单独列示。

三、筹资活动产生的现金流量

（一）筹资活动产生的现金流入

1. 吸收投资收到的现金

内容：反映企业以发行股票等方式筹集资金实际收到的款项净额（发行收入减去支付的佣金等发行费用后的净额）。

依据：实收资本、库存现金、银行存款。

2. 取得借款收到的现金

内容：本项目反映企业举借各种短期、长期借款而收到的现金，以及发行债券实际收到的款项净额（发行收入减去直接支付的佣金等发行费用后的净额）。

依据：短期借款、长期借款、交易性金融负债、应付债券、库存现金、银行存款。

3. 收到其他与筹资活动有关的现金

内容：接受现金捐赠等。

依据：资本公积、库存现金、银行存款。

（二）筹资活动产生的现金流出

1. 偿还债务支付的现金

内容：偿还借款本金、债券本金（不含利息）。

依据：短期借款、长期借款、应付债券、库存现金、银行存款。

2. 分配股利、利润或偿付利息支付的现金

内容：反映企业支付给其他单位的现金股利、利息。

依据：应付股利、长期借款、财务费用、库存现金、银行存款。

注意：不同用途的借款，其利息的开支渠道不一样，如在建工程、制造费用、财务费用等，均在本项目中反映。

3. 支付其他与筹资活动有关的现金

内容：捐赠支出、融资租赁支出、企业直接支付的发行股票债券的审计、咨询等费用等。

第三节　现金流量表分析

对现金流量表进行分析，主要是要了解企业的现金从何而来、到哪儿去的问

题，即现金的来源和运用。下面从企业的经营活动现金流量、投资活动现金流量和筹资活动现金流量三方面来分析现金流量情况，分析经营活动现金流量和投资活动现金流量情况是对企业现金的运用能力的探究。企业最重要的就是经营活动，我们主要围绕经营活动展开分析，从现金流量上看企业的获现能力、盈利质量、偿债能力、财务弹性，同时对投资活动和筹资活动做补充分析。

一、经营活动分析

对现金流量表经营活动分析，可以把目标概括为了解企业的经营过程中现金获得能力和现金支付能力，具体分解为企业的获现能力、盈利质量、偿债能力、财务弹性。通过对现金流量表进行分析，我们要了解企业利用资源来运营获得了多少现金、企业的盈利中现金的含量有多少、企业获得的现金在短期内是否满足偿还债务的需求、目前的现金量能否灵活应对突发支出。

（一）获现能力

通过表 11 -1 可知，经营活动产生的现金流量主要是企业在会计期间内通过销售商品、提供劳务以及为了购买原材料、支付工人工资等支付的现金，是企业利润的现金体现。经营活动的现金净流量越大，说明企业在会计期间内的经营获现情况越好。一般情况下，经营活动现金流量净额应大于零，并在补偿了当期的固定资产折旧、无形资产摊销等非现金消耗性成本后仍有剩余。说明企业在经营过程中现金流量满足基础生产经营活动需要，可以购买原材料、雇佣工人、购买生产线、购买生产技术等。

表 11 -1　经营活动的现金流量表

一、经营活动现金流量	金额
销售商品、提供劳务收到的现金	(1)
收到的税款返还	(2)
收到的其他与经营活动有关的现金	(3)
现金流入小计	(4) = (1) + (2) + (3)
购买商品、接受劳务支付的现金	(5)
支付给职工以及为职工支付的现金	(6)
支付的各项税费	(7)
支付的其他与经营活动有关的现金	(8)
现金流出小计	(9) = (5) + (6) + (7) + (8)
经营活动现金流量净额	(10) = (4) - (9)

针对分析目的不同，现金流量净额在满足基础经营活动需要后也应该满足利息支付、股利支付以及向外融资的需要，那么这对经营现金流量的净额要求就更高一些。

（二）盈利质量

在考虑获得足够的现金是否满足各种需要的绝对数之后，我们还应该关注现金来源质量的相对数情况，在会计期间内企业经营过程中收入和利润中现金占比情况，主要是净利润现金比率和销售净现率。

净利润现金比率是指经营活动产生的现金流量净额与净利润之比。将现金流量表与利润表相结合。因为利润表是在权责发生制基础上按照配比原则确认各项收入、成本、费用，没有考虑存货周转、商业信用的存在，利润表的净利润与现金流量表的经营活动现金净流量存在偏差，正是这种偏差体现了净利润的质量高低。现金流量高，净利润低，则企业经营相对保守，没能充分利用资金，抓住投资机会；如果净利润高，而经营活动产生的现金净流量很低，就会有现金流问题，甚至因资金链断裂而面临破产。

销售净现率是指经营活动产生的现金流量净额与本期销售收入之比，用来衡量企业销售收入产生现金流量的能力。该比率越高，说明销售收入产生现金流量的能力越强。但并不是说销售净现率越高越好，过高的销售净现率可能由企业信用政策、付款条件过于苛刻所致，会限制企业销售的扩大影响企业的盈利水平。

（三）偿债能力

从现金流量来看，偿债能力就是分析企业会计期间内经营活动现金流入在满足基础生产经营需求后能否偿还到期的债务。

现金比率是指公司所拥有的现金及现金等价物与流动负债期末余额之比。将现金流量表与资产负债表相结合，表明现金对流动负债的保障程度，每1单位的流动负债有多少现金保障它的偿付。因为流动负债是一年内到期的负债，而不全是需要立刻现金偿还的债务，一般认为流动负债现金比率为0.2时，公司短期偿债能力无风险。

现金到期债务比是指经营活动现金流量净额与本期到期的当期债务之比。现金到期债务比反映企业用现金偿还到期债务的能力，比率越高，说明企业偿债能力越强，短期偿债能力无风险。

现金负债总额比率是指经营活动产生的现金流量净额与负债总额之比，负债总额包括流动负债和非流动负债。现金负债总额比率反映企业用现金偿还所有债务的能力，在一定程度上反映了企业的负债权益结构，比率越高，说明企业债务融资的能力越强。

（四）财务弹性

从现金流量看企业的财务弹性，就是分析现金能否灵活满足企业的各项非常规性支出，如支付股利、外部融资等。

现金股利支付率是指经营活动产生的现金流量净额与现金股利支付之比。现金股利保障倍数，是指经营活动净现金流量与现金股利支付额之比。现金股利支付率和现金股利保障倍数越高，说明企业的现金股利占结余现金流量的比重越小，企业支付现金股利的能力越强。

二、投资活动分析

投资活动现金流量表可以包括对外投资产生的现金流量和对内投资产生的现金流量两部分，如表11－2所示。对外投资是企业面向外部的股权和债权进行投资，如购买子公司、购买债券等；对内投资是企业对内向自身投资固定资产、无形资产或其他长期资产等，如购买生产线、厂房等。投资活动产生的现金流量净额并不像经营活动产生的现金流量净额一样，投资活动并不要求产生足额的现金流入保证企业的发展；相反，投资活动的现金流出大说明企业在扩大经营投入，未来预期带来的经济流入也会较为可观。

表11－2　投资活动的现金流量表

二、投资活动现金流量	金额
收回投资收到的现金	(1)
取得投资收益所收到的现金	(2)
处置固定资产、无形资产和其他长期资产收回的现金净额	(3)
处置子公司及其他营业单位收到的现金额	(4)
收到的其他与投资活动有关的现金	(5)
现金流入小计	(6) ＝ (1) 到 (5) 合计
购建固定资产、无形资产和其他长期资产等所支付的现金	(7)
投资所支付的现金	(8)
取得子公司及其他营业单位支付的现金	(9)
支付的其他与投资活动有关的现金	(10)
现金流出小计	(11) ＝ (7) 到 (10) 合计
投资活动现金流量净额	(12) ＝ (6) － (11)

（一）对内投资现金流量分析

对内投资从性质来看属于经营活动的组成部分，但对内投资大多是在投入时一次性现金流出，在以后各会计期间内折旧或摊销，没有分期的现金流动变化，与经营活动的现金流动周期不匹配，将其列入投资活动现金流。对内投资的情况可以让我们进一步了解企业的经营方式、未来战略，如对新生产线的投入可以揭示企业扩大生产能力和对市场环境的看好，对无形资产或该新技术研发的投入可以看出企业未来的发展方向。

（二）对外投资现金流量分析

企业对外投资现金流出量的补偿会在投资活动现金流量的有关项目中反映出来。主要补偿方式和表现如下：第一，对外投资出售变现，这种情况的现金流入量将反映在投资活动现金流入量中，企业对外投资可以在本期间出售，也可以在未来会计期间出售变现。第二，企业对外投资所获取的现金增量主要依赖于利息收入、红利收入及股权转让差价收入。在上述补偿方式中，投资的现金流出与本金的回流可能在同一期间，但更多会分布在不同的会计期间，而对外投资的利息收入与股利收入可能与持有期限各期间现金流相匹配，股权转让差价收入及现金流会表现在转让期的现金流之中。因此，在特定会计期间，如果上述对外投资所引起的现金流出量大于对外投资产生的现金流入量，则说明当期企业的对外投资呈扩张的趋势。

企业的投资活动不仅可以通过现金流量表体现，也可以与资产负债表结合起来分析。企业对内投资，购建固定资产、无形资产和其他长期资产支付的现金发生额在资产负债表上也会表现出固定资产、无形资产和其他长期资产的增减变动。

三、筹资活动分析

经营活动和筹资活动是企业获得现金流入的主要来源，尤其在企业经营初期，主要依靠筹资活动来获得现金运营企业，经营活动在企业初期往往难以带来大量的现金流入。

筹资活动的现金流量应该适应企业经营活动、投资活动的需要，在整体上反映企业融资状况及其成效，筹资活动的现金流量表如表 11－3 所示。筹资活动的现金流入是企业开展经营活动、投资活动的资本保障，而筹资活动的利息及股利又需要依赖经营活动及对外投资活动所产生的现金增量予以保障。股权及债权本金的变动与企业总体规模的变动相关联。

表 11－3　筹资活动的现金流量表

三、筹资活动现金流量	金额
吸收投资所收到的现金	(1)
借款所收到的现金	(2)
发行债券收到的现金	(3)
收到其他与筹资活动有关的现金	(4)
现金流入小计	(5) = (1) 到 (4) 合计
偿还债务支付的现金	(6)
分配股利、利润或偿付利息支付的现金	(7)
支付其他与筹资活动有关的现金	(8)
现金流出小计	(9) = (6) 到 (8) 合计
筹资活动现金流量净额	(10)
四、汇率变动对现金及现金等价物的影响	(11)
五、现金及现金等价物净增加额	(12)

经营活动和投资活动产生的现金流量具有“造血”功能，其特点在于通过周而复始的周转，给企业带来源源不断的新生血液，具有连续性；而筹资活动产生的现金流量仅具有“输血”功能，表现为单一性和间断性，仅仅可以在某一个会计期间产生现金的流入来支持企业规模的扩张或应对经营活动现金流的不足，但从长期来看，筹资活动不能给企业产生绝对现金增量，而只会是现金流出的根源。

四、其他影响现金流量的因素

（一）企业生命周期

企业生命周期理论认为每一家企业都是有生命周期的，会经历发展、成长、成熟、衰退几个阶段，企业在不同阶段会表现出不同的特点。现金流量表作为企业经营发展状况的数字化体现，也会受到企业生命周期的影响。在分析一家企业现金流量情况时，要结合企业所处的阶段，综合看待现金流量情况。如企业在发展初期，主要靠所有者投入的资金运作，也没有创造收益，那么经营活动所创造的现金流量净额为负则是正常的，融资活动的现金流入较大也体现了企业在这一阶段所有者不断投入资金促进企业发展的特点。

（二）行业特点

不同的行业特点会影响企业的现金流量情况。房地产企业大多采用赊销的政策，卖出商品后，转移了商品的主要风险与收益，确认了收入，但是并不能很快回款。针对其行业特性也应当特殊对待其现金流量情况。

（三）市场环境与经济环境

市场环境是决定企业经营状况的重要因素之一，对企业现金流量的形成也会产生一定的影响。当市场环境处于收缩阶段时市场衰退、产品滞销、经营活动现金流减少。同时，企业新增或重置固定资产的现金流出会相应减少，而折旧收回的现金会不断增加。所以，企业现金流量的来源仍以经营活动现金流量为主。经济大环境也会影响企业的现金流量。当经济形势向好，产品也会因此扩大销量，经营活动产生的现金流入增加，同时受经济繁荣的影响，企业也会充满信心，采取扩张性战略，加大对新固定资产的投资支出，加大对外筹资的力度，经营活动和筹资活动所产生的现金流入增加，而投资活动的现金流量会减少，甚至会出现负数。

案例分析

贵州茅台股份有限公司（以下简称贵州茅台）成立于1999年，2001年在上交所上市，多年发展至今，茅台酒已经成为世界三大名酒之一，并且在国内独创年代梯级式的产品开发模式。全方位跻身市场，从而占据了白酒市场制高点，成为中国白酒行业的领军品牌。截至2021年5月24日，贵州茅台的每股股价已经突破2000元，且仍有上涨趋势。基于贵州茅台良好的发展趋势，下面以其2010~2019年的现金流量表为基础，从经营活动、投资活动和筹资活动三个方面进行系统分析。

一、贵州茅台经营活动分析

（一）获现能力

从经营活动现金流量看企业获现能力。经营活动现金流量净额应大于零并在补偿了当期的固定资产折旧、无形资产摊销等非现金消耗性成本后仍有剩余。通过分析贵州茅台2010~2017年对外报出的现金流量表，得到2010~2019年贵州茅台经营活动现金流量净额变化情况，如图11-1所示。可以看出，2010~2015年，贵州茅台的经营活动现金流量净额处于较低水平，但有所增长，幅度较小，到2016年经营活动现金流量净额大幅度增长，2017年有所回落，原因在于流入增长较小，流出增长较大；但2018年和2019年经营活动现金流量净额恢复规模，且继续保持增长状态。整体来看，贵州茅台的经营活动现金流量净额呈稳步增长的发展态势。

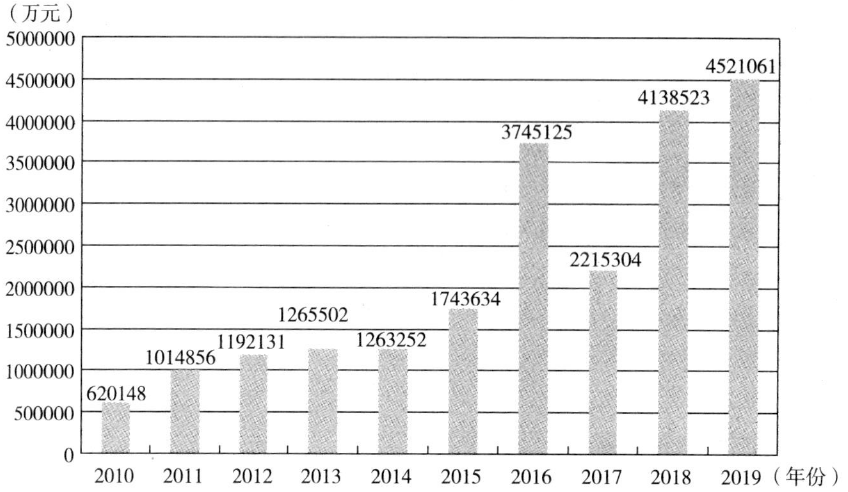

图 11-1　2010~2019 年贵州茅台经营活动现金流量净额变化

观察 2010~2019 年的经营活动现金流量表，在经营活动中主要的现金流出项目是支付的各项税负，如表 11-4 所示，在这十年中的税负占比均为 50%以上，2016 年增值税全面改革，企业所承担的税费出现较明显的下降。但是，随着销售扩张，2018 年和 2019 年的收入增长迅速，税负占比也有大幅度增长。总体来看，2010~2019 年贵州茅台的经营活动为贵州茅台带来了大量的正向现金流，大大降低了企业的融资需求，也降低了经营成本和风险。预计将一直保持增长的良好趋势，但仍应当加强税收筹划，采取多种有效措施降低税费水平。

表 11-4　2010~2019 年贵州茅台税负占比情况　　单位：万元

年份	2010	2011	2012	2013	2014	2015	2016	2017	2018	2019
支付的各项税费	488574	828628	1017084	1253335	1449645	1400305	1751052	2306565	3203218	3984135
经营活动现金流出小计	887548	1369224	1737873	2405810	2285533	2257757	2982790	4521643	4796040	5423382
税负占比（%）	55	61	59	52	63	62	59	51	67	73

（二）盈利质量

从经营活动现金流量看企业盈利质量。在前文中我们提到了两个从现金流量衡量企业盈利质量的比率：销售净现率和净利润现金比率。

销售净现率是指经营活动产生的现金流量净额与本期销售收入之比。2011～2014年贵州茅台的销售净现率有下降趋势，但下降幅度较小，2015年开始回升，2016年达到近十年的最高值96.37%，说明贵州茅台的回款率非常高，有非常稳定的现金流。

根据图11－2和表11－5可知，2010～2019年贵州茅台的净利润现金比率不断上升，2016年净利润现金比率为2.24，为近十年最高水平；其余年份的净利润现金比率较为稳定，基本保持在1左右。可以看出贵州茅台的经营活动可以获得稳定的现金流量，可以较为稳定地支撑企业的日常经营活动。

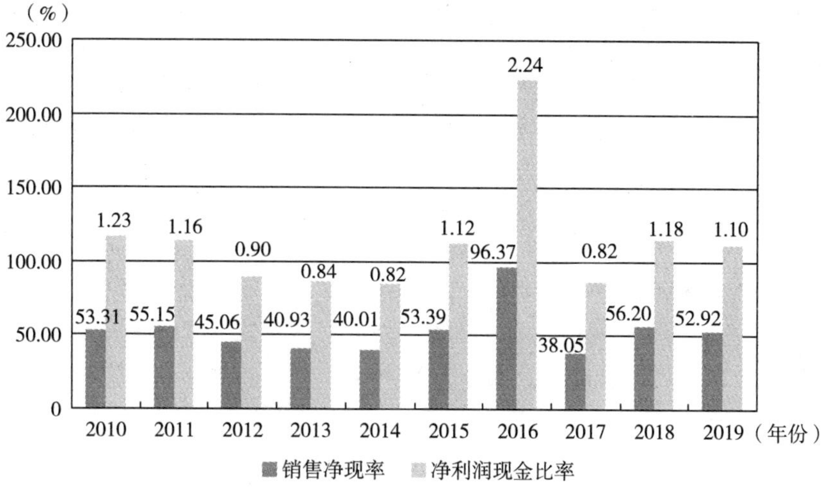

图11－2　2010～2019年贵州茅台盈利质量分析

表11－5　2010～2019年贵州茅台营业收入、经营活动现金流入情况

单位：万元，%

年份	2010	2011	2012	2013	2014	2015	2016	2017	2018	2019
营业收入	1163328	1840236	2645534	3092180	3157393	3265958	3886219	5821786	7363887	8542957
经营活动现金流入	1507696	2384081	2930004	3671313	3548785	4001391	6727915	6736946	8934564	9944444
经营活动现金流入与营业收入之比	77.16	77.19	90.29	84.23	88.97	81.62	57.76	86.42	82.42	85.91

（三）偿债能力

从经营活动现金流量看企业偿债能力。我们选取上文提到的现金比率和现金负债总额比率来分析，如表 11－6 所示。贵州茅台的现金比率在近十年总体良好，基本稳定在2左右，说明现金流量充裕。在2018年达到最大值2.64，2019年出现大幅度降低，只有0.32。现金负债总额比率在2010～2019年虽然有波动，2017年下降到0.57，但整体保持在1左右，其他年份基本稳定，说明经营活动现金流量净额与负债总额基本相当，贵州茅台的偿债能力较好，偿债压力较小。

表 11－6　2010～2019 年贵州茅台现金比率、现金负债总额比率

年份	2010	2011	2012	2013	2014	2015	2016	2017	2018	2019
现金比率	1.83	1.93	2.32	2.23	2.63	1.84	1.81	2.28	2.64	0.32
现金负债总额比率	0.88	1.07	1.25	1.12	1.20	0.87	1.01	0.57	0.98	1.10

二、贵州茅台投资活动分析

如上所述，企业的投资活动可以划分为对内投资和对外投资。将2010～2019年贵州茅台的投资活动现金流出进行划分，具体地，将购建固定资产、无形资产和其他长期资产支付的现金划分为对内投资，其余划分为对外投资。2010～2019年贵州茅台投资活动现金流量情况如表 11－7 所示，企业近十年的对内投资比重基本保持在90%以上，近五年的对内投资比重平均达到95%以上。

表 11－7　2010～2019 年贵州茅台投资活动现金流量情况

单位：万元，%

年份	2010	2011	2012	2013	2014	2015	2016	2017	2018	2019
购建固定资产、无形资产和其他长期资产支付的现金	173191	218453	421190	540574	443107	206147	101918	112502	160675	314886
投资活动现金流出	183844	233600	455398	609871	470521	215484	110816	114209	164021	317304
对内投资比重	94.21	93.52	92.49	88.64	94.17	95.67	91.97	98.51	97.96	99.24

三、贵州茅台筹资活动分析

如前文所述，筹资活动产生的现金流量具有输血功能，但从长期来看，源源不断的现金流入需要依靠经营活动和投资活动，筹资活动不能够给企业产生绝对现金增量，下面通过分析现金流量表的筹资活动部分，来分析贵州茅台的现金来源。从表 11－8 中的数据可以知道，2010～2019 年贵州茅台的筹资活动现金流入很少，说明企业较少利用举债等方式筹资，原因之一是企业的现金流能够较好地支撑企业的日常经营发展，无须大规模举债，可以降低用资成本。充分说明贵州茅台利用经营活动和投资活动为企业持续造血，实现绝对现金增量。

在现金流量表中可以发现，贵州茅台的筹资活动现金流出量大部分源于“分配股利、利润或偿付利息所支付的现金”，由于企业举债规模很小，偿付利息的比重较低，所以企业的筹资活动现金流出大部分用于分配现金股利。

表 11－8　2010～2019 年贵州茅台筹资活动现金流量情况　　单位：万元

年份	2010	2011	2012	2013	2014	2015	2016	2017	2018	2019
筹资活动现金流入量	11	10	39209	602	10218	2200	1600	600	0	83300
筹资活动现金流出量	129295	266195	430661	739199	514361	561002	835051	890518	1644109	2011740
筹资活动现金流量净额	－129285	－266185	－391452	－738597	－504143	－558802	－833451	－889918	－1644109	－1928440

四、其他影响现金流量的因素

（一）企业生命周期

贵州茅台前身为中国贵州茅台酒厂，于 1997 年改制、1999 年正式成立贵州茅台酒股份有限公司，注册资本为 1.85 亿元，于 2001 年在上交所上市，公开发行 7150 万股。

贵州茅台现阶段形成了自己的竞争优势，有稳定的销售额，且收入增长率已经趋于稳定。企业的获现能力较强，盈利能力稳定增长，偿债能力较强。根据贵州茅台当前在经营、财务上的特征可以判断贵州茅台属于典型的成熟期企业，整体而言，其成长性比一般成熟期企业更高，且投资活动更多集中于对内投资，因此贵州茅台还保留有部分成长期企业的特征。总的来说，贵州茅台是典型的成熟期企业，但仍具有相对较大的成长空间。成熟期的企业将拥有稳定的现金流，体现在经营活动现金流量一直为正数，筹资活动现金流量净额一直为负数，再次印证了企业处于成熟期对现金流量的影响。

公司处于生命周期的哪个阶段对其现金流量具有影响。

（二）行业特点

贵州茅台所处行业为白酒行业。中国的酿酒技术源远流长，而白酒作为传统酒之一，在饮料消费中占据了稳固的地位，同时在国际上也有一定的名气。

2019 年，白酒行业加速推进供给侧结构性改革，随着去产能和调结构的逐步深化，行业总体呈现产出规模稳中有降、产出效益逐步提升的新特征，具有品牌、品质、渠道等优势的酒企，处于竞争上游，引领行业不断实现高质量发展。

根据国家统计局数据，2019 年，全国规模以上白酒企业完成酿酒总产量 785.95 万千升，同比下降 0.76%；实现销售收入 5617.82 亿元，同比增长 8.24%；实现利润总额 1404.09 亿元，同比增长 14.54%。

行业主要呈以下三个发展趋势：一是品质至上。在居民收入提高和消费持续升级的背景下，以名优白酒为代表的品质消费，更加契合消费者日益增长的美好生活需要。二是分化加剧。市场竞争逐步进入挤压式增长和结构性繁荣新常态，大酒企、名优品牌市场竞争优势更加明显。三是集中度提升。行业市场份额将加速向优势品牌、优势产能和优势产区集中，行业结构不断升级，整体格局不断优化，业内外整合活动日趋频繁。

（三）市场环境与经济环境

随着经济的发展，人们的生活水平不断提高、消费需求的不断升级、对奢侈产品的需求更加旺盛，在白酒文化盛行的中国，能够支付高价茅台的人群将日益扩大，茅台高端酒的市场将越来越广阔。

同时，在经济全球化和“一带一路”倡议的影响下，必将拥有更多市场。随着中国国际影响力的提高以及中华文化的深入传播，外国友人对中国的酒文化也越来越感兴趣，这对贵州茅台来说是一个巨大的机遇，开拓海外市场，既能开发新的利润增长点，也能提升品牌的整体形象。与此同时，茅台酒的消费群体开始出现年轻化的趋势，根据贵州茅台 2017 年“双十一”的电商销售数据，30 岁以下的买家占比超过五成，40 岁以下的买家占比超过七成，说明茅台在当前的市场环境和经济环境下十分受欢迎。对年轻消费者仍有较强的吸引力，有持续增长的动力。

资料来源：笔者根据贵州茅台股份有限公司财务报告整理。

第十二章　盈利能力分析

章前案例

2020 年 7 月 27 日，财富中文网发布了 2020 年的《财富》中国 500 强排行榜，中国上市公司总营业收入达到 50.5 万亿元，较 2019 年增长 11%；净利润达到了 4.2 万亿元，较 2019 年增长超 16%。2020 年上榜公司的年营收门槛接近 178 亿元，比 2019 年提升了近 10%。2019 年中国 GDP 突破 99 万亿元，意味着榜上 500 家上市公司的收入总和超过了中国当年 GDP 的一半。

位居榜单前三的分别为中国石油化工股份有限公司、中国石油天然气股份有限公司和中国建筑股份有限公司。第四位为中国平安保险（集团）股份有限公司，为非国有公司第一位。“互联网服务与零售”公司京东和阿里巴巴的排位均有提升，其中京东排名升至第 13 位，阿里巴巴名列第 18 位。

在盈利能力方面，与 2019 年情况相同，最赚钱的 10 家上市公司除了几大商业银行和保险公司之外，仍是阿里巴巴集团控股有限公司、中国移动有限公司和腾讯控股有限公司。这十家公司在 2019 年的总利润约为 1.7 万亿元，接近全部上榜公司利润总和的 40%。

在所有上市公司中，净资产收益率（ROE）最高的 10 家公司中房地产行业占 4 家，其中仁恒置地集团有限公司 ROE 高达 43.5%，位居 ROE 榜第一。网易公司位居第二。农林牧渔和食品饮料行业在 ROE 榜占据 3 席，分别是佛山市海天调味食品股份有限公司、温氏食品集团股份有限公司、贵州茅台酒股份有限公司。

由此可见，盈利能力是中国上市公司 500 强的重要评选标准，对公司进行全面和综合的盈利能力分析十分重要。

资料来源：财富中文网。

第一节　盈利能力分析概述

盈利能力是指公司在一定时期内获取利润的能力。盈利能力的大小通常与一定资源投入产生的收入或利润的大小相联系，是相对的概念，因此采用比率的形式反映。包括净资产收益率、营业利润率、成本利润率等。盈利能力越强，利润率越高；盈利能力越弱，利润率越低。

利润最大化仍是很多公司的目标，获取利润依靠持续稳定的经营和发展。只有在不断获取利润的基础上，公司才可能发展；同样，盈利能力较强的公司比盈利能力较弱的公司具有更大的活力和更好的发展前景。因此，盈利能力是衡量公司业绩的重要标准，也是发现问题、改进公司管理的突破口。

对于债权人而言，公司是否能够顺利偿还债务是最关心的事情，而公司想要赚钱，首要指标就是利润，利润是公司偿债的重要来源，特别是对长期债务而言。盈利能力的强弱直接影响公司的偿债能力。一个盈利能力强，可以源源不断带来新的资金的公司远比一个盈利能力弱、运营像一潭死水的公司可以得到更多债权人的投资。因此，债权人在分析公司的偿债能力时，除了看重负债结构、营运能力外，更加关注公司的盈利能力，进行盈利能力分析十分重要。

对于投资者而言，股东财富最大化的前提就是利润最大化，在市场经济条件下，相较于财务状况和营运能力，股东更加重视盈利能力。在投资决策的过程中，信用水平和资产状况相似的几个公司，投资者更加倾向于投资盈利能力强的公司。因为股东更加关心公司赚取利润的能力大小，着重对利润率进行分析，公司盈利水平的大小与股东分红有一定关系，盈利水平低的公司更加倾向于不分配股利，而盈利水平高的公司有足够资金进行股利分配。此外，公司盈利能力增加还会使股票价格上升，从而使股东获得资本收益。

第二节　盈利能力分析的内容

对公司盈利能力的分析主要指对利润率的分析。因为虽然利润额的分析可以说明公司财务成果的增减变动状况及其原因，为改善公司经营管理指明方向，但是，由于利润额是绝对数，受公司规模或投入总量的影响较大，因此，利润额一方面不便于在不同规模的公司之间进行对比；另一方面它也不能准确地反映公司的盈利能力和盈利水平。所以，仅进行利润额分析一般不能满足各方面对财务信息的要求，还必须对利润率进行分析。对利润率的分析可以分为与资本盈利能力相关的净资产收益率分析、总资产报酬率分析；与商品经营盈利能力相关的营业收入利润率分析、成本利润率分析以及与上市公司盈利能力相关的每股收益、每股现金流、每股股利、市盈率，最后采用杜邦分析法对公司盈利能力进行综合分析。

一、资本盈利能力分析

资本盈利能力分析主要分析净资产收益率。

净资产收益率（ROE）又称股东权益报酬率、所有者权益报酬率、权益资本报酬率，表明公司的净资产所创造的收益水平的大小，是反映公司资本经营能力的基本指标，其公式为：

$$净资产收益率=\frac{净利润}{平均净资产}\times 100\%$$

其中，净利润为营业利润扣除所得税后的利润；净资产为资产减负债后的余额，为资产负债表中的所有者权益部分，包括实收资本、资本公积、盈余公积、未分配利润和其他综合收益等。由于净利润是时期数，净资产是时点数，因此采用年初和年末的平均值即平均净资产，能够更加准确和适当地反映出该指标。

净资产收益率是反映盈利能力的核心指标。因为公司的根本目标是所有者权益或股东价值最大化，而净资产收益率既可直接反映资本的增值能力，又影响着公司股东价值的大小。该指标越高，盈利能力就越好。

二、资产盈利能力分析

资产盈利能力分析主要分析总资产报酬率。

总资产报酬率（ROA）又称资产所得率，表明公司使用全部资产在一定时期内获得报酬的总额大小，包括公司的净资产和负债的全部资产的获利能力。其公式为：

$$总资产报酬率=\frac{净利润}{资产平均总额}\times 100\%$$

总资产报酬率是反映盈利能力的重要指标。公司的总资产报酬率越高，盈利能力越强，通过该指标可以了解到公司的资产获利能力，方便公司及时调整资产结构。

三、商品经营盈利能力分析

商品经营盈利能力不考虑企业的筹资或投资问题，只研究利润与收入或成本之间的比率关系。因此，反映商品经营盈利能力的指标可分为两类：一类是各种利润额与收入之间的比率，统称收入利润率；另一类是各种利润额与成本之间的比率，统称成本利润率。

（一）收入利润率分析

1. 营业收入利润率

营业收入利润率是指营业利润与营业收入之间的比率。公式为：

$$营业收入利润率=\frac{营业利润}{营业收入}\times 100\%$$

营业收入包括主营业务收入和其他业务收入，营业利润为营业收入扣除营业成本、税金及附加、销售费用、管理费用、财务费用、资产减值损失、信用减值损失，加上公允价值变动收益、投资收益、资产处置收益和其他收益后的余额。该比率反映了公司通过生产经营获得利润的能力。

2. 营业收入毛利率

营业收入毛利率是指营业收入与营业成本的差额与营业收入之间的比率。营业收入减去营业成本为毛利。

3. 总收入利润率

总收入利润率是指与企业总收入之间的比率，企业总收入包括营业收入、投资净收益和营业外收入。

4. 销售净利润率

销售净利润率是指净利润与营业收入之间的比率。

5. 销售息税前利润率

销售息税前利润率是指息税前利润额与企业营业收入之间的比率，息税前利润额是指净利润与利息支出、所得税之和。

以上各种收入利润率均反映公司的销售水平，销售能力强、指标高、盈利能力水平高，这些指标越大，越能够体现公司的盈利能力强。

（二）成本利润率分析

1. 营业成本利润率

营业成本利润率是指营业利润与营业成本之间的比率，公式为：

$$营业成本利润率 = \frac{营业利润}{营业成本} \times 100\%$$

2. 营业费用利润率

营业费用利润率是指营业利润与营业费用总额的比率。营业费用总额包括营业成本、税金及附加、期间费用和资产减值损失。期间费用包括销售费用、管理费用、财务费用等。公式为：

$$营业费用利润率 = \frac{营业利润}{营业费用总额} \times 100\%$$

成本利润率的各种指标反映出公司的投入产出水平，以尽可能少的成本费用产生尽可能多的收入和利润，表明公司盈利能力强。

四、上市公司盈利能力分析

由上市公司自身特点所决定，公司在外发行股票，其盈利能力除了可以通过一般企业盈利能力的指标分析外，还应进行上市公司的指标分析，特别是一些与企业股票价格或市场价值相关的指标分析，如每股收益、普通股权益报酬率、股利发放率、价格与收益比率，以及每股经营现金流量等指标的分析。

（一）每股收益分析

每股收益是指分摊至每股发行在外的普通股的净收益额。每股收益又分为基本每股收益和稀释每股收益。此处主要指基本每股收益。

基本每股收益是指归属于普通股股东的当期净利润与发行在外的普通股加权平均数之比。公式为：

$$基本每股收益 = \frac{净利润 - 优先股股息}{发行在外的普通股加权平均数（流通股数）}$$

能够归属于普通股股东享有的收益额应当扣除优先股股东享有的收益额，再对每一份股数进行分配。

发行在外的普通股加权平均数按下列公式计算：

发行在外的普通股加权平均数 = 期初发行在外的普通股股数 + 当期新发行普通股股数 × 已发行时间 ÷ 报告期时间 − 当期回购普通股股数 × 已回购时间 ÷ 报告期时间

（二）普通股每股现金流量

普通股每股现金流量简称每股现金流量，是经营活动现金净流量扣除优先股股利后，与发行在外的普通股股数对比的结果。公式为：

$$每股现金流量 = \frac{经营活动现金净流量 - 优先股股利}{发行在外的普通股加权平均数（流通股数）}$$

基本每股收益反映了公司获取的利润可以用来支付股东的能力大小，但这并不是决定可以分配多少股利的唯一因素。尽管基本每股收益很高，但公司如果缺乏现金，每股现金流量很低，那么公司依然无法分配股利。因此，分析公司的每股现金流量十分有必要，每股现金流量越高，说明公司越有能力支付现金股利，公司的盈利能力越强。

（三）市盈率

市盈率又称价格盈余比率，是反映普通股的市场价格与当期每股收益之间比率的指标，公式为：

$$市盈率 = \frac{普通股每股市价}{普通股每股收益}$$

该指标的数值能够表明企业盈利能力的稳定性，可在一定程度上反映企业管理部门的经营能力和企业盈利能力及潜在的成长能力。同时，该指标还可以反映此股票市价是否具有吸引力，把多个企业的股票价格与收益比率进行比较，并结合对其所属行业的经营前景的了解，可以作为选择投资目标的参考。

在一般情况下，发展前景较好的企业通常都有较高的价格与收益比率，发展前景不佳的企业比率较低。但是，如果一个公司的股票市盈率过高，意味着这种股票的投资风险较高，需要谨慎投资。

第三节　杜邦分析法

杜邦分析法是将评价公司盈利能力的几种财务比率相联系，综合分析公司财务状况、盈利能力的方法。将净资产收益率作为核心指标，将其进行分解分析，一般分解为总资产收益率和权益乘数，总资产收益率继续分解为销售净利率和总资产周转率。销售净利率又可以根据公式继续拆分为净利润和营业收入，总资产周转率可以根据公式拆分为营业收入和资产平均总额，最终对净利润继续进行分析。对于权益乘数，这项指标主要研究公司的资产负债结构，可以将资产和负债继续进行拆分，对短期流动资产（负债）和长期非流动资产（负债）分别判断。

杜邦分析体系的分解如图 12－1 所示。

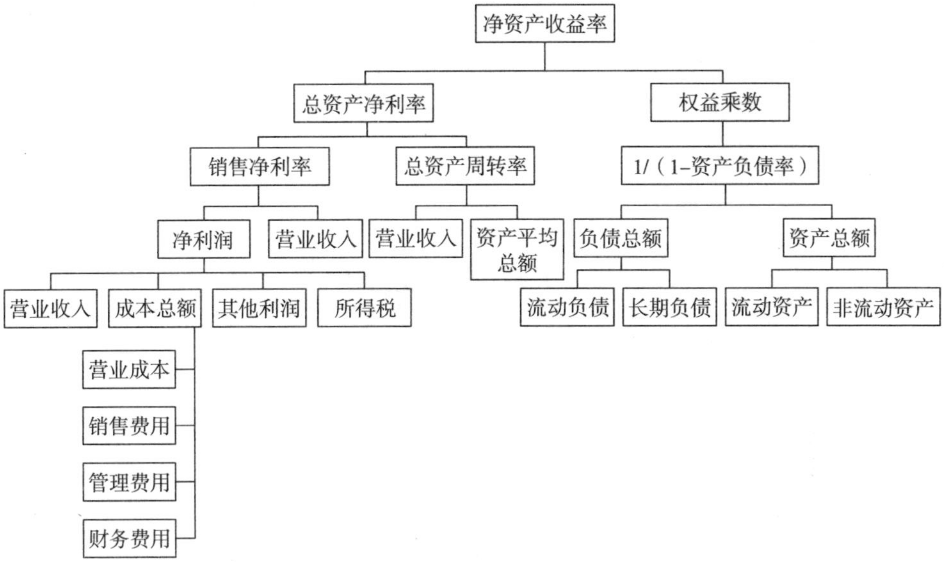

图 12－1　杜邦分析体系

案例分析

贵州茅台为中国500强企业中之一，主要业务是茅台酒及系列酒的生产与销售。主导产品“贵州茅台酒”是世界三大蒸馏名酒之一，也是集国家地理标志产品、有机食品和国家非物质文化遗产于一身的白酒品牌。公司经营模式为：采购原料—生产产品—销售产品。原料采购根据公司生产和销售计划进行；产品生产工艺流程为：制曲—制酒—贮存—勾兑—包装；销售模式为：公司产品通过国内社会渠道区域经销、直销渠道、国外社会渠道区域经销进行销售。是一家具有品牌、品质、渠道等优势的酒企，处于竞争上游，引领行业不断实现高质量发展。本节对贵州茅台的盈利能力进行分析。

一、主要财务指标分析

表 12－1 列示了 2015～2019 年贵州茅台有关盈利能力的主要财务指标。从表中可以知道，贵州茅台的营业收入每年都在实现较大增长，尤其是 2017～2019 年的增长速度更快。营业成本也随着营业收入的趋势增长。营业利润在 2017 年和 2018 年均实现了迅猛增长，利润总额随着营业利润的变动趋势增长。所有盈利

指标均呈现稳步增长的良好态势。

从资产总额中可以看出，近五年的资产规模呈现稳步增长的趋势，没有猛增猛降的不稳定波动；所有者权益总额也呈现稳步增长。

总体而言，从主要财务指标中可以知道目前的贵州茅台的盈利水平较高，呈现健康有利的发展状态。

表 12－1　主要财务指标　　单位：万元

主要财务指标	2015 年	2016 年	2017 年	2018 年	2019 年
营业收入	3265958. 37	3886219. 00	5821786. 13	7363887. 24	8542957. 35
营业成本	253833. 74	341010. 41	594043. 64	652292. 18	746001. 39
营业利润	2215899. 20	2426562. 52	3894000. 75	5134298. 77	5904148. 93
利润总额	2200171. 50	2395788. 10	3874007. 21	5082760. 34	5878255. 18
资产总额	8630146. 34	11293453. 83	13461011. 60	15984667. 40	18304237. 20
所有者权益总额	6623417. 04	7589854. 29	9601962. 75	11740848. 79	14187638. 02

二、盈利能力分析

（一）资本盈利能力分析

从图 12－2 可以看出，2015～2019 年贵州茅台的净资产收益率呈现上升趋势，2017 年实现了较大增长，2019 年有下降趋势。

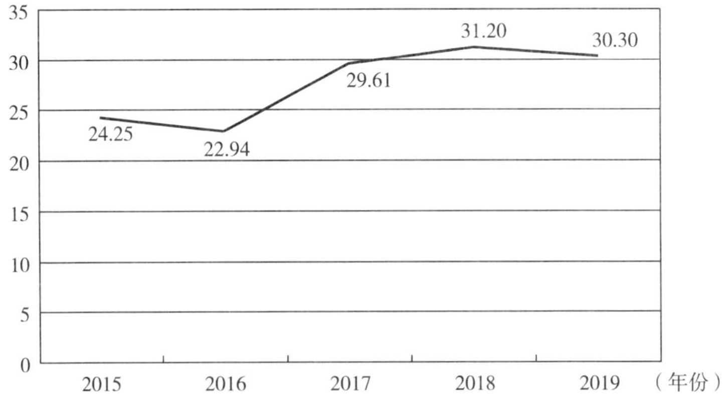

图 12－2　净资产收益率

（二）资产盈利能力分析

从图 12－3 中可以知道，贵州茅台的总资产利润率整体呈现上升趋势，2016 年发生较大下降，之后三年又连续上升。总体来看，贵州茅台的总资产利润率呈现上升趋势，发展良好。

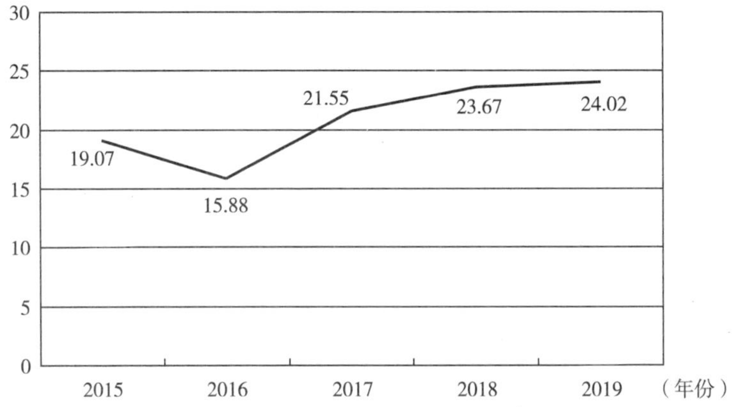

图 12－3　总资产利润率

（三）商品经营盈利能力分析

1. 营业收入利润率分析

从图 12－4 中可以知道，贵州茅台的营业收入利润率全部保持在 62% 以上，除了 2016 年有较大幅度下降，其他四年营业收入利润率变动幅度不大，基本维持在 68% 左右，属于较高的水平。

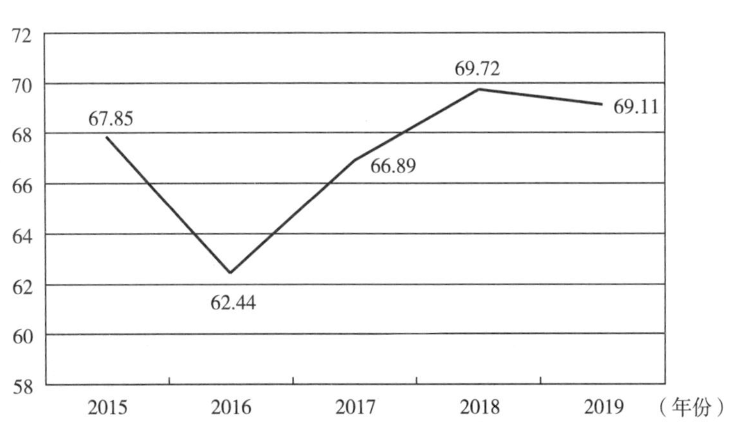

图 12－4　营业收入利润率

2. 销售净利率分析

如图12－5所示，贵州茅台的销售净利率与营业收入利润率的变动趋势相似，均在2016年出现大跳水，但在后续三年内逐渐恢复，并实现小幅度增长。

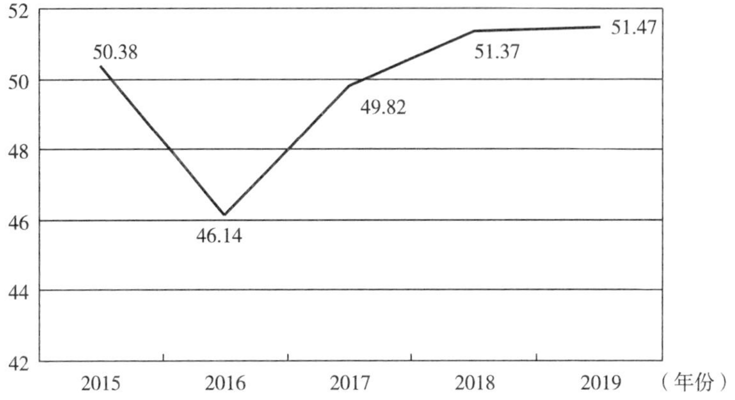

图12－5 销售净利率

3. 主营业务利润率分析

如图12－6所示，贵州茅台的主营业务利润率在2016年大幅度下降，2017年开始又缓慢上升，但仍未达到2015年的水平。

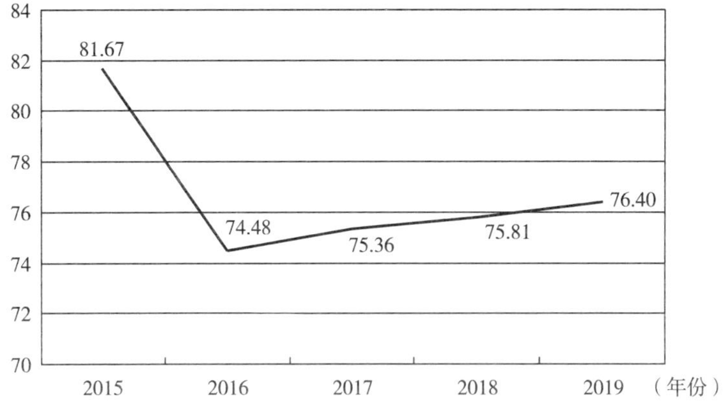

图12－6 主营业务利润率

4. 成本费用利润率分析

图12－7显示贵州茅台的成本费用利润率基本保持稳定状态，2016年和2017年有较大变化，2016年发生下降，原因是利润的降低。

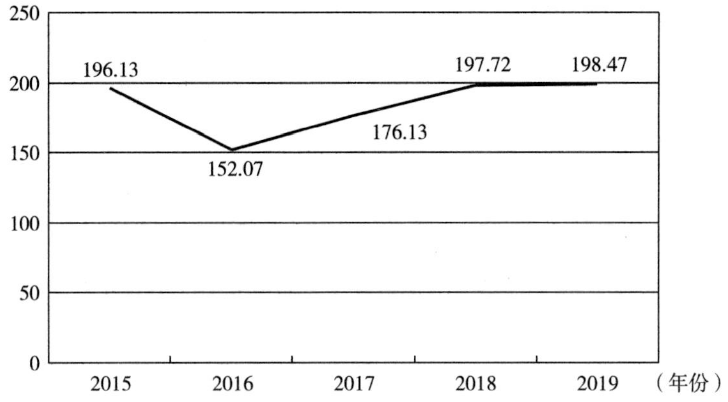

图 12－7　成本费用利润率

5. 主营业务成本率分析

主营业务成本率为主营业务成本占主营业务收入的比重，从图 12－8 中可知贵州茅台的主营业务成本率很低，基本保持在 10% 以下，且变动幅度较小，比较稳定。

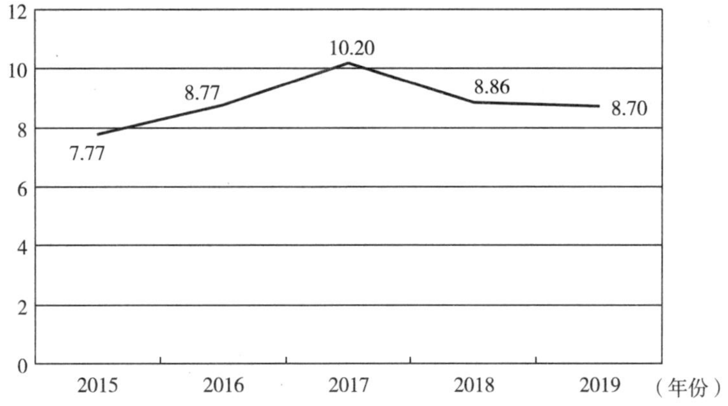

图 12－8　主营业务成本率

（四）上市公司盈利能力分析

1. 基本每股收益分析

由图 12－9 可见，贵州茅台的基本每股收益从 2015 年的 12.34 增长到 2019 年的 32.80，增长接近两倍，且持续上涨，呈现良好的发展态势。

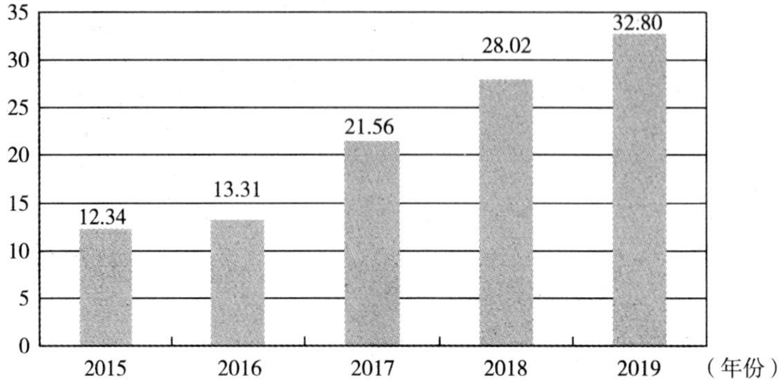

图 12－9　基本每股收益

2. 市盈率分析

图 12－10 中列示的为贵州茅台 2015～2019 年的市盈率，可以看出市盈率波动比较大，最低为 2015 年 12 月 31 日的 17.10，最高为 2017 年 12 月 31 日的 37.25，通过查阅资料可知，2021 年 1 月 29 日的市盈率达到了 59.63，为目前最高值。

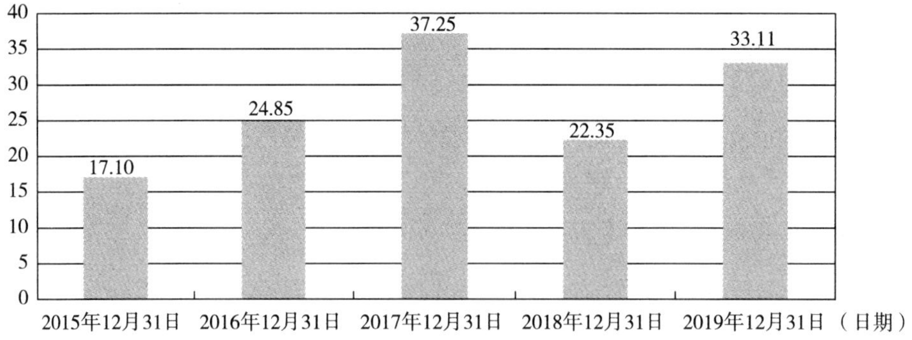

图 12－10　市盈率分析

（五）杜邦分析法综合分析

采用杜邦分析法对盈利能力指标进行分解和联系，可以知道贵州茅台的综合盈利水平。

图 12－11 中列示了贵州茅台在 2019 年 12 月 31 日的杜邦分析体系，净资产收益率（30.30%）分解为总资产收益率（25.65%）和权益乘数（1/（1－22,

49%)),总资产收益率继续分解为销售净利率(46.38%)和总资产周转率(0.5),销售净利率分解为净利润和营业收入,总资产周转率分解为营业收入和平均资产总额,净利润继续分解为营业收入、全部成本、投资收益、所得税和其他等,从图中可以非常清楚地看出每一部分的组成。

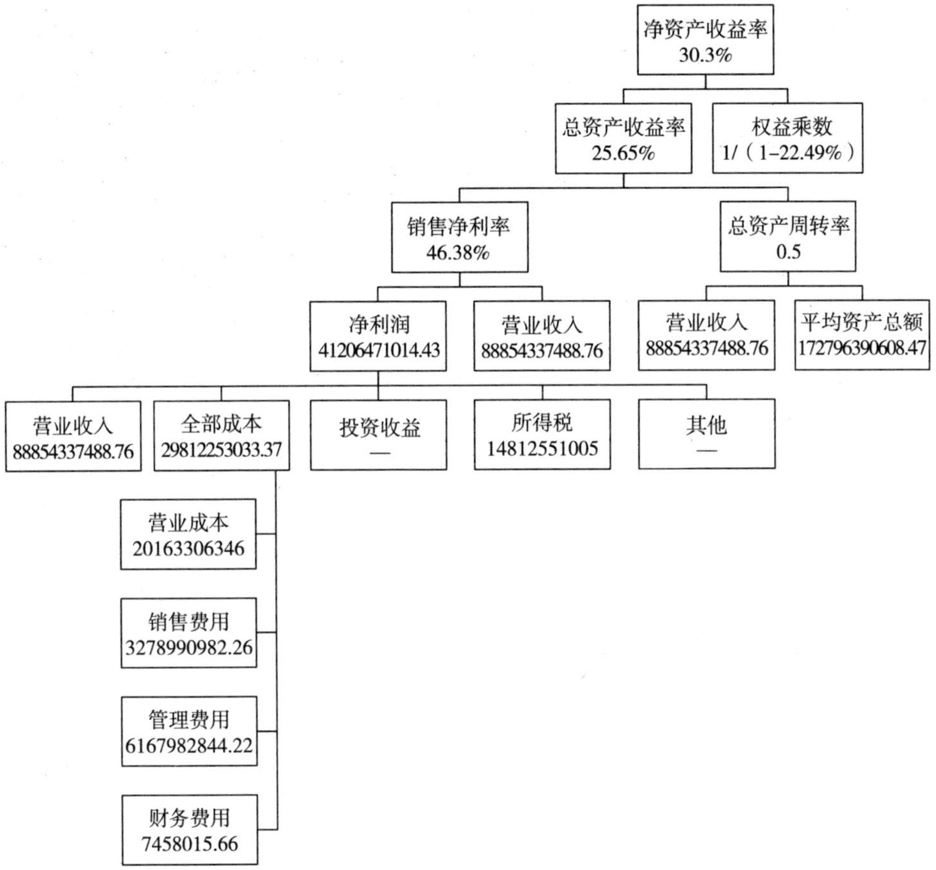

图 12-11　2019 年杜邦分析体系

图 12-12 中列示了贵州茅台在 2018 年 12 月 31 日的杜邦分析体系净资产收益率,对比 2018 年和 2019 年的杜邦分析体系,可以找到贵州茅台净资产收益率的变动原因,2019 年净资产收益率为 30.3%,2018 年为 31.2%,有所降低。原因在权益乘数和总资产收益率的降低,2019 年权益乘数为 1.29,2018 年为 1.36,说明所有者权益总额相对于资产总额增加。总资产收益率小幅度下降,由

25.69%降低到25.65%，原因在于销售净利率的降低。

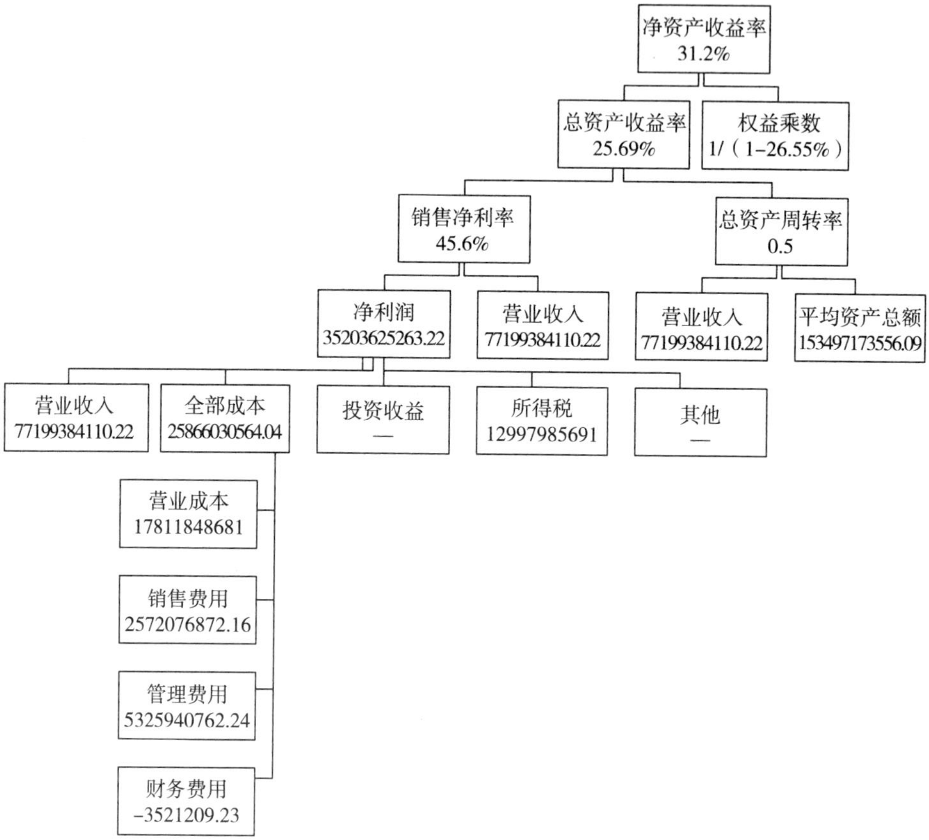

图12-12　2018年杜邦分析体系

总体而言，贵州茅台作为酒企的标杆企业，盈利能力较强，且未来发展能力较强，近五年中除了2016年发展状况相对较差，其余几年均实现很好的发展。

第十三章　偿债能力分析

章前案例

东北特殊钢集团有限责任公司是由原大连钢铁集团、抚顺特钢集团、北满特钢集团于2004年9月重组而成的大型特殊钢生产企业。公司主导产品不锈钢长型材、工模具钢、中高档轴承钢、特种合金产量在国内市场的占有率均居国内首位，是中国500强企业和中国制造业500强企业之一。

东北特钢债务违约问题是地方国企公募市场的首例违约，2016年共九次违约，总金额达57.7亿元。2017年中国银行发布公告称，东北特钢未能在1月16日前兑付2013年第一期中期票据（以下简称13东特钢MTN1，债券代码：1382014）利息，发行期限5年，本计息期债券利率6.1%，涉及金额14亿元。

违约前期，企业管理层在钢铁行业总体下行时未能正确制定经营策略，导致项目投资规模过大，负债率骤升，财务状况恶化。近年来，东北特钢实施了总投资高达500亿元的技术升级改造计划，投资负担过重，导致营运资金和项目资金出现缺口，截至2015年6月，负债总额已达446.56亿元，相应的资产负债率从2007年的65.85%陡然上升至2014年的84.32%，远远超过了钢铁行业70%的警戒线。而且东北特钢的财务费用上升速度非常快，2009~2014年增加了将近5倍，为企业经营带来巨大压力，显著降低了企业的偿债能力。

违约后，东北特钢在尝试债转股方案无果后，最终还是通过破产重整的方式来解决债务违约问题。2016年12月19日，东北特钢发布公告，公司于2016年12月12日接到东北特钢集团北满特殊钢有限责任公司报告：12月9日，黑龙江省齐齐哈尔市中级人民法院根据债权人申请，依法裁定对北满特钢、齐齐哈尔北方锻钢制造有限责任公司和齐齐哈尔北兴特殊钢有限责任公司进行重整。

资料来源：和讯网。

第一节　偿债能力分析概述

一、偿债能力分析内容

偿债能力是指企业偿还各项债务的能力。按债务时间的长短，从短期、长期方面分析企业的偿债能力，具体如下：

一是短期偿债能力。通过对各个指标的分析，找出对偿债能力影响较大的因素，为了规避财务风险需对这些指标严加控制，关注短期偿债能力指标的变化情况，找出相应的经济活动。

二是长期偿债能力。长期债务既能提供稳定的资金来源，也增加了使用风险，更应密切关注长期偿债能力指标的高低变化情况，这反映了企业整体的财务状况及债务负担。

二、偿债能力分析的目的

通过分析企业的偿债能力，有助于投资者做出正确的投资决策；债权人做出正确的借贷决策；经营者来进行正确的经营决策；其他信息使用者以此来评价企业的财务状况。所以，分析企业的偿债能力，对于投资者、债权人、经营者等都有不同意义，分析的侧重点也不同。

投资者是否投资某个企业，关键看企业的成长能力及盈利能力，这和企业的偿债能力密切相关，只有较强的偿债能力，企业才有存在的可能性，才能去发展和盈利。良好的财务状况是一切的前提，所以投资者关注企业的偿债能力，若企业偿债能力差，损害债权人利益外，还可能使投资者投入的资金血本无归，加大了投资风险；当企业资金不足时，经营者会花费大量时间精力去筹资，企业的经营困难将使其发展和盈利能力受阻，这会损害投资者的利益，所以良好的偿债能力及稳定的财务结构是投资者决定投资与否的一个关键前提。

债权人相对投资者来说，更加关注企业的偿债能力本身，他们自身是风险厌恶者，相对高风险下的高收益更重视企业能否按时还本付息及资金的安全性。企业良好的发展及盈利能力提供充足的资金才能有良好的偿债能力，偿债能力强更容易使债权人提供借贷资金，他们能及时收回资金并按期获得利息。因此，债权人通过对资本结构、资金用途和发展盈利能力判断其偿债能力的强弱，再做决定是否给公司提供资金。

经营管理者要想使企业发展壮大，必须了解企业的财务状况，保证充足的可及时变现的流动资产来支付各种债务，维持良好的信用口碑。企业偿债能力分析是财务分析四大能力之一，这能使经营者更好地了解企业自身的财务状况。首先，企业获得债务资金后需要按时还款付息，这直接和财务风险挂钩，负债率、不能到期按时偿还的可能性、财务风险三者正相关，所以较高的负债率会增加企业的财务风险。其次，企业的偿债能力强，经营者更有侧重点去吸引其他投资者，较高的信誉使企业筹资相对容易些，反之债权人和投资者都不愿意投入资金，企业要以更高的代价才有可能获得生产经营所需的资金，可见偿债能力对企业的发展及盈利能力影响较大。最后，企业的偿债能力强，说明企业有充足的可变现的流动资产作为偿还保证，此时企业能以回收期、收益等条件把闲置资金投到合适的项目中去，既能优化资源配置，又有收益，达到双赢的效果。

第二节　短期偿债能力分析

企业短期偿债能力即支付能力，主要是通过变现流动资产来偿还到期的短期债务。

一、影响短期偿债能力的因素

（一）外部因素

1. 银行信贷政策

银行金融机构是国家进行宏观政策调控时的作用中介。国家会根据企业的经营范围有所侧重，如我国重视高科技产业，这些企业会较容易获得银行贷款，因为企业的发展势头好，获得生产资金后能及时还款。或者，当国家采取紧缩的借贷政策时，企业获取银行借贷资金就会比较困难，这将影响其偿债能力。

2. 宏观经济环境

企业的发展离不开外部环境。当国家经济整体稳定增长，顾客有能力去消费时，企业的存货在市场上流通交换后转化为货币资金，提高了其偿债能力。反之，国家宏观经济环境不尽如人意，人们没有购买意愿时，企业产品堆积，没有营业收入后导致资金周转不开，严重影响企业的偿债能力。

（二）内部因素

1. 流动资产

流动资产是反映企业短期偿债能力的重要指标，流动负债一般需要流动资产来偿还，所以流动资产比例大直接影响企业的短期偿债能力，使其较强。因流动资产由货币资金、存货、应收账款等构成，所以各指标所占的比例结构也有些影响，如存货的变现程度深受市场、客户需求等外界影响，很可能无法变现就不能变成资金偿还债务，所以流动资产中存货的比重很大的话，会使企业的短期偿债能力变弱。因而，流动资产中减去存货部分后的速动资产相对流动资产来说，更适合用于分析企业的短期偿债能力。

2. 流动负债

因为分析企业的短期偿债能力，主要是用流动资产来偿还流动负债，而流动负债的结构和规模也直接影响短期偿债能力。企业的短期负债可根据类别由不同的流动资产偿还，如用现金交增值税、用银行存款支付职工薪酬、用商品偿还预收账款等，其中需要货币资金偿还的流动负债类型对资产的流动性要求很高，企业需要保证足够的资金以备按时偿还。除了流动负债的金额外，流动负债的偿还期也很重要，流动负债偿还时间较分散其偿债能力会相对较强，因为偿还时间集中时，流动资产可能受变现等条件限制而没有充足资金来及时偿还，直接影响偿债能力。

3. 企业的经营现金流量水平

企业一般是用现金流来偿还短期债务，所以这直接影响企业的偿债能力，经营水平直接体现在现金流方面，但要注意的是现金流是否充足来偿还债务，因为有些盈利企业可能有利润，但因不够偿还债务而破产，所以经营现金流要充足。

4. 融资能力

企业融资得到的资金也直接影响着企业的偿债能力。若企业自身资金不足，但因信用好能获得银行金融机构贷款，企业有更多可流动资金来偿还负债。增强短期偿债能力的同时也应注意资金使用的安全性，确保按时偿还来维持其信用，保持良性循环。

二、短期偿债能力的指标分析

（一）短期偿债能力的静态分析

资产负债表中的资产、负债等指标是时点指标，代表的是某一时点的具体情况，所以静态分析某一时点现存情况是可行的。

1. 营运资本

营运资本是个绝对数指标，它是全部流动资产减去全部流动负债后的剩余部分，也称净营运资本，表示企业流动资产在偿还全部流动负债后还有多少剩余。

营运资本 = 流动资产 − 流动负债

2. 流动比率

流动比率是指有多少流动资产为偿还一元流动负债而担保，它用来衡量公司的流动资产在短期债务到期之前的变现偿还能力强弱，即流动资产对流动负债的保证程度。

$$流动比率 = \frac{流动资产}{流动负债} \times 100\%$$

一般认为该指标越大，公司短期偿债能力越强。通常流动比率在 2 左右适宜。

运用该指标时需注意：企业生产性质及流动资产结构，主要包括存货规模、行业特点、资产质量水平等。若流动比率大于 1，说明企业偿还流动负债不需用非流动资产。

3. 速动比率

速动资产是指能快速变现的资产，即流动资产减去存货后的余额。因存货具有变现速度慢、变现价值不确定等缺点，从一定程度上说明流动比率不能真实反映企业的短期偿债能力。去除存货后的速动比率，是指一元的流动负债有多少的速动资产来作保证，它算出来的结果比流动比率更加的真实、准确。

$$速动比率 = \frac{速动资产}{流动负债} \times 100\%$$

一般速动比率值在 1 左右较好。但是，流动比率和速动比率也不是越高越好，流动资产流动性较强，收益性相对较差，所以流动资产过多的话影响盈利水平。

4. 现金比率

现金比率是现金类资产与流动负债之间的比率，即一元的流动负债有多少现金类资产作为偿还保证。该值越大，说明企业可以立即用于偿还流动负债的现金类资产越多。

现金类资金持有量与资产利用率成反比，资产利用率过低将影响企业的盈利和发展水平，所以现金类资产不能过多，现金比率一般应保持在 20% 左右，它相对流动比率和速动比率来说，作用程度较小。众所周知，现金类资产是变现能力最强的资产，可以随时提现或转让变现。这一指标可以反映公司立即偿还到期债务的能力。

$$现金比率=\frac{现金类资产}{流动负债}\times 100\%$$

（二）短期偿债能力的动态分析

静态分析某一时点的流动资产能否足够偿还流动负债，反映的是这一时点的情况，不意味着这一时刻债务到期，这一时点需要偿还，所以流动比率等指标更贴切反映的是现存资产变现偿还债务程度。实际上，企业偿还债务是个动态过程，是偿还这一时期的债务，所以通过对企业经营活动产生的现金流量进行分析，能深入反映出企业的偿债能力。

1. 现金流动负债比率

现金流动负债比率是企业经营活动产生的现金流量净额与平均流动负债的比值，以此判断经营活动所产生的现金支付流动负债的程度。该指标值大于等于1，说明企业生产经营活动产生的现金净额能足够偿还短期债务，若指标值小于1，则说明不够偿还短期债务，需要额外融资等。

$$现金流量比率=\frac{经营活动现金净额}{流动负债}\times 100\%$$

2. 现金到期债务比率

现金到期债务比率是经营活动现金流量净额与本期到期的债务之比，用来反映企业用经营活动所产生的现金来支付本期到期债务的能力。

$$现金到期债务比率=\frac{经营活动现金流量净额}{本期到期的债务}\times 100\%$$

上述公式中和现金流量比率指标，分子不变，分母由流动负债变为本期到期的债务，则指标变成了现金到期债务比率，若指标值大于等于1，说明企业有足够的水平用生产经营活动产生的现金来偿还当期债务。指标值小于1时，表示企业生产经营活动产生的现金不足以偿还到期债务，需采取其他方法来支付债务。

3. 近期支付能力系数

近期支付能力系数是指企业在近期可用于支付的资金与需要支付的款项之间的比率，用来反映企业近期有无足够的支付能力来偿还近期债务。其中，近期内能够用来支付的资金包括企业现有的货币资金、近期获得的营业收入、近期能够收回的应收账款等。近期内需要支付的各种款项包括：到期的应付或未付款项，如各项税金、职工薪酬、银行借款等。

该值大于等于1，越高表明企业近期支付能力越强。如果指标值小于1，则应引起高度重视，多渠道融资来支付债务，保证企业后续正常经营。

$$近期支付能力系数=\frac{近期内能够用来支付的资金}{近期内需要支付的各种款项}\times 100\%$$

4. 速动资产够用天数

速动资产够用天数是企业用速动资产维持正常生产经营开支水平的指标，它可以作为速动比率的补充指标。这说明企业的短期偿债能力，不仅可以用流动负债反映，还能用营业开支水平反映出来。

$$速动资产够用天数=\frac{速动资产}{预计每天营业所需的现金开支}\times 100\%$$

速动资产越多，每天营业所需的现金支出越少，则速动资产够用天数就越多，企业的偿债能力就更强，反之越弱。

第三节　长期偿债能力分析

长期偿债能力是指企业偿还非流动负债的能力。非流动负债又称长期负债，是指偿还期在一年或者超过一年的一个营业周期以上的债务，包括长期借款、应付债券、长期应付款等。

一、影响长期偿债能力的因素

影响企业短期偿债能力的因素，如经营水平产生的现金流量也是影响长期偿债能力的重要因素。短期偿债能力主要是从流动资产变现程度分析，看能否有足额的资金如期偿还债务，但是长期偿债能力周期较长，企业获得非流动负债后主要进行长期资产投资来扩大经营活动，然而偿还长期债务并不是依靠出售长期资产，而主要用生产经营活动产生的现金流量和盈利资金。企业举债后需按时还本付息，除了获得周转资金外，企业还能利用财务杠杆获利，债务利息在结算利润前扣除，能适当减少企业所得税。所以，企业的盈利能力和偿债能力密切相关，盈利能力越强，长期偿债能力越强，两者正相关。如果亏损，将直接影响债权人的利益，所以盈利能力是影响长期偿债能力的重要因素。

上文主要从经营活动现金流和盈利能力方面分析了影响企业长期偿债能力的因素，下面从投资、权益资金方面说明具体影响。

企业获得的长期债务资金，主要用于固定资产投资，如新建厂房、购买生产设备等，这也要保证有一些权益资金来偿还债务，不损害债权人利益，投资需谨慎，做好充分调研考察后再投入，尽可能避免损失。权益资金不只有股东、投资者投入的资金，还会每年按比例从利润中提取一部分来增加权益资本，这增加了债务偿还的可能性，也适当提高了偿债能力。企业经营不善，只能破产清算时，企业权益资本的实际价值尤其重要，这直接决定着偿债数额，以此判断是否损害了债权人利益。

二、长期偿债能力指标分析

企业清偿债务的物质保障是资产，支付保障是现金流量，经营收益保障是盈利能力。所以，从资产规模、现金流量、盈利能力三个方面入手，分析企业的长期偿债能力。

（一）资产规模

负债及资产各自数额的大小不能反映具体的偿债能力，而是看两者的比值，如 A、B 两个企业的资产分别为 100 万元、1000 万元，负债分别为 10 万元、50 万元，并不能因为 A 企业比 B 企业的债务少，而判断出 A 企业的偿债能力强，相反 A 企业的偿债能力比 B 企业要差一些。

1. 资产负债率

资产负债率是一个最常用的衡量资本结构的综合指标，也是分析企业长期偿债能力时最核心的指标。它表示负债占公司总资产的比例，即企业总资产中有多少是通过举债取得的，也能反映公司财务状况的稳定性如何。

$$资产负债率 = \frac{负债总额}{资产总额} \times 100\%$$

通常情况下，资产负债率越高，说明公司更多依靠举债来获取资产，公司的长期偿债能力越弱，财务风险也就相应的越高。对于公司的债权人来说，该比例越低越好，因为企业的债务负担越轻，其总体偿债能力越强，风险越低，保证偿还程度越高。对企业而言，在一定范围内越高越好，获取财务杠杆效益，但不能过高，会影响企业的筹资水平。所以，经营决策者应将偿债能力指标与获利能力指标结合起来考虑。国际上通常认为资产负债率为 60% 时较为适当。若这一比值超过 100%，说明已经资不抵债，达到了破产的警线。企业清算时，资产的实际价值低于账面价值，而所有者一般承担的是有限责任，所以资产负债率越高，债权人的损失也就越大。

2. 产权比率

产权比率又叫债务权益比率或净资产负债率，是资产负债率的另外一种表现形式，旨在揭示股东权益对于债务的偿还能力。

产权比率越低，说明公司的长期偿债能力越强，债权人承担的风险也越小，但若产权比率过低，即股东权益占比太高，没有通过负债更充分利用财务杠杆的效用；反之，该指标过高表明公司过度运用了财务杠杆，增加了公司的财务风险。相较于偿还债务的资金保障程度指标资产负债率，产权比率更侧重反映财务结构的稳健程度以及自有资金对偿债风险的承受力。

$$产权比率=\frac{总负债}{所有者权益}\times 100\%$$

3. 资产非流动负债率

资产非流动负债率是非流动负债总额与总资产的比值，说明企业资产中有多少资产是依靠长期债务获得的。

$$资产非流动负债率=\frac{非流动负债总额}{总资产}\times 100\%$$

资产非流动负债率反映了每一元资产中非流动负债有多少，该指标值越大，说明企业依靠长期债务进行融资的风险越大。这主要结合行业情况进行分析，房地产业资金投入较大，周转也较慢，往往是高负债率，而零售业资金回收较快，往往是短期债务融资，资产非流动负债率相对较低。

（二）盈利能力

企业获得资产的主要目的不是用来偿债，而是用其进行生产经营活动来盈利，销售商品获得营业收入，由新注入企业的资金来偿债。因此，从销售利息比率、利息保证倍数能反映盈利方面的指标分析企业的长期偿债能力。

1. 销售利息比率

销售利息比率是指一定时期的利息费用与营业收入之比，体现了销售状况对债务偿还的保证程度，因为负债主要依靠经营所得偿还，而权益资本是企业破产清算时才能偿还债务，所以销售状况越好即营业收入越高时，企业支付债务的可能性越大，利息费用支出对企业的影响会越小。

$$销售利息比率=\frac{利息费用}{营业收入}\times 100\%$$

该指标值越小越好，说明销售状况对偿付利息的保证越高，销售收入中利息费用支出占比较小，企业的偿债压力较低，偿还可能性越高。

2. 利息保证倍数

利息保证倍数是指企业生产经营所获得的息税前利润与负债利息的比值，说明一元债务利息有多少元的息税前利润作为偿还保证。这一指标反映了债务政策情况。

这是上一个指标的升华，因为销售利息比率反映的是营业收入对偿还债务利息的保证程度，事实上企业销售取得营业收入后，为了保证生产的正常运行，需要及时支付成本支出，如赊销购进原材料，当有收入后立即把货款支付给供应商，保证下一阶段的材料供应。而且实际是息税前利润支付债务利息费用，当这不足以支付情况下，说明企业的利润总额是负的，经营状况出现了问题。

$$利息保证倍数=\frac{息税前利润}{利息费用}\times 100\%$$

其中，息税前利润是净利润、所得税费用、利息费用三者之和。一般情况下，利息保障倍数越高，表明公司的长期偿债能力越强。当利息保障倍数小于1时，说明公司自身的经营盈利不能支持现有的债务规模。当利息保障倍数等于1时，也反映其偿债能力不够稳定。一般认为该比值大于1时，企业有足够的能力偿还利息。

（三）现金流量方面

1. 到期债务本息偿付比率

到期债务本息偿付比率是经营活动产生的现金流量净额能保证偿还本期到期债务本息的程度。经营活动产生的现金流量净额是企业日常且较稳定的现金来源。如果指标值小于1，说明经营活动产生的现金不足以偿还到期债务本息，需用出售资产或融资等非经营性活动资金来支付，这指标值越大，说明企业的长期偿债能力就越强。

$$到期债务本息偿付比率=\frac{经营活动产生的现金流量净额}{本期到期债务本息}\times 100\%$$

2. 现金债务总额比率

现金债务总额比率是经营活动产生的现金流量净额与期初、期末负债平均余额的比率，主要反映现金流量偿还长短期债务的能力，该比率越高，经营活动产生的现金净流量越能保障企业偿付债务，企业偿还债务的能力越强。但本指标值并不是越大越好，太大说明资金未充分利用，可能影响企业的盈利能力。指标小说明经营活动状况不够好或负债太高，需引起重视。

$$现金债务总额比率=\frac{经营活动产生的现金流量净额}{负债平均余额}\times 100\%$$

企业按时还债是企业正常经营发展的前提，企业的偿还能力强弱不仅反映了资产构成情况，还反映了企业用资产创造收益后的偿债情况。

分析企业的偿债能力除了用相关财务指标外，还应关注影响它的外在因素，如或有负债、担保责任、承诺事项、可用的银行授信额度等。企业的生存发展离不开其所处的环境，还应考虑宏观经济环境、法律环境、国家政策等因素对上市公司偿债能力的影响。偿债能力是投资者、债权人、经营管理者、其他信息使用者非常关心的问题，通过分析偿债能力，能了解企业的财务状况，所承担的财务风险，企业的未来筹资可能性以及企业的盈利能力。

短期偿债能力又称支付能力，一般是通过变现流动资产来偿还流动负债，企业内外部因素均从不同层面影响企业的偿债能力，其中外部因素包括银行信贷政策、宏观经济环境；而内部因素包括流动资产、流动负债、企业的经营现金流量水平和融资能力。而且，还能从静态、动态方面入手分析短期偿债能力各种指标，静态分析用资产负债表解析流动资产和流动负债，而动态分析需要现金流量表找出经营活动产生的现金流量，反映的是某一时间段的偿债水平。

长期偿债能力的影响因素除了经营活动外，还包括盈利能力、投资收益、权益资本的实际价值和增长程度等。因此，从资本结构、盈利能力、经营活动方面入手，具体介绍长期偿债能力指标，并简单阐述了相似指标间的区别。总之，企业偿债能力分析是四大财务能力分析之一，对债权人尤其重要，直接关乎他们能否按时收回本息，良好的偿债能力也是企业正常运营的前提。

案例分析

海尔集团位于青岛（股票代码：600690），1984 年创立。海尔一直坚持以用户的需求为发展中心，从产品单一的冰箱到如今的各类家电、数码产品，再到物流、金融、房地产等多个领域的扩张。海尔并购通用家电业务是截至 2016 年最大的一起跨国并购，截至 2018 年 12 月 31 日，海尔的销售额达到 1833 亿元，总资产达到 1667 亿元，全球有 10 个研发中心，家电业务全球市占率为第一。2016 年成功并购通用电气，拓展了北美市场，进一步占领了全球市场。

对财务风险的有效控制，主要体现在短期和长期的偿债能力上，反映的是当所借其他企业的债务到期时，海尔能否按时偿还，能否有能力承担和保障相应的债务。下面从短期和长期两个方面对海尔并购后的偿债能力进行分析。

一、短期偿债能力分析

由表 13 - 1 可知，流动比率和速动比率都在 2016 年之前有下降趋势，2016 年之后又有一定的上升，但整体上没有较大的波动。海尔近五年的流动比率由强变弱，并购后再逐步小幅度增强。前两年的流动比率在 1.5 左右，有小幅度下降，但从短期来看，还是有一定偿还债务能力的。2016 年并购后下滑为 0.95，说明并购当年加重了海尔的债务负担，导致海尔的偿债能力下降。而后又缓慢上升，但仍然低于并购前的比率，说明短期负债在并购后逐步减少或者流动资产在缓慢增加。从流动比率来看，虽然债务负担有所减少，但是与并购前相比，偿债能力有所降低；从速动比率看，前两年的都远高于标准值1，说明海尔的资金流动性好，2016年有明显的下滑，但是之后又有所提升且保持在0.8~1，说明并购后海尔的资金流动性有所提高。

表13-1　2014~2018年海尔短期偿债能力比率 单位:%

年份	2014	2015	2016	2017	2018
流动比率	1.43	1.38	0.95	1.15	1.18
速动比率	1.25	1.16	0.74	0.87	0.9
现金比率	0.69	0.62	0.32	0.46	0.47

二、长期偿债能力分析

由表13-2可知，并购前海尔的资产负债率有明显上升趋势，2014~2015年资产负债率保持在50%~60%，2016年并购当年资产负债率高达71%，之后有小幅度下降，但整体情况比海尔并购通用电气业务前的资产负债率要高，并且在60%~70%。说明并购前，海尔控制的偿债能力较好，但是海尔的获利能力较差；并购当年，海尔获得了较多的利润，但海尔并不能偿还全部的债务；并购后海尔合理地控制企业的资产负债率，使海尔在偿债能力和获利能力上都可以稳定前行。海尔在并购后正在慢慢地改善自身的资本结构，避免并购后带来的财务杠杆过大，造成企业负担过重，导致企业的资产无法偿还债务的情况。

表13-2　2014~2018年海尔长期偿债能力比率 单位:%

年份	2014	2015	2016	2017	2018
资产负债率	61.18	57.34	71.37	69.13	66.93

第十四章　经营效率分析

章前案例

欧普照明是国内知名的照明品牌。2016 年，欧普照明在业绩销售方面呈上升趋势，2016 年营业收入约为 54.77 亿元，同比增长 22.55%；2016 年净利润约为 5.07 亿元，同比增长 16.25%。

在 LED 市场竞争激烈的环境之下，欧普照明能够保持营收增长的主要原因是公司提高了经营效率。通过不断优化产品结构及销售渠道结构，使公司营业总收入保持了持续增长的良好态势，尤其是电商平台收入持续快速增长，销售规模扩大，显示了企业经营效率的提高。在照明行业中，大者恒大的产业格局趋势越发明显，欧普照明通过不断优化产品结构及规模化制造提升企业经营效率，形成了企业竞争优势。

资料来源：OFweek 半导体照明网。

第一节　经营效率分析概述

财务管理的基本目标是实现股东利益最大化，为了实现这一目标可以通过提高盈利能力、经营效率、财务杠杆三个途径来实现。如果把企业经营形象地描述为一个人卖土豆，那么盈利能力可以看作这个人每卖一个土豆可以赚取的价差，经营效率可以看作这个人一天能卖出土豆的数量，财务杠杆可以看作这个人做土豆生意的本钱。当然，利用最少的本钱卖出数量更多、价差更大的土豆是这项生意成功的关键。经营效率是企业在经营过程中，在投入资源（时间、资本、劳动等）后，获得产出（产品、利润等）的能力，在投入相同资源的情况下获得的产出越大，经营效率越大。经营效率包括生产效率、收款效率等一系列生产经营活动的效率。

经营效率可以用周转能力来衡量。资本循环理论认为资本的本质是运动，资本需要经过购买、生产和销售三个阶段，由货币资本通过购买资料转化成生产资本，再通过加工生产转化成商品资本，最后通过销售盈利回到货币资本。资本通过运动实现价值增值。企业资本在生产经营过程中转变成不同的形态，从货币到原材料到商品再到货币，这个周转的过程花费的时间越短，周转能力越强，在一定会计期间内周转的次数越多，周转能力也越强。因此，在财务分析中，很多学者经常使用代表周转能力的财务比率来衡量企业的经营效率。

第二节　存货周转能力分析

一、存货周转能力分析概述

从一般意义上来说，一家企业经营的关键是生产阶段，在生产的过程中最离不开的就是存货，原材料是存货，生产线上正在进行生产的在产品是存货，最终可以出售的产成品也是存货。通过观察存货，可以了解在整个资本运动过程中企业生产阶段的经营效率；通过分析存货周转能力，可以看出生产效率的情况，周转能力强的企业生产效率也高。

二、存货周转能力的衡量指标

一般运用存货周转率和存货周转天数两个指标衡量存货周转能力。存货周转率（次数）是企业在一定时期营业成本与平均存货余额的比率，表明存货在一定时期内周转了多少次。存货周转天数指企业从取得存货开始，至消耗、销售为止所经历的天数，可以通过一定时期内天数总和除以存货周转率（次数）得出。以企业年度财务报表为基础计算企业存货周转率和存货周转天数两个指标，公式如下：

存货周转率(次数) = 营业成本 ÷ 平均存货余额

存货周转天数 = 365 ÷ 存货周转率

这两个指标都用于反映存货的周转能力，反映存货的流动性及存货资金占用量是否合理。一般来讲，存货周转率越高，存货周转速度越快，表明企业存货资产存货转换为现金或应收账款的速度越快，变现能力强则流动性好，存货及占用在存货上的资金周转速度越快。提高存货周转率、降低存货周转天数，在保证生产经营连续性的同时，提高资金的使用效率。存货周转率指标的好坏反映企业存货管理水平的高低，它影响到企业的短期偿债能力，是整个企业管理的一项重要内容。

如果企业存货周转率低，其原因可以从三个方面分析：一是企业经营不善，产品滞销积压；二是企业对于存货的市价预测看涨，有意囤积存货等待时机；三是企业的销售政策影响。

关于存货周转率的计算公式，也有部分书籍提出，存货周转率(次数) = 营业收入 ÷ 存货平均余额。用“营业收入”还是“营业成本”作为周转额由分析的目的来决定。如果评估存货管理的业绩，应当使用“销售成本”计算存货周转率，使其分子和分母保持口径一致。如果评估资产的变现能力、分析短期偿债能力、计量存货转换为现金的金额和时间，应当使用“销售收入”计算存货周转率。如果分解总资产周转率，系统分析各项资产的周转情况，用因素分析法识别主要影响因素，应当使用“销售收入”计算存货周转率，与其他周转率统一使用“销售收入”作为周转额。实际上，这两种周转率的计算方法，差额在于营业收入减去营业成本，就是毛利，无论用哪个周转额都能达到分析目的。

三、存货周转指标的应用

既然一般情况下存货周转率越高流动性越好，那么存货周转率越高越好吗？存货周转率高的企业就一定是好企业吗？存货周转率的最佳值是多少呢？

首先，存货周转率不是越高越好，存货周转天数也不是越少越好。依据存货周转率的计算公式，在营业收入营业成本一定的情况下，存货周转率低，存货过多，不仅会浪费蕴含于存货中的资金，也会产生仓储、减值等问题，积压的存货也会为企业带来风险。如果存货周转率高，存货过少，那么企业不能满足流转需要，面对市场中突然增加的需求，没有足够的存货把握机会。

其次，存货周转率高不一定好，存货周转天数少也不一定好。应付账款、存货和应收账款这三者之间存在着一定的关联关系，销售增加会拉动应收账款、存货、应付账款在短期内增加，在一定程度上降低了企业的短期周转率。当企业销售增加，如接到大额订单，企业首先要增加存货，那么应付账款就会增加，因为企业需要从上游企业购入原材料才能生产出商品，最后商品销售出去也会引起应收账款增加，进而导致应收账款周转天数增加。仅从当期存货周转率和存货周转天数上分析，企业经营效率下降了，但是从长远来看，企业创造了更大的收益，经营效率提高。与此相反，预见企业销售会萎缩时，通常会先减少存货量，那么这种存货量的下降导致存货周转率高就不一定好，存货周转天数少也不一定好。因此，任何财务分析都以认识经营活动本质为目的，不可根据数据高低作简单结论。

最后，在特定的生产经营条件下存在一个最佳的存货水平。最佳存货水平要考虑企业所在的行业特点。不同的行业其生产经营条件不同，存货周转能力受行业因素影响。互联网及其相关行业，并没有大量的存货，其行业内各家企业的年存货周转率均值大约为 1500 次；而房地产行业经营房地产，生产周期长，存货金额巨大流转速度慢，其行业内各家企业的年存货周转率均值大约为 2 次。最佳存货水平要考虑构成存货的原材料、在产品、半成品、产成品和低值易耗品的比例关系。各类存货的明细资料以及存货重大变动的解释，应在报表附注中披露。正常情况下，它们之间存在某种比例关系。如果产成品大量增加，其他项目减少，很可能是销售不畅，放慢了生产节奏。此时，总的存货金额可能并没有显著变动，甚至尚未引起存货周转率的显著变化。因此，在分析最佳存货水平时既要关注企业之外行业整体情况，也要关注存货内部各个项目之间的变化，其内部可能隐藏着重要问题。

第三节　应收账款周转能力分析

一、应收账款周转能力分析概述

在前文中我们分析了企业的存货周转能力，在实际生产经营过程中，有些企业存货周转率高是因为企业为了扩大产品销路，降价促销或赊销，在这一阶段虽然经营效率高，但是对于下一阶段的回款收款能力造成了极大的影响，所以存货周转能力的分析一定要搭配应收账款能力的分析。

二、应收账款周转能力的衡量指标

一般运用应收账款周转率和应收账款周转天数两个指标衡量应收账款周转能力。应收账款周转率是企业在一定时期内销售收入与营业平均应收账款余额之比，表明应收账款一年中公司应收账款转为现金的平均次数，或者说明 1 元应收账款支持的销售收入。它是衡量企业应收账款周转速度及管理效率的指标。应收账款周转天数，也称为应收账款的收现期，表明企业从销售开始获得应收账款的权利到收回款项、变成现金所需要的平均天数。以企业年度财务报表为基础计算企业应收账款周转率和应收账款周转天数两个指标，公式如下：

应收账款周转率(次数)＝销售收入÷平均应收账款余额

应收账款周转天数＝365÷应收账款周转率

应收账款周转率体现了应收账款的变现速度和企业的收账效率，一般认为周转率越高越好。因为企业应收账款周转率越高就说明企业的收款速度越快，公司的应收账款如能及时收回，公司的资金使用效率便能大幅提高，企业内现金充裕也就节约了营运资金；应收账款数额少，那么相对应的坏账损失、收账费用也会相应下降；应收账款回款时间短、资产流动性高。

在计算应收账款周转率时，有几点因素需要注意。

首先，有些书籍在计算应收账款周转率时认为应使用赊销额而非销售收入，应收账款周转率(次数)＝赊销额÷平均应收账款余额。从理论上讲，应收账款是赊销引起的，判断应收账款周转能力，就应该将应收账款对于赊销额，销售收入显然包含了赊销额。但是，考虑到外部分析人员难以取得赊销数据，只好直接使用销售收入进行计算。实际上相当于假设现销是收现时间等于零的应收账款，在一定程度上高估了周转次数。如果是企业纵向不同年份之间的比较，现销与赊销的比例保持稳定，那么计算应收账款周转率不影响与上期数据的可比性。如果是各个企业之间横向的比较时，企业与企业之间的赊销比例不同，受其影响用销售收入计算就无从判断应收账款周转率是否具有可比性。

其次，应收账款年末余额的可靠性问题。应收账款是特定时点的存量，容易受季节性、偶然性和人为因素影响。在用应收账款周转率进行业绩评价时，可以使用年初和年末的平均数，或者使用多个时点的平均数，以减少这些因素的影响。

最后，应收账款的组成问题。应收账款是指因商品购销关系所产生的债权资产，而不是单指会计核算上的应收账款科目，一般包括应收账款和应收票据。大部分应收票据是销售形成的，是应收账款的另一种形式，应将其纳入应收账款周转率的计算。财务报表上列示的应收账款是已经计提坏账准备后的净额，而销售收入并未相应减少。其结果是，计提的坏账准备越多，应收账款周转次数越多、天数越少。这种周转次数增加、天数减少不是业绩改善的结果，反而说明应收账款管理欠佳。如果坏账准备的金额较大，就应进行调整，使用未计提坏账准备的应收账款进行计算。报表附注中披露的应收账款坏账准备信息，可作为调整的依据。

三、应收账款周转指标的应用

对于应收账款周转指标的应用也和存货周转指标一样，要放在特定的生产经营条件下看待。应收账款周转率是否越高越好，应收账款周转天数是否越少越好，都要具体问题具体分析。下面几项具体情况，在做应收账款分析时要充分考虑。

首先是信用政策对应收账款分析的影响。信用政策是指企业为对应收账款进行规划与控制而确立的基本原则性行为规范，是企业财务政策的一个重要组成部分。应收账款是赊销引起的，如果赊销有可能比现销更有利，周转天数就不是越少越好。收现时间的长短与企业的信用政策有关。信用政策会直接引起企业应收账款周转天数的变化。而关于信用政策的选取与评价则涉及多方因素的综合影响。

其次是应收账款分析应与销售额分析、现金分析相联系。应收账款的起点是销售，终点是现金。正常情况是销售增加引起应收账款增加，现金存量和经营活动现金流量也会随之增加。如果一个企业应收账款日益增加，而现金量却日益减少，则可能是销售出了比较严重的问题，以致放宽信用政策，但却增加了收现的风险，现金收不回来。总之，应当深入应收账款内部进行分析，并且要注意应收账款与其他问题的联系，才能正确评价应收账款周转率。

第四节　其他周转能力分析

一、其他周转能力分析的概述

关于资产周转能力的分析可以大概分为总资产周转能力分析、分类资产周转能力分析（流动资产周转能力分析和固定资产周转能力分析）和单项资产周转能力分析（存货周转能力分析和应收账款周转能力分析等）三类。在上文中我们着重介绍了单项资产周转能力的分析中的存货和应收账款周转能力，这两个具体单项资产周转能力的分析是分析大多数企业经营效率中最基本的要点，也是理解其他资产周转能力的基础。接下来我们将大致对总资产周转能力、流动资产周转能力以及固定资产周转能力进行分析。

二、总资产周转能力分析

总资产周转能力的分析主要是看企业生产经营期间全部资产从投入生产到产出收回的周转情况，分析企业全部资产的管理质量和利用效率。可以用总资产周转率和总资产周转天数两个财务指标衡量，总资产周转率是企业一定时期的销售收入与平均资产总额之比，衡量资产投入情况与企业销售水平之间的配比情况。总资产周转天数是企业完成从全部资产投入到资产收回的循环所需要的平均天数。以企业年度财务报表为基础计算企业总资产周转率和总资产周转天数两个指标，公式如下：

总资产周转率(次) = 销售收入 ÷ 平均资产总额

总资产周转天数 = 365 ÷ 总资产周转率

通过观察计算公式可以发现，总资产周转率越高，则总资产率周转天数越低，这两个指标从不同角度对公司资产的运营进行了评价。一般来说，总资产周转率高，说明企业销售能力越强，资产投资的效益越好，企业利用其资产进行经营的效率越高。但是，运用总资产周转率分析评价资产使用效率时，也要结合销售利润一起分析，并对资产总额中的流动资产与非流动资产进行具体计算分析。

通过该指标的对比分析，可以反映企业本年度以及以前年度总资产的运营效率和变化，发现企业与同类企业在资产利用上的差距，促进企业挖掘潜力、积极创收、提高产品市场占有率、提高资产利用效率。一般情况下，该数值越高，表明企业总资产周转速度越快。销售能力越强，资产利用效率越高。

在对企业总资产周转能力分析时，还要注意几种特殊情况。

第一，企业的总资产周转率受企业所在行业的影响。批发业的总资产周转率在年度内能达到 1.6 次，而钢铁煤炭等行业的总资产平均周转率则为 0.2 ~ 0.4 次。

第二，企业的总资产周转率突然上升，而企业的销售收入却无多大变化。有可能是企业在当期报废了大量固定资产造成的，总资产量减少销售收入不变，总资产周转率突然上升。在这种情况下，企业的资产利用效率并没有提高。

第三，企业的总资产周转率较低，且长期处于较低的状态。说明企业的资产的经营效率低，应详细分析各项资产利用效率并采取措施提高其利用效率，处置多余或闲置资产，提高销售收入，从而提高总资产周转率。

第四，企业资金占用的波动性较大，如受季节性影响，那么在计算总资产平均余额时应采用更详细的资料进行计算，如按照月份计算。

三、流动资产周转能力分析

流动资产周转率指企业在一定时期内主营业务收入净额同平均流动资产总额的比率，流动资产周转率是评价企业资产利用率的一个重要指标。主营业务收入净额是指企业当期销售产品、商品、提供劳务等主要经营活动取得的收入减去折扣与折让后的数额。

流动资产周转率反映了企业流动资产的周转速度，是从企业全部资产中流动性最强的流动资产角度对企业资产的利用效率进行分析，以进一步揭示影响企业资产质量的主要因素。要实现该指标的良性变动，应以主营业务收入增幅高于流动资产增幅作为保证。通过该指标的对比分析，可以促进企业加强内部管理，充分有效地利用流动资产，如降低成本、调动暂时闲置的货币资金用于短期投资创造收益等，还可以促进企业采取措施扩大销售，提高流动资产的综合使用效率。一般情况下，该指标越高，表明企业流动资产周转速度越快，利用越好。在较快的周转速度下，流动资产会相对节约，相当于流动资产投入的增加，在一定程度上增强了企业的盈利能力；而周转速度慢，不需要补充流动资金参加周转，否则会形成资金浪费，降低企业盈利能力。

流动资产周转率的两种表示方法：

一定时期流动资产周转次数，计算公式为：

流动资产周转次数 = 流动资产周转额（产品销售收入）÷ 流动资产平均余额

流动资产周转一次所需天数，计算公式为：

流动资产周转天数 = 流动资产平均余额 × 计算期天数 ÷ 流动资产周转额（产品销售收入）

在一定时期内，流动资产周转次数越多，表明以相同的流动资产完成的周转额越多，流动资产利用的效果越好。流动资产周转率用周转天数表示时，周转一次所需要的天数越少，表明流动资产在经历生产和销售各阶段时占用的时间越短，周转越快。生产经营任何一个环节上的工作得到改善，都会反映到周转天数的缩短上来。按天数表示的流动资产周转率能更直接地反映生产经营状况的改善，便于比较不同时期的流动资产周转率，应用较为普遍。

四、固定资产周转能力分析

固定资产周转率也称固定资产利用率，是企业销售收入与固定资产净值的比率。固定资产周转率表示在一个会计年度内，固定资产周转的次数，或表示每 1 元固定资产支持的销售收入。

固定资产周转天数表示在一个会计年度内，固定资产转换成现金平均需要的时间，即平均天数。固定资产的周转次数越多，则周转天数越短；周转次数越少，则周转天数越长。

固定资产周转率主要用于分析对厂房、设备等固定资产的利用效率，比率越高，说明利用率越高，管理水平越好。如果固定资产周转率与同行业平均水平相比偏低，则说明企业对固定资产的利用率较低，可能会影响企业的获利能力。它反映了企业资产的利用程度。

案例分析

石油，被誉为液体黄金，其对一个国家的发展起着至关重要的作用。中石油是我国油气行业最大的油气生产和销售商。以 2011 ~2015 年中石油的年度财务报表为基础，对公司经营效率做分析。下面从存货周转能力、应收账款周转能力、固定资产周转能力三个方面分别进行讨论。

一、存货周转能力

（一）中石油存货质量分析

表 14 –1 列示了 2011 ~2015 年中石油存货及跌价准备计提情况，可以明显看到 2014 年和 2015 年存货余额大幅度减少，2013 年存货跌价准备仅为 631。2014 年跃升为 2251，2015 年则为 3701。另外，由于存货余额逐年递减，计提比率呈逐年递增的趋势。存货周转率呈上升趋势。

表 14 –1　2011 ~2015 年中石油存货及跌价准备计提情况　　单位：百万元

财务指标 \ 年份	2011	2012	2013	2014	2015
存货余额	183113	214762	227648	168228	130578
存货跌价准备	860	645	631	2251	3701
存货账面价值	182253	214117	227017	165977	126877
存货比率（%）	9. 50	9. 87	9. 69	6. 90	5. 30
计提比率（%）	0. 47	0. 30	0. 28	1. 33	2. 83
存货周转率	8. 99	8. 25	7. 72	8. 83	8. 88

表 14 –2 列示了中石油 2011 ~2015 年期末存货构成情况。中石油的存货主要是原油及其他原材料、在产品、产成品和周转材料，其中原油及其他原材料和

产成品构成了中石油期末存货的绝大部分。2014 年，原油及其他原材料减少为 2013 年的一半，2015 年，在产品减少幅度达到 50%，周转材料基数小，变化不大。

表 14-2　2011~2015 年中石油期末存货构成情况　　单位：百万元

项　目	2011 年	2012 年	2013 年	2014 年	2015 年
存货账面余额	183113	214762	227648	168228	130578
原油及其他原材料	61601	77452	94823	59870	42605
在产品	16924	16280	17529	13165	8426
产成品	104545	120987	115247	95154	79502
周转材料	43	43	49	39	45
减：存货跌价准备	860	645	631	2251	3701
净值	182253	214117	227017	165977	126877

（二）同行业对比企业存货质量分析

表 14-3 为 2015 年对比企业存货质量，可以看到两家石油企业占总资产的比重都不大。查阅后得知这是石油行业的特点，石油行业不像其他企业存货构成了资产的主要部分。石油产品是一种稀缺资源，基本出于供不应求和供需平衡状态，石油企业一般不会囤积大量石油产品，除非国家战略需要。

表 14-3　2015 年对比企业存货质量分析

项　目	中石油	中石化
存货占总资产比重（%）	5.30	9.13
存货周转率	8.88	9.55
存货周转天数	41.10	38.21

从存货周转指标来看，中石油的存货周转率低于中石化，这表明中石油的存货变现能力比较差，变现时间较长。通过阅读相关资讯得知，2014 年开始，中石油频繁甩卖不良资产，剥离非核心优质资产是中石油目前应对低油价的改革措施之一。

甩卖不良资产这一行为结合现有的数据分析来看，第一，甩卖的资产确实比较多，2013~2015 年，存货账面价值从 22.8 百亿元锐减为 13.1 百亿元；第二，甩卖后确实加快了存货周转率，2013 年存货周转率为 7.72，2015 年为 8.88，但与同行业相比，低于中石化的9.55，与自身2011年、2012年的存货周转率差不多，所以存货周转情况仍需进一步改善。

二、应收账款周转能力

（一）应收账款的异常增长

表14－4清晰地表明了中石油近几年来营业方面确实面临着问题。从营业收入来看，2011年以来营业收入增长比率一直下跌，2015年出现负增长。2015年，中国经济下行压力持续增大，油气市场供需总体宽松，国际油价持续走低，2015年营业收入比2014年同期下降了24.4%，归属于母公司股东的净利润比2014年同期下降了66.9%。

表14－4　2011～2015年中石油应收账款的异常增长　　单位:%

指　标	2011年	2012年	2013年	2014年	2015年
营业收入增长比率	36.74	9.6	2.9	1.1	－24.4
应收账款增长比率	19.59	19.75	－0.66	－17.06	－1.59
应收账款占总资产比重	2.81	2.97	2.73	2.21	2.18

从表14－5来看，虽然内销和外销下降的钱数是差不多的，但是由于内销份额是外销的两倍，该比率处于上下波动状态，变化不大，所以可以看到对外销售业务下降更加严重。这反映了中石油内外销不足，可能存在问题。

表14－5　2011～2015年中石油营业收入构成情况

单位：百万元,%

财务指标	2011年	2012年	2013年	2014年	2015年
营业收入	2003843	2195296	2258124	2282962	1725428
其中：内销	1429631	1492636	1503897	1479183	1185189
外销	574212	702660	754227	803779	540239
内销比率	71.34	67.99	66.60	64.79	68.69
外销比率	28.66	32.01	33.40	35.21	31.31

（二）坏账准备分析

从表14－6来看，中石油的坏账准备近5年来变化均不大且计提比率比较低，这可能与中石油每年向所属油田和单位下达清欠指标，并与绩效奖金挂钩这一管理措施相关。应该说，中石油的应收账款的质量是很高的。

表 14-6　2011~2015 年中石油的坏账准备　　单位：百万元,%

财务指标	2011 年	2012 年	2013 年	2014 年	2015 年
应收账款账面余额	54672	65035	64523	53620	52785
减：坏账准备	850	583	496	516	523
应收账款价值	53822	64452	64027	53104	52262
坏账准备计提比率	1.55	0.90	0.77	0.96	0.99

（三）应收账款周转速度分析

从表 14-7 来看，中石油的应收账款周转天数一直都低于中石化，说明中石油在应收账款管理方面处于行业领先地位。

表 14-7　2011~2015 年中石油与对比企业应收账款周转情况

应收账款周转天数	2011 年	2012 年	2013 年	2014 年	2015 年	平均收账期
中石油	9.00	10.77	10.68	9.47	8.42	9.67
中石化	9.71	10.21	9.82	10.09	9.49	9.86

三、固定资产周转能力

（一）中石油固定资产质量分析

中石油的固定资产包括房屋及建筑物、运输工具、机器设备以及其他。购置（或新建）的固定财产按取得时的成本进行初始计量。从表 14-8 可以看出，固定资产的原值一直在增加。表明公司发展势头良好，规模一直在稳步提高。

表 14-8　中石油固定资产质量分析　　单位：百万元,%

财务指标	2011 年	2012 年	2013 年	2014 年	2015 年
固定资产原值	807716	944049	982271	1089663	1209139
累计折旧	323460	370536	391493	437646	495606
固定资产净值	484256	573513	590778	652017	713533
固定资产减值准备	28171	28034	31432	30753	31972
固定资产价值	456085	545479	559346	621264	681561
固定资产占总资产比率	23.79	25.15	23.88	25.83	28.47
固定资产成新率	59.95	60.38	60.44	59.98	59.40
减值计提比率	5.82	4.89	5.32	4.72	4.48

固定资产成新率反映企业所拥有的固定资产的新旧程度，体现了企业固定资产更新的快慢和持续发展的能力。从这一指标来看，近五年基本都在60%左右，这表明中石油固定资产比较新，有较强进行扩大再生产的准备，发展的可能性比较大。2017年，我国经济发展保持适度平稳增长，能源价格及石油天然气体制改革等加快推进将释放心得增长动力，希望中石油能推进“油卡非润”一体化销售，推动互联网技术与传统零售业务深度融合创新营销模式，发展延伸业务，培育新的效益增长点。

（二）对比企业固定资产质量分析

表14－9中列示了2015年对比企业固定资产情况，从固定资产成新率来看，中石油比中石化高，说明中石油的固定资产比较新，其可使用价值比较高。从固定资产占总资产的比重来看，中石油远低于中石化，这与中石油近期频繁抛售自己的不良资产不无关系。从固定资产减值计提比率来看，中石油远低于中石化，说明中石油经过抛售不良资产确实起到了一定的作用，现在的资产质量比较好。

表14－9　2015年对比企业固定资产情况　　单位：百万元，%

财务指标	中石油	中石化
固定资产原值	1209139	1599142
累计折旧	495606	772945
固定资产净值	713533	826197
固定资产减值准备	31972	93620
固定资产价值	681561	732577
固定资产占总资产比率	28.47	50.76
固定资产成新率	59.40	44.90
减值计提比率	4.48	11.33

如表14－10所示，油气资产原值一直在增加且油气资产占总资产的比率呈上升趋势，但也应该注意到2015年减值计提准备的提高。说明中石油在2015年新建了一些油气资产，同时处置了陈旧的油气资产，所以2015年累计折耗和固定资产减值准备提高，而油气资产成新率下降。

表 14－10　2011～2015 年中石油油气资产情况　　单位：百万元，%

财务指标	2011 年	2012 年	2013 年	2014 年	2015 年
油气资产原值	1155906	1330213	1495618	1688398	1800109
累计折耗	499065	584234	682364	792206	894413
油气资产净值	656841	745979	813254	896192	905696
固定资产减值准备	12236	12396	12171	15710	35346
固定资产价值	644605	733583	801083	880482	870350
油气资产占总资产比率	33.62	33.82	34.21	36.60	36.35
油气资产成新率	56.82	56.43	55.18	53.69	51.65
减值计提比率	1.86	1.66	1.50	1.75	3.90

从表 14－11 中可以看出，中石油确实是我国油气行业的巨头，油气资产原值是中石化的 3 倍。中石油油气资产质量相对来说比较好，而中石化成新率较低而减值计提比率较高，其石油资产质量不佳。

表 14－11　对比企业油气质量分析　　单位：百万元，%

财务指标	中石油	中石化
油气资产原值	1800109	613134
累计折耗	894413	258953
油气资产净值	905696	354181
固定资产减值准备	35346	115238
油气资产价值	870350	238943
油气资产占总资产比率	36.35	16.56
油气资产成新率	51.65	38.97
减值计提比率	3.90	32.54

第十五章　发展能力分析

章前案例

葵花药业（002737）2018 年 6 月 4 日晚间公告，公司决定以 1758 万元收购天津天宿光华健康科技有限公司 70% 的股权。天宿光华拥有实现人参产业升级的科研能力，此次收购有利于葵花药业提升新药研发实力、布局人参产业、丰富补益类产品线。

回顾葵花药业的发展史，公司多次进行投资并购，按照终端需求去寻找那些价值度高、对接度高、契合度好的品种进行资源整合，然后和葵花药业的品牌资源、网络资源进行嫁接。经过 11 年的时间，用较低的成本收购 11 家有价值的药厂，发展能力十分惊人。其中，2015 年 6 月收购隆中药业 55% 股权，获得小儿柴桂退热颗粒、金银花露以及全国独家规格的秋梨润肺膏等品种。2015 年 7 月，葵花药业收购健今药业 90% 股权，获得胃痛定胶囊、刺乌养心口服液、景参益气颗粒等全国独家品种。同年 8 月，增资控股唐山葵花，加码儿童药系列。2017 年 1 月，公司又以 9450 万元收购贵州宏奇药业 70% 股权，获得芪斛楂胶囊、良姜胃疡胶囊两个品种。

震惊于葵花药业的高速发张的同时，我们也可以通过对其近年来的利润、收入、资产以及股东权益等进行分析，探索其高速发展的奥秘。通过观察图15 – 1，葵花药业 2011 ~2017 年净利润呈逐年稳步上升的趋势，增长率较高且具有一定的持续能力。正是由于该公司利润率增长率的稳定可持续，才能够支撑其不断收购兼并、发展壮大。

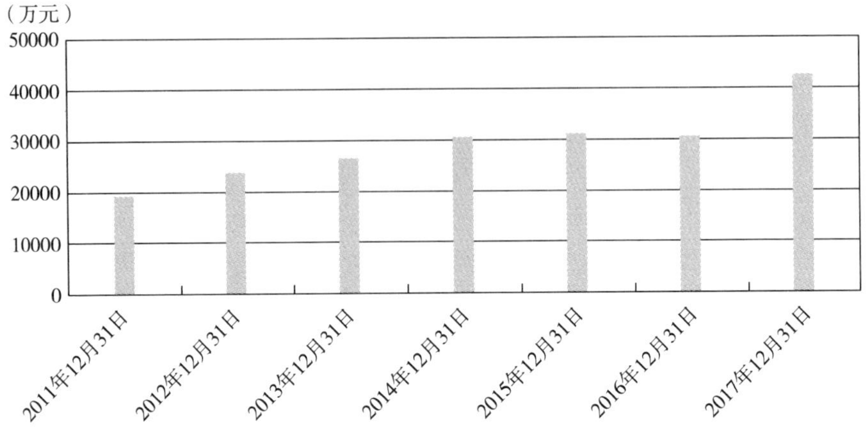

图 15－1　2011～2017 年葵花药业净利润

资料来源：东方财富网。

第一节　发展能力分析概述

发展能力是企业未来生产经营活动的发展趋势和发展潜能，也可以称为企业增长能力。与之前章节的分析不同，发展能力的分析是对企业未来情况的分析，而盈利能力分析、偿债能力分析、营运能力分析等都是对企业过去已经发生的事项或目前已有的状态进行分析。从这个角度来看，对发展能力的分析重在预测，在目前已有数据的基础上预测未来企业会呈现什么样的资产负债情况，会实现怎样的企业收入，总之，就是企业从目前这个阶段到未来的发展情况预测。

我们都知道速度乘以时间就是距离，要想知道企业未来站在什么位置，我们就要先了解企业的速度，而这里的速度就是通过发展能力来体现。在同规模、同情况的企业中，发展能力越强的企业，在未来期间内所取得的发展就越大，为股东创造的价值也就越大。在企业发展能力的分析中，我们使用增长率数据来作为分析预测的基础，从资产、收入、利润以及股东权益四个方面来衡量企业的发展趋势和潜能。由于企业作为营利性组织，其目标是股东权益最大化，所以企业谋求发展能力的提高也是为了实现最终目标而采取的举措。资产增长率是能最直观感知到企业发展情况的指标，而收入、利润、股东权益都是在资产的基础上不断剔除其他因素的影响，逐渐接近企业的最终目标。

第二节 资产增长率分析

一、资产增长率分析概述

资产是企业因过去的交易或事项而形成，并由企业拥有或控制，预期会给企业带来未来经济利益流入的资源。企业拥有的资产增加，企业的规模就变大，在一般情况下，企业是相对过去发展了，所以我们可以用财务指标资产增长率衡量企业的发展能力。那么，为什么不直接运用资产增加额来衡量企业的发展能力呢？如果运用增加额来衡量企业的发展能力，只反映了发展能力中的增量、减量的大小，没有体现其相对期初而言资产增长的幅度变化，无法在此基础上做出对企业未来情况的预测，也没有考虑到企业规模的影响，不利于企业之间的横向比较。

资产增长率是本期资产增加额与资产期初余额的比率，公式如下：

资产增长率 = 本期资产增加额 ÷ 资产期初余额 × 100%

资产增长率用来考核企业资产增长幅度。如果资产增长率为正，企业本期资产增加了，如果为负，本期资产减少了；资产增长率越大，本期资产增长幅度越大，企业的规模就越大。

二、资产增长率的应用

我们会运用“强大”这个词来形容企业，就是说企业在做强的时候就会表现出大的特点，这样一个强大的企业必然拥有良好的发展能力。但是企业做得很大，拥有庞大的体量，却不一定是一个强的企业。企业规模大是能力强的一种外在表现，所以用资产增长率测度企业发展能力是有所局限的，高资产增长率只能表明企业规模的不断扩大，不能证明企业发展能力一定强，还要结合其他指标做进一步分析，详细分析资产增长的具体情况。

将资产增长率和负债增长率、所有者权益增长率相结合进行分析。通过会计等式“资产 = 负债 + 所有者权益”可知，资产来源于资本，资本来源于负债和所有者权益，资产的增长也来源于负债和所有者权益。如果一家企业资产增长率大，负债增长率也较大，所有者权益增长较小，那么企业规模的扩大依赖于企业不断的借债，通过利润、所有者权益增加的资产较小，那么综合来看企业的发展能力也是较小的。

将资产增长率和利润增长率、收入增长率相结合进行分析。资产的增长剔除了负债的增加和股东新投入资产的影响，就是收入的增长率，再考虑当期成本费用的影响，就是利润增长率。在应用资产增长率分析企业发展能力时，也要考虑到负债、股东新投入资产以及当期费用成本等因素的影响，综合利润增长率、收入增长率做分析。资产增长率高，但是收入增长率低，企业负债不断增加，主要依靠借债来新增资产，资产负债率不断上升，收入也没有相应提升，那么企业的发展能力也不好。企业资产增长率高、收入增长率高，但是企业利润增长率却表现不佳，观察企业当期的收入，赊销比例大为增加，那么由于销售政策而引起的资产增长率提高就不能代表企业的发展能力提高，反而要警惕公司应收账款带来的风险。

将资产增长率和资产结构相结合进行分析。资产的增长也可以划分为流动资产和非流动资产的增长，也就是资产结构中不同资产的比重变化，资产结构的变化也会影响企业未来的发展能力。企业所拥有的新增资产也要符合企业发展特点，保证资产结构的稳定有利于企业的未来发展。如果制造业企业新增的资产都是流动性资产，非流动性资产相对减少，与行业内其他企业资产结构相比，非流动资产占资产总比重减少，那么该企业未来在行业内的发展会产生不利影响。

水平分析资产增长率，将资产增长率和企业生命周期相结合进行分析。企业生命周期理论提出企业要经历发展、成长、成熟、衰退几个阶段，在不同的阶段企业表现出不同的特点。资产增长率的分析也要结合企业所处的阶段来具体问题具体分析。处于成长阶段的企业，规模不断扩大，资产不断增长，资产增长率应表现为逐年上升；成熟阶段的企业，规模稳定，资产增长变缓，资产增长率也相应表现平稳；衰退阶段的企业，将会变卖资产减少投入或退出行业，资产增长率很可能为负。

第三节　收入增长率分析

一、收入增长率分析概述

收入是指企业在日常活动中形成的、会导致所有者权益增加的、与所有者投入资本无关的经济利益的总流入。企业拥有的收入增加，意味着企业的销售情况较好，在市场中所占的份额增加，企业未来的生存发展就越好，所以我们可以用财务指标收入增长率来衡量企业的发展能力。在这里我们同样用营业收入增长率这个相对指标来衡量，反映相对期初而言营业收入增长变化幅度，去除考虑企业规模等产生的影响，有利于企业间的横向比较。

营业收入增长率是本期营业收入增加额与营业收入期初余额的比率，公式如下：

营业收入增长率 = 本期营业收入增加额 ÷ 营业收入期初余额 ×100%

营业收入增长率用来考核企业收入增长幅度。如果营业收入增长率为正，企业本期营业收入增加了，如果为负，本期营业收入减少了；营业收入增长率越大，本期营业收入增长幅度越大，企业的市场份额就越大。

二、收入增长率的应用

分析企业的收入增长率不仅是分析其市场销售情况，也是通过收入增长率来预测未来企业的收入、利润以及股东权益，所以对收入增长率的分析至关重要。分析收入增长率要从两个角度来分析：一是把收入增长率结合其他信息不断分解，结合资产增长率分解收入的来源，结合成本增长率和费用增长率分解收入对利润的影响，结合收入结构分解营业外收入和赊销对收入增长率的影响，结合产品结构分解不同产品的销售收入。二是水平分析不同时期的收入增长率。

将收入增长率和资产增长率相结合进行分析。收入的增长主要源于资产增长，增长的资产创造出更多的价值以换取收入的增长，但是收入增长率与资产增长率之间不一定是相等的关系。也就是说投入更多的资产不一定能等比例地获得更多的收入。如果收入增长率低于资产增长率，那么企业在销售方面的可持续发展能力不好，销售收入增长不具有效益性，企业的成长能力不好。收入增长率高于资产增长率，企业的销售收入才有效益，才能取得可持续发展的能力，发展能力好。

将收入增长率和成本增长率、费用增长率相结合进行分析。观察利润表，可以看到先列示营业收入，再列示成本费用，利润 = 收入 - 成本费用。如果收入增长率低于成本增长率或费用增长率，那么企业成本费用的增长超过了收入的增长，企业的利润受影响，严重者可能出现亏损。此时就要详细地分析产品成本、管理费用、销售费用、财务费用哪一部分的增长巨大，分别进行严格管控。收入增长率高于成本增长率或费用增长率，企业的销售收入才能创造更大的利润，公司才能进一步发展。

将收入增长率和收入结构相结合进行分析。首先，营业收入按照结算方式可以分为现销和赊销，企业未来的发展能力与赊销情况密切相关。赊销是基于买方信用的销售，存在信用风险，赊销形成的应收账款有可能收不回，形成坏账影响企业的发展。所以严格控制企业的应收账款比例是很重要的，一般情况下赊销收入占总收入比重是相对稳定的，应收账款的增长率应该小于收入增长率。另外，收入也可以分为营业收入和营业外收入。营业收入是从事主营业务所取得的收入，是指在一定时期内商业企业销售商品或提供劳务所获得的货币收入。企业的发展主要是依靠从事主营业务取得的，但是企业也可以通过外汇变动或债务重组等增加收入。分析企业营业收入增长率的同时也要关注到其他收入的变化情况，分析其对企业未来发展能力的影响。

将收入增长率和产品生产相结合进行分析。收入增长率可以细分为各种产品的增长率，产品的收入增长率与产品生命周期相关。产品生命周期理论认为，产品的发展过程可以分为投放期、成长期、成熟期、衰退期四个阶段，而产品的收入增长率在不同阶段表现出不同特点。可以通过观察企业的产品所处的生命周期阶段来预测产品收入增长率和企业的发展前景。一般情况下，企业的产品结构，应该既有成熟期的产品支撑企业的收入，也有成长期、投放期的产品推动收入的增长。

水平分析收入增长率。关于收入增长率的大小不仅受企业发展能力的影响也会受企业所处的经济环境等影响。分析企业的未来发展要剔除偶发性因素，所以要水平分析不同时期的企业收入增长情况，反映企业的实际销售能力，更准确地预测未来企业在市场中的销售情况。

第四节　利润增长率分析

一、利润增长率分析概述

利润是企业的经营成果，是企业经营效果的综合反映，企业正是通过获得利润来实现资本增值，企业的目标是利润最大化，所以利润是衡量企业未来持续经营能力的关键因素，是衡量企业发展能力的重要指标。利润反映一定时期内的经营成果，所以要衡量发展能力、预测未来趋势，就需要运用利润增长率。在实际应用中，我们大多采用净利润增长率和营业利润增长率来分析企业的利润增长能力。

净利润是收入减成本费用，再扣除营业外收支和所得税影响后的利润留存，是企业经营的最终成果，是衡量一个企业经营效益的主要指标。净利润越多，企业的经营效益就越好；净利润越少，企业的经营效益就越差。企业净利润增长率是本期净利润增加额与上期净利润的比率，公式如下：

净利润增长率 = 本期净利润增加额 ÷ 上期净利润 × 100%

净利润增长率用来考核企业净利润增长幅度。如果净利润增长率为正，企业本期净利润增加了，如果为负，本期净利润减少了；净利润增长率越大，本期净利润增长幅度越大，企业本期的收益就越大。关于净利润增长率的计算，有一点需要注意，上期净利润可能为负，但是净利润增长率反映的是变化幅度，所以当上期净利润为负时，分母取其绝对值计算。

营业利润是指企业从事生产经营活动中取得的利润，是企业利润的主要来源。而企业的持续发展主要就是依靠营业利润，企业主要是通过生产经营活动来维持其发展，营业外收支对企业在短期会存在影响，但是对企业未来发展的影响很小。企业营业利润增长率是本期营业利润增加额与上期营业利润的比率，公式如下：

营业利润增长率 = 本期营业利润增加额 ÷ 上期营业利润 ÷ 100%

同上，营业利润增长率用来考核企业营业利润增长幅度。如果营业利润增长率为正，企业本期营业利润就增加了，如果为负，本期营业利润就减少了；营业利润增长率越大，本期营业利润增长幅度越大，企业本期生产经营活动创造的收益就越大。

二、利润增长率的应用

和收入增长率分析一样，分析利润增长率也要从两个角度进行：一是把当期的利润增长率结合其他信息进行分析。将营业利润增长率和营业收入增长率相结合，分析利润的来源对发展能力的影响；将营业利润增长率和净利润增长率相结合，分析偶发性收益对发展能力的影响。二是水平分析不同时期的收入增长率的变化。

将营业利润增长率和营业收入增长率结合进行分析。在本章第三节我们介绍了收入增长率要与资产增长率相结合，因为收入的增长源于资本投入、创造价值、获取收入。而利润的增长源于收入增长，成本、费用增长率相对较小。所以，在应用利润增长率分析企业未来盈利趋势时，要详细分析其收入增长率情况。如果企业营业利润增长率低于营业收入增长率，企业成本费用的增长率超过了企业收入的增长率，其盈利能力受成本费用的限制，一般情况下企业所经营的产品大多是成熟期或衰退期，企业欠缺对新产品的研发，发展欠缺新动力；如果企业营业利润增长率高于营业收入增长率，企业收入的增长率超过了企业成本费用的增长率，企业所经营的产品大多是成长期，企业未来的盈利趋势较好，企业发展能力好。

将营业利润增长率和营业利润构成相结合进行分析。营业利润不仅包括主营业务利润和其他业务利润，也包含了公允价值变动收益、投资收益以及汇率变动引起的财务费用贷方增加额。但是，在分析企业的未来发展趋势时，公允价值变动、投资收益以及汇率变动对企业的未来影响是难以预测的，存在较大的不确定性。所以在预测企业未来发展能力时，要重视这些因素的影响，同时也要警惕企业通过这些因素在账面上操纵企业利润，影响正确的判断。

将营业利润增长率和净利润增长率相结合进行分析。营业利润与净利润之间存在非日常活动引起的营业外收支。资产重组收益、债务重组收益、财政补贴等收益都是营业外收支中的一项，但是这些项目并不是企业通过经营所获取的收益，由于营业外收支的偶然性、意外性，所以这部分收益虽然能导致净利润的增加，却不能成为预测企业未来发展趋势的依据。

第五节　股东权益增长率分析

一、股东权益增长率概述

股东权益是指股份公司的所有者权益，即资产减去负债之后的净资产值，包含实缴股本和留存收益。股东权益是股东财富的象征，股东权益的增长体现了资本的积累。股东权益增长率指标反映了企业的财富增长速度，是衡量企业发展能力的重要指标。股东权益增长率是本期股东权益增加额与股东权益期初余额的比率，公式如下：

股东权益增长率 = 本期股东权益增加额 ÷ 股东权益期初余额 × 100%

股东权益增长率用于反映本期股东权益的增加幅度。如果股东权益增长率为正，企业本期股东权益增加了，如果为负，本期股东权益减少了；股东权益增长率越高，本期股东权益的增加额就越大，企业本期为股东所创造的财富就越大。只有股东投入的资本获得足够的报酬时，股东才会感到满意，企业才能利用资本持续经营，不断成长壮大。

二、股东权益增长率的应用

对股东权益增长率的应用，要结合所有者权益变动表、EVA 改善率进行分析，同时要水平分析不同时期的股东权益增长率的变化。

将股东权益增长率和所有者权益变动表结合分析。所有者权益变动表是指反映构成所有者权益的各组成部分当期的增减变动情况的报表。依据所有者权益变动表，股东权益变化的来源有四个，分别是综合收益总额、股东投入和减少资本、利润分配以及股东权益内部结转。而影响股东权益增长率变化的主要是当期净利润、直接计入所有者权益的利得和损失、当期股东新投入资本和企业支付股利。所以，关于本期股东权益增加额的计算如下：

本期股东权益增加额 = 本期净利润 + （股东新增投资 - 支付股东股利） + 直接计入所有者权益的利得和损失

依据股东权益变化的原因可以将股东权益增长率拆分如下：

股东权益增长率 = 本期股东权益增加额 ÷ 股东权益期初余额 × 100%

$$=\frac{\text{本期净利润}+(\text{股东新增投资}-\text{支付股东股利})+\text{直接计入所有者权益的利得和损失}}{\text{股东权益期初余额}}\times 100\%$$

= 净资产收益率 + 股东净投资占股东权益比率 + 净损益占股东权益比率

净资产收益率（ROE）是净利润与平均股东权益的百分比，反映股东权益的收益水平，用以衡量企业运营自有资本的效率。指标值越高，说明投资带来的收益越高，该指标综合反映了企业的盈利能力、运营能力等，也反映了企业的发展能力。对股东权益增长率影响最大的是净资产收益率，股东权益的增长归根结底源于企业的收益增长、利润增长，企业的未来发展情况归根结底源于目前企业获取收益的能力。

股东净投资占股东权益比率和净损益占股东权益比率虽然也会影响到股东权益增长率，但是却不像净资产收益率那样一定对企业获取收益的能力起到正向的影响。股东净投资占股东权益比率大部分是因为股东的新投入资本。考虑到资本的机会成本以及资本的逐利性，新投入资本虽然能在短期内扩大企业的规模，但是从长期来看不符合现有股东的最佳利润。净损益占股东权益比率来源于利得和损失，这都是属于企业非日常经营活动造成的，与管理者经营能力无关，与企业实力无关，不利于对企业未来的预测。

将股东权益增长率和 EVA 改善率结合分析。EVA 是经济增加值的简称，是 Stern Stewart 咨询公司开发的一种新型的价值分析工具和业绩评价指标。EVA 的基本理念是资本获得的收益至少要能补偿投资者承担的风险，也就是说，企业必须为股东赚取不少于资本市场上类似风险投资的报酬。其计算公式如下：

经济附加值 = 税后净利润 - 资本成本 = 税后净利润 - 资本总额 × 资本成本率

结合上文我们提到的资本机会成本，显然 EVA 剔除了全部资本的成本，在一定程度上更精确地估计了企业的收益。在现实经济社会中，存在着一部分规模庞大净利润可观的企业，但是综观整个企业的发展能力，其净资产收益率可能不如其他小规模企业。因为庞大的资本为其创造了可观的利润，而实际运营能力、盈利能力并不理想，其未来发展能力也不好。所以，EVA 相对于前面我们所提到的衡量指标，综合考虑了多方的因素，更加直接地分析企业的发展能力。我们运用 EVA 改善率来衡量企业经济附加值 EVA 的增长变化情况，EVA 改善率是本期 EVA 增加额与 EVA 期初余额的比率，公式如下：

EVA 改善率 = 本期 EVA 增加额 ÷ EVA 期初余额 × 100%

EVA 改善率用于反映本期 EVA 的增加幅度，EVA 改善率越高，本期 EVA 的增加额就越大，企业本期所创造的经济附加值就越大，企业的发展能力就越强。

水平分析股东权益增长率、EVA 改善率。无论是应用任何财务指标来分析企业发展能力，都是对企业未来趋势的预测，都要依靠过去的一系列数据来分析，水平分析多个时期的财务指标。

第六节　综合分析发展能力

在前面的章节中，我们介绍了资产增长率、收入增长率、利润增长率以及股东权益增长率，这四种财务指标都可以对企业的发展能力做出一定的分析。在实际运用中，我们通常综合运用这四种指标进行分析。

首先，企业为了获取可持续的发展，不是在某一方面做好就可以达到目标的，要协调发展资产、收入、利润以及股东权益这四个方面。分析企业的发展能力，同样也需要从这四个方面入手综合分析企业的情况，以及探求企业发展受限的原因。其次，资产增长率、收入增长率、利润增长率以及股东权益增长率之间相互影响、相互作用。

在分析企业发展能力时，我们可以遵循一定的顺序，让我们的分析更系统、更完善。

第十六章　财务综合分析

——基于哈佛分析框架

章前案例

2000年，哈佛大学的三位学者 Krishna G. Palepu、Paul M. Healy 和 Victor L. Bernard 在《运用财务报表进行公司分析与估价》（*Business Analysis & Valuation*：*Using Financial Statements*）一书中，突破以往财务分析局限和片面的限制，系统性地提出了“哈佛分析框架”的分析方法，提出了进行财务分析主要从战略、会计、财务和前景四个方面对公司进行综合分析评价。这四个部分不是互相独立的，而是相互联系的。战略分析指导会计政策分析和财务分析，同时为前景分析提供合理的假设前提；会计分析为财务分析提供支撑；财务分析将公司的资产状况和财务成果数字化，更加直观地判断其他几个方面；前景分析通过战略分析、会计分析和财务分析，有依据地预测公司的发展前景。[①] 本章将对基于哈佛框架的财务综合分析方法进行系统的学习。

第一节　财务综合分析概述

常见的财务分析方法主要是针对财务数据，对非财务数据往往有所忽略。例如使用频率较高的：比较分析法、比率分析法、趋势分析法、因素分析法。这些方法以财务报表为数据来源，采用计算和组合将不同时期的数据，考虑数据间的

① 论文《基于哈佛分析框架下的财务报表分析》——王琮禹。

关联性，对公司财务状况进行分析评价，但是由于财务数据是历史数据的展现形式，缺乏前瞻性，具有一定局限，公司内外部利益相关者在对公司进行分析时需要全方位了解其状况，包括过去、现在和未来，以便做出正确决策。

因此，在做财务分析时，不仅要使用财务数据还要使用非财务数据，只有两者结合才会得到完整有效的信息。如一家餐饮公司，虽然财务报表上可以看到有良好的营业额和利润，但在很多网站的评论较差，客户回头率很低，客户黏性弱，公司战略模糊不清，会计政策运用不恰当。在竞争激烈的餐饮行业，仅仅依靠一次性消费带来的收入不足以支撑其在未来得到可持续发展。

公司进行财务分析时将定量的数据和定性的事物结合起来非常重要。所以不仅要对已经对外披露的财务数据和财务信息进行整体的了解和掌握，还要对公司整体战略的进行分析评价，了解公司自身的资源整合和运用能力。哈佛分析方法可以满足以上所述的要求。哈佛分析框架是将定量分析和定性分析有机结合的综合的分析体系，对公司发展及管理提供了有力的保障。

第二节　哈佛分析框架要素

一、战略分析

哈佛分析框架以战略分析为起点，战略分析主要包括宏观环境分析和行业分析。

（一）宏观环境分析

对于宏观环境的分析，可以采用 PEST 分析模型，即基于政治、经济、社会、技术等影响公司外部环境的主要因素对公司发展所面临的外部宏观经济环境进行分析。宏观环境是不受公司控制的外部环境，环境中的所有公司均会受影响。这是客观存在且短时间无法改变的因素，不同公司在分析宏观环境时可能会有所差异。

（二）行业分析

对于行业分析，主要是采用波特五力模型，重点从潜在者的进入威胁、替代品的替代威胁、供应商的议价能力、购买者的还价能力以及产业内的竞争情况等进行分析。

（1）潜在者的进入威胁。每一个行业中当新的竞争者进入时，必将对本行业带来更大的竞争压力。由于市场需求是有限的，新竞争者运用自己的营运资源在市场的大蛋糕中分得一块，势必会影响其他公司。原有行业竞争者可能会通过营销手段降低目标利润，保持市场份额。此外，对于供应商货物的需求增加，商品有可能供不应求，使采购成本增加。

（2）替代品的替代威胁。替代产品的出现，会影响原有产品的销售，公司面临降价销售和开发新产品的抉择。

（3）供应商的议价能力。当供应者提供的物品具有专属性，公司对该物品具有较强的依赖性，并且供应者数量不多，供应物品有限时供应者更具有议价能力。

（4）购买者的还价能力。购买者在交易过程中的还价能力由市场的供求关系决定。当购买者需要购买的商品具有可替代性，且购买量大时，购买方所拥有的议价能力较强，可能会通过压低采购价格达到预期。

（5）产业内的竞争情况。行业的竞争主要由营销方式，例如，投放广告的数量和范围的竞争、以低价战略竞争以及对用户增加附加值等方式来实现。行业内原有的竞争者一般会利用价格优势、产品品质优势、提供增值服务优势以及广告等方式在市场上占优势。

对于竞争战略分析，主要是采用 SWOT 分析模型，从能够为公司带来竞争优势的积极因素、限制公司发展的劣势问题、有利于公司发展的战略机遇以及不利于公司发展的威胁四个方面进行分析。从公司的内部和外部综合分析，可以帮助制定适合公司发展的战略，也能对公司目前的战略情况进行分析评价，及时做出调整。

二、会计分析

会计分析主要结合财务报表和公司的实际情况，针对公司采用的一些会计政策和会计估计进行分析评价。不同的会计政策和会计估计，对公司财务数据和非财务数据的影响不同。首先，通过对公司的货币资金、存货、固定资产以及应收账款等关键科目的会计政策以及会计估计进行识别分析，来确保公司会计信息的真实性以及可比性。其次，通过对公司的存货核算分析、固定资产核算分析及应收账款账龄分析等，准确掌握公司当前经营发展中所面临的库存状况、固定资产折旧状况、应收账款收款状况，进而掌握公司的实际财务状况。

公司会计政策和会计估计的变更也是一种信号预警。除了准则要求更改的内容，公司自主决定进行变更会计政策和会计估计时，应当引起关注。对其变更原因给出合理的解释，并对解释的合理性进行分析。例如，对存货的计价方式由月末一次加权平均法更改为先进先出法，理由为何，其合理性是否足以支持？公司是否为了人为操纵利润和资产状况而更改会计政策和会计估计均需要考虑。

此外，判断公司的会计政策和会计估计是否合理、是否适合，还应当结合行业，不同行业的政策会有所不同。注意公司的不同时期的会计政策和会计估计是否可比，调查差异原因；不同公司同一时期的会计政策和会计估计是否可比，造成不同之处的解释如何。

三、财务分析

哈佛分析框架下的战略分析使得利益相关者对公司内部环境和外部环境有所了解，会计分析帮助利益相关者判断公司采用的关键会计政策和估计是否合理。接下来便是对财务数据的处理与分析。以财务报表数据为基础，根据数据之间的关联性，对数据进行处理，最终帮助分析公司的财务状况。

通常从公司的偿债能力、盈利能力、营运能力和发展能力四方面分析公司的财务状况。分析偿债能力主要通过分析短期偿债能力和长期偿债能力来判断，短期偿债能力的指标包括流动比率、速动比率、现金比率等；长期偿债能力包括资产负债率、权益乘数、利息保障倍数等。熟悉公司的偿债能力，并对筹资风险进行评估，可以了解到公司面临的财务风险以及应对措施。分析盈利能力可以分析公司的销售净利率、总资产净利率、权益报酬率等指标，结合杜邦分析法将各指标进行分解，进而具体分析盈利能力强弱的部分，以便针对性找到根源问题。对于营运能力来说，可以通过计算分析资产的周转情况，包括存货周转率（天数）、应收账款周转率（天数）、固定资产周转率（天数）以及其他资产的周转情况。结合公司自身情况和行业水平分析公司的营运能力。分析公司的发展能力，通过资产增长率、利润增长率、收入增长率和股东权益增长率等指标综合评价。此外，对一些报表项目的结构也应当关注，如公司的长期资产和短期资产的比例、期间费用占收入的比重等。

财务分析以数字的形式更加直观地反映出公司存在的问题，以相对数和绝对数分别体现出公司的绝对优劣势和相对优劣势。结合战略分析和会计分析对公司的具体了解，综合评价公司现状。

四、前景分析

战略分析、会计分析和财务分析大多数是针对公司过去的数据和信息进行分析评价，而对公司未来的发展前景的预测也是不可或缺的。前景分析就是对公司未来的判断，深入分析公司自身的技术优势、品牌优势等，识别未来发展过程中可能面临的外部危机，结合公司战略进行进一步分析。

帮助分析公司前景的方法有：

（1）除数占比法。通过数据形式预测季度或月度稳定性结构，假定季度或月度除数占比不变，根据已发生季度或月度数据推测全年数据。比如，已知本年前三季度数据，根据上一年前三季度数据占全年数据的比重，预测本年全年数据。除数占比法充分利用了已经发生数据，预测可靠性高，适用于按季度/月度定期披露信息的预测。

（2）收入占比法。通过预测项目与收入项目呈现的稳定性结构进行预测，假定预测项目占收入百分比不变，根据收入的预测值，推测预测项目值。比如，已知收入预测值，预测成本值。根据上年成本占收入百分比乘以收入预测值，推测成本预测值。收入占比法简便易行，适用于以业务经营为主的公司。

（3）回归分析法。通过预测项目与某一项目呈现稳定的相关关系进行预测。假定预测项目与某一项目呈稳定的（线性/非线性）函数关系，根据该项目的预测值，推测预测项目值。收入占比法是回归分析法中线性回归分析法的一种特例。

发展惯性法。通过预测项目自身时间序列存在的稳定性关系进行预测。假定预测项目增长率呈现稳定性关系，根据该项目的历史值，推测预测项目值。

案例分析

华为是全球领先的信息与通信技术（ICT）解决方案供应商，专注于ICT领域，坚持稳健经营、持续创新、开放合作，在电信运营商、企业、终端和云计算等领域构筑了端到端的解决方案优势，为运营商客户、企业客户和消费者提供有竞争力的ICT解决方案、产品和服务，成为国内通信技术的佼佼者，在世界也占有一席之位。曾经的“巨大中华”现在只有中兴和华为活跃在市场，仍被广泛使用。巨龙和大唐已经被中兴和华为抛在身后。本节运用哈佛分析法对华为进行综合分析，针对一些指标将华为与中兴进行比较，能更加直观地看出华为的经营状况。

一、战略分析

战略分析的目的在于评价公司选择竞争战略的科学性，公司竞争能力的强弱，以及企业获利能力强弱。可以采用SWOT分析对华为的内部环境和外部环境进行分析评价，了解华为的企业资源和发展趋势。

（一）优势

第一，企业文化引领企业发展。《华为基本法》将企业文化规范成文，将企业战略思考、战略意图、战略框架以文字形式显性化，为企业运营提供行动指南。

第二，人才资源奠定发展基石。华为每年面对全世界优秀高校的大批高素质人才招聘，为公司发展奠定基础。华为推行基于人才资本论的知识资本化分配方针，具体表现在人事、工资、保障、股权等方面。

第三，创新能力抓人眼球。华为十分重视研发，每年不低于销售额10%的研发投入，构成其强大的科研研发能力。

（二）劣势

第一，未上市为企业带来风险。股票市场获取资金成本低，可以使企业压力减小，而作为世界500强中唯一没有上市的公司，华为的内部股权融资对于公司经营能力要求较高，外部资金吸收限制也较大，使华为资金获取能力上相对弱势。

第二，知识产权管理存在劣势。在知识产权方面，我国高新技术产业还面临几个问题：现有专利法对专利申请审核存在时间拖延问题，导致错失市场机会；对于知识产权相关工作的经验不足，对于专利信息传播渠道不畅。

第三，外来者劣势。跨国企业在东道国市场处于先天性竞争劣势地位，华为在北美市场战略收缩行为和在美受阻事件极明显地展示了外来者的劣势。

（三）机遇

第一，国家政策为企业发展添活力。国家相关支持性政策发布，支持着信息技术行业发展。高新技术产业税收优惠政策作为财政补贴的一种，可以使产品成本降低，价格下降，进而影响企业获利能力。

第二，5G潮流机会。5G网络的快速传输和信号损失少的特点，可以有效降低企业在基站建设以及产品生产方面的成本。5G技术的实际应用，为华为实现万物互联的愿景打下技术基础，为企业盈利能力发展带来机会。

二、会计分析

会计分析以企业在会计处理过程中所采用的关键会计政策和会计估计为切入点，评估华为主要会计政策和会计估计，评价企业信息披露质量并将其与中兴对比。

（一）应收账款会计政策及会计估计评价

如表16－1所示，对坏账档位的划分中，华为将其分为四档，中兴分为六档，相比之下中兴更加细致。

表 16－1　华为、中兴坏账档位划分

华为	0 天	0～90 天	90 天至 1 年	1 年以上		
中兴	0～6 个月	6～12 个月	12～18 个月	18～24 个月	2～3 年	超过 3 年

表 16－2 为华为对应收账款账龄进行的划分，从占比分析可以发现，未逾期应收账款占比平均值在 70% 左右，90 天内逾期应收账款中平均占比为 17% 左右，逾期账款中占比最高；90 天至 1 年的占比为 9%；1 年以上的占比为 3%。未逾期应收账款占比大体呈上升趋势，2019 年出现小幅下降，逾期应收账款占比虽出现波动，但总体也呈现下降态势。这表明，华为应收账款回款能力逐渐提升。

表 16－2　应收账款账龄占比　　单位:%

年份	2019	2018	2017	2016	2015
未逾期占比	77.0	81.6	82.9	75.1	72.0
逾期 90 天占比	14.9	14.9	14	18.5	21.0
逾期 90 天至 1 年占比	6.1	5.7	4.7	9.9	9.5
逾期 1 年以上占比	2.0	2.0	2.3	4.0	3.9
坏账准备占比	4.0	4.7	5.3	6.9	7.7

可以看出，华为在应收账款会计政策选择和会计估计上，坏账划分标准较高，在应收账款账龄结构上，未逾期账款呈上升趋势，逾期账款多集中在 90 天内且呈下降趋势。因此，华为应收账款回款能力在逐步上升，完善应收款项管理，可降低企业财务风险，提升企业盈利能力。

（二）存货会计政策及会计估计评价

华为在存货成本上选择标准成本法核算，结转后将标准成本调整为与加权平均法相近的实际成本。可变现净值根据预计销售价格扣除预计成本确定。对减至可变现净值的存货计提跌价准备，计入费用。由表 16－3 可见，中兴和华为的存货占比相差不大。

表 16－3　存货占比

指标	华为	中兴
总资产（百万元）	665792	129351
存货（百万元）	96545	25011
存货/总资产（%）	14.5	19.3

（三）固定资产会计政策及会计估计评价

华为的固定资产主要包括房屋及建筑物，永久产权土地，电子、机械设备和运输工具等。华为固定资产会计政策选择上，采用直线法进行计提折旧，中兴、华为固定资产使用年限如表16－4所示。

表16－4　固定资产期限

企业	永久产权土地	房屋建筑物	电子、机械设备	运输工具
中兴	无期限	30～50年	5～10年	5～10年
华为	无期限	30年	3～10年	5年

由于华为年报未披露固定资产残值率，只对使用年限进行分析。对于会计政策，两家企业均选择直线法计提折旧。华为会计政策选择和会计估计上，应收账款坏账划分标准较高；存货采用标准成本法核算对获利能力存在影响；固定资产折旧方法选择，影响企业盈利能力。报表相关信息披露还需完善，整体值得信赖。

三、财务分析

（一）财务报表分析

表16－5为华为2015～2019年的关键财务指标。

表16－5　2015～2019年华为关键财务指标　　单位：百万元，%

年份	2015	2016	2017	2018	2019
营业收入	395009	521574	603621	721202	858833
营业利润	45786	47515	56384	73287	77835
营业利润率	11.6	9.1	9.3	10.2	9.1
净利润	36910	37052	47455	59345	62656
经营活动现金流	52300	49218	96336	74659	91384
现金与短期投资	125208	145653	199943	265857	371040
运营资本	89019	116231	118503	170864	257638
总资产	372155	443634	505225	665792	858661
总借款	28986	44799	39925	69941	112162
所有者权益	119069	140133	175616	233065	295537
资产负债率	68.0	68.4	65.2	65.0	65.6

从图 16-1 和图 16-2 中可以非常清晰地看出华为 2015～2019 年呈现出稳步上升的发展趋势；而从图 16-3 和图 16-4 中可以看出中兴的营业收入有所下降，净利润在 2016 年和 2018 年甚至为负数，发展呈不稳定态势。

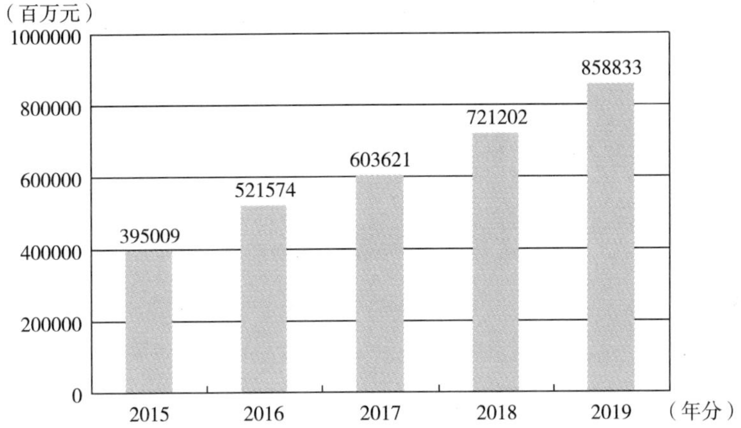

图 16-1　华为营业收入趋势

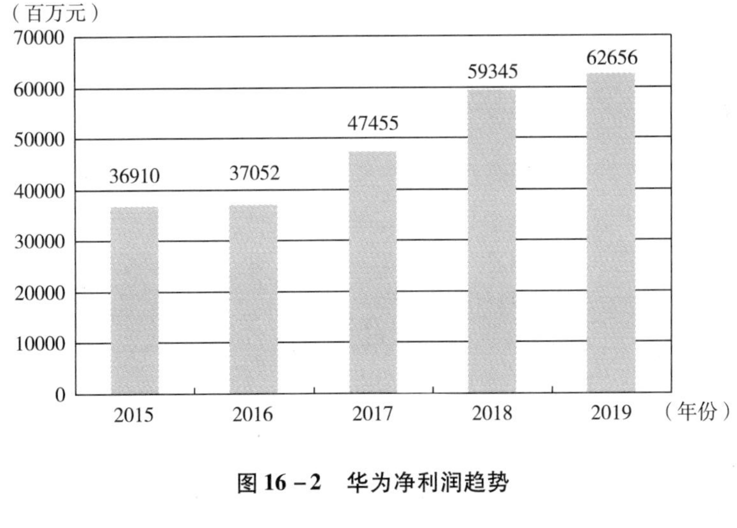

图 16-2　华为净利润趋势

（二）偿债能力分析

1. 短期偿债能力分析

通过对比华为和中兴的流动比率和速动比率进行分析，如图 16-5 和图 16-6 所示。

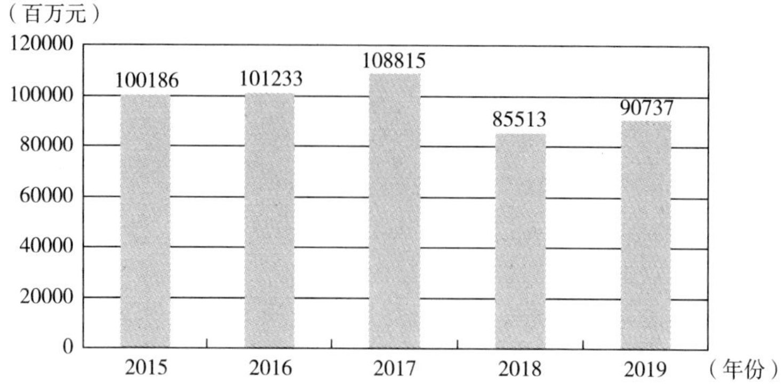

图 16－3　中兴营业收入趋势

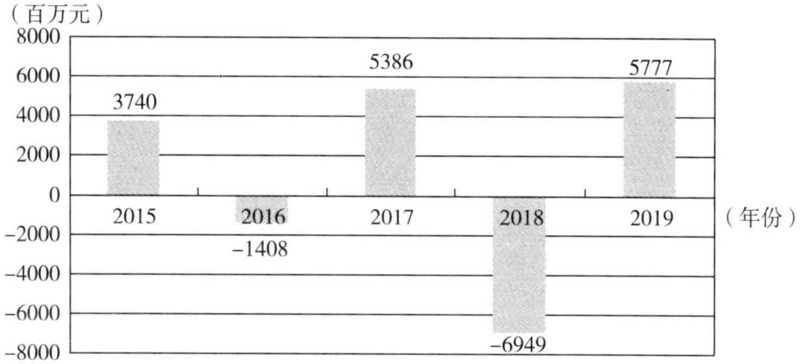

图 16－4　中兴净利润趋势

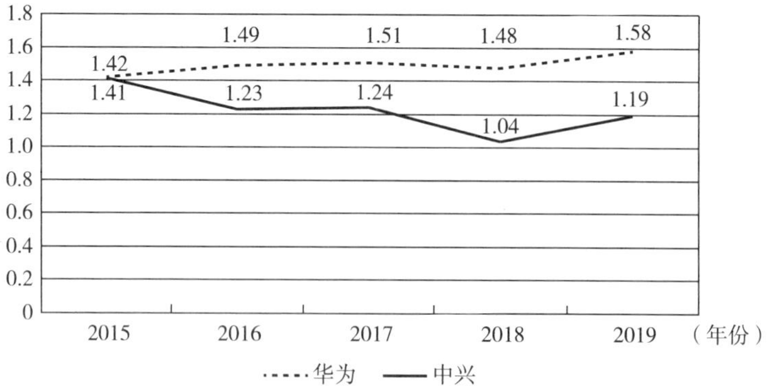

图 16－5　流动比率对比

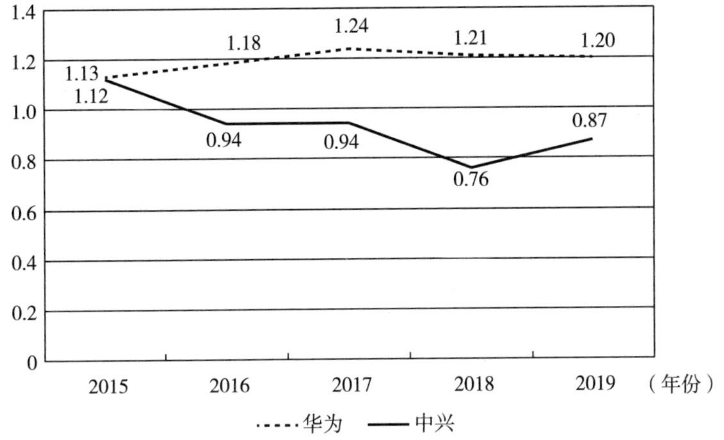

图 16－6　速动比率对比

2. 长期偿债能力分析

长期偿债能力可以通过计算资产负债率、权益乘数等指标进行分析，如图 16－7 和图 16－8 所示。

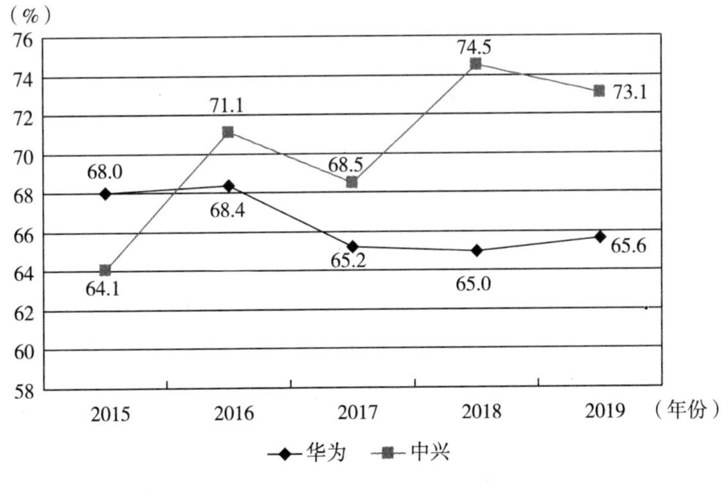

图 16－7　资产负债率对比

从图 16－7 中可以看出，华为的资产负债率有下降趋势，且维持在 60%～70%，是比较合理的资产负债结构；中兴的资产负债率持续上升，可能会使企业面临更大的偿债压力，风险加大。过高的资产负债率会给企业带来偿债压力，影响企业经营状况。权益乘数反映了企业的财务杠杆，较大的权益乘数表明股东权益所占比重较小，企业所面临的风险加大。

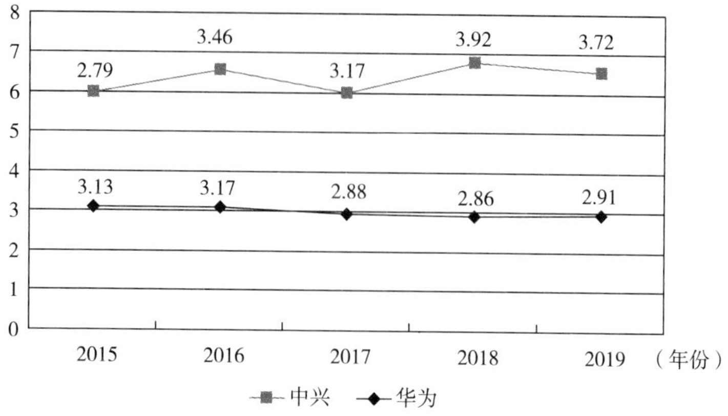

图 16－8　权益乘数对比

通过分析华为的短期偿债能力和长期偿债能力，发现华为的偿债能力总体较强。对于需要尽快偿还的流动负债，华为拥有较为充足的流动资产。对于给企业提供长期发展动力的长期负债，华为并没有持有过多，没有形成非常大的财务压力，通过资产负债率可以知道其资产负债结构是比较合理的。

3. 盈利能力分析

分析企业的盈利能力，可以通过计算营业利润率、净资产报酬率和总资产报酬率等指标，观察趋势，进行对比。

如图 16－9 和图 16－10 所示，华为的营业利润率虽有所下降，但基本维持在 9%，说明企业的盈利水平基本稳定，没有较大波动，而中兴的营业利润率在 2017 年和 2019 年突然上升，2018 年甚至是负数，波动性极大，处于不稳定的状态。

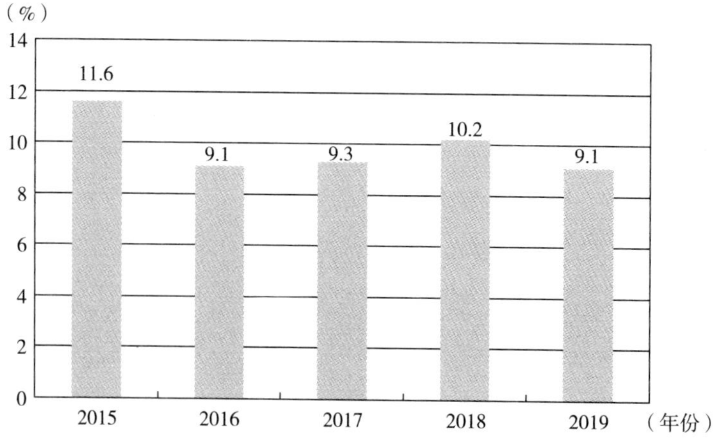

图 16－9　华为营业利润率

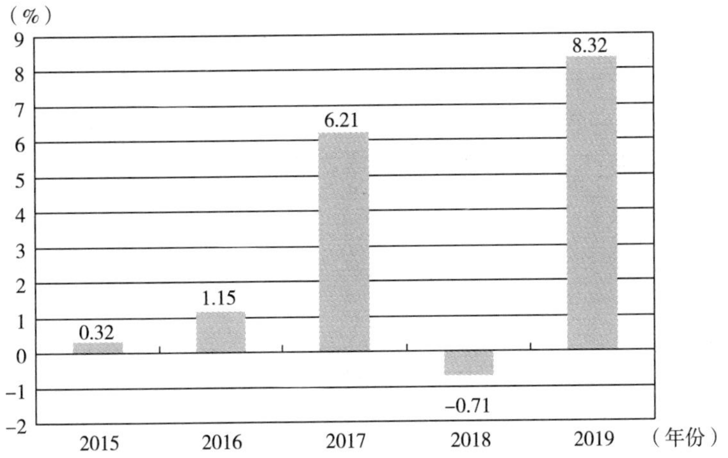

图 16－10　中兴营业利润率

从图 16－11 可以看出，华为 2015～2019 年的总资产报酬率较高，虽有下降趋势但基本保持在 10% 以上，中兴的总资产报酬率波动较大，2018 年由于经营亏损出现负数；从图 16－12 可以看出，对于净资产收益率来说，华为有下降趋势，从 2015 年的 31% 下降到 2019 年的 21.2%，中兴波动较大，2018 年为负数，2019 年实现非常大的增长。

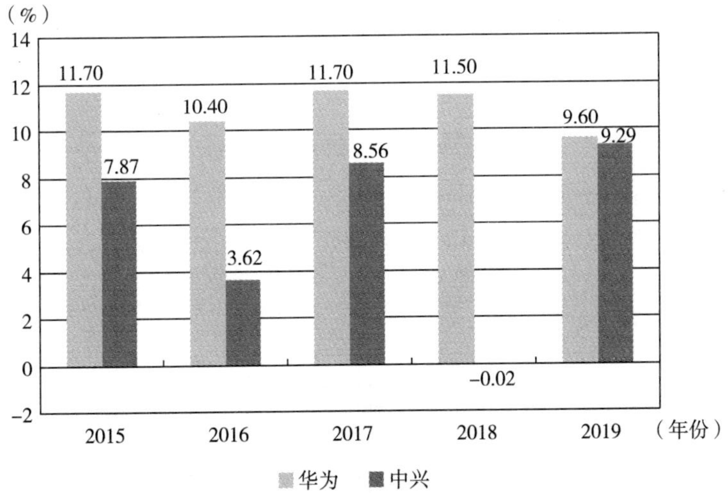

图 16－11　总资产报酬率对比

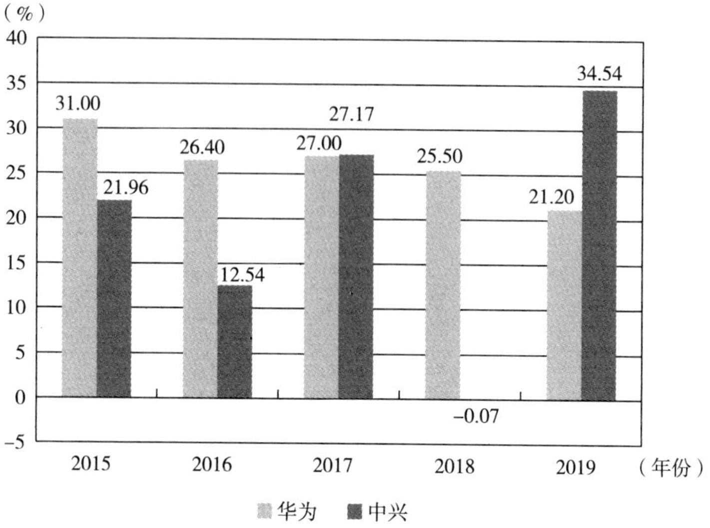

图 16 – 12　净资产收益率对比

总的来说，华为的盈利能力比较强，虽然相较于 2015 年盈利能力有所减弱，但总体盈利水平比较稳定，加上华为近些年成长较快，发展较为成熟，维持稳定的盈利水平可以为其未来发展奠定基础。

4. 营运能力分析

营运能力反映企业运用资产产生效益的能力，具体可以通过存货周转率、应收账款周转率等指标反映。

图 16 – 13 和图 16 – 14 为华为与中兴的存货周转天数和应收账款周转天数趋势。

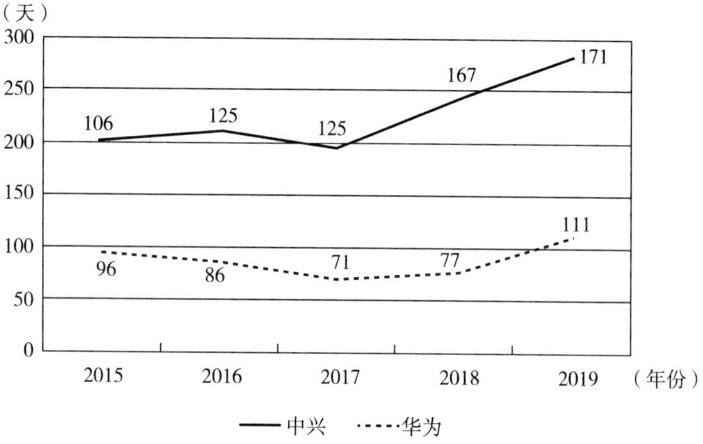

图 16 – 13　存货周转天数对比

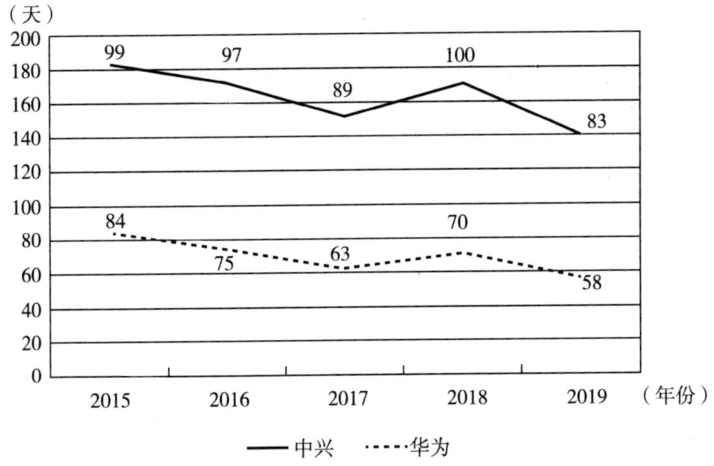

图 16－14　应收账款周转天数对比

通过对比发现，华为与中兴的存货周转天数都呈上升趋势，但中兴的周转天数更长，两个企业均需要加强存货管理，避免存货积压，占用流动资金；应收账款周转天数均呈下降趋势，说明应收账款管理有效。

与行业内企业相比，华为的营运能力比较强。但从存货周转天数发现华为的存货管理水平有所下降，存货周转速度变慢，企业应当加强存货管理，提高营运能力。

四、前景分析

（一）企业自身发展前景分析

企业自身发展前景分析，主要对企业过去几年的财务指标进行分析，进行合理预测，推断企业各方面未来发展情况。2015～2019 年华为发展能力分析如图 16－15 所示。

营业收入增长率曲线变化存在波动，总体呈下降趋势，2018 年出现上升，净利润增长率曲线同样存在波动，近两年呈下降趋势，2016 年和 2019 年下降幅度较大，净资产增长率曲线总体呈上升趋势，总资产增长率曲线变化波动较大，2019 年呈下降趋势。2015～2019 年发展指标表明，各项指标增长率虽出现波动，但增长率始终为正，企业发展态势良好，未来发展趋势较好。

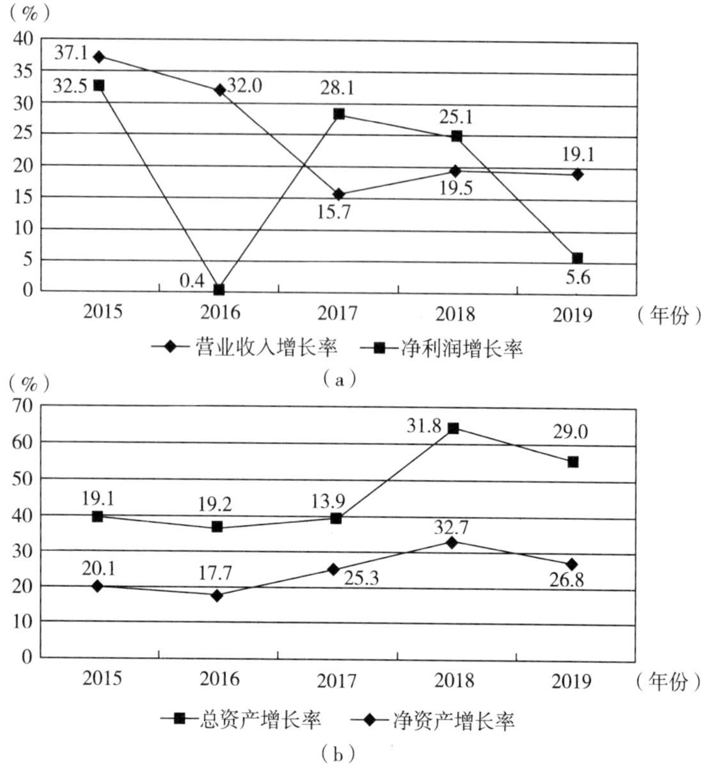

图 16－15　发展能力分析

（二）行业盈利能力发展前景分析

随着高新技术产业的不断发展，5G 技术的到来、工业互联网、人工智能、信息消费等一系列政策红利的持续释放。我国信息通信的科技创新能力不断增强，网络基础设施水平持续提升。国家鼓励创新创业，众多高新企业的发展得以促进。

高新技术与各种产业融合不断加深，信息通信业成为全面支撑经济社会发展的重要行业，整体发展空间越来越宽，为提升企业盈利能力带来机会。在技术层面上，产业不断发展对技术的要求也会越来越高，如加强信息获取有效性感知，数据传输、运算速度加快，存储空间增大。技术创新发展离不开网络不断演化。技术注定要被应用在企业产品生产，网络将企业生产活动中研发、应用、服务等行为连接起来。巨大的物联网市场，一定不会只是高新产业一枝独秀，必定有各种产业参与其中。产业数字化利用网络的流动性让企业数据流动起来，最终形成以高新产品产业为核心，与各个产业协同发展。

综上，高新产业会在以下三个方面发生重大变化：首先，在配套技术领域，将会出现技术不断创新现象；其次，在信息网络建设上，不断加快网络建设以及网络升级；最后，在和其他行业交流上，持续进行产业融合。行业发展态势好，有利于企业盈利能力提升。

参考文献

[1] 财政部. 企业会计准则 [EB/OL]. 会计准则委员会网站.

[2] 财政部. 企业会计准则应用指南 [EB/OL]. 会计准则委员会网站.

[3] 戴德明，林钢，赵西卜. 财务会计学 [M]. 北京：中国人民大学出版社，2019.

[4] Higgins，Robert C. Analysis for Financial Management [M]. New York：McGraw－Hill Education，2015.

[5] 王化成，支晓强，王建英. 财务报表分析 [M]. 北京：中国人民大学出版社，2018.

[6] 张先治，陈友邦. 财务分析 [M]. 大连：东北财经大学出版社，2017.

[7] 张新民，钱爱民. 财务报表分析 [M]. 北京：中国人民大学出版社，2017.

[8] 中国注册会计师协会. 2020 年注册会计师全国统一考试辅导教材会计 [M]. 北京：中国财政经济出版社，2020.

[9] 朱小平，周华，秦玉熙. 初级会计学 [M]. 北京：中国人民大学出版社，2019.

Zhongguo Nongcun Tudi Zhidu Bianqian

中国农村土地制度变迁：

一个农业剩余的视角（1949－1985）

周祖文◎著

ZHEJIANG UNIVERSITY PRESS
浙江大学出版社 | 全国百佳图书出版单位

图书在版编目(CIP)数据

中国农村土地制度变迁:一个农业剩余的视角:1949～1985 / 周祖文著. —杭州:浙江大学出版社,2012.10
ISBN 978-7-308-10747-1

Ⅰ. ①中… Ⅱ. ①周… Ⅲ. ①农村—土地制度—经济体制改革—研究—中国—1949～1985 Ⅳ. ①F321.1

中国版本图书馆 CIP 数据核字(2012)第 248184 号

中国农村土地制度变迁:一个农业剩余的视角(1949—1985)
周祖文 著

责任编辑 谢 焕
封面设计 项梦怡
出版发行 浙江大学出版社
(杭州市天目山路 148 号 邮政编码 310007)
(网址:http://www.zjupress.com)
排　　版 浙江时代出版服务有限公司
印　　刷 浙江邮电印刷股份有限公司
开　　本 710mm×1000mm 1/16
印　　张 15.25
字　　数 205 千
版 印 次 2012 年 10 月第 1 版 2012 年 10 月第 1 次印刷
书　　号 ISBN 978-7-308-10747-1
定　　价 38.00 元

浙江大学出版社发行部邮购电话 (0571)88925591

序　言

突破“贫困陷阱”下的农业剩余及分配

武　力

近代以来，在西方列强环伺、弱肉强食的国际环境里，工业化导致国力强大和人民富裕，从而成为国家独立和安全的保障，已经成为国人的共识。但是对于中国这个100多年来饱受战乱和帝国主义列强掠夺的人口大国来说，从农业国转向工业国，需要大量的资金，就是面临着发展经济学所说的“贫困陷阱”。如何突破这个陷阱，是新中国完成民主革命任务后所面临的最大问题。而“落后就要挨打”的惨痛历史教训和建国初期严峻的国际环境，都使得工业化成为刻不容缓的大事，也正是在这个背景下，中国开展了农业经济体制变革，以达到增加农业剩余并尽可能地将其用于工业化。这就是本书作者要研究的历史问题，不过他所选择的视角，则是从农业剩余及分配的角度，使我们对这个问题的认识更加深入。

本书论述的内容是1949－1985年期间中国的农业剩余及其在国家与农民之间的分配，也就是在新中国前30多年里，作为一个经济落后、人口众多的农业大国，为解决工业化资金不足的问题，怎样在农业人均资源匮乏、农业几乎没有剩余的条件下，建立起保证工业化资金从而突破“贫困陷阱”的制度，以及在这个制度内，是如何发展农业和处理国家与农民关系的。

这里首先需要弄清中国农业的剩余情况到底如何。由于中国历史悠久和农业文明发达，人口与耕地的矛盾早就产生了。据唐朝人记载："开元、天宝之中，耕者益力，四海之内，高山绝壑，耒耜亦满。"租佃制的发达就是人口相对于耕地过剩条件下的制度优化（利于精耕细作和兼业）。到清代中期，承平日久、高产作物的推广以及"摊丁入亩"，都促进了人口的迅速增加，又进一步加剧了人口与农业资源的矛盾，已经形成农业的过度开发，环境问题也已经突出。到清末，人口与耕地的矛盾已经十分尖锐。当时就有人形象地说："人多之害，山顶已植黍稷，江中已有洲田，川中已辟老林，苗洞已开深箐，犹不足养，天地之力穷矣。种植之法既精，糠核亦所吝惜，蔬果尽以助食，草木几无孑遗，犹不足养，人事之权殚矣。"[①]

据有关学者研究，到鸦片战争爆发前后，中国人均粮食已经从清康雍之际的1955市斤下降到816斤。[②]而到新中国成立前，在经历了100多年战乱和帝国主义列强侵略和掠夺后，农业产出又下降了。据周恩来在1949年底召开的全国农业会议上说，农民人均粮食仅为400多市斤。这使得在新中国成立时，中国农民已经处于饥寒交迫、食不果腹、衣不蔽体的困境。这时的中国几乎没有农业剩余。1927年，毛泽东在《湖南农民运动考察报告》中分析了农村居民的生产生活水平时，也说："乡村人口中，贫农占百分之七十，中农占百分之二十，地主和富农占百分之十。百分之七十的贫农中，又分赤贫、次贫两类。全然无业，即既无土地，又无资金，完全失去生活依据，不得不外出当兵，或出去做工，或打流当乞丐的，都是'赤贫'，占百分之二十。半无业，即略有土地，或略有资金，但吃得多，收得少，终年在劳碌愁苦中过生活的，如手工工人，佃农（富佃除外）、半自耕农等，都是次贫，占百分之五十。"[③]

---

① 汪士铎：《乙丙日记》，转引自《中国近代资产阶级经济发展思想》，福建人民出版社1998年版，第3页。

② 史志宏：《十九世纪上半期的中国粮食亩产量及总产量再估计》，《中国经济史研究》，2012年第3期。

③ 《毛泽东选集》第一卷，人民出版社，1991年版，第20—21页。

新中国成立时，100多年的战乱、帝国主义的侵略掠夺以及封建主义、官僚资本主义的压迫剥削，使得中国本来就落后的经济更加残破，吃饭都成了问题，更遑论积累资金用于发展了。以旧中国最好的发展时期1931－1936年为例，其消费率和投资率分别依次为：104.1%和－4.1%，97.5%和2.5%，102.0%和－2.0%，109.1%和－9.1%，101.8%和－1.8%，94.0%和6.0%。这说明投资率极低，6年中甚至4年为负数。[①] 因此在抗日战争胜利前后，中国经济学界在探讨战后恢复和发展经济时，几乎一致认为仅靠中国自己不能解决资金匮乏问题，1949年美国政府有关中国政策的白皮书也认为中国共产党不能解决吃饭问题。

新中国成立之初是一个典型的以传统农业为主的国家，根据历史经验，传统农业经过长期战乱后，从恢复和发展到鼎盛的时间，一般需要50至70年，从汉唐到明清莫不如此。1952年，不仅我国第一产业就业人员占总经济活动人口的比例高达83.5%，而且农业人均生产资料非常缺乏，据1954年国家统计局的调查，全国农户土地改革时平均每户拥有耕畜0.6头、犁0.5部，到1954年末也才分别增加到0.9头和0.6部。加上人多地少，农业能够为工业化提供的剩余非常少。

其次，新中国成立时为什么要在资金极度缺乏条件下选择资本密集型的优先快速发展重工业战略。历史一再证明：中国作为一个地域辽阔、政治经济发展非常不平衡的多民族国家，其国家安全和统一是不可能仰人鼻息、托付给它国的。第一次世界大战后"巴黎和会"的失败、外蒙古的独立、"九一八"事变后"国联"的无所作为，等等，惨痛的教训不断地刺激着从"五四"运动中成长起来的中国共产党。而朝鲜战争中，中美之间武器装备的巨大差距以及第一次台海危机中美国威胁要对中国使用原子弹的情状，则用现实教育了中国共产党，没有强大的工业，就没有强大的国防，而没

---

① 转引自汪海波：《我国投资和消费比例关系的演变及其问题和对策》，载《汪海波文集》第十卷，经济管理出版社2011年版，第361页。

有强大的国防，就没有国家的安全和统一。毛泽东就曾指出："如果不在今后几十年内，争取彻底改变我国经济和技术远远落后于帝国主义国家的状态，挨打是不可避免的。"因此，当新中国经过长期战乱，农业和农民亟需"休养生息"时，政府不可能采取"轻徭薄赋"、无为而治的政策。

但是，怎样将非常有限而又非常分散的农业剩余提取到国家手中，对在土地改革完成后所形成的极度分散经营而又几乎自给自足的小农经济来说，采用农业税及附加的方式，在朝鲜战争爆发后的1951年已经达到极限，而运用市场和资本的力量，对于几乎自给的小农来说，又鞭长莫及。同时，毛泽东又认为，分散的、规模狭小的小农经济，不仅不利于实现农业的现代化，而且难以抵御天灾人祸，在私有制和市场经济条件下，极易产生两极分化。因此，小农经济既不利于农业发展有效地为工业化提供剩余，也不利于农业本身的发展。主要农产品统购统销，从初级社向高级社过渡，从高级社向人民公社过渡，而人民公社坚持不退回到高级社，继续保持政社合一，包括毛泽东坚决否定包产到户，之所以制订这些政策，除了小农经济直接威胁到公有制和集体经济外，还因为包产到户实际上将"倒定额提取"农业剩余转变成"定额提取"，不能将全部农业剩余转移到工业中。而毛泽东则认为可以依靠政治和群众运动的手段，在保证农业剩余倒定额提取制度下，依然可以保持农民的劳动积极性。

应该说，农业合作化和人民公社化实现了为工业化最大限度提取农业剩余的目标，但是却没有实现把"蛋糕"做大的目标，即调动农民生产积极性、促进农业发展。而当后者导致农民生活水平不能提高甚至因人口增加而下降时，改革就发生了。而改革也必然要否定原来那种国家提取农业剩余的方法，但是改革所导致的"蛋糕"做大，则实现了"双赢"：不仅农民的收入增加，国家提取的剩余也增加了。这就可以解释为什么如此深刻的农村改革在80年代初期顺利展开，势如破竹，皆大欢喜。

本书作者将理论分析框架与历史过程联系在一起论述，试图做到历史与逻辑的一致。从土地改革到“政社合一”的人民公社解散，作者分析了不同时期农业剩余及分配对农业生产经营制度演变的影响，以及与此相适应的政策措施，并在此基础上试图给出关于1949年到1985年间农村土地制度变迁内在动力的解释，其中关于工农产品“剪刀差”、“统购统销”、自留地、“瞒产私分”、基层干部的“多吃多占”等问题，作者都从农业剩余的分配角度给出了合理的解释，别开生面。

当然本书也有不足和有待深入的地方，个人以为，作者在论述中比较拘谨，在视野上还可以进一步展开。例如，这个时段的国际环境和工业化战略与农业剩余分配体制形成和演变的关系；城乡分隔的户籍制度与农业剩余的关系；农产品在中国对外贸易中比重变化与农业剩余及分配的关系；农业生产要素禀赋配置与农业剩余增加的关系；以及技术进步和生产条件的改善对增加农业剩余的作用等，都还可以再展开作专门论述。

总的来说，本书从专门的视角，在全面吸收已有研究成果的基础上，对新中国前30多年间国家与农民如何分配农业剩余这个前工业化时代重大的经济问题，做了深入剖析，阐述了为什么在1978年以前政府没能实现农民与国家“双赢”的目标，而家庭联产承包责任制轻而易举就做到了农民和国家“双赢”的内在机理，从而值得关心“三农”问题的人读一读。周祖文同志从读博士研究生时即开始思考、研究这个问题，锲而不舍，已经坚持7年之久，终于推出了这项研究成果，向其祝贺，并遵嘱作此序。

目　录

导　言

导　言

一　问题的提出

中国改革从农村开始，而农村改革又从土地制度改革开始，在某种意义上，家庭联产承包责任制[①]开启了中国改革之路。同时，家庭联产承包责任制也是新中国成立后农村土地制度变迁序列中的关键节点。概而观之，从 1949 到 1985 年不到 40 年间，中国农村土地制度经历了一系列的制度变迁：从土地私有化的土地改革到初级合作社，再到土地集体所有的高级合作社、人民公社，然后是家庭联产承包责任制。在家庭联产承包责任制之后，农村土地制度又出现了多样化的变迁路径。相对于不到 40 年这一较短的时间长度来说，中国农村土地制度从私有到集体所有的变化是相当剧烈的。[②] 在家庭联产承包责任制标明了此前与此后的农村土地制度变迁的两种不同模式：从土地改革到家庭联产承包责任制，是在国家主导下的强制性变迁，全国几乎按照统一模式进行，而在

① 家庭联产承包责任制作为一种制度安排不只是一种土地制度安排，但本文主要将其作为农村土地制度安排来理解。对于初级社、高级社和人民公社的概念，本文也主要将其作为农村土地制度来理解。

② 文贯中和周其仁都认为农业土地制度变迁是激烈或者剧烈的。见 Guanzhong James Wen, "Total factor productivity change in China's farming sector：1952—1989", *Economic development and cultural change*, volume 42, Number 1, October 1993；以及周其仁：《信息成本与制度变革》，《经济研究》，2005 年第 12 期。周其仁认为，中国农村从 50 年代末到 80 年代中，差不多经历了产权制度最夸张的两极性变化，一切应有尽有，仿佛是一座人类产权制度及其变革的历史博物馆。

家庭联产承包责任制确立之后，各地的农村土地制度的进一步变迁就不再是由国家主导，因而也出现了各种各样的模式。[①]。

农村土地制度安排对于农业生产而言，主要牵涉到劳动者与土地这两种生产要素，劳动者与土地的结合方式是土地制度安排的核心内容之一。就土地所有制来说，从历史和逻辑的角度，可以将土地分为私有、公有两种情形，而从劳动者的角度，可以分为劳动分散、劳动联合。农业生产初级合作社、高级合作社以及人民公社都是以劳动合作为特色的，而土地改革的小农经济以及家庭联产承包责任制是以劳动分散为特征的[②]，如果将新中国成立后的农村土地制度变迁过程与劳动的分散或者合作的情况结合起来看，我们可以粗略地给出表0—1。

表0—1　新中国成立后农村土地制度变迁[③]

	土地私有	土地公有	
		政社分开	政社合一
劳动分散	传统小农经济(1949—1953)	家庭联产承包责任制(1979—)	
劳动合作	初级合作社(1953—1956)	高级合作社(1956—1958)	人民公社(1958—1978)

为了直观起见，表0—1也可以用图0—1来表示：

从表0—1和图0—1看，实际上，1949年以后的农村生产方式从土地私有走向土地公有的这一个过程得以坚持了下来，而从劳动力分散到劳动力合作的过程则最后被舍弃了。从1953到1982年，强调劳动力合作的初级社、高级社、人民公社之路在全国

① 姚洋归纳了农村土地制度安排的六种类型，即农户经营加“大稳定，小调整”，两田制，“苏南模式”，贵州湄潭“生不增、死不减”，“温州模式”，广东海南土地股份制。参见姚洋：《中国农地制度：一个分析框架》，《中国社会科学》，2000年第2期。

② 参见陈勇勤：《当代中国的农业问题》，《南京社会科学》，2007年第7期。该文将集体化分为三种形式，即合作非公有的集体化、公有合作的集体化、公有非合作的集体化。

③ 对于人民公社的起止时间，本书不将其下限界定为人民公社解散的1984年，因为人民公社在家庭联产承包责任实行之后，其政社合一的功能已经结束，而变为只行使行政的基层政权，已经不再是土地制度的一种安排了。基于这种考虑，人民公社下限界定为家庭承包责任制开始实行的1979年。

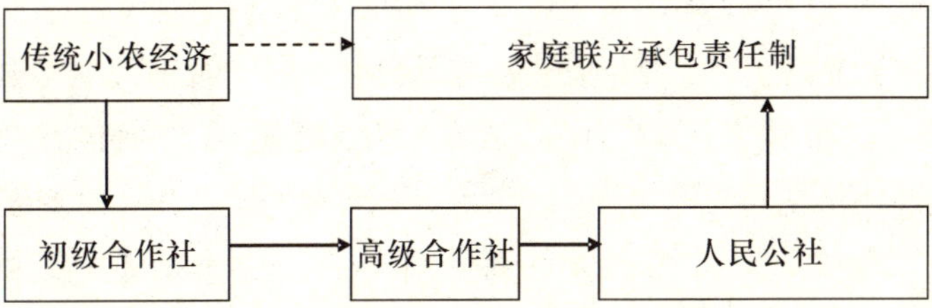

图 0—1　新中国成立后农村土地制度变迁

绝大部分地方走到了尽头。如果我们暂时将这一过程略去,则会发现,从 1949 年的土地改革到 1979 年的家庭联产承包责任制,实际是一个向劳动力分散的回归(这一回归在图 1—1 中用虚箭头表示,因为并非是现实中发生的),不过这种回归是螺旋式的,因为回归后的土地制度不再是私有,而是土地集体所有了。到这里,我们触及到了我们关心的问题:农村土地制度的这一系列变迁是如何达致的?或者更确切地说,农村土地制度的这一系列变迁的动力及其机制是什么?

二　相关文献回顾

学术研究是不断累积的,对已有研究的回顾因此也就十分必要。已有的关于农村土地制度变迁问题的研究,归纳起来主要有四种解释:一是国家与集体所有制的产权关系解释,二是意识形态解释,三是交易成本解释,四是社会动员解释。

第一种解释主要是从新制度经济学和制度变迁理论来理解 1949—1985 年中国农村土地制度的变迁。已有的主流解释,大多在国家与社会二元对立范式下,强调国家(政府)在制度变迁中的作用。对于合作化运动,林毅夫认为高级社是在国家强力推动下在短时间内在全国铺开的。在 1955 年底,只有 500 个高级社。但到 1957 年冬天,已建成 753000 个高级社。由于国家的强力介入,农民失去了退出权，因而导致了3年农业危机。[①] 农民退出权的丧失，一方面说明社区权利的急剧弱化，另一方面也说明了国家的强力进入。相形之下，在国家退却、实行家庭联产承包责任制以后，林毅夫发现，1978—1984年间，农作物总产值以不变价格计算，增加了42.23%，其中大约有一半(46.89%)来自家庭联产承包责任制改革后农民生产积极性提高所带来的生产率的提高。[②] 姚洋认为农村改革的一大特点是，国家从农村基层制度建设领域退出以及乡村社区权利加强。[③] 对新中国成立后农村土地制度变迁做出最全面和深入剖析的当属周其仁，他从哈贝马斯"市民阶级公共领域"概念中的国家和社会分野出发，把国家行为引入农民所有制建立、执行和改变的过程之中，从而提出一个假设：只有当国家和社会在对话、协商和交易中形成一种均势，才可能使国家租金最大化与保护有效产权创新之间达成一致。也就是说，长期经济增长的关键，既不是孤立的国家，也不是孤立的产权形式，而是产权与国家之间先是随机进行，而后被制度化了的默契。他对经由暴力土地革命后的集体公有制做了一个定义，即集体公有制既不是一种共有的、合作的私有产权，也不是一种纯粹的国家所有权，它是由国家控制但由集体来承受其控制结果的一种农村社会主义制度安排[④]，这一解释的核心也是国家的退却，或者更确切地说是，国家从人民公社的过度进入到家庭承包责任制之后的有限退却。温铁军也持国家退却之说，他认为农村推行大包干主要是政府退出的结果。[⑤] 温也提供了一个农村土地制度演进路径：一个

① 林毅夫：《集体化与中国1959—1961年的农业危机》，载林毅夫：《制度、技术与中国农业发展》，上海三联书店、上海人民出版社1994年版，第19页。

② 林毅夫：《中国的农村改革与农业增长》，见《制度、技术与中国农业发展》，第93—95页。

③ 姚洋：《中国农地制度：一个分析框架》，《中国社会科学》，2000年第2期。

④ 周其仁：《中国农村改革：国家与土地所有权关系的变化——一个经济制度史变迁的回顾》，见周其仁：《产权与制度变迁：中国改革的经验研究(增订本)》，北京大学出版社2004年版，第1—50页。

⑤ 温铁军：《农民社会保障与土地制度改革》，《学习月刊》，2006年第10期。

资源禀赋较差的发展中的农民国家通过内向型自我积累追求工业化，不得不追求重工业优先的国家工业化——工业化要求从农业提取资本的原始积累与土地改革形成的小农经济相矛盾，于是国家发动集体化——重结构的工业化必然产生“资本增密，排斥劳动”——城市工业不能充分吸纳就业，形成了包括工农差别的城乡对立的二元结构——农业人口滞留农村，资本流入城市工业——集体化内部人均农业剩余减少到难以维持简单再生产——以社区人口的生存保障为先决条件的体现成员权的分配原则的形成，劳动投入的积极性下降，集体化难以为继——大包干再次按照社区人口均分土地、农户经营规模细碎化。①

第二种解释强调意识形态的作用。冯开文认为要理解土地制度变迁从土地改革快速转入合作化的过程，不能仅仅从国家财政收入最大化这一途径来看，更要看到国家特别是中国共产党领导的人民政府对政治支持锲而不舍的孜孜以求，为此付出的努力绝不亚于对财政收入最大化的追求。因为中共在其革命过程中创造了一种全新的主流意识形态，社会主义是主流意识形态的核心构建，土地改革、农业合作化、人民公社化都是主流意识形态的实施步骤。这一主流意识形态的创新“费时费力”，成本很高。好在意识形态创新中付出的高成本已经减少了实施成本，加上既往经验也大大减少了实施中的交易成本，因为经验的积累给农民带来了不断累积的信任感，农民形成了一种牢固的信念，足以使他们放弃对未来不确定的忧虑，放心地搭上了通向社会主义的便车。农民对于主流意识形态的依从和信赖，这也是 3 年困难时期没有发生农民反抗的原因之一。② 刘金海强调，土地改革之后的土地私有化不在当时我国占支配地位的意识形态所界定的制度选择集合之内，这就决定了这种产权结构的短暂命运。然而，集体也不是天生就有的，而需要以国家的名义来构造，农业集体化或者说农业合作

① 温铁军：《半个世纪的农村制度变迁》，《北方经济》，2003 年第 8 期。

② 冯开文：《从土地改革转入农业合作化的制度变迁机理分析：对有关的几路观点的评析》，《中国农史》，1999 年第 3 期。

化的过程就是国家构造集体及集体权利的过程。[①] 党国印认为，从 1953 年开始的合作化运动，到 1958 年的人民公社化，对促成这一过程发生的力量我们很难做出准确判断，但其中意识形态的作用决不可忽视。李里峰认为，在土地改革与集体化二者之间存在着内在的转化机制。在中共的意识形态里，土地改革的“耕者有其田”从一开始就被当作是一种权宜之计，通过土地改革所重塑的国家与农民的关系实际上为集体化铺平了道路，当土改后农村“自发资本主义倾向”这种与主流意识形态不相洽的趋势出现之后，集体化成为一种行之有效的替代选择。[②] 梁敬明指出，走集体化道路，既有出于经济的考虑，也有出于政治的考虑。而实践证明，这更多的是出于政治的考虑：放弃“巩固新民主主义秩序”理论，尽快确立社会主义制度，于是“个体生产的积极性烟消云散”（心甘情愿地把土地证交了出来），而互助合作的积极性如日中天（哭哭啼啼要求加入合作社）。[③] 张乐天强调人民公社是国家的意识形态，是政府的理想目标，集体化是国家“嵌入”于乡村社会之中、是“外部冲击—村落互动模式”下国家意识形态的理想逻辑与村落传统的小农经济逻辑双方互动的结果，国家努力造成新的文化气氛，用利益诱导和权力制约来推动集体化。[④]

还有一些学者强调意识形态下的中共主观选择以及苏联的影响。佘君和丁桂平认为，从台湾地区和韩国发展的成功经验来看，以一家一户为单位和所有者的小农经济并不必然会阻碍生产力的发展，当时中国农民的互助合作积极性不是小农经济发展的结果，而是农民独立从事家庭经营条件不够的结果。因此，农民的互助

---

① 刘金海：《从农村合作化运动看国家构造中的集体及集体产权》，《当代中国史研究》，2003 年第 6 期。

② 李里峰：《土改结束后的乡村社会变动——兼论从土地改革到集体化的转化机制》，《江海学刊》，2009 年第 2 期。

③ 梁敬明：《集体化及其困境：一种区域史的分析思路》，《浙江社会科学》，2004 年第 1 期。

④ 张乐天：《告别理想：人民公社制度研究》，上海人民出版社 2005 年版，第 4—5 页，第 48—65 页。

合作倾向，并不表明个体土地所有和农户家庭经营已经不适应生产力发展的需要，必然要进行集体化改造。而且，中国的集体化虽然名之为“合作化”，但其最终目标是实现以土地为主的农业生产资料的集体所有，其发展前途是农业集体化和社会主义化。从这两点来看，农业合作化就是农业集体化，而农业合作化与农业集体化两者在本质上是不同范畴的概念。因此，从生产力和生产关系这一基本矛盾的角度来解释农业合作化运动的历史必然性，是苍白而缺乏说服力的。事实上，农业合作化运动是由当时特定的物质生产条件、历史文化传统、运动主体特定的认知水平和精神素质、中国所处的国际环境等因素共同作用所形成的必然结果，其中起决定作用的因素是中国共产党对农村发展道路的主观选择，是党在传统社会主义模式和理念支配下所做出的一种主观选择。① 孔泾源认为，土地改革虽然建立了以“耕者有其田”为特征的农民土地私有制，但农民土地私有制在建立之初即与我国既定的由占支配地位的意识形态所界定的制度选择相背离，或者说，苏联所示范的那种土地公有、集体经营是我国农村经济制度的既定选择。② 高化民比较强调苏联对于中国农业合作化的影响。早在民主革命时期，中国共产党就把苏联的集体农庄作为我国农业组织未来发展的目标模式。我国高级社仿效了苏联的集体农庄，虽然1953年毛泽东同中央农村工作部负责人谈话说完全社会主义的合作社即高级社，不要叫集体农庄，名称改变了，但我国农业互助合作的目标模式并没有发生任何实质性的改变。高提出两者之间在高度的计划管理制度、土地使用权和使用方式、大型农具和耕畜等生产资料的所有权及使用权、分配原则、组织规模等六个方面都完全或基本相同。这与意识形态有关系，因为当时党在理论上认识还不深入，认为只有苏联的集体农庄才是社会主义在农村的组织形式。③

---

① 佘君、丁桂平：《农业合作化运动必然性问题再思考》，《党史研究与教学》，2005年第2期。

② 孔泾源：《中国农村土地制度：变迁过程的实证分析》，《经济研究》，1993年第2期。

③ 高化民：《农业合作化运动始末》，中国青年出版社1999年版，第408—416页。

第三种解释强调国家与农民之间的交易成本。温铁军认为，新中国成立后之所以从土地改革迅速转向农业合作化及人民公社，是政府与土改以后高度分散且剩余太少的小农经济之间交易成本高到无法交易的地步，政府与4亿分散农民的交易成本畸高，于是1955年政府组织农民搞合作社，这样就不必与几亿农民要粮食，而只是对着400万个合作社交易，其交易成本也就大幅度下降。[①] 因此，国家推行农村集体化的目的，在于发展工业化需要降低政府与小农经济之间的交易费用。当时有利于集体化的路径选择是多方面因素节约交易成本的结果：一方面为苏联社会主义成功所起到的推动作用，如果按照苏联模式来进行工业化，可以节约在路径选择上的学习成本。再加上苏联于1955年完成了第五个五年计划之前，已经具备向外扩张产业资本和投资的能力，使得中国的工业化(重工业建立)有了外来资金和人才，作为投资国的苏联式的大工业及苏联式的大农场模式也成为当时中国进入现代化的首选。另一方面在于意识形态作用和威权的积累。在土地改革中，通过重新分配土地，农民对新中国和领袖人物往往存在着信任和感激心理，这使得威权型的意识形态在集体化过程中能够发挥重要作用，引导人们为集体做贡献。同时国内初级合作的巨大成功也使得集体化更能够得到国家的支持和信任。[②] 靳相木认为新中国的国家发展战略是“一化三改”，即国家工业化，对农业、手工业、资本主义工商业的社会主义改造，一化是目的，三改是手段，手段是服从于目的的。在西方国家对新中国实行经济封锁的国际环境中，在一个落后的农业国，要实现国家工业化这一目标，首当其冲的是改造个体农业。只有改造个体农业，才能把农村和农民高度地组织起来，也唯有如此才能以较低的交易成本便捷、通畅地从农业中抽取经济剩余，完成国家工业化所必需的原始资本积累。也因此，农民的个体私有制才不能不被土地集体所有制所取代。

① 温铁军：《中国50年来6次粮食供求波动分析》，《山东省农业管理干部学院学报》，2001年第2期。

② 李行、温铁军：《中国60年农村土地制度变迁》，《科学对社会的影响》，2009年第3期。

于是中国历史上两千多年的地主所有制，刚刚从“传统”踏入“现代”的门槛，还未来得及发展为成熟的现代土地私有制，便为集体土地所有制取代了。[①]

第四种解释强调社会动员的作用。在1978年以前的中国，最普遍也最令人印象深刻的恐怕要数此起彼伏的社会运动，这些社会运动是在国家强大的社会动员能力基础上展开的。因此，社会动员也理所当然成为一些学者解释合作化和集体化的一个进路。张乐天最初强调国家对于农民的利益诱导在合作化进程中的重要作用[②]，但后来，他扩展了这一解释，并从社会动员的角度提出了一个新的“道德、仪式与剧场社会”的解释。在1950年代，国家为农民所接受，最初依靠的是与传统农民心中的“好人”相契全的道德，是可能给贫苦农民带来利益并“全心全意”为其服务的高尚道德。但是，作为一种社会动员，个人或群体的道德还需要通过展示性宣传，并以仪式所特有的象征性、表演性、宣泄性和创造性使个人道德行为升华，于是塑造出解放军、共产党甚至新中国的道德形象。这些仪式包括斗争地主的仪式性大会，使地主成为“恶”的象征，于是挂牌批斗、戴高帽游街、展示性逮捕甚至枪毙都是除恶扬善的革命行为，而庆祝土地改革胜利的表演则彰显了共产党的恩惠。这些具有革命色彩的仪式制造出特定场景下的特殊文化氛围，并借助于诸多形式把生存的世界与表象的世界融合起来，建构出革命表象，两者相辅相成，于是仪式日常生活化，而日常生活也富有更多的仪式的意义，这就形成了50年代的剧场社会。在剧场社会中，革命表象掩盖（甚至替代）了真实生活的社会，成为乡村政治的驱动力。某种程度上，正是“道德、仪式和剧场社会”促使农民跟从国家走上了合作化和集体化之路。[③] 周晓虹也从社会动员的角度提出解释。他认为在平均主义的社会心理——贫雇农存在着

---

① 靳相木：《土地集体所有制的历史方位》，《农业经济问题》，2007年第1期。

② 张乐天：《告别理想：人民公社制度研究》，上海人民出版社2005年版，第51页。

③ 张乐天：《道德、仪式与农民的行为——1950年代浙北农村的文化解读》，载周晓虹、谢曙光主编：《中国研究》，2005年春季卷总第1期，社会科学文献出版社2005年版。

“合伙平产”的平均主义倾向——和统购统销的制度保证下，中共直接撬动集体化杠杆的方式是政策倾斜：农业贷款、新式农具、良种和日常生活用品，乃至减免粮食统购统销数额。此外，政治压力也是农民入社在1955—1956年短时间内成为一种运动的直接原因，造成政治压力的社会动员策略有：对阶级成分的强化，抛弃中农，只依靠贫农和下中农，造成一种对立面，并严格控制对立面；对入社进行排序，吸收贫下中农入社，对上中农和富裕中农加入从严掌握，富农和地主暂缓入社，通过这种方式造成一种赶车效应，结果农民在政治压力下纷纷入社；通过宣传和新闻进行造势，主要是树立典型，随后是各地政府的互相攀比，采取行政强制的手段，其中最值得注意的是，国家的对入社的宣传——描绘美好远景，同时“攻碉堡”，强化不入社的坏处——实际上是夸大了入社的收益和加大了不入社成本，从而替农民完成了成本—收益的权衡。[①] 吴毅认为土地改革运动经济意义是有限的，并不在于使贫困农民在经济上翻身，而在于均贫富，使各家各户对土地、财产的占有更为平均。但是土改依然是20世纪中期以后开始的经济与社会结构剧变的起点，对于这场变迁，与其从经济学的意义上去理解，不如从政治学的角度去阐释。土地改革的重要性在于：通过土改，农村传统的等级结构被摧毁，昔日村落社会的上等人、发财人如今沦落到了社会的底层，他们不仅在经济上被打垮，而且在道德上被否定，甚至在肉体上被消灭。[②]

以上四种解释的取径各不相同，学科背景也各有差异，但也有共同点，其中最显著的是都强调国家在农村土地制度变迁中的作用。这为本书提供了一个坚实的出发点，即讨论1949年之后中国农村土地制度变迁问题绕不开国家或者政府这个制度供给者。因此，本书特别关注国家在农村土地制度变迁中的作用。

---

① 周晓虹：《1951—1958：中国农业集体化的动力——国家与社会关系视野下的社会动员》，《中国研究》，2005年春季卷总第1期。

② 吴毅：《村治变迁中的权威与秩序——20世纪川东双村的表达》，中国社会科学出版社2002年版，第108－109页。

在四种解释中，意识形态的解释在处理农村土地制度从土地改革转向初级社、高级社及人民公社时是比较符合历史事实的，但它所面临的问题是无法解释为什么会出现人民公社向家庭联产承包责任制的转向，因此缺乏解释的自洽性。交易成本解释虽然是很有穿透力的，但也存在过于宽泛之嫌，成本—收益是一个基本的考量，而不仅仅适用于农村土地制度变迁，过于强调这一因素，似乎有针对性不强之虞。社会动员的解释富有启发性，也与从土地改革转向合作化的历史事实有一定的契合度，但也存在解释的自洽性问题，不能包容从人民公社到家庭联产承包责任制的这一变迁过程。国家与集体所有制的产权关系这一解释，从提出之后就饱受争议，但我们认为它在解释农村土地制度变迁问题上是有解释自洽性和针对性的。

争议主要来自对于一个重要理论问题的不同诠释，即，私有传统和习惯很强的中国农民为什么没有什么抵抗，甚至心甘情愿地走上了合作化、集体化之路。

1994年，周其仁发表了《中国农村改革：国家和所有权关系的变化》一文，认为土地改革形成的产权制度无疑是一种土地的农民私有制，但是这种私有制不是产权市场长期自发交易的产物，也不是国家仅仅作为第三方对产权交易施加某种限制的结晶，而是国家组织大规模群众阶级斗争直接重新分配原有土地产权的结果。领导了土地改革那样一场私有化运动的国家把自己的意志铸入了农民私有产权。这一产权依赖于国家意志的特点，决定了农民土地产权的不完整性。当国家的意志改变的时候，农民的私有制就必须改变。基于同样的原因，集体化经济绝不是农村社区内农户之间基于私人产权的合作关系，就其实质来说，它是国家控制农村经济权利的一种形式。[①] 在这一观点的影响下，有相当一部分研究者是在此框架下理解集体所有制的。余艳琴和查俊华进而在这

① 周其仁：《中国农村改革：国家和所有权关系的变化》，《中国社会科学季刊》第3卷，1994年，总第8期。

一框架下认为，联产承包责任制下的农户承包经营权，同样是非市场交易的结果。①

周其仁的观点产生了深远的影响，也引发了争议。1998 年，党国印对周其仁的观点提出了疑问，他肯定了周其仁的贡献，但认为周其仁在分析中把国家当作“一个抽象物”，周其仁对人民公社制度的定义②大体上正确，但“对一些历史事实的判断是不准确的，有的判断过于轻率”，尤其是“不能过分夸大国家对集体土地经营的控制能力。国家，特别是中央政府，对基层社区的监督、控制是要支付成本的”。对于国家通过土地改革创造小农私有制，但后来又决定建立公有制，农民为什么选择顺从了国家意志的问题，周其仁的回答是：私有权获得方式不同，私有权的强度就不同。党氏认为，周对这一事实判断不清，土地改革中对地主的暴力打击直接来自社区的农民，农民完全有理由认为是自己从地主手中夺得土地，因而从产权关系上说，恰恰是私有权的强度决定获得方式，而不是相反。党国印强调，合作化的主要推动力是政府的暴力潜力，分散的农民根本无法与之对抗。③

差不多同一时间，卞悟也对“中国农民的土地本是共产党通过土地改革给予的，所以几年后共产党又把土地拿回去，农民并不十分难以接受”的流行解释提出质疑。他认为这一观点的问题首先是夸大了土地改革的作用。它源于另一种误解，即认为 1949 年前土地高度集中，农民尽属佃户，其后来的土地若非全部、至少也是大部分得之于土改。但实际上，民国时期虽有土地集中、租佃率高的地区，然而具有相反特征的地区也并不少见，这类地区的土改基本上是“政治土改”，农民认同共产党的原因主要是革命的清廉政

---

① 余艳琴、查俊华：《产权残缺与委托代理失败——联关承包责任制下农地制度困境的分析》，《求索》，2004 年第 1 期。

② 周其仁认为，集体所有制既不是一种共有的、合作的私人产权，也不是一种纯粹的国家所有权，它是由国家控制但由集体来承受其控制结果的一种中国农村特有制度安排。集体所有制与全民所有制的真正区别，在于国家支配和控制前者但并不对其控制后果负直接的财务责任，但国家控制全民经济时，却以财政担保其就业、工资和其他福利。

③ 党国印：《论农村集体产权》，《中国农村观察》，1998 第 4 期。

治与国民党时期政治腐败的对照，以及和平环境与战乱年代的对照，而地权变动对多数农民来说意义不大。就连通常认为是租佃发达、土地集中之典型的太湖流域，土改中的土地分配意义可能也没有过去说的那么大。他引用张乐天材料，认为其材料说明了：地处太湖平原的海宁盐官区土改后中、贫农所拥有的土地中，因土改而增加的部分只有 11.8%，其余都是土改前固有的。显然，仅从“小私有者”的角度很难设想，只因某人若干年前给了你 1 亩地，你就会让他拿走 10 亩地（包括你原有的 9 亩）而无动于衷。[①]

张乐天则从另一个角度支持了党国印的观点。他提出了一个令人困扰的问题：在浙北的海宁县这种新解放区，“南下”干部才数百人，他们凭借什么在短短几年里就在农民中树立起至高无上的权威，从而真正地实现了政权的更替？他认为，翻开那个时代的历史可以看到，是农民斗倒了地主，是农民打掉了菩萨，是农民自己交出了土地证，从这个意义上说，正是农民的支持才使乡村政权的更替得以可能，正是农民以自己的行为塑造了社会主义的国家。[②]

而吴毅则在同意卞悟的判断基础上提出了他自己的思考。吴毅认为，如果说农民的土地本由共产党所给予，所以党再把它拿回去时，农民在感情上能够接受，这一说法在宏观上的情况不好判断，但至少在他研究的川东双村来看并不合乎实际。双村绝大多数农户的土地都是土改前已有的，显然，这是一个涉及众多复杂因

---

① 卞悟：《公社之谜——农业集体化的再认识》，《二十一世纪》，1998 年 8 月号，总第 48 期。在该文中，卞悟对于农业集体化提出了一种饶有兴味的大、小共同体解释。卞悟注意到对于农业集体化抵制较激烈地区都是传统上盛行宗族公产的地区，比如 1956 年闹退社最严重的浙江、广东和江苏等地，恰是中国民间传统小共同体——宗族最活跃的地方。卞悟由此认为，与具有悠久村社小传统的俄国不同，“小私有”中国小农对小共同体限制的能力比较强，但对于大共同体（国家）的抵御能力却很差，因此，历史上缺乏村传统而显得更为“私有”化的中国农民，反而易受制于国家的土地统制，如曹魏屯田、西晋占田、北魏隋唐均田、北宋“括田”与南宋“公田”、明初“籍诸豪民田以为官田”，直至清代的圈占旗地，等等。一言以蔽之，中国农民更分散，没有能力抵抗国家的强势介入，所以比俄国更容易被集体化。这一共同体的解释是深刻的，不过未回答国家为什么要推动农业集体化的问题。

② 张乐天：《道德、仪式与农民的行为——1950 年代浙北农村的文化解读》，载周晓虹、谢曙光主编：《中国研究》2005 年春季卷总第 1 期，社会科学文献出版社 2005 年版。

素的“大问题”。他认为，双村农民之所以能够顺利地接受集体化，既与双村的经济特征有关，又与国家政策与意识形态的引导有关，同时也与中国农民寻求共同体保护的历史意识有关。普遍贫困是双村经济的特征，几亩薄地并不足以确保单家独户的小农在任何情况下都能够逃过灾荒和饥馑。所以，正如秦晖所认为的那样，传统个体农民，除了具有小私有理性外，同时还素有寻求超个体的共同体保护意识；另一方面，从传统中国国家与农民的关系看，农民个体的这种私有权又是不彻底与不完全的，传统中国国家从来都不是从“私有财产神圣不可侵犯”这一现代西方法理意义的私有制基础上去理解和处理私有财产的。就中国皇权国家而言，它既然具有对社会的统治权，当然就具有对社会财产的终极所有权。也就是说，农民的私有只是相对于民间系统而言的，而不是相对于国家系统而言的，只有在这一前提之下，才谈得上国家对农民（包括整个社会）的私有权的承认和保护。因此，中国小农经济的命运从来都是与国家相关联的，农民对于国家，既有摆脱束缚和榨取、维护个体利益的要求，又希望能够得到国家的荫庇与保护。1949 年以后，农民极大增强了处于普遍贫困状态的个体农民对国家保护和依赖的渴望。农民的这种渴望又恰好与党和政府对乡村的“社会主义改造”不谋而合，于是两者很快碰撞出火花。不患寡只患不均的平均主义也是促使贫困农民欢迎集体化的一个原因。由上述因素所催生的社会政治气氛不仅对双村的集体化起着推波助澜的作用，它本身也形成一种使人无法抗拒的社会心理场，即使有个别人对集体化迟疑，也很难与这种种有形无形的压力相抗衡。①

平心而论，周其仁的侧重点可能也并非是土地改革的经济意义，他引起争议的那段话：“土地改革……是国家组织大规模阶级斗争直接重新分配原有土地产权的结果……领导了土地改革那样一场私有化运动的国家，就把自己的意志铸入了农民私有产权，当

① 吴毅：《村治变迁中的权威与秩序——20 世纪川东双村的表达》，第 113－117 页。

国家的意志改变的时候，农民的私有制就必须改变”[①]，可能更多地要从政治意义上来加以理解，也只有从政治上理解土地改革，才能理解国家为什么一直反对不经发动群众进行斗争的“和平土改”的倾向[②]。对于土地改革，宏观上的把握可能确实会遮蔽一些微观上的事实，究竟是农民自己还是国家主导了土地改革确实是一个聚讼纷纭的问题，肯定有相当多农民自己主导土地改革的个案，但在宏观上，土改工作队的广泛存在也表明国家的深度介入与在场。总之，共识远未达成，有必要进一步深入讨论。

事实上，1949 年之后小私有的农民在短时间内走上集体化之路无疑是一个极其复杂的大问题，要对其做出解释的难度可想而知。各种解释都是从某一学科视角对这一问题提出的一种有益尝试，对于问题的理解都极具启发性，很难说哪一种解释就一定有学理上的优势，因此我们无意辨析上述各种解释之间的优劣，而是希望在学术争论的基础上探索前进方向。而且，任何一个理论问题并不会只满足于一种解释，在上述这些有影响力的解释之外，还可以有别的解释。本书要达至的任务之一，就是从农业剩余的视角为 1949 年之后小私有的农民在短时间内走上集体化之路上提供一个解释。这一解释，实际上也触及到本书的要完成的主要任务：建国后农村土地制度变迁的动力，主要来自于国家为了控制农业剩余；为了控制农业剩余，国家在控制农村经济中经历了一个从进入到退出的过程，因此主导了农村土地制度的变迁过程。

在讨论了农村土地制度变迁问题后，接下来讨论农业剩余视角的文献。相当多的学者在农业剩余这一问题上做了重要的工作。20 世纪 80 年代后期以来，中国改革开放的成就吸引了一大批学者研究中国经济，他们发现，中国经济的发展离不开农业对工业的支持，因此农业剩余成为一些学者的研究对象。国内对农业剩余的研究主要是围绕工业化展开，一些学者讨论农业剩余对于

① 周其仁：《产权与制度变迁：中国改革的经验研究（增订本）》，第 10 页。

② 杜润生：《杜润生自述：中国农村体制变革重大决策纪实》，人民出版社 2005 年版，第 15 页。

工业化资本积累的作用，或者讨论农业剩余作为实际资源在农业部门与工业部门之间流动的数量和状况，或者关注农业剩余与经济发展的关系，或者从国家与农民的分配角度来探讨农业剩余，或者从工农产品价格“剪刀差”的角度来分析农业剩余的转移方式，估算农业剩余的转移的数量①。相对而言，从农业剩余的角度来分析农村土地制度的变迁的则比较少。在这里，我们主要检视农业剩余的文献，并侧重于和农村土地制度变迁相关的文献。

较早涉及农业剩余的是宋国青，他早在80年代初期就提出了关于国家工业化的资本积累与农业剩余的分析框架。但农业剩余成为研究的热点，主要还是80年代后期的事情，当时，对这一问题的研究主要集中在经济学界。严瑞珍等人出版了《中国工农业生产剪刀差》(中国人民大学出版社1988年版)，从“剪刀差”的角度研究了农业剩余及其在农业与工业部门中的流动。在此期间，“剪刀差”研究一度十分兴盛。90年代，农业剩余的研究开始出现突破“剪刀差”的趋势。一些学者开始直接以“农业剩余”为名进行研究。叶兴庆关注了农业剩余与经济发展的关系，他指出农业剩余在绝大多数场合仅指农业产品剩余，在经济发展的初期阶段，农业剩余产品的功能作用比较明显，但随着经济发展，其功能作用趋于下降。② 王光伟研究了农业剩余的流动状况，他认为农业剩余从农业到工业的转移可以分为“显性转移”和“隐性转移”两种形式，前者如农业税，后者则是在部门产品的交换的掩盖下进行，表现为一部门产品的价格由于种种原因高于其价值，另一部门产品的价格则低于其价值，从而使低价格部门的生产剩余流入了高价格部门。在1953—1956年间，国家主要通过显性转移来转移农业剩

① 发展研究所综合课题组:《改革面临制度创新》，上海三联书店1988年版；国家统计局农调队住房处:《价格变动对农民收入影响的初步分析》,《经济研究》，1989年第9期，严瑞珍、龚道广、周志祥、毕宝德:《中国工农业产品价格剪刀差的现状、发展趋势及对策》,《经济研究》，1990年第2期；李溦:《农业剩余与工业化资本积累》，云南人民出版社1993年版。

② 叶兴庆:《农业剩余与经济发展》,《经济研究》，1992年第1期。

余，1957年之后则主要是农业剩余的隐性转移。[①] 陈越的观点接近于王光伟，但他更强调农业剩余转移的数量可能没有一般学者所估计的那么多。[②] 李溦、冯海发讨论了农业剩余的转移方式，认为工业化资本积累对农业剩余的汲取主要采取税收、“剪刀差”和农民储蓄等三种方式，其中“剪刀差”是主要方式。在这些研究的基础上，李溦出版了其专著《农业剩余与工业化资本积累》（云南人民出版社1993年版）。[③] 同时出版的关于农业剩余方面的著作还有王耕今、张宣三主编的《我国农业现代化与积累问题研究》（山西经济出版社1993年版）。

林毅夫、蔡昉、李周把农业剩余置于国家的重工业化“赶超”战略之下来考量：建国初期国家选择了重工业化道路，但国内资金十分短缺，可供出口产品少，外汇短缺，经济剩余少，这些与重工业的资本高度密集特点背道而驰，因此这种不顾资源约束而推行超越发展阶段的重工业优先发展战略是一种“赶超”战略，而当时经济剩余主要来自农业，经济剩余量少而且分散，因此不得不采取一系列基于政策来提取农业剩余。[④] 这一论断较真切地揭示了农业剩余在中国经济发展中的作用，在学术界产生了重大的影响。

周其仁的《中国农村改革：国家与土地所有权关系的变化——一个经济制度变迁史的回顾》宏文对国家与土地所有权变迁做了深刻、精辟的论述。他的主要论题不是农业剩余，但对于理解国家、农业剩余与农村土地制度变迁却具有重要的启发意义。[⑤]

除了经济学者，经济史学者也注意到农业剩余的问题，并做了

---

① 王光伟：《我国农业剩余的流动状况分析》，《经济研究》，1992年第5期。

② 陈越：《关于中国农业部门剩余转移问题》，《经济学家》，1993年第5期。

③ 李溦、冯海发：《农业剩余与工业化的资本积累》，《中国农村经济》，1993年第3期。同时参见冯海发、李溦：《我国农业为工业化提供资金积累的数量研究》，《经济研究》，1993年第9期；李溦：《农业剩余与工业化资本积累》，云南人民出版社1993年版。

④ 林毅夫、蔡昉、李周：《中国的奇迹：发展战略与经济改革（增订版）》，上海三联书店、上海人民出版社1999年第2版，第36—38页。该书第1版于1994年出版。

⑤ 周其仁：《产权与制度变迁：中国改革的经验研究（增订本）》，第1—50页。

一些重要的工作。吴承明讨论了农业剩余的转移形式。[1] 武力讨论了1949年以来农业剩余及其分配制度的变化，他认为在土地改革以后农业剩余的分配由最初的国家、地主和农民三者瓜分变成了由国家和农民两者瓜分，而国家提取农业剩余也在实际统购统销之后变成了“倒定额提取”，这是一种国家支配主要剩余的体制，而这一体制是没有效率的。[2]

在上述研究的启发下，本书尝试在国家的工业化战略的背景下，从农业剩余视角分析农村土地制度变迁的动力机制与变迁过程。作为一个农业国，农业剩余能起到连接现代农业部门与工业部门的中介作用。中国在1949年之后在一个相对封闭的体系下寻求工业化“追赶”战略，其初始资金只能来自于国内的农业剩余。从这个角度说，从农业剩余视角来观察农村土地制度变迁，也能为农村土地制度变迁在中国经济发展中找到一个合理的位置。

三　农业剩余概念及其演进

检视了已有研究之后，接下来讨论农业剩余的概念。西方经济学家从西方发展经验出发把农业在经济增长中的贡献划分为产品贡献、市场贡献和要素贡献。大部分西方经济增长模型更注重农业的市场贡献和要素贡献，尤其以刘易斯、费景汉－拉尼斯为代表的二元经济理论主要讨论农业对于经济增长的要素贡献。这并不奇怪，因为前现代经济增长主要依靠农业产品贡献，而现代经济增长中，市场贡献和要素贡献的作用越来越大。不过，我们认为，西方发展经济学强调农业对经济增长贡献中的要素贡献对于中国而言并不是很适用。就中国的经济增长经验而言，农业对经济增长的贡献，最重要的是产品贡献，而要素贡献和市场贡献被忽视乃

① 吴承明：《论二元经济》，《历史研究》，1994年第2期。具体内容下文详述。

② 武力：《试论建国以来农业剩余及其分配制度的变化》，《福建师范大学学报（哲学社会科学版）》，2004年第3期。

至限制[1]，要素贡献中的劳动力在本文所考察的较长时段内流动并不大，从 1957 年到 1979 年，总人口平均年增长 1.9%，而城市人口年增长仅 1.2%。与工业对转移农业人口作用很小相反，在工业对农业的贡献方面，在关键投入和新技术上作用很大，大过日本、韩国。[2] 只有在 1950 年代末，短时间内劳动力要素有较大的流动。但石川滋则认为，中国正是由于限制劳动力向城市转移，才避免了像条件相似的印度那样陷入“李嘉图增长陷阱”。[3] 而资金贡献主要通过农业剩余隐性转移（一定程度上与“剪刀差”较为接近）来体现，而农业剩余隐性转移来源于对工农产品价格比，因此也还是通过产品贡献来起作用。市场贡献因为农村消费能力低，以及统购统销而基本没有什么作用。因此在中国，农业对于经济增长的贡献主要在于产品贡献。

农业的产品贡献体现并来源于农业剩余。对于农业剩余，经济学文献中有两种看法。一种认为农业剩余是指农业产出在扣除农业内部消费后的剩余部分，是产出剩余；另一种则认为农业剩余除了包括农业产出剩余外，还包括农业的要素剩余，即农业自身生成的生产要素在满足了农业自身生产需要以后剩余的部分，其中包括劳动力剩余。除上述两种主流的观点之外，还有一种观点，将农业剩余分为三种：一是农业产品剩余；二是表现为农业经济剩余，包括农产品消费者剩余和农业生产者剩余，人们多从经济发展角度谈论农业剩余，因此更多侧重于农业生产者剩余，农业生产者剩余就是农业级差收益，即农业地租；三是表现为农业劳动力剩余，农业劳动力剩余又分为绝对剩余和相对剩余，前者指边际生产力为零的农业劳动力，后者指边际生产率大于零、小于非农产业边际生产率的农业劳动力。但这种观点也承认，在一般经济文献中，

---

① 农业的市场贡献在中国是最被忽视的，也因此，中国最需要培育和发展农业的市场贡献。

② Dwight Perkins and Shahid Yusuf. *Rural development in China*. The Johns Hopkins University Press，1984，p. 23－24，p. 12，Table2－2.

③ 石川滋：《发展经济学的基本问题》，经济科学出版社 1992 年版，第 54 页。

农业剩余在绝大多数场合仅指农业产品剩余。[①]

把农业剩余界定为农业产品剩余的做法是通行的做法，一般将农业剩余定义为超过农业自身消费需求的农业产出。费一拉尼斯对农业剩余是这样界定的，其他大多数经济学家也是这样界定的。William H. Nicholls 把农业剩余界定为农业总产量超过农业人口总食物消费量的那一部分[②]，唐宗明(Anthony M. Tang)也把农业剩余被定义为农民户的产出量与消费量的差额。[③]。王光伟认为，所谓农业剩余，是指总产品或总产值中除去物质消耗和劳动消耗以后剩下的部分，虽然进一步对消费量进行了细分，但仍然是在产品剩余的框架内的定义[④]。李溦也是采用这一定义，他认为将农业剩余定义为产出剩余有两个好处，一是可以更好地揭示农业剩余与工业化资本积累的规律性，二是有助于把农业剩余与劳动剩余、生产者剩余和消费者剩余区分开来，避免概念上的混乱。李溦认为产品形式的农业剩余与货币形式的农业剩余意义上是相同的，后者只是前者的货币反映，二者的数量差别只是一个价格系数。因此在提及农业剩余概念时，并不严格区分其为产品形式还是货币形式[⑤]。针对一些具体情况，武力进一步提出要从剩余所有者角度来看待农业剩余，应该注意两个概念：一是绝对剩余，这是自愿前提下的剩余，即农民根据自己的消费水平，自愿消费自己生产的农副产品后的剩余；二是相对剩余，这是强迫前提下的剩余，如高额地租提取的剩余，按照国家"三定"标准统购后的剩余。从生产经营的角度看，也有两个概念值得注意：一是经营性剩余，这是扣除生产成本的剩余；二是非经营性剩余，是没有扣除劳动成

---

① 叶兴庆：《农业剩余与经济发展》，《经济研究》，1992 年第 1 期。

② William H. Nicholls. An "agricultural surplus" as a factor in economic development. *The Journal of political economy*. Vol. 71, No. 1(Feb. ,1963),pp. 1—29.

③ Anthony M. Tang. Agriculture in the industrialization of communist China and the Soviet Union,*Journal of farm economics*, Vol. 49,No. 5, Proceedings Number (Dec). ,1967,pp. 1118—1134.

④ 王光伟，《我国农业剩余的流动状况分析》，《经济研究》，1992 年第 5 期。

⑤ 李溦，《农业剩余与工业化资本积累》，云南人民出版社 1993 年版，第 12 页。

本的农业剩余。[①]

因此，本文对于农业剩余采用农业产品剩余的概念。农业剩余作为农业产品剩余来理解时，指的是农业总产量多于农业总消费量的那一部分农业产品，这可以用一个简图（图 0－2）来表示。[②]

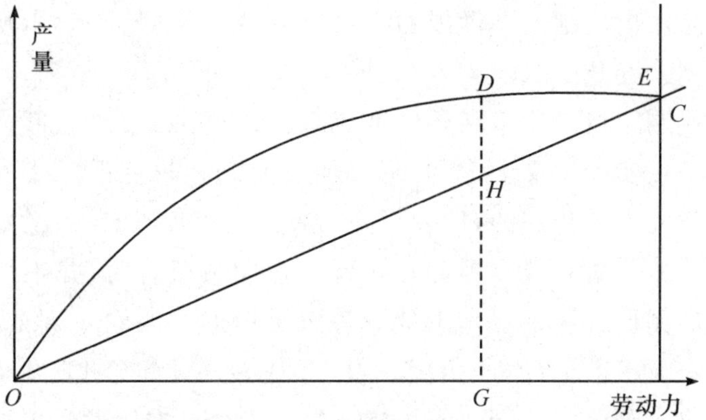

图 0－2　农业剩余概念

图 0－2 中，横轴代表劳动力，在假定土地、技术条件一定的情况下，劳动力[③]决定了生产农业总产品，纵轴代表产量。在图 0-2 中，我们还假定在起始的 O 点农业剩余为零，这种假定虽然是为了基于方便而设立的假定，但这种假定实际上也代表了人类社会发过程中的一个历史事实，即在人类社会发展早期的一个很长阶段，并没有农业剩余存在的情况；而且从劳动力的角度来说，当劳动力为零时，农业剩余为零也是合理的。ODE 是在一定土地、技

① 武力，《试论建国以来农业剩余及其分配制度的变化》，《福建师范大学学报（哲学社会科学版）》，2004 年第 3 期。

② 这是一个简化的图示，详细的图参见费景汉、古斯塔夫·拉尼斯，《劳力剩余经济的发展》，华夏出版社 1989 年版，第 9 页，同时参见，William H. Nicholls. An "agricultural surplus" as a factor in economic development, *Journal of political economy*. Vol. 71, (February, 1963)。

③ 劳动力与人口的关系，显然劳动力只是人口中的一部分。而人口决定农业消费量。现有的模型因为侧重于考察剩余劳动力的转移，因此都采用劳动力而不是人口。但这对于农业消费量来说并不很准确，本文依据各家惯例采用了劳动力作为横轴，但还是应该考虑到劳动力对于决定农业消费量的缺陷。

术条件下的农业总产品曲线[①]，OC是农业消费线[②]，总产品曲线与农民消费线之间的余额DH即是农业剩余。在G点，劳动边际生产率很小（有些学者认为等于零，即存在剩余劳动力），因此，当劳动力处于G点的右侧时，农业剩余会由于增加的劳动力并不对农业总产品做出贡献或者做出的贡献很小，但又不能不消费，从而造成农业剩余的减少。

农业剩余概念还牵涉到农业剩余的表现形式：产品形式和货币形式。在实际意义上，产品形式的农业剩余与货币形式的农业剩余在意义上是相同的，后者只是前者的货币反映，二者的数量差别只是一个价格系数。因此在提及农业剩余概念时，并不严格区分其为产品形式还是货币形式。理解货币形式的农业剩余，要把握其与农业净产值（生产角度）、农业纯收入（分配角度）以及农民的货币收入剩余相区别。农民货币收入剩余是农储蓄和再投资的元素，它同时取决于农业产品剩余规模和农民非农产品消费支付水平，如果后者既定，农民的货币收入剩余在数量上就与农业产品剩余有正向联系。[③]

农业剩余的概念也处于不断的演进之中，以下我们讨论一下农业剩余概念的演进路径。

图0－2表示的农业剩余概念是在假定土地、技术条件不变的前提下，将劳动力作为产出的唯一因素，而这也是关于讨论中国传统农业社会乃至新中国成立以后中国农业的农业剩余的重要文献中的一个通行作法。在回顾这一类重要文献前，为了更清晰地展现重要文献的演进路径，先让我们将图0－2的基础再加上一条平

① 总产品并不只是食物，对中国的情况来说，一般都是农副业并称，除生产食物的农业外，还有副业。对于这一点，吴承明曾明确提了出来。

② 在费－拉尼斯模型中，OC的斜率还代表农业工人的实际工资水平，并且假定农业工人消费了他们的全部工资收入（费景汉、古斯塔夫·拉尼斯：《劳力剩余经济的发展》，华夏出版社1989年版，第18页）。赵冈将OC线视为维持生存的消费线。实际上与本文的消费线是一样的（Kang Chao. *Man and land in Chinese history：an economic analysis*，Stanford University，1986，p. 6）。

③ 李溦：《农业剩余与工业化资本积累》，第12页。

行于农业消费线 OC 且与农业总产品曲线 ODE 相切的切线 MN，切点为 F，形成图 0－3。从图 0－3 中，可以看到农业剩余概念的演进路径。

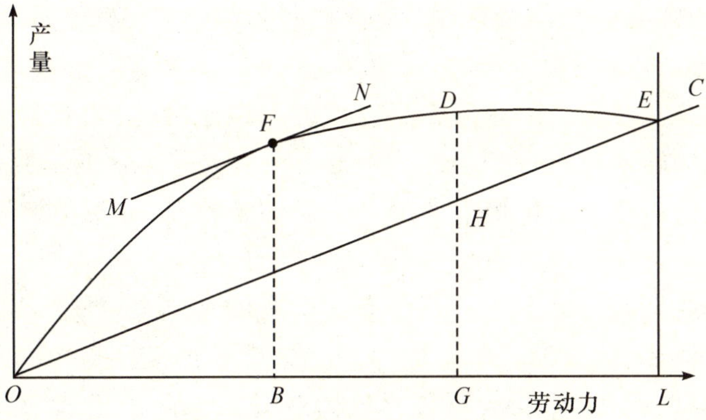

图 0－3　农业剩余概念演进路径

首先是伊懋可(Mark Elvin)“高水平均衡陷阱”理论的 E 点。让我们先来看看图 0－3 中的 E 点。在 E 点，农业总产品曲线 ODE 与农业消费线 OC 相交，其经济含义为农业总产品与农业消费量相等，农业剩余为零，此后再增加的劳动人口将没有农业剩余，即超出了农业剩余所能维持的最大人口数量。按伊懋可的著名观点：正是在 E 点，传统中国面临了他所谓的“高水平均衡”，而一旦人口继续增长，这一“高水平均衡”就进入了“陷阱”区。伊懋可认为，传统中国在 14 世纪之前技术水平就达到了相当高的水平，而且其技术也应用于手工业的生产方面，但是在 14 世纪出现了转折点，内在规律开始发生改变，技术水平开始陷于停滞。其原因是由于不断增加的人口压力消耗了大部分农业剩余，用于发展技术的农业剩余变得相当小，手工业技术陷于停顿，不得不将有限的农业剩余用于发展农业技术，以应对不断增加的人口压力，使中国传统农业达到了一个相当高的水平，在一个高水平的均衡上尽可能用农业剩余应对人口压力的陷阱，因此无法像西欧一样完成工业革命。[①]

伊懋可虽然提出了“高水平均衡陷阱”理论，但他并没有给出图中的E点，E点由唐宗明按照伊懋可的论述给出。[②] 显然，按照伊懋可的“高水平均衡陷阱”理论，传统中国的人口超过了G点（在G点，农业剩余不再加，超过G点的人口属于剩余人口，处于隐蔽性失业之中），因此面临了巨大的人口压力，造成农业剩余被不断增加的人口所吞噬。这一立足于人地关系的分析进路是西方学者及受西方理论影响学者的一个重要解释范式，对后来从农业剩余视角解释中国历史产生了深远的影响。

其次是赵冈的F点。赵冈在唐宗明的基础上进一步发展“高水平均衡陷阱”理论。在图0－3中，赵冈加上了切线MN，认为F点，而不是E点，才是最重要的。虽然E点表示了总食物供给与总食物需求相等，但E点本身并不是一个有重要经济含义的点，因为这种相等只有在强有力的再分配机制条件才能达到，而这种条件是任何一个社会无法满足的。在F点，切线FT与OC平行，表示劳动的边际产品等于劳动力的生存成本，在这个意义上，F点是一个均衡点，一个农业生产经营单位将在劳动的边际产品等于劳动力的生存成本的F点上不再雇佣劳动力，与此相关的劳动力将视为是均衡劳动力，超过这一均衡劳动力的劳动力则属于剩余劳动力。剩余劳动力无法为自己生产足够的食物，只能通过社会的再分配机制才能得以生存。在传统小农经济里，的确存在一些社会再分配机制，比如大家庭制度，使人口可以增加到超过B点，但并不能确保使人口增加到E点，在E点，所有人口都生活在最

① Mark Elvin. *The high-level equilibrium trap: the causes of the decline of invention in the traditional Chinese textile industries*, in W. E. Willmott, ed. *Economic organization in Chinese society*, Stanford University Press, 1972, pp. 49－84，同时参见，Mark Elvin, *The pattern of the Chinese past*, Stanford University Press, 1973, pp. 298－315。

② Anthony M. Tang. China's agricultural legacy, *Economic Development and Culture Change*, volume 28, number 1, October, 1979, pp. 1－22. 唐宗明发展归纳了伊懋可的理论，并将其模型化。

低生存水平上，遑论维持超过L点的人口数量。[①] 劳动的边际生产率等于边际成本的F点，表明低于劳动边际生产率的劳动力都视为是过剩劳动力，在B点之后，过剩劳动力的增加虽然还对农业剩余的增加有所贡献，但其贡献呈递减趋势，如果人口增加到G点，则过剩劳动力的增加对于农业剩余也没有贡献了。

赵冈对于“高水平均衡陷阱”理论的发展还在于他提出从人地比率上升角度来说明对于劳动替代型技术需求降低到严重阻碍了劳动替代型技术的产生。他认为在14世纪，中国人口数量已经多到再不需要任何节约人力的装置了。[②]

“高水平均衡陷阱”理论虽然富有吸引力，但也受到了各方的质疑。黄宗智在论及华北经营式农场为什么没有发展充足时对伊氏“高水平均衡陷阱”理论提出批评，黄将该理论分解成两部分：一是中国因人口增加，侵蚀了维持生活所需以外的剩余，没有可能为革新性投资积累资本。二是人口压力把中国的农业推到高度集约化的水平，土地生产率难以进一步提高，新资本投入更多的是取代劳动力的投入，而不会大量提高产量，革新技术比较难以激发。黄认为第一部分不符合实际，指出按照利皮特的研究，革命前中国农村的潜在剩余可能相当于农业农产量的30%；第二个部分的确有助于理解经营式农业不发达问题，高密度人口的事实，的确妨碍了节省劳力的技术革新，但不能解释为什么没有采用适合人口高密度的新技术和资本投入。[③]

林毅夫认为农业潜力是技术的函数，如果技术发展未遇到障碍，那么由于人地比例失调引起的均衡陷阱就不可能发生，因此，“高水平均衡陷阱”理论所认为的由于人地比例失调引起均衡陷阱

① Kang Chao. *Man and land in Chinese history: an economic analysis*, Stanford University, 1986. pp.7－9.

② Kang Chao. *Man and land in Chinese history: an economic analysis*, Stanford University, 1986. p.227.

③ 黄宗智：《华北的小农经济与社会变迁》，中华书局2000年版，第177页，第190－191页。

的说法就面临置疑。通过对人口的历史回顾，林认为从人地关系比例看，14、15 世纪和 17 世纪中叶的创新率应该比 12 世纪之前更高，但事实上并不是，所以人地关系比例失调引起均衡陷阱并不成立。对于陷阱论认为的人地比率的上升导致劳动力越来越便宜，从而不再需要节约劳力的装置的观点，林认为由于双季稻的大面积推广，劳动力相对来说在农忙季节变得更缺乏，因此劳动力替代型发明相对较低的原因也不是因为人地关系比率上升。对于陷阱论有关农业剩余不足的观点，林同样认为 14、15 世纪的人均农业剩余应比 12 世纪来得高，同时林认为在 1933 年，农业剩余中 31.2%被用作非必需消费，11%收入流可被用作投资[①]，而后一数字被罗斯托等人当作是经济持续发展的临界水平。林认为，事实上，12 世纪之后，不管是在农业领域还是在工业领域，技术都绝没有停滞不前，明清期间，仍有一系列小而重要的新发明出现。林并引珀金斯的研究为证据，10 世纪末到 19 世纪初，人口增加了 5～6 倍，同期谷物产量保持了同步增长，增长的源泉来自于土地面积和单产的增加。[②]

李伯重则把伊氏因“高水平均衡陷阱”导致的“13、14 世纪转折”从空间和内容上进行化约：一是在空间上局限于江南；二是将转折主要局限于农业的讨论，并认为这种化约是“很合乎逻辑的”。因为 13、14 世纪的江南是一个农业社会，在一个农业社会，农业的变化乃是任何社会经济重大变化的基础。而对于农业的探讨，重点是农民的经营规模和亩产量这两个最重要方面。在经营规模上，每个劳动力在南宋后期是 13 亩，在明初为 10 亩，约减少三分之一，元代则介乎其间。李认为宋末至明初江南农户平均种田数量的逐渐下降，表现出农民对最佳经营规模的追求。在亩产量上，

---

① Carl Riskin. *Surplus and Stagnation in Mordern China*, In Dwight H. Perkins ed. *China's modern economy in historical perspective*, Stanford university press, 1975, pp. 49－84.

② 林毅夫：《李约瑟之谜：工业革命为什么没有发源于中国》，载林毅夫：《制度、技术与中国农业发展》，第 248－252 页。

江南农民的劳动生产率处在缓慢的提高之中。在江南农业的问题上，李特别强调要反对直线式发展史观的误区，以免把周期性中停滞时期当作是农业的停滞或倒退。并进而认为，无论“唐宋变革”，还是“明清停滞”，都并不符合江南农业变化的历史真实，历史的真实是前者是个虚像，而后者并非停滞。[①]

第三是吴承明的总产品线。先看图0－4。需要注意的是，图0－4中的ODE与图1－3中的ODE含义并不同，后者仅指食物而言。吴承明的贡献在于将ODE的含义从食物扩充到包括副业在内的农业总产品。吴承明批评刘易斯、费－拉尼斯、乔根森以及凯利的二元经济模型都有以粮食代表整个农业生产的缺陷，这种缺陷在将其适用于中国时更为突出。中国的实际情况是，在粮、油、棉三类作物的播种面积中，粮食比重由20世纪初期的87%～88%下降至80%～81%，20世纪初期，农业总产值中，粮食大约占62.2%，经济作物占23.7%，到1936年分别为59.8%和26.1%。而且中国小农经济又是农业与家庭手工业密切结合的。吴承明认为，传统二元经济理论中总产品曲线在某一点之后会变为水平线，即，再增加劳动投入产量不再增加的观点是不符合实际的，因为农民可以引种多品种和生产价值较高的作物，增添新副业和扩大旧副业，因此，边际生产率降为零因而总产量达到最高峰的时候一直没有达到过。[②] 二元经济理论假定的农业中存在零劳动边际生产力，而这种假定一直为人所诟病[③]，显然吴承明反对这一假定，因此他采用副业这一吸纳农闲时的农业劳动力的方法来反驳零劳动边际生产率。吴承明自己画过一幅图，本文在其图之上加上切线MN，如图0－4。

① 李伯重:《“13、14世纪的转折”？——宋末至明初江南农业的变化》，见李伯重:《多视角看江南经济:1250－1850》，三联书店2003年版，第21－30页。

② 吴承明:《论二元经济》，《历史研究》，1994年第2期。

③ 对农业生产中存在零边际劳动生产率的最有名质疑来自于舒尔茨。舒尔茨在其1964年写成的名著《改造传统农业》中利用印度一个案例成功地反驳了当时非常流行的零边际劳动生产率。不过，据阿玛蒂亚·森的观点，舒尔茨的反驳并不一定是成功的。

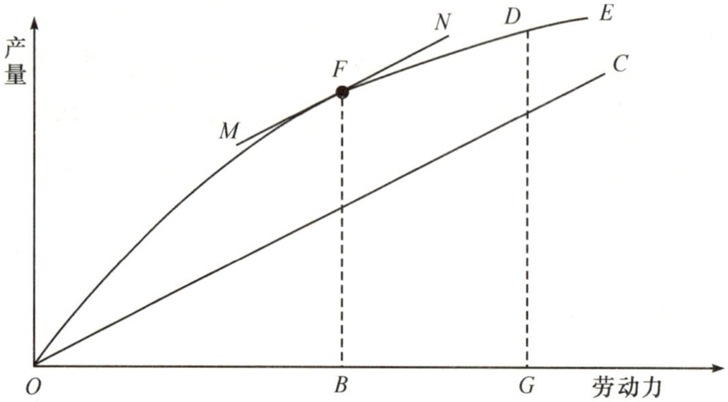

图 0—4　吴承明农业剩余的总产品线

吴承明认为，传统农业原有很大的剩余，这从封建地租常占产量的一半可知，但其剩余转化为租赋及商人和高利贷利润，农民自身不能支配。[①] 言下之意，农业剩余的总量不成太大问题，但结构上有问题。不过，对农业剩余总量的估计也不能太乐观。珀金斯指出，虽然中国传统农业的地租很高，但大多数地主比非地主所多占有的土地数量太大，因此农业剩余总量也并不是太多。[②] 在应付人口增长压力之余，只能为富人、文艺及工业化提供小量的剩余农产品。[③] 这就提醒我们，总产品曲线的顶峰也许一直没有达到，一直在向上方延伸，而不是成为水平线，不过，其走向会越来越趋近于水平线，即使目前还不是水平线，但已经相当接近于水平线，其增加的幅度非常小。传统农业生产技术几千年来没有发生大的改变，直到 1960 年代出现了化肥和机械的较大规模的使用时，才真正使总产品曲线进一步向上拉升。

现在让我们归纳一下，以上伊懋可(及唐宗明)、赵冈和吴承明对农业剩余概念的解说更多的是依据中国传统农业的经验给出的。虽然三种解说有小的差异，但大体上来说并无质的不同，当然

① 吴承明：《论二元经济》，《历史研究》，1994 年第 2 期。

② Dwight H. Perkins. *Market control and planning in communist China*. Havard university press, 1966, p. 29.

③ 德怀特・希尔德・珀金斯：《中国农业的发展(1368—1968)》，上海译文出版社 1984 年版，第 1 页。

由于中国传统农业生产方式实际上一直延续到了20世纪50年代，所以上述三种解说在一定程度上也可以适用于50年代的情况，而且如果考虑到即使在工业化进程展开后的较长时期内，由于限制农业部门向工业部门的劳动力流动，所以上述解释在某些时候某些场合甚至可以适用于50年代以后的较长时期。不过，上述三种农业剩余的解释都是在只有农业部门的情况下的解释，并没有引入工业部门。在引入工业部门之后，对农业剩余的解释，就更多地要从二元经济理论的强调农业剩余在农业与工业两个部门之间的流动的角度来理解了。

最后，检视一下二元经济理论中的农业剩余。虽然吴承明批判二元经济理论中的农业剩余概念，但其实他的批判也是在二元经济理论的框架内提出来的。二元经济理论认为农业剩余中的总产品线也是动态可变的，只不过变化的内容与吴承明的不同，吴承明强调的是农副业之间对过剩劳动力的吸纳，这在没有工业吸纳过剩劳动力的情况下是非常合理的，适于传统中国的农业生产。而在有工业部门存在的现代经济里，农业剩余中的总产品线可以通过提高农业的劳动生产率来实现总产品曲线的向上扩展，从而可以容纳更多农业劳动力（在传统农业社会的情形下），或者在农业劳动力不变或减少的情况下增加农业剩余（在有工业部门存在的情形下）。即是说，西方二元经济理论也可以得到一个类似于吴承明的农业剩余中的处于不断扩张中、至今没有达到峰值总产品线，不同的是，形成这一结果的原因现在变成了农业劳动生产率的提高。

在二元经济理论框架下，农业剩余处于工业和农业两者之间，而不只是传统社会的仅仅处于农业之中，农业剩余面临了新的场域。在二元经济理论中，农业剩余不是指农家的纯盈余，而是指农村产品和劳务的净输出，或以货币表现的农业以非农部门的净流出[①]。在引入了工业部门后，农业剩余存在一个新的增长的可能；

① 吴承明：《论二元经济》，《历史研究》，1994年第2期。

同时，引入工业部门之后，工业部门提供的技术、化肥也可以促成农业劳动力生产力的提高。正如考茨基所分析的那样：农业在从前是一切生产中最保守的，几千年来差不多就没有什么变化，可是在几十年之内却变成了现代生产中最革命的生产。农业由父传子的习以为常的手工业中的这些变革的同时，变成了一门科学，或迅速地变成各种科学的集合体。① 科学技术使农业劳动生产力在现代有了快速的提高，因此农业剩余总量出现了增加的趋势。

无论是刘易斯，还是费—拉尼斯，都假设存在农业剩余。而这种农业剩余，双方都认为是由地主提供的。刘易斯只关注10%收入最高的人，他们的收入占到国民收入的30%～40%，只有他们在储蓄，拥有农业剩余，其他90%的人从来没有打算过储蓄，因此也不拥有农业剩余。② 可见，刘易斯把农业剩余理解为储蓄，也即资本积累。费—拉尼斯则假定农业工人消费了他们的全部工资收入，并认为这一假定是合理的③，农业剩余只由地主进行储蓄。农业部门在费—拉尼斯模型里较刘易斯的模型里的地位更重要。在刘易斯模型中，农业生存部门的工资决定了工业部门的工资，因此维持生存的农业部门的技术变得非常重要。而费—拉尼斯则假设工资是由制度给定的，因此提高农业的劳动生产率变得相当重要，即便是在农业剩余劳动力转移到工业之前，提高农业劳动生产率也是重要的，因为农民生产劳动率的提高可以转换农业的生产函数，农业还提供了发展所需的储蓄。在费—拉尼斯模型中，农业生存部门的特点是：1. 隐蔽性失业和就业不足；2. 制度确定的劳动工资率接近生存部门的平均劳动生产率；3. 劳动边际生产率低于工资率；4. 固定的土地投入。在这些假定条件下，在一个经济体的发展早期，劳动力可以从生存部门转移到商业—工业部门而不

① 考茨基：《土地问题》，梁琳译，三联书店1955年版，第四章。

② 刘易斯：《二元经济论》，施炜、谢兵、苏玉宏译，北京经济学院出版社1992年版，第16页。

③ 费景汉、古斯塔夫·拉尼斯著：《劳力剩余经济的发展》，王月、甘杏娣、吴立范译，杨敬年校，华夏出版社1989年版，第18页。

减少农业的产出，也不会提高工业部门的劳动的供给价格。劳动者从生存部门向非生存部门转移会产生农业剩余，然后这些剩余被用来作为工业部门发展的投资资金。费—拉尼斯设想把农业剩余的增加当作是由劳动集约型资本改进而产生的生产率增加的结果，农业对于工业部门的扩张，既贡献了劳动者，也以工资基金形式贡献了农业剩余产品。

在上述条件下，费—拉尼斯把农业剩余视为作为工资基金的实际资源，农业剩余受两个因素的影响，一是农业人口，二是农业生产率。农业剩余的出现，一方面依存于农业生产率的变化（它决定可以得到的产出），另一方面依存于农业人口的增长（它决定农业本身的消费需求）。[①] 这一概念框架，可以用图 0—5 表示如下：

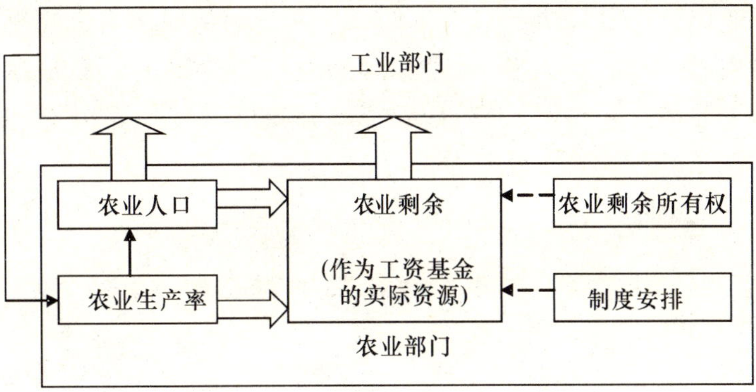

图 0—5　费—拉尼斯的农业剩余

总体来说，刘易斯的模型是遵循古典经济学派的传统而构建的，而小农经济的某些特点比较符合古典模型的特征，但刘易斯模型本来是把引起英国产业革命的国内资本积累的特殊过程加以程式化和模型化，虽然对中国的问题有一定的参考价值[②]，但他更倾向于将农业剩余视同为可直接用于工业建设的资本，而没有详究

① 费景汉、古斯塔夫·拉尼斯著：《劳力剩余经济的发展》，第 7 页。

② 相当多的学者持这种观点，代表性的有石川滋，他将亚洲国家分为三类，把中国和印度归为一类，属于在经济发展初始条件方面属于人口稠密，自然资源贫乏，但又具有某种程度的工业化基础的低收入的有发展历史的国家，认为两国的经济发展可以用刘易斯模型近似地描绘出来。见石川滋：《发展经济学的基本问题》，经济科学出版社 1992 年版，第 52—56 页。

其中的转换过程，对于中国建国之后较长时间内围绕农业剩余而进行争夺并不能提供太有价值的理论说明。费一拉尼斯的农业剩余概念较刘易斯更能适用于中国建国以后的现实情况，他明确提出农业剩余转化为工业资本受农业剩余所有权和制度安排两个因素的影响，对于我们分析建国后国家为控制农业剩余索取权富有启发性。

农业剩余概念在学者们的理论探讨中越来越完善，也越来越适用于中国的现实。但问题在于，已有的关于农业剩余的研究不是用来解释中国的传统农业的问题，就是在讨论现代农业时只限于在二元经济理论的框架下为农业部门向工业部门的流动提供一个起点，而没有为理解现代农业部门内部的问题提供一个起点，这是农业剩余没有解决的最大问题。本文试图从农业剩余的视角来理解农村土地制度的变迁，是朝着用农业剩余概念理解农业内部问题方向的一种努力，力图从农业剩余角度来探求农村土地制度的变迁动力。

四　材料与方法

本书尝试从用可以获得的数据和尽可能翔实的史料入手，从农业剩余视角来探寻农村土地制度变迁的深层动力，这是在已有的对农村土地制度变迁的解释基础上的一种新方向。在本学科的研究上有一定的理论意义。如果本文的解释成立，则可以提供对解放后农村土地制度变迁过程进行重新解释的新方向。从现实的角度来，用农业剩余角度来解释农村土地制度变迁，是试图对三农问题的解决提供一个新的突破口。三农问题实际上是长期来农业剩余被过度转移到三农之外的历史结果，因此对农业剩余与农村土地制度关系的讨论是有现实意义的。

本文所用的材料分为三个部分，一是数据上主要是历年国家公布的权威统计数据，对于这些统计数据，国内外学者都有较高的认同度①,同时也参考国外学者对于有些数据的修正;二是文献上以中国学者的研究成果为主,同时主要参考英文文献中与中文文献互补性强的一些文献;三是史料上主要运用近年编辑出版的档案和文献等,主要有中国社会科学院、中央档案馆编辑的《1953—1957 中华人民共和国经济档案资料选编》(中国物价出版社 2000 年版)、《1958—1965 中华人民共和国经济档案资料选编》(中国财政经济出版社 2011 年版),以及《农业集体化重要文件汇编(上、下)》(中共中央党校出版社 1981 年版)、《建国以来重要文献选编(第一至二十册)》(中央文献出版社 1993 年版),等等。

同时,由于新中国成立后社会发展的侧重点不同,某些方面的数据与材料相当翔实,而另外方面的数据与材料则很少甚至付之阙如。在这方面最明显的是由于市场一直受压制,市场价格的数据与材料就很不完整,这对于农业剩余的一些量化工作提出了很大的挑战。本文的很多问题有时就受限于材料的缺乏,比如对于农民的口粮定额,各地有不同的标准,但又缺少相关材料,因此确定起来非常困难。

在研究方法上,本书运用规范研究和实证研究相结合、历史和逻辑分析相结合、宏观分析与微观分析相结合的研究方法。在必要的经济理论和理论框架讨论之后,重点将是搜集相关资料和数据,讨论分析农地产权与农业剩余的各种情况。本书尝试分析土地改革、合作社、人民公社和家庭联产承包责任制等各种农村土地制度下的农业剩余,及其在国家和农民之间的分配状况;在此基础上,比较三种农地制度下的农业剩余的大小,进而分析其经济绩效;进而讨论农地制度与农业剩余及其经济绩效之间的关系,进行归纳与总结。

本书随后的篇章安排如下,先是讨论理论框架(第一章),主要讨论国家理论、农业剩余的生成模型,以及国家、农业剩余和农村

---

① 关于统计数据的可靠性甄别与评价,参见 Dwight H. Perkins. *Market control and planning in communist China*, Harvard university press,1966,pp. 215—115, Appendix A。

土地制度变迁的关系。之后的四章主要根据土地制度的不同阶段，并辅以农业剩余转移方式分为四章，主要讨论土地改革与农业剩余（第二章），农业剩余与农业合作社，包括初级社、高级社的关系（第三章），农业剩余与人民公社（第四章），农业剩余与家庭联产承包责任制（第五章），最后是一个结论（第六章）。

第一章　国家、农业剩余与农村土地制度

对于1949年之后的中国农村土地制度变迁来说，国家的行为是一个重要的因素。国家或者政府提供了一个经济体系其他部分得以建立的秩序框架，除非我们可以解释国家或者政府的行为，否则我们不能完全理解经济发展的过程。[①] 在1949年之后直至1980年代中期，国家一直控制着农业剩余。因此，国家、农业剩余与农村土地制度三者之间的关系，是首先要加以考虑的问题。

一　相关的国家理论

（一）新制度经济学的国家理论

长期以来，西方学界对中国1949年之后的国家的解释，主要有“极权主义”和“全能主义”这两种模式。[②] 这种解释虽然揭示了现代国家的基本构成要素，即权力高度集中和国家权力介入社会的广度与深度，但不免带有过于强烈的意识形态色彩。在经济学视野中，较为可取的国家模型，可以分为以下三种：无为之手、扶持之手和掠夺之手[③]。无为之手主要是基于斯密的理论，斯密倾向于相信充分信息的市场“看不见的手”的作用，因此国家的作用是充当无为之手，政府应当越小越好。这实际上是认为国家是经济与制度发展的外生变量，显然，由于充分信息的假设，这一模式的

---

① 林毅夫：《再论制度、技术与中国农业发展》，北京大学出版社2000年版，第44页。

② Jean. C. Oi. *State and peasant in contemporary china*, Oxford：University of California press, 1989. pp. 2－6.

③ 参见朱巧玲、卢现祥：《新制度经济学国家理论的构建：核心问题与框架》，《经济评论》，2006年第5期。

制度发展是没有交易成本的。扶持之手与无为之手相反，不再相信市场的看不见的手总是能发挥作用，而是在很多时候存在着市场失灵，因此需要由国家或政府通过制度设计来完善市场，其理论基础是福利经济学，不过，仍然接受零交易成本的假定。扶持之手的问题在于，它没有界定政府与市场的边界，在国家权力没有受到有效制约的情势下，国家或政府通过制度设计来完善市场的目标难以有效实现，由于国家与市场界限不清，即国家尚未找到自己明确的栖身之地，因此很难说国家已经成为内生变量了。掠夺之手则假设国家也是利益主体，并会使用强制力来实现自身利益，因此成为了掠夺之手，通过将国家变成一个利益主体，掠夺之手将国家作为一个内生变量来处理。奥尔森等人都是视国家为掠夺之手的。在这三种观点中，掠夺之手较为准确地描述了国家或政府在实际运行状态，对于新制度经济学的国家理论的影响也更大。

新制度经济学中的国家理论是在一个交易成本不为零的情况下进行的。交易成本不为零这一条件是科斯首先发现和提出来的。科斯认为，如果市场交易的制度运行成本为零，那么所有权的初始状况并不影响资源配置效率；如果市场交易的制度成本是不为零的，那么合法权利的初始界定对经济制度的运行效率就会产生影响。如果市场交易成本太高，就会出现作为市场交易替代物的企业。在企业内部，生产要素不同组合中的讨价还价被行政指令所取代。企业所以能存在，是因为其成本低于市场交易时的成本，但这种行政成本并不一定低于被取代的市场交易的成本。除了企业替代物外，市场交易还有一种替代方法是政府的直接管制，强制性地规定人们必须做什么或不得做什么。实际上，政府是一个超级企业（但不是一种非常特殊的企业），因为它能通过行政决定影响生产要素的使用。直接的政府管制未必会带来比市场和企业更好的解决问题的结果，同样，也不能认为政府行政管制就不会导致经济效率的提高。[①] 在交易成本不为零的条件下，国家或者政府通过界定并维护所有权的作用才得以凸显出来。诺斯认为，对于经济史研究者来说，处于研究的中心位置的正是经济组织的成本变化与界定和维护产权的成本变化。[②]

显然，企业是一种竞争性的制度安排，而国家或者政府则是一种具有垄断性的安排。国家是最高权威，而企业不是。科斯研究的是企业，实际上是将交易成本内生化了，但他没有更多地研究国家，真正把国家作为影响经济绩效和制度变迁内生变量纳入分析框架的工作主要由诺斯来完成。

（二）诺斯新古典国家理论

在讨论诺斯国家理论之前，有必要先澄一个理论事实。对诺斯的学说存在一个广泛流传的误解，以为诺斯只强调产权。其实，按照诺斯理论的原意，他最强调的应该是国家理论。在诺斯那里，国家是主体，产权是主体的手段，是国家获得最大化收入的手段，这是诺斯国家理论的精髓。

从西欧的历史上看，诺斯认为，作为一种基本上近似的办法，可以把政府简单看成是一种提供保护和公正而获得税收作为回报的组织。即人们雇用政府建立和实施所有权。虽然人们可以设想自愿组织在有限范围内保护所有权，但是很难想象没有政府权威而可以推广这种所有权的实施。不妨试想一下：自从游牧生活让位于农业定居以来，人们已找到两种方法来获取产品和劳务。一种是生产它们，另一种是从别人那里把它们偷来。在后一种情况下，强制是财富和收入再分配的一种手段。在抢劫者的威胁下，产品和劳务的生产者作出的反应是对军事防御投资。但是构筑堡垒和征募士兵随即带来“搭便车”的幽灵。既然堡垒和军队几乎不可能保护某些村民而不保护所有村民，因此对每个人都有利的是让

① 科斯：《社会成本问题》，载《财产权利与制度变迁》，上海三联书店、上海人民出版社1994年版，第20—23页。

② Douglass C. North. Government and the cost of exchange in history, *The Journal of economic history*, Vol. 44, No. 2(Jun, 1984), pp. 255—264.

他的邻人出资，如果愿意捐助的话。于是防卫公共产品的典型例子，包括一个排除第三方受益的问题。最有效的解决办法，过去是并且继续是确立政府权威和向一切受益者征税。公正和实行所有权不过是政府提供的公共产品的又一范例。总之，我们应当看到，政府能够确定和实行所有权，费用低于自愿团体的费用；还要看到随着市场的扩大，这些收益会更为显著。因此便有一种刺激（除搭便车问题外）促使自愿团体用岁入（税金）来交换政府对所有权的严格规定和实施。①

诺斯认为，知识和技术存量决定了人们活动的上限，但政治和经济组织的结构决定着一个经济实绩及知识技术存量的增长的速率，人类发展中的合作与竞争形式以及组织人类活动的规则的执行体制是经济史的核心问题。理解这种制度结构的主要基石是国家理论和产权理论。国家界定了产权结构，因而国家理论是根本性的，而产权是国家统治者意志与交换当事人努力降低交易费用的企图彼此合作的结果。但是国家理论这一重要的基石却被忽略了。国家既是每一个契约的第三者，又是强制力的最终来源。国家的存在是经济增长的关键，国家（诺斯原文是统治者，但本书认为统治者只是国家的人格化）是制度创新的主体，国家通过提供博弈规则，其目的有二：一是界定形成产权结构的竞争与合作的基本规则，使国家租金（指依权力获取的各种利益）最大化；二是在第一个目的框架中降低交易费用以使社会产出最大，从而使国家税收最大。对于处于垄断者地位的国家来说，这两个目的之间，存在着持久的冲突，这个基本矛盾是使社会不能实现经济持续增长的根源。在这个意义上，诺斯认为国家又是人为经济衰退的根源。国家受制于竞争约束和交易费用约束，而这两者常常造成无效率的产权。由于竞争约束，这个替代者可能是别的国家，也可能是本国内部的竞争对手，国家面临替代者约束，替代者越强，国家所拥有

① 道格拉斯·诺斯、罗伯特·托马斯：《西方世界的兴起》，华夏出版社1989年版，第7—8页。

的自由度就越低。由于交易费用约束，产权的存在领域就受限制，国家的利益也因此受影响。国家界定一套产权，来确保它对每个不同的经济实体的垄断租金最大化，投入与产出范围的考核成本将决定不同经济部门的不同产权结构，因而这种产权结构依赖于考核技术的水平，哪里资源测量成本高于收益，哪里就会存在公共产权。

根据以上分析，诺斯提出了一个福利或效用最大化的统治者的"简单国家模型"，他基于统治者（即国王）同选民之间的合约的思想，认为"简单国家模型"有三个基本特征：第一，以一组存在规模经济的服务（诺斯称之为保护）与公正作交换。第二，国家像一个带有歧视性的垄断者（即差别垄断者）那样活动，将选民分为各个集团，为每一个集团界定产权，使国家收入最大化。第三，由于总是存在潜在竞争对手，国家受制于其选民的机会成本。[①]

（三）石川滋的亚洲国家理论和青木昌彦的市场增进论

与诺斯在新古典经济学的市场经济条件下建立在要素相对价格和劳动的机会成本以及西欧契约主义基础之上的国家理论不同，石川滋重点分析了亚洲国家不同于西欧国家的特点。虽然石川滋所讨论的国家理论与诺斯的国家理论并不处于同一语境之中，但石川滋注意到了亚洲国家的不同之处，与诺斯的国家理论却在客观上存在着一种互补关系。

石川滋将亚洲置于其国家理论的前端，并从希克斯所归纳的"商人经济"（市场经济）、"传统经济"、"命令经济"学说中吸纳思想资源，认为不能过分强调亚洲的市场经济，而应多注意传统经济，亚洲的市场经济未充分发育，多少残存着村落共同体的痕迹，欠发达的市场经济与传统经济并行，非市场性原则盛行，市场经济却处于完全不发达的状态。石川滋把发展中国家的这种经济形态，称为"低度发达市场经济"。相应的，亚洲的国家性质和作用与

① 道格拉斯·C.诺斯：《经济史中的结构与变迁》，上海三联书店 1994 年版，第 17－32 页。

西欧不同，不存在那种经历过市民革命，以保护私有市场经济和弥补其缺陷职责的政府。相反，亚洲国家代行的更多的是共同体的功能。在“低度发达市场经济”中，国家更多的是通过经济的计划化、统制化而对经济进行广泛的国家干预。

亚洲传统生活的基础是季风顺应型水稻种植农业，因此水利设施变得非常关键。这一特征导致两个结果：一是形成了村落共同体。石川对村落共同体的定义，指某一小地区的家族群体不仅希望自己的家族，也希望其他家族增进幸福，并为此而行动的地区集团。村落共同体向绝大多数的弱小农民及无地劳动者提供保障，解决农业生产所固有的投资不可分性和生产的外在性，实现整个村落的增产，以使其从工作与收入的不确定性中解放出来，其中最主要的就是灌溉和水利；二是农业发展可以经由两个路径达致：(1)以村落为基础，发展小型灌溉加高产品种再加多熟制；(2)以个人为基础的使用电机井以灌溉加高产品种加节约劳动型的机械化。中国选择前者，印度则选择后者。

石川认为，在亚洲各国以稻米生产为基础的农业中，提高生产率的前提条件是防洪、灌溉以及其对用水和土地方面的基础投资，但这在绝大部分国家和地区都处于明显不足的状态，因此，农业的生产率显著低下。如果农业部门不能从部门外得到资源净流入去进行这种基础投资，那么，工业化过程就会比较艰难。具体说来，石川认为中国并不是持续前进成功的国家，产品和劳动力从农业向工业的转移停止，经济陷入李嘉图增长陷阱中。在中国，陷阱曾有一两次出现，但在其他时期，由于限制劳动力向城市转移，而避免落入陷阱。农业向工业的劳动力持续净转移，但供养这些劳动力的农业品没有同时转移，虽然1950—1960年初进口了大量粮食，但仍没有改善工农业间不利于工业的贸易条件，因此工业部门中出现实际工资成本和利润率下降的趋势。为了克服李嘉图陷阱，第一个步骤是先使资金由工业向农业净流出以支持工业在产品转移方面的出超(主要以农业用生产资料、资本货币的形态)，石川从亚洲的农业条件出发，一直反对农业必须为初期工业化做“原始积累”准备这种被公认的理论。在中国，资金沿上述方向流动，实现了农业的入超，但在另一方面，却又通过价格政策对农业进行剥夺，从而使农业部门丧失了增产积极性，助长了工农业间贸易条件不利于工业的趋势。[①]

让我们总结一下，石川滋从亚洲国家理论出发，主张先由工业对农业进行援助，反对农业必须为初期工业化做“原始积累”准备。这一观点实际上是强调，大多数亚洲国家，尤其是中国的传统农业生产力低下，农业自身的储蓄对于现代农业的投入而言远远不够，因此，国家在促进农村发展方面发挥着重要作用。当农业部门生产力提高后，农业发展将加速，工业部门将在多方面受益：为非农部门人口提供更多的食物供应并为工业提供原材料，为工业产品提供一个不断增长的市场，以税收和银行储蓄形式的农业剩余作为投资移转到非农部门，在开放经济的条件下，还可以出口换取外汇进口机器和原材料。

石川滋的亚洲国家理论强调由于亚洲市场经济的不成熟，因此需要国家来推动市场以及经济的发展，其前提假设是国家与市场之间的可选择性和可替代性。而按照青木昌彦等人的观点，这种假设是成问题的，国家与市场之间并不是一种替代关系。在此基础上，青木昌彦等人提供一个全新的、影响日益增强的国家（政府）观，称之为政府的“市场增进论”。简单说来，他们主张，政府最积极的作用在于增强和发展每个人的意志行使能力和经济活动能力，并且以一种更具竞争性却有序的方式协调其分散的决策，而不是被动地加以指导或使之无序竞争。总之，政府能够为市场机制的发展提供稳固的制度框架，最充分地利用人们的动力和信息。[②]

青木昌彦等人认为，在经济发展水平和市场发育程度较低时，民间部门解决协调问题的能力较为有限，而政府在促进发展方面

① 石川滋：《发展经济学的基本问题》，经济科学出版社 1992 年版，第 1—31 页、52—56 页。

② 青木昌彦、金滢基、奥野－藤原正宽：《政府在东亚经济发展中的作用：比较制度分析》，中国经济出版社 1998 年版，中文版前言。

有相当大的适用空间。他们在总结东亚新兴工业化国家和地区经济发展经验的基础上指出，政府能为市场机制的发展提供稳固的制度框架，通过补充民间部门协调功能，设立“相机性租金”以激励民间部门的竞争，政府能提高民间部门的市场竞争能力，并将这种作用称之为“市场增进论”。认为政府政策的职能在于促进或补充民间部门的协调功能，推动市场经济的发展。在他们看来，相机性租金是政府用以促进民间部门协调过程的一项重要政策机制。相机性租金，亦即以绩效为基础的租金，是指租金的实现视受租者的表现或绩效，如储蓄的动员、创造发明的商业化或出口增长而定。在这里，政府实际上是让参与企业展开竞争，根据结果用租金奖励获胜者。奖励或租金包括出口配额、优惠信贷、特许经营等。与政策性租金不同，相机性租金不是流向政府官员和非生产性寻租者，而是流向有效率的民间工业部门和金融部门。东亚地区的出口补贴就是这方面的一个例子。当政府政策引致的租金不是基于一个固定标准发放时，如进口配额的情形，代理商就会致力于获取这种政策性租金，而不是尽力从事生产性活动。但是，如果租金是基于某种客观标准而分配时，就可能会促使代理商更有效率地进行生产。在东亚，一些政府补助如补贴、信贷优惠及外汇、税收减免等都是在出口竞赛的基础上向企业提供的。这些竞赛由于规划透明度高而限制了非生产性寻租活动。

石川滋的亚洲国家理论与青木昌彦等人的市场增进论都关注亚洲的国家在经济发展中的作用，虽然侧重点有所不同，但都较诺斯的国家理论更贴近亚洲的实际情况，对于构造中国的国家理论大有裨益。

(四)国家理论的修改及在中国的适用

诺斯的国家理论遇到了致命的问题，即“诺斯悖论”：国家具有双重目标，一方面通过向不同的势力集团提供不同的产权，获取租金的最大化；另一方面，国家还试图降低交易费用以推动社会产出的最大化，从而获取国家税收的增加。国家的这两个目标经常是冲突的。结果，政府作用的结果往往是经济增长的停滞。实际上，用诺斯的国家理论有时导出一个与其理论相反的结论：经济史上出现的国家租金最大化与有效节约交易费之间的一致性而导致国家获得成功的个案，反而是一种偶然的巧合。这种理论与结论之间的悖离，提醒人们应谨慎对待诺斯的国家理论。

对于诺斯悖论的难题，一种突破的方向是在国家一极之外再增加社会一极，以弥补国家的不足，即利用国家与社会的分野来扩充国家理论，并运用于中国农村经济变迁的实践中，以提出一个新解释，其代表人物是周其仁。周其仁曾经以中国农村 20 世纪 80 年代的改革经验对这一问题作过探讨。他认为，国家通常不会自动保护提供产权保护，而只有在农民、各类新兴产权代理人以及农村社区精英广泛参与新产权制度的形成，并分步通过沟通和讨价还价与国家达成互利的交易。[①] 显然，这一国家理论的内涵更为丰富。与石川滋不同，周其仁并不过分强调中国与西方的不同背景，他转向哈贝马斯的中心概念“市民阶级的公共领域”，这是哈贝马斯从 17 世纪的英国和 18 世纪的法国抽象出来的概念，周其仁从中进一步概括出一个国家与市民的双向过程：当新兴产权及其代理人的集体行动，强大到可以迫使国家及其代理人只有通过保护有效产权来谋求自身的利益，才可能对双方都互利的结果。国家在此基础上追求租金最大化，产权则在此基础上成为逐利行为的规范，但是国家与社会的权利关系并非可以一次性界定清楚，而要通过不断地进行讨价还价。因此，周其仁得出一个对诺斯国家理论作出补充的假设：只有当社会与国家在对话、协商和交易中达成一种均势，才可能使国家租金最大化与保护有效产权之间达成一致。[②]

强调社会与国家之间的双向作用以扩展国家理论是非常必要的。但是，也许还有一个方向，即强调后发展国家与先发展国家两

① 周其仁：《中国农村改革：国家与土地所有权关系的变化》，载周其仁：《产权与制度变迁：中国改革的经验研究（增订本）》，北京大学出版社 2004 年版，第 1 页。

② 周其仁：《中国农村改革：国家与土地所有权关系的变化》，载周其仁：《产权与制度变迁：中国改革的经验研究（增订本）》，北京大学出版社 2004 年版，第 4—5 页。

者之间国家理论的不同条件也同样是必要的，正如石川滋强调亚洲的特点一样，我们也应该注意到中国的特定条件，以寻找一个可以较好地解释农村土地制度变迁的国家理论。新制度经济学国家理论，尤其是建立在要素相对价格和劳动的机会成本之上的诺斯的国家理论过分强调制度变迁的诱致性的一面，而没有考虑到强制性制度变迁的一面。中国建国之后的农村土地制度变迁却带有很强的强制性制度变迁的痕迹，部分是因为：(1)中国传统农业的生产方式更多的是家庭劳动而不是雇佣劳动，无法解雇家庭人口，因此较难对要素相对价格和劳动机会成本作出反应；(2)中国传统农业的生产力水平相对现代农业而言较为低下，农业的目标函数更多是为了收入或产出的最大化，而不是经营性农场的利润最大化，同样对于要素相对价格反应微弱；(3)上述两条决定了资源流动较慢的特点，而且农业剩余不足以支持国家的快速赶超式工业化发展战略，因此国家倾向于使用强制力推动农村土地制度变迁，甚至不惜扭曲社会本身对要素价格和劳动机会成本的反应。

综上所述，我们在诺斯的国家理论、石川滋的亚洲国家理论以及青木昌彦等人的“市场增进论”的基础上，并结合周其仁的观点，提出我们的一个关于国家的初步理论。我们认为，对于中国的情况而言，诺斯国家理论以及石川滋的国家理论有两个可取之处：一是将国家作为内生变量来处理，二是将国家实际运行过程置于交易成本不为零的条件之下。就 1949 年之后的情形来说，国家毫无疑问是经济发展乃至制度变迁的内生变量，而且是不可或缺的变量。上述两种国家理论有一定的互补性。同时，我们也考虑青木昌彦等人的国家理论，并在此基础上引入国家从市场替代型转为市场增进型的国家转型理论。

第一，我们对诺斯国家理论作修改，强调新中国建立后，国家的目的虽然还是租金最大化和国家税收最大化，但是这个最大化在很大程度上是全民的福利最大化，这是与以往政府或统治者有本质不同的，以往的政府或统治仅仅是出于个人或者集团的福利最大化冲动。

第二，从这个意义上可以导向对诺斯国家理论的第二个修改。这个修改是，把国家租金最大化修改为工业积累最大化。工业化这是大多数经济体在经济发展中的必经的一个阶段，新中国成立之初选择工业化或者重工业化道路也并非没有理由，因为重工业及其辅助工业能独立成为一个封闭循环，从而推动经济增长，农业只是被动地为工业增长提供资金和劳动力。[①] 同时，按照毛泽东的大仁政理论，从长期来说，发展重工业与农民的利益是一致的。[②] 正如有学者所说的那样，尽管中国历史上以来的国家都提取农业剩余，“但就提取的目的而言，新旧中国却有着本质的不同，旧中国国家政权对农业剩余的提取是为了满足统治阶级的消费和维护其统治的需要，而新中国政府提取的农业剩余则是主要用于国家的工业化建设，虽然农业剩余的提取在短时期内使农民的利益受损，但如当时的决策者所考虑的那样，将重点放在建设重工业上，从根本上说是为了人民的长远利益”[③]。

第三，以1978年末为界，将国家（政府）划分为两个阶段，从1949到1978年末进行改革开放之前，国家基本上是市场替代型的，国家替代低度发达的市场主导了农村土地制度的变迁，而在1979年之后，国家变成了青木昌彦等人所主张的“市场增进”型[④]，为分散的农民提供一个集体所有制的较稳固框架，充分利用和引导农民的能动性和提供较充分的信息。

第四，还应该注意到，中国在1949年之后较长时期内都主要是一个农业国，农业产值在国民总收入中的比重都比较大，因此，最重要的是控制农业剩余以累积资本进行工业化建设。因此，可

① 林毅夫、蔡昉、李周：《中国的奇迹：发展战略与经济改革（增订版）》，上海三联书店、上海人民出版社1999年第2版，第33页。相对而言，轻工业就更依赖于农业为其提供原材料，受制于农业的发展水平。

② 毛泽东：《毛泽东选集》（第三卷），人民出版社2005年版，第896页。

③ 武力：《论近代以来国家与农民关系的演变》，《武陵学刊》，2011年第1期。

④ 青木昌彦、凯文·穆尔多克、奥野一藤原正宽：《东亚经济发展中政府作用的新诠释：市场增进论》，见青木昌彦、金滢基、奥野一藤原正宽：《政府在东亚经济发展中的作用：比较制度分析》，中国经济出版社1998年版，第9—33页。

以说，在本书所考察的时段内，国家理论与经济发展乃至制度变迁的主要结合点就是农业剩余及其如何向工业部门转移，以及如何达致这种转移。

二　农业剩余生成的理论模型

对于1949年之后的中国实际情况来说，国家处于二元经济理论的语境之下，国家处于工业和农业两个部门之中，在此背景下讨论国家为了工业化战略而致力于提高农业剩余总量，以便在控制、提取农业剩余的同时，也能改善农民生活。同样应该注意的是，农业部门也是处于工业与农业两部门的二元经济框架下的农业部门，而不再是传统农业社会中的农业部门了。

在二元经济理论中，刘易斯模型暗含着城市现代工业部门的劳动转移率和就业创造率与其资本积累率成正比这一条件（把技术进步包含在资本积累之中，技术进步是中性的），经济产出增长的速度主要由城市现代工业部门的资本形成规模、速度以及投资率来决定，而农村剩余劳动力的转移与农业是否发展并无太大的关系，农业只是作为生存部门而存在，不受重视，因此对于中国建国后的情形，并没有多大的解释力。费－拉尼斯在刘易斯的基础上推进了一步，将农业部门的发展纳入了分析框架中，认为农业和工业需要平衡发展。费－拉尼斯把技术进步从资本积累中抽离出来，技术进步与资本积累成为两个增长源泉。除了像刘易斯一样强调劳动力转移之外，费－拉尼斯更强调农业部门的农业剩余是农业劳动力流向工业部门的先决条件，否则在农业生产率不变的条件下，工业中新吸收的劳动力就可能没有口粮和其他农产品的供应，从农业向工业的二元转换就受到影响。农业在经济发展中起着工业化引擎和工业化持续推进的作用，农业剩余的生成和转移对工业部门的扩张和转移具有决定性作用。可以说费－拉尼斯模型对于新中国成立后的农业剩余有着较强的解释力。

本文主要关心农业剩余，所以关注点更多的是着眼在农业部门的农业剩余如何生成，而对于农业剩余如何在工业部门间的分配，则较少涉及。本文根据费－拉尼斯等不同学者的论述，归纳出农业剩余产出的三种模型，分述如下。

（一）农业剩余生成的劳动力再配置模型

劳动力再配置模型假定：(1)农业生产率水平既定；(2)农业总人口数量既定，农业中存在隐蔽性失业，即一部分劳动力的边际生产率为零，他们对农业总产出没有实际贡献，将其从农业部门转移到工业部门，并不影响农业总产出。虽然我们在上文认为这种假定并不符合中国的实际，但为一种抽象，确能说明问题；(3)农业工人的工资是由外生变量决定的，是一种固定制度性工资，这里的制度是指决定收入分配的整个一系列非经济的习俗和关系，它通常离维持生存的生活水平不远，与平均农业生产率多少有关；(4)假定农业剩余初始时为零。以简图表示如下（见图 1－1）。[①]

如图 1－1，在（Ⅰ）中，U 和 V 两条分水线划分生产要素的替代区域，在 V 以下，等产量线是水平线，表示在土地数量不变时劳动力的增加不会增加产出。U 以上的垂直线，则表明劳动力不变时土地的增加也不会增加产出。在 U 和 V 之间，则存在土地与劳动之间的替代。显然，RL 是过剩的劳动力，此时等产量线是一条平行线，在固定的土地数量下，劳动力的增加并不能增加农业产出。由（Ⅰ）的过剩劳动力 RL，可以导出（Ⅱ），此时（Ⅰ）中的等产量线对应于（Ⅲ）中的总产出曲线，总产出曲线在 Z 点达到最大，Z 点之后，总产量曲线不再随着劳动力的增加而增加，OC 代表劳动力的农产品总消费曲线，OC 的斜率又代表了总农业劳动力的平均生产率，在 C 点，没有农业剩余存在，全部产出都被人口消费掉。（Ⅲ）是对应于（Ⅱ）中总产出曲线的劳动力边际生产率曲线。在 G 点之前，劳动力边际生产率呈递减趋势，工资线 w 平行于横轴，代表着劳动力工资是制度给定的，同时也暗示着有过剩劳动力

① 参见费景汉、古斯塔夫·拉尼斯：《劳力剩余经济的发展》，第 9 页。

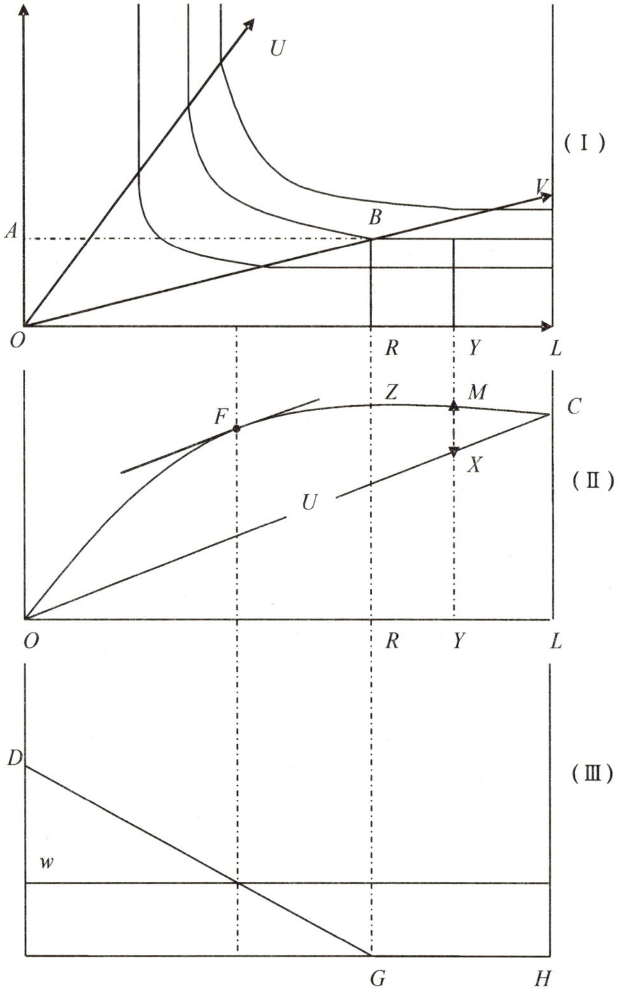

图 1—1　农业剩余生成的劳动力再配置模型

存在，工资线 w 与劳动边际生产率曲线的交点也是(Ⅱ)中 F 点与横轴的垂直线的交点，劳动力在 G 点及其右边时，劳动力边际生产率为零。

在农业剩余生成的劳动力再配置模型的(Ⅱ)中，如果过剩劳动力 LR 中一部分比如 LY 从农业部门中转移出来并被工业部门吸收，这时农业部门的劳动力 OY 还在产生最大农业产出的劳动力数量 OR 的右边，此时农业总产出 $YM=LC$，即农业总产出并未减少，但劳动力数量减少了 LY，因此农业内部的农产品消费数量减少了，由 LC 减少到 YX，因此生成了 XM 的农业剩余。这一农业剩余的生成是由于农业劳动力配置到工业部门的结果。

农业剩余生成的劳动力再配置模型的意义在于，只要农业生产率不变，可以得到的农业剩余数量与再配置到工业部门的劳动力数量呈正相关关系，过剩劳动力被转移到工业部门的数量越多，生成的农业剩余也就越多。因此，工业部门对于农业部门过剩劳动力吸收力量越大，农业剩余也就越多。

在讨论完农业部门后，再加入工业部门，看看两个部门间农业剩余的实际资源的意义。图 1－2 描述了这一过程。[①]

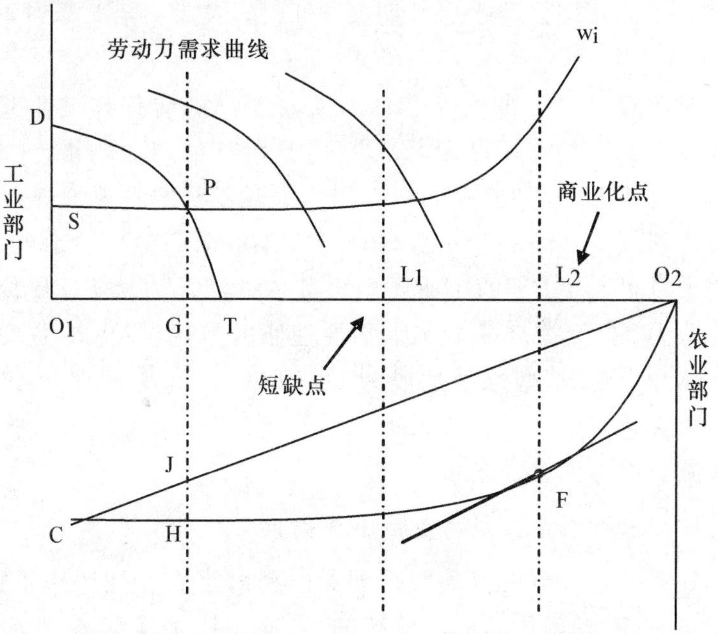

图 1－2　农业剩余作为工资基金在农业与工业部门间的流动

图 1－2 是把农业部门曲线翻转过来与工业部门合在一起，上半部分表示的是工业部门，下半部分表示的是农业部门。O_1O_2 或

① 参见速水佑次郎、弗农·拉坦：《农业发展的国际分析》，中国社会科学出版社 2000 年版，第 29 页。

者 O_2O_1 是两部门总劳动力，工业部门从 O_1 向右计量，农业部门从 O_2 向左计量，O_2FC 为农业总产品曲线，w_i 是工业部门劳动供给曲线。如果农业劳动力大于 O_2L_1（短缺点），劳动边际产品为零。如果农业劳动力大于 O_2L_2（商业化点）、小于短缺点，劳动边际产品将超过不变的制度工资率，只要工业部门的劳动力需求曲线小于短缺点，农业部门的劳动力转移就不会减少农业产出，劳动力就可在不变制度工资率上为工业部门所用。而当劳动需求曲线超过短缺点时，农业的劳动转移就会导致粮食生产的下降、粮食价格的相对上升以及工业部门工资率上升。如果工业部门的劳动力需求曲线超过商业化点，农业部门的工资率就会与工业部门的工资率一样上升。因为此时工业部门可用的农业剩余下降到不足的地步。

现在假定 GO_1 的农业劳动力从农业部门转移到工业部门成为工业劳动力 O_1G（$GO_1=O_1G$），P 点是短期的就业均衡，此时 GJ 被留在农业内部的人口 O_2G 所耗掉，农业部门的农业剩余为 JH，而转移到工业部门的劳动力 O_1G 已在工业部门生产性地就业了，他们生产了 O_1DPT 的工业产出总量，并得到了 O_1SPG 单位的以工业品为表示的总工资收入。需要注意的是，当 GO_1 单位农业劳动力离开土地时，他们虽然成为 O_1G 单位的工业劳动力，仍然需要消费农业剩余 JH。在这个意义上，农业剩余可以被看作在实际资源意义上的工资基金。

（二）农业剩余生成的生产率提高模型

农业剩余生成的劳动力再配置模型假定农业生产率不变，但在现实的（或者现代的而非传统的）农业生产条件下，农业生产率是在不断增长的，因此生产率提高模型正是要研究生产率提高的情况下农业剩余的生成方式。由于农业生产率的提高，隐蔽性失业现象也就不再像劳动力再配置模型中那样是必要的条件了，不过仍然需要假定农业部门人口数量不变。人口数量不变决定了农业部门的农产品总消费量只是人均消费量的函数。一般而言，人均消费量是一个相对固定不变的数量，于是农业剩余的生成就主要取决于农业总产出的增长了。总结一下，生产率提高模型的假定为：(1) 农业生产率是增长的；(2) 隐蔽性失业现象不是必要的条件，农业中或许存在隐蔽性失业，或许不存在隐蔽性失业；(3) 农业部门人口数量不变；(4) 农业剩余的生成就主要取决于农业总产出的增长。可以用简图加以表示（见图 1—3）。[①]

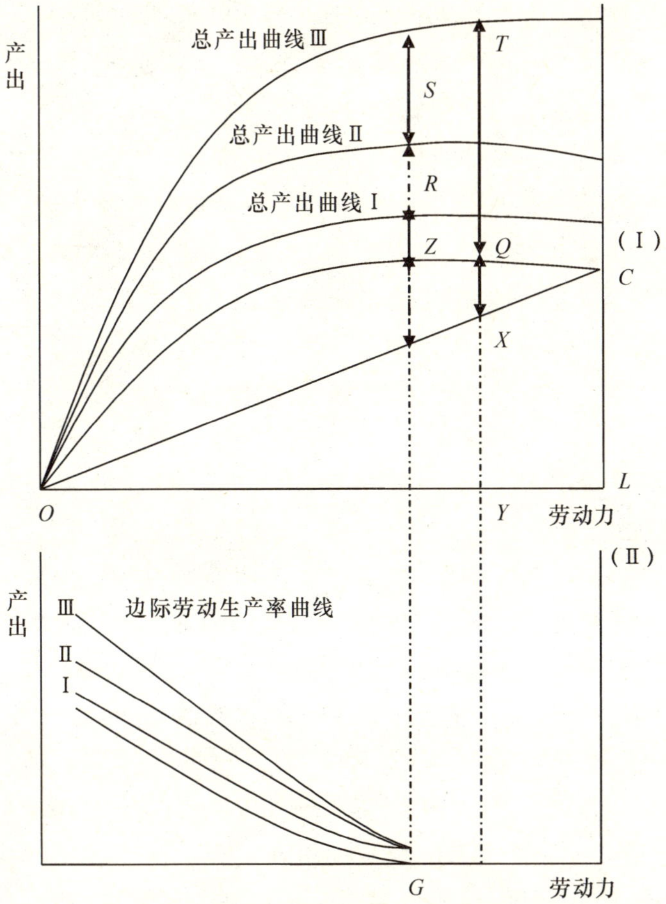

图 1—3　农业剩余生成的生产率提高模型

图 1—3 描述了生产率提高的农业剩余生成过程。在(Ⅰ)中，农业总产出曲线向上移动表示的是农业生产率提高的几何意义，

① 参见李溦：《农业剩余与工业化资本积累》，第 33—34 页。

农业生产率的提高，使总产出曲线向上移动。距离横轴越远的总产出曲线代表着更高的农业生产率。提高农业劳动生产率的方法有三：一是增加土地面积，二是提高土地生产率，三是增加人均耕种面积。一般认为土地面积是接近于固定的，增加土地相当困难，因此较为可行的是提高后两者，而提高土地生产率和增加人均耕种面积的都指向农业技术进步，因此技术进步是提高农业生产率的根本途径。农业生产率的提高意味着边际劳动生产率曲线依次提高到Ⅰ、Ⅱ、Ⅲ的曲线位置（Ⅱ），而农业总产出曲线相应地也依次提高到Ⅰ、Ⅱ、Ⅲ的曲线位置（Ⅰ），可以看到，农业剩余也依次在原来水平上了增加了 Z、$Z+R$、$Z+R+S$ 的数量。

现实社会中，农业技术进步和农业劳动力转移常常是同时发生，这意味着农业剩余生成的劳动力再配置模型与生产率提高模型常常是在一起对农业剩余的生成发生作用。假设 LY 单位劳动力从农业部门转移到工业部门，则生成了 XQ 单位的农业剩余，如果同时劳动生产率也提高了，达到了总产品曲线Ⅲ的位置，那么由劳动生产率提高又产生了 QT 单位的农业剩余，两者相加则有 XT 单位的农业剩余。

从农业剩余的本质来说，生产率提高模型所生成的农业剩余与劳动力再配置生成的农业剩余两者并无不同，但两者在生成的时间顺序上和对工业化的发展的资源意义上有所区别。从历史上看，农业剩余的生成首先是生产率水平提高的结果，在此基础上，人类才有可能实现真正的社会分工，才会出现劳动力再配置，也才会出现基于劳动力再配置所生成的农业剩余。从实际资源的角度来说，劳动力再配置模型所成生的农业剩余如前所述是作为从农业部门转移到工业部门的劳动力的工资基金，但生产率提高模型所生成的农业剩余不仅可以作为劳动力转移的工资基金，也可以为农业部门和工业部门的新增人口提供实际资源，为农业部门与工业部门自身和相互之间的循环流转提供基础。因此，在劳动力再配置模型的下面，一定有农业劳动生产率的不断提高，为实现劳动力再配置提供基本的必要手段。[①]

（三）农业剩余生成的总人口变动模型

如上所述，生产率提高模型所生成的农业剩余可以为新增人口提供实际资源，不过，生产率提高模型（还有劳动力再配置模型）都假定农业部门的人口与劳动力数量不变。显然这种假定与现实有相当差距，因此有必要放松前两个模型中农业人口与劳动力不变的假定，同时非农业人口也并非不变，即总人口是变动的，如此可导出农业剩余生成的总人口变动模型。

农业剩余生成的总人口变动模型的关键在于总人口增长与农业剩余生成之间的关系。古典发展模型中的马尔萨斯发展模型强调人口增长对于农业剩余生成的消极方面，因此主张控制人口，虽然这一模型因为过于悲观而受到批评，而且在现实中也被证明并不成立，但其指明人口增长对于农业剩余生成的不利影响进而主张控制人口增长的思想还是可取的。农业剩余是农业总产出减去农业内部的总消费量的差额，总人口变动模型的要点在于：在一定时期内，农业剩余的生成主要取决于农业劳动生产率的增长和农业人口的增长，而且只有在农业生产率的增长速度超过农业人口的增长时，农业剩余的生成才成为可能，而当农业生产率的增长落后于农业人口的增长时，就无法形成农业剩余，但此时农业剩余并不以负数形式出现，而是以人均消费量减少的形式出现（见图1－4）。[②]

总人口变动模型主要研究农业人口的增长对于农业剩余的影响，所以对人口增长理论必须加以关注。根据人口经济理论所确立的人口转型模式，一个国家的人口由以高出生率和高死亡率为特征的低增长率，转变到以低出生率和低死亡率为特征的低增长率之间，要经历以高出生率和和急剧下降的死亡率为特征的高增长率阶段，及以急剧下降的出生率和缓慢下降的死亡率为特征的

① 费景汉、古斯塔夫·拉尼斯：《劳力剩余经济的发展》，第100页。

② 参见李微：《农业剩余与工业化资本积累》，第53－55页。

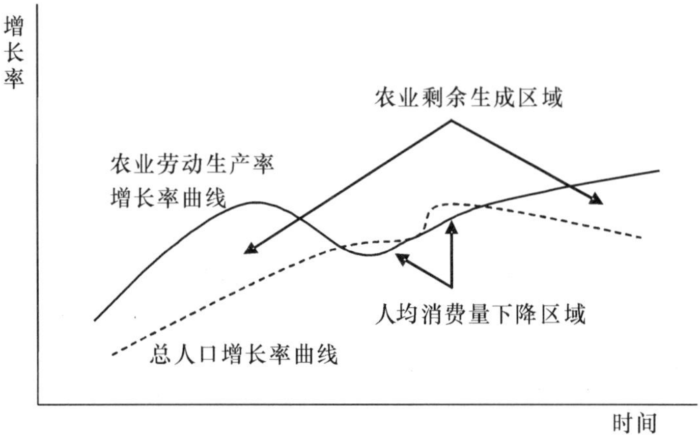

图 1—4　农业总人口增长对农业剩余生成的动态影响

低增长率两个阶段。这一人口转型模式，可以用图 1—5 来表示。

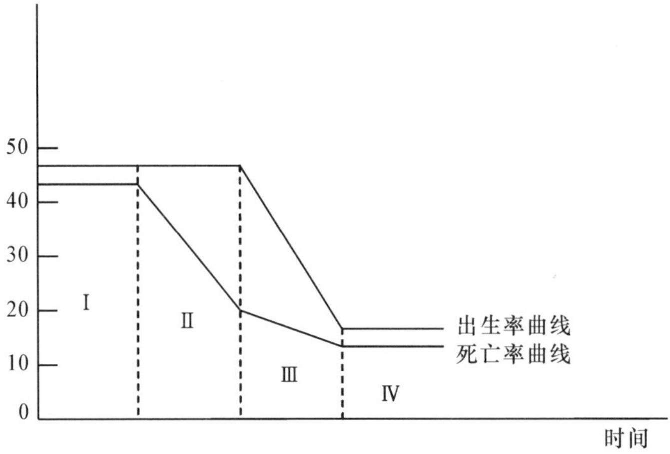

图 1—5　人口转型模式及人口增长的四个阶段

从图 1—5 中可以看出，人口增长最快的是第Ⅱ阶段的后半期和第Ⅲ阶段的前半期，根据发达国家的经验，人口增长的第Ⅰ阶段大致与工业化启动以前的时期相对应，第Ⅱ阶段大致与工业化初期相对应，第Ⅲ阶段大致与工业化中期相对应，第Ⅳ阶段大致与工业化后期相对应。人口转型模式及人口增长的四个阶段告诉我们，在工业化中期阶段前半期以前，农业人口的增长也遵循相同的规律，农业剩余面临人口高速增长的压力，如果农业部门不能提供足够的农业剩余，工业化进程就可能受农业剩余因为被增长的人口所消耗而减少的影响。要解决这一问题，就要在控制人口增长的同时，尽快提高农业劳动生产率，求助于农业剩余的生产率提高模型。

（四）农业剩余生成的三个模型与中国的实际情况

农业剩余生成的三个模型各有不同的侧重点，劳动力再配置模型侧重于农业劳动力向工业部门的转移，生产率提高模型着眼于农业生产率的提高，总人口变动模型则强调农业人口增长对于农业剩余的影响。对于中国而言，总体上来说，农业剩余生成的劳动力再配置模型适用性要小一些，生产率提高模型更有说服力，而总人口变动模型的情况则相对比较复杂。

在建国初期直到1963年，劳动力再配置模型较有说服力。1949—1952年3年中，有300多万农民进入城市就业，占同期城市就业人数的30%。农村劳动力占全部社会劳动力比重由1949年的91.5%，下降到1952年的88%。1953—1957年"一五"期间，开始了大规模的以156个重点项目为中心的工业化建设，需要从农村吸纳大批农业剩余劳动力，而农业生产的迅速恢复和发展，为向城市工业转移农业剩余劳动力提供了可能。这一时期平均每年进入城市的农民165万。农村剩余劳动力的转移基本上未受到户籍制度阻碍。5年间全社会劳动力增长11.3%，而非农产业劳动力增长23.4%，1957年非农产业劳动力占全社会劳动力的比例为18.8%。1958—1963年间大跃进和经济调整时期，先是出现农业劳动力非正常地向城市急剧转移，随后又由于城市人口过多出现了向农业回流的"逆向转移"。①

1964年到1978年，由于户籍制度和严格限制农村人口向城市转移，劳动力再配置模型不再有解释力，此一时期的农业剩余生成主要由生产率提高模型来解释。中国的问题是，由于几亿农民束缚在十多亿亩耕地上，人均土地不足2亩，农业生产力水平起点

① 陈廷煊：《城市化与农业剩余劳动力的转移》，《中国经济史研究》，1999年第4期。

较低，提高也比较缓慢。从1957年到1978年的21年中，全国农业劳动生产率提高了大约15%左右。[①] 农业剩余作为工资基金不能满足转移到工业的人口的粮食需求，粮食紧张一直存在。另一方面，因为工业化需要资金进口机器设备，也没有资金从国外进口粮食，相反每年还要出口粮食的实物交换机器。[②] 因此，仅有劳动力的转移并不能生成更多的农业剩余，生产率提高才是解决农业剩余不足的方法。提高农业生产率，应该靠机械化，但在工业基础落后的情况下，机械化遥遥无期，于是强调劳动合作和土地规模经营的农业生产合作社被推上历史前台，同时还利用过剩劳动力大修水利，提高土地生产率。

农业剩余生成的总人口变动模型某种程度上可以解释中国实行的统购统销政策。在统购统销的情形下，增加农业剩余的方法是以减少对总产出的消费来实现的[③]，这与总人口变动模型是一致的。总人口变动模型已经指出农业剩余不会出现负数，而是以人均消费量的减少来体现，在统购统销的情形下，人均消费量处于图1—4中的下降区域，不同的是，此时的消费量下降并非因为没有农业剩余形成，而是因为国家出于工业化需要而压低人均消费量，而其方法就是统购统销倒定额提取农业剩余。

三 国家、农业剩余与农村土地制度变迁

(一)国家、农业剩余与农村土地制度的简略框架

在讨论了国家理论和农业剩余生成理论模型之后，我们有必要进一步探讨国家、农业剩余与农地制度变迁问题。先看图1—6。

---

① 宋国青：《从统购统销到土地税》，见高小蒙、宋国青：《中国粮食问题研究》，经济管理出版社1987年版，第40页。

② 1953年出口32亿斤粮食、20亿斤大豆，和苏联等国交换机器、橡胶等物资。见陈云：《实行粮食统购统销》，载《陈云文选》，人民出版社1984年版，第204—210页。

③ 潘光浑、罗必良，《农业剩余与农业产业化》，《广东社会科学》，1998年第3期。

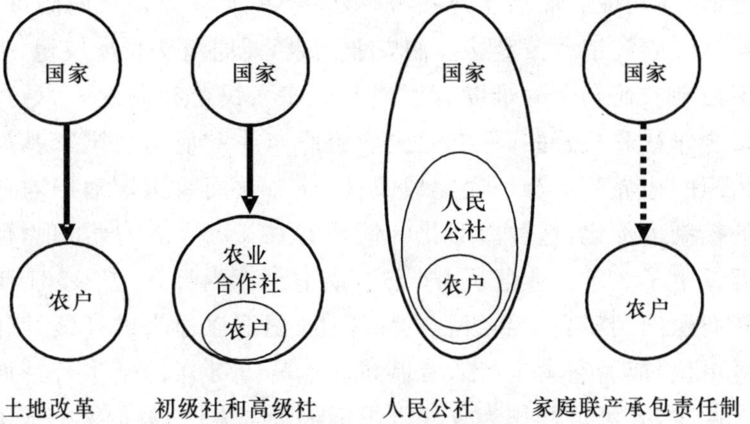

图 1－6　国家、农业剩余与农村土地制度的简略框架

图 1－6 只是一个近似的描述，但也可以视为是本文的一个简略分析框架。在图 1－6 中，实线箭头表示国家对农业剩余的直接控制，表示国家对市场的替代；虚线箭头表示间接控制，或者更确切地说是青木昌彦所谓的“市场增进”式的控制，以一种更具竞争性却有序的方式协调农户的分散的决策。[①] 箭头的长度表示控制的难度，没有箭头表示控制的内部化。从左至右依次表示了在土地改革、初级社和高级社、人民公社、家庭联产承包责任制四种不同土地制度下国家对于控制农业制度的情况。[②] 农业集体化是提高国家对农业生产直接控制程度的一个制度安排。[③] 在土地改革之后，国家与众多分散的、作为小块私有土地所有者的农户直接打交道，对农业剩余的控制难度较大，在一段较短的时期内，曾通过市场来控制农业剩余，结果无法解决商品粮问题，因此箭头长度较长。在初级社和高级社，国家通过将分散农民组织起来，并逐步减

① 青木昌彦、金滢基、奥野－藤原正宽：《政府在东亚经济发展中的作用：比较制度分析》，中国经济出版社 1998 年版，中文版前言。

② 此处与表 1－1 稍有不同，将初级社和高级社放在一起。主要是出于以下考虑：虽然高级社属于土地集体所有制，但从国家控制农业剩余的角度来看，高级社与初级社的相似性要大于其与政社一体的人民公社的相似性。

③ 林毅夫、蔡昉、李周：《中国的奇迹：发展战略与经济改革（增订版）》，上海三联书店、上海人民出版社 1999 年版，第 64 页，注 23。

低土地报酬，最后取消土地报酬，减少了控制农业剩余的难度，同时通过统购统销政策直接控制农业剩余，此时箭头长度较短，表示国家控制农业剩余的难度有所减少。在人民公社制度下，通过将高级合作社升格合并，将农业生产组织与乡政府这一国家基层政权组织的边界基本合一而完成政社合一，从而将国家对于农业剩余的控制内部化，这种内部化的情形曾在1958年一度出现，但随后即发生了3年农业危机，国家不得不放弃内部化，从1961年开始转而退回到相当于高级社的水平上，仍旧以原来的高级社作为核算单位，成为基本生产队有制，而不是1958年的基本公社所有制。此时，人民公社作为政权组织不再负责生产，只负责完成国家规定的粮食和农副产品的征购和派购任务，在各生产队之间进行合理分配，并且督促生产队完成国家任务。[①] 因此，人民公社实际上变成一个国家提取农业剩余的机构，而不再是原先设想的组织生产和提取农业剩余的机构。到1979年以后，实行了家庭联产承包责任制，在土地集体所有的基础上恢复家庭经营。在这一土地制度变迁过程中，国家经历了一个从进入到退出的周期，进入目的是为了控制农业剩余，以满足其进行以重工业为中心的工业化发展目标；退出则是当农业剩余的比重变得越来越小，工业自身积累比重越来越大，而国家控制农业剩余成本越来越高之后的选择。即是说，当国家用于维护强制性制度安排的运作成本，特别是保障这种制度运作中各经济当事人提供的义务履行成本已高于当事人从这一制度安排中获取的私人收益总和。结果是生产力的不发展和经济的不增长，这构成了中央计划经济国家进行改革的制度创新运动的真实含义。[②]

（二）国家构造农村土地集体所有制：控制与增加农业剩余

在农村土地制度构造中，国家相对社会和农民处于明显的强

---

① 《农村人民公社工作条例修正草案》，载中华人民共和国国家农业委员会办公厅编：《农业集体化重要文件汇编（1958—1981）下册》，中共中央党校出版社1981年版，第633页。

② 张军：《中央计划经济下的产权和制度变迁理论》，《经济研究》，1993第5期。

势地位。[①] 土地改革虽然赋予了农民土地私有权，但这种私有制不是产权市场长期自发交易的产物，也不是国家仅仅对产权交易施加某种限制的结晶，而是国家组织大规模群众阶级斗争直接重新分配原有土地产权的结果，领导了土地改革私有化运动的国家，把自己的意志铸入了农民私有产权之中。因此，国家在否弃农村土地私有权时，就有能力构造农村土地集体产权。通过农村土地集体所有权，国家可能更好地控制农业剩余，集体所有制既不是一种共有的、合作的私人产权，也不是一种纯粹的国家所有权，它是由国家控制但由集体来承受其控制结果的一种中国农村特有的制度安排。集体所有制与全民所有制的真正区别，在于国家支配和控制前者但并不对其控制后果负直接的财务责任，但国家控制全民经济时，却以财政担保其就业、工资和其他福利。[②]

因此，国家之所以要构造土地集体所有制，主要是为了控制与增加农业剩余。由于农业剩余小于国家工业化发展的需求，因此希望通过组织合作化将农民组织起来，提高农业生产力，通过农业剩余生成的劳动生产率提高模型来提高农业剩余。不过构造的结果并不太理想。从生产来说，初级社只是实行了土地规模经营，对劳动力的集约使用还受制于土地报酬的干扰。而高级社，则取消了土地报酬的干扰。这两点对于提高总产出在理论上是有效的，对于提取农业剩余在理论上也是有效的。但在事实上，总产出的提高受限于管理成本的高昂，提取农业剩余上受限于集体的瞒产私分与人格化的利益诉求的侵扰。因此，开始转向了人民公社。从交易成本考虑，公社的政社合一是比高级社更节约成本的，但其生产的管理成本更高，于是从生产上考虑向下撤退，退回到高级社的水平上。

在通过农业剩余生成的劳动生产率提高模型来提高农业剩余

---

① 孔泾源：《中国农村土地制度：变迁过程的实证分析》，《经济研究》，1993 第 2 期。

② 周其仁：《中国农村改革：国家与土地所有权关系的变化——一个经济制度史变迁史的回顾》，载周其仁：《产权与制度变迁：中国改革的经验研究（增订本）》，从北京大学出版社 2004 年版，第 7 页、10 页。

受挫之前，为了迅速解决商品粮不足的燃眉之急，国家舍弃了此前通过农业税定额提取农业剩余的方法，在 1953 年采用了统购统销的倒定额提取农业剩余方式。当时一般认为，农业合作社比分散的农民能更好地提取农业剩余，但合作社对于农业剩余的提取并不更为有利，普遍存在瞒产私分的问题。为了进一步应对合作社对于统购统销的瞒产私分，国家将合作社合并提升使生产组织的边界与乡政权的行政边界相重合来内部化瞒产私分问题，不过这一结构却不利于生产。当转向家庭联产责任制之后，生产问题才得以解决，农民的生产积极性大大提高，农业生产获得连年的高速增长。

第二章 土地改革与农业剩余（1949—1952）

在讨论了国家、农业剩余与农村土地变迁的理论框架之后，我们转向按时序具体地分析各个时期的国家、农业剩余与农村土地制度的关系。首先讨论的是土地改革时期。土地改革之前，农业剩余以地租和田赋的形式存在着，有国外学者估计革命前中国的农业剩余占农业总产出的30%左右。[①] 革命后对农业剩余数量的估计，主流观点认为大约在原粮600亿～700亿斤之间[②]，这部分农业剩余由农民、地主和国家分享。土地改革之后，农业剩余的分配出现了变化，地主不存在了，国家和农民两者分享了农业剩余。

一 土地改革与农业剩余分配变化

1949年新中国成立之后，中国共产党继续在新解放区推行土地改革。全国农村土地改革分三批进行，第一批是1950年冬至1951年春在1.2亿多的农业人口地区进行，第二批则在1951年冬至1952年春实施，涉及1.1亿农业人口，第三批则在1952年冬至1953年春实施。到1953年春，包括解放前已经完成了的老区

---

① Victor Lippit. *Land Reform and Economic Development in China*, International Arts and Sciences Press, 1974.

② 杜润生：《杜润生自述：中国农村体制变革重大决策纪实》，人民出版社2005年版，第18页。同时参见金观涛、刘青峰：《开放中的变迁：再论中国社会的超稳定结构》，香港中文大学出版社1993年版，第421页；朱建华等编：《中华人民共和国史稿》，第69页；马齐斌、陈文斌等：《中国共产党执政四十年（1949—1989）》，第18页；《农民负担史》，中国财政经济出版社1994年版，第71页。也有的统计认为是600亿斤原粮，参见《李先念同志关于工农业产品交换问题的调查研究》（1958年1月14日），载中国社会科学院、中央档案局编：《1958—1965中华人民共和国经济档案资料选编·综合卷》（分卷主编武力），中国财政经济出版社2011年版，第302页。

土地改革，全国范围内绝大多数地区的土地改革宣告完成。

对于土地改革的经济绩效，评价并不一致。珀金斯认为，中国的土地改革一如世界上实行的大多数伟大的土地改革一样，主要是产生于政治的原因而不是经济的原因。从经济上来说，土地改革对于农业生产甚至有消极的影响：第一，土地是授予最贫困的阶级，其中包括无地劳动者，他们一般并不是最好的农民，又太贫困，无法在土地上投资很多；第二，富裕农民虽然可以独自去耕种自己的土地，可是政治上的软弱地位一定会影响他们中的某些人搞好经济条件的兴趣。由于土地改革完成以后状态保持不变的时期只有 1953—1955 年短短的两年时间，所以土地改革的影响不能用任何数量方法来衡量。[①] 显然，这一评论并不中肯，董志凯早已对之做出过较为翔实的反驳，认为土地改革的经济作用不容忽视，也可以进行数量上的衡量。[②] 在如何看待土地改革的问题上，我们比较倾向于杜润生的观点。杜润生作为土地改革的参与者、领导者之一对土地改革的见解也许更为深刻，他认为：过去谈土地改革的必要性，往往偏重于分配土地，但从中国农村来看，可分配的土地并不很多，地主富农占有的土地不到 50％，而不是一向所说的 70％～80％。直到最近，有几位学者对民国以来的历次调查重新做了整理，发现地主占有的土地，还不到总量的 40％，其人口约占 5％。[③] 我们认为，土地改革与其说是为了分配土地，不如说是为了使国家进入农村之中以便更多地分享农业剩余，在土地改革过程中特别强调的反对不经过阶级斗争打倒地主阶级的“和平分田”，也可以说明土地改革的目的并不仅仅在于分田，更在于通过动员群众而使国家力量在农村中内在化。

---

① 德怀特·希尔德·珀金斯：《中国农业的发展(1368—1968)》，宋海文等译，上海译文出版社 1984 年版，第 141 页；同时参见 Dwight H. Perkins. *Market control and planning in communist China*. Havard university press, 1966, p. 29。

② 董志凯：《土地改革与我国的社会生产力》，《中国经济史研究》，1987 年第 3 期。

③ 杜润生：《杜润生自述：中国农村体制变革重大决策纪实》，人民出版社 2005 年版，第 18 页。

虽然意见不一，但有一点可以肯定：经过土地改革，地主阶级被消灭，富农在老解放区也消灭了，在新解放区，很多地方因为土地不够分，富农的出租土地也被拿出来分掉了，富农经济也受到很大限制。[①] 简言之，地主和富农出租土地上所得的地租被国家和农民所分享，土地改革前由国家、地主和农民三方分享的农业剩余，一变而为由国家和农民双方分享，即由国家和农民分享原来交给地主的地租的份额。

新中国成立初期，公粮（农业税中的正税）是国家掌握粮食的基本手段，在国民经济恢复时期，农业税占预算收入的 18％，在第一个五年计划时期，约占 11％[②]，也是国家财政收入的主要组成部分。1949 年全国公粮征起数达 248.7 亿斤（细粮），完成分配任务数的 85％，其中正税实征 216.3 亿斤（细粮），占当年全国财政收入 303 亿斤小米的 71.3％。[③]

从表 2－1 看，各年正税附加合计占农业实际产量的 12.3％～14.5％，可以说这一比例正是国家所分享的份额。与土地改革之前相比，农民所获得的农业剩余有了比较大的增长。一般认为，在解放前，农民租种土地那一部分要交给出租方的地租达到了 50％，而现在也只要交 12.2％～14.5％，显然，这里农民获得了租入土地部分土地的农业实际产出的近 35％。因此，土地改革使农民得到了实惠，连同老解放区也算在一起，全国有 3 亿多无地或少

---

① 据薄一波的说法，1949 年 11 月，毛泽东正式提出，江南土改时，要慎重对待富农。1950 年 6 月 28 日发布的《中华人民共和国土地改革法》将党的保存富农经济的政策形成法律。不动富农土地，在一般地区对贫雇农影响不大。但有一个争论，不动富农土地，是否包括富农的出租地。华东、西北、华北、东北局认为旧式富农的出租地还是要动。在中南、华东局，主张动的有江西、湖北、湖南、浙江省委，山东分局，苏北、皖北区党委，主张不动的有广西省委和皖南党委。动的理由是，不动富农出租地，光靠没收地主土地和公地，不能满足贫雇农的土地要求。邓子恢主张动，饶漱石主张不动，认为发展工业才是解决贫雇农困难的基本方法，不能过多在土地分配上打主意，事实上，最后主张动的占了大多数。参见薄一波：《若干重大决策与事件的回顾》，中共中央党校出版社 1991 年版，第 118－129 页。

② 李成瑞：《中华人民共和国农业税史稿》，财政出版社 1959 年版，第 13 页。

③ 中华人民共和国财政部《中国农民负担史》编辑委员会：《中国农民负担史》（第四卷），中国财政经济出版社 1994 年版，第 28 页。

地农民分得了约7亿亩土地，得到的地租约为700亿斤谷物，还有学者认为是700亿～1000亿斤[①]。薄一波也认为土地改革后，农民每年不必再向地主交纳几百亿斤粮食的地租[②]。

表2—1 1949—1952年农业税实征税额与其他税收及比例

年度	农业实产量（细粮，亿斤）	农业税正税附加合计（细粮，亿斤）		农副业净产值（亿元）	农民负担（亿元）			负担比例%	
		实征税额	占农业实产量%		农业税合计	其他农村税收	小计	农业税占农副业净产值	农业税及其他税收占农副业净产值
1949	1847.1	248.8	13.5	—	—	—	—	—	—
1950	2195.4	269.7	12.3	243.12	22.93	5.61	28.54	9.43	11.74
1951	2493.2	361.6	14.5	266.02	30.73	9.57	40.30	11.55	15.15
1952	2924.2	388.0	13.2	322.76	32.99	4.78	37.77	10.22	11.70
合计	9459.9	1268.1	13.4	831.90	86.65	19.96	106.61	10.42	12.82

资料来源：根据中华人民共和国财政部《中国农民负担史》编辑委员会：《中国农民负担史》(第四卷)附录一，第119页、413页的三个表整理。1952年合计实征有两个数据，另一数据为357.8亿斤(见《中国农民负担史》，第413页)，本文采用了388.0亿斤这一数据(见《中华人民共和国农业税史稿》，第113页；见《中国农民负担史》，第118页)。同时，1951年实征数据比1950年增加了34%，这不完全是抗美援朝的原因，部分还由于：(1)1951年查出了6000万亩黑田，使计税产量增加了200亿斤，(2)各地认真贯彻税法，重新评订了常年产量，提高了常年产量的真实性。

珀金斯认为，20世纪上半叶在土地租佃上有两个要点：一是大约30%的农户一点土地也没有，70%农户至少拥有自己耕种的土地的一部分；二是北方的低租佃，南方高租佃[③]。从这个角度说，可以粗略地估计，30%无地的农民从土地改革中得到的农业剩余更多，南方高租佃的地区从土地改革中得到的农业剩余更多。

还有一点值得一提，这是很多学者可能都较少关注的因素：土

---

① 李成瑞：《中华人民共和国农业税史稿》，财政出版社1959年版，第199页。

② 薄一波：《若干重大决策与事件的回顾》，中共中央党校出版社1991年版，第118页。

③ 德怀特·希尔德·珀金斯：《中国农业的发展(1368—1968)》，上海译文出版社1984年版，第116页。

地改革也取消了宗族的公有制，而宗族公有制也是农民储存农业剩余的一个重要机制。宗族公有制主要体现在公田。公田在南方是比较普遍的现象。在本世纪初，宗族公田占广州府属各县全部地产的比重达50%～80%，非族田类的公田（学田、庙田、会田）又占1%～5%，广州府以外的广东各县公田也占总耕地的30%～40%。浙江各县的宗族公产也很发达，如浦江县全县三分之一地产为祠庙公产，义乌县一些地区宗族公产竟占耕地的80%。[①]1950年的调查表明，江西的公田约占总土地面积的10%～15%，某些地区有占30%～40%的，个别地区占80%。[②]根据1950年初华东军政委员会的统计，公田（公堂田）比例，福建为29.36%，浙江为16.35%，苏南为5.9%，安徽为4.17%。[③]这些土地在土地改革中当然是要被平分的。公田的消失，使农民完全以一家一户为单位来储存农业剩余，一旦出现农业剩余严重不足的情形，农民则很难有应对之策。

二　农业剩余显性转移与定额提取

（一）农业剩余显性转移

农业剩余的显性转移是相对于隐性转移而言的。所谓隐性转移，在中国的情况下，是在部门产品交换的掩盖下进行的，表现为一部门产品价格由于种种原因而高于其价值，另一部门产品的价格则低于其价值，从而使低价格部门的生产剩余流入了高价格部门。而农业剩余的显性转移是指国家主要通过税收政策直接提取

---

① 转引自卞悟：《公社之谜——农业集体化再认识》，《二十一世纪》，1998年8月号，总第48期。

② 陈正人：《关于本省土地改革实施问题的报告》（1950年8月30日），《江西党史资料（第31辑，江西土地改革）》，第40页。

③ 《土地改革前华东各省（区）市农村各阶级（层）土地占有情况统计》，转引自黄道炫：《张力与限界：中央苏区的革命（1933—1934）》，社会科学文献出版社2011年版，第41页。

农业剩余的方式,农业剩余的转移可以通过税收明显地体现出来,农业剩余在部门间的流动可以明显地看出来。有学者估计,在1950年代中前期,或者确切地说是1950—1957年间,农业税收基本上吸纳了农业剩余,农业税拿走了农业剩余的三分之二以上①,从1958年开始,仅从统计数据上看,政府的支农支出超过农业税,标志着农业剩余的显性转移结束(见表2—2),此后开始转入隐性转移中。事实上也大致是如此。在1950—1957年间,农业剩余的移转主要是通过显性转移来完成的。而且,从国民收入来看,农业产值在1957年以前都远远超过了工业产值,从1958年起,工业产值开始接近农业产值,到1959年,工业产值就超过了农业产值(见表2—3),并且在此之后一直保持着,并不断扩大。

表2—2 1950—1957年中国农业剩余的显性转移 (单位:亿元)

年　份	农业税	农业税占农业国民收入比重%	农业税—政府支农费
1950	19.10	6.66	16.36
1951	23.35	7.39	19.16
1952	27.35	8.04	18.31
1953	27.51	7.36	14.44
1954	33.13	8.54	17.34
1955	30.73	7.37	13.71
1956	29.65	6.75	0.51
1957	29.67	6.98	5.10

资料来源:王光伟:《我国农业剩余的流动状况分析》,《经济研究》,1992年第5期。

表2—3 1949—1959年国民收入 (按当年价格计算)

年　份	国民收入(亿元)						按总人口平均的收入(元)
	合计	农业	工业	建筑业	运输业	商业	
1949	358	245	45	1	12	55	66
1950	426	287	60	5	14	60	77
1951	497	316	84	9	18	70	88
1952	589	340	115	21	25	88	104

① 王光伟:《我国农业剩余的流动状况分析》,《经济研究》,1992年第5期。

续表

年　份	国民收入（亿元）						按总人口平均的收入（元）
	合计	农业	工业	建筑业	运输业	商业	
1953	709	374	156	28	29	122	122
1954	748	388	174	26	32	128	126
1955	788	417	179	30	33	129	129
1956	882	439	212	55	37	139	142
1957	908	425	257	45	39	142	142
1958	1118	440	401	68	59	150	171
1959	1222	376	527	76	78	165	183

资料来源：中华人民共和国农业部计划司编：《中国农村经济统计大全（1949—1986）》，农业出版社1989年版，第64－65页。同时有国民收入指数，见第66－67页。

新中国成立初期，农业税对于国家的重要性不言自明。在过去革命战争时期，它是国家收入的主要来源。近3年来也因为完成了公粮的征收，才顺利地保障了国家收支的平衡、抗美援朝的需要和市场物价的稳定。[①] 就财政而言，农业税在我国财政收入中占有非常重要的地位。按照陈云提供的数据，1950年度财政概算中，公粮（即农业税中的正税，不包括地方附加税）收入占40.4%，而同期税收只占38.9%。陈云提出1951年要使税收超过公粮收入[②]，从这里也可以推论1949年公粮在财政收入中的比例还要更大一些。按照统计数字，农业税在1952年之前，在财政收入中占据了最重要的地位（见表2－4）。同时，此一时期，农业产品相对于工业产品而言，并没有1957年以后的不断恶化的剪刀差。相反，在1957年之前，工农产品价格之比对农产品较为有利，工业品价格相对于农产品价格之比处在不断下降的通道中，即农产品相对于工业品而言的贸易条件不断改善。

---

① 《政务院关于1953年农业税工作的指示》（1953年6月5日），载中国社会科学院、中央档案馆编：《1953—1957中华人民共和国经济档案资料选编·农业卷》，中国物资出版社1998年版，第55页。

② 陈云：《在全国税务工作会议上的讲话》，载《陈云文集》（第二卷），中央文献出版社2005年版，第40页。

表 2—4　1950—1952 年农村各税收占国家财政收入的比重

（单位：亿元）

年　份	国家财政总收入	农村税收收入				农村工商税
		合计		农牧业税		
		金额	占财政总收入%	金额	占财政总收入%	
1950	65.20	21.20	32.5	19.10	29.30	2.10
1951	133.10	25.24	18.9	21.69	16.30	3.45
1952	183.70	30.83	16.8	27.03	14.70	3.80
合计	382.00	77.27	22.7	67.82	20.10	9.35

资料来源：根据中华人民共和国农业部计划司编：《中国农村经济统计大全(1949—1986)》，第 96 页，以及中华人民共和国财政部《中国农民负担史》编辑委员会：《中国农民负担史》(第四卷)附录一，第 415 页总表六整理。1949 年的数据。农牧业税不包括地方附加，工商税是实际征入库数。

（二）农业剩余的定额提取

在实行统购统销之前，农业税是国家掌握粮食的主要渠道。农业税作为国家提取农业剩余的主要方式，决定了农业剩余的定额提取方式。

1949 年农业税的征收在新解放区不同于老解放区，由于刚解放不久，由各省人民政府制定比较简易的临时征收办法，规定了免征额、累进税率，稳瞒土地非法等，但在实践中出现了一些问题，一方面有些地主隐瞒土地，一方面有些地主负担达到收入的 80%以上，甚至有的以租谷全部交纳了农业税。1950 年 2 月 28 日，中央人民政府颁布《关于新解放区土地改革及征收公粮的指示》，规定：(1)中央人民政府征收的公粮，在新区不到农业总收入的 17%，地方人民政府的附加不得超过正税的 15%；(2)农业税负担人口，一般不得少于农村人口的 90%；(3)土地负担一般不超过农业总收入的 60%，特殊情况不超过 80%；租佃地负担按未减租、已减租和不收租等不同情况分别办理。针对 1950 年农业税的征收，1950 年 9 月 5 日，中央人民政府正式颁布了《新解放区农业税暂行条例》，规定：(1)关于纳税的土地和收入，凡有农业收入的土地，都要由收入所得人交纳农业税；(2)关于农业收入计算标准，农业收入的计算，以土地常年应产量为标准；(3)将起征点设为每人平均应产量为150斤，如果纳税户达不到总农户的90％，递降到120斤；(4)新解放区农业税采用全额累进税制，分为四十级，第一级征收3％，第四十级征收42％。[①] 农业税分为正税和地方附加税，农业税的第一个特征，是以农民耕种的土地面积为基础，是一种土地税，以单位土地面积的常年应产量为计税收入的依据，不扣除农民用于自给性消费的部分。第二个特征，是采取以货币计算、以实物抵交的征收方法，一般直接用粮食食物交纳，粮食以当地所产的主粮为标准，其他粮食按其与主粮的价格折成主粮，牧业税也采取实物征收，征活畜或羊毛或酥油等。

在老解放区，农业税仍然采取比例税制，但也做了一些调整。一是除东北老区外，其他地区都略有降低；二是各地因地制宜，以适合不同经济情况。华北老区1951年从原来的正税每负担亩征收小米22斤降为21斤，地方附加不超过正税的20％，1952年又取消了地方附加。东北老区1950年的地方附加由原来的正税15％增加到正税20％，1952年正税税率增加了2～3个百分点，在15％～23％之间。山东老区1950年每负担亩农业税正税和附加税从1949年的46斤减少到27斤，1951年正税改为30斤，地方附加不超过正税的20％，1952年取消了地方附加。陕甘宁老区1950年把正税税率由原来的20％～23％降为20％，地方附加不超过正税的20％，1952年取消了地方附加。内蒙古老区的情况比较复杂，但也有减轻。[②]

由于农业税是按常年应产量征收的，因此只是名义税率，不是实际税率。农业税按常年应产量计征，这有利于提高单位面积产量。如果农民勤劳耕作或善于经营使收获量超过常年应产量的部分就归农民所有；如果怠于耕作，收获量达不到常年应产量也要按近常年产量征收。但就一般情形而言，常年应产量都低于实际产

① 李成瑞：《中华人民共和国农业税史稿》，财政出版社1959年版，第138－141页。

② 参见中华人民共和国财政部《中国农民负担史》编辑委员会编：《中国农民负担史》，中国财政经济出版社1994年版，第77页。

量，常年应产量评定以后在较长时期不做更改。一般而言，农业税的实际税率要低于名义税率，总体而言，我国农业税是比较轻的。也因此，国外有学者对其数量之少相当意外。[①] 这一点，从表 2—5 中也可以看出来。

表 2—5　1949—1952 年全国农业税平均税率和实际负担率(%)

年度	平均税率	实际负担率(包括附加)占农业实产量
1949	17.0	13.5
1950	13.0	12.3
1951	—	14.5
1952	17.2	12.2
四年平均	—	13.1

资料来源：《中国农民负担史》第四卷，第 49 页、411 页。

从上表看，实际的农业税正税和附加税总额在 1949—1952 年的平均实际负担率是 13.1%。而且，此一数据实际上只是农业税正税和附加税总额，只表示其占农业实产量的百分比，由于副业收入不计入农业税中，所以农业税占农副业收入的比重还要更低一些。有资料表明，1950 年至 1952 年国民经济恢复时期，全国农民负担占农副业净产值的比例大体在 10%上下。同解放前相比，老解放区在革命战争年代曾占到 15%～20%，而新解放区在解放前包括苛捐杂税和地租在内要占到总收入的 50%～60%[②]，可见都有较大幅度的改善。

但是，农村经济刚刚从战乱中复苏，农民的农业剩余并不多，承受力相对很小。据农业部统计，全国按农业人口平均计算的农业国民收入，1949 年为 66 元，1950 年为 77 元，1951 年为 88 元，1952 年为 104 元。而且，农民的收入中，现金收入比重较小，1952

---

① Jean. C. Oi. *State and peasant in contemporary china*, University of California press, 1989, p. 17. 在 1950 年代，农业税只占到了粮食总产出的 10.5%，Oi 认为这是非常小的，的确，相对于解放前来说，这确实是非常少。

② 参见中华人民共和国财政部《中国农民负担史》编辑委员会编：《中国农民负担史》，中国财政经济出版社 1994 年版，第 117 页。

年在农民人均收入 104 元中，现金收入只有 30.8 元。农民收入的较低水平决定了农业剩余只能通过农业税进行定额提取，而且，为了促进生产发展，提高农民的劳动积极性，定额提取农业剩余的方法相对来说也是最好的。在农业剩余提取量较为合理的这一时期，农民的人均粮食消费量相较于其后一段时期内并不低（见表 2－6）：

表 2－6　1950—1952 年农民粮食消费统计表

	1950	1951	1952
农民粮食消费（亿斤）	2545.7	2546.9	2850.3
农民生活用粮食（亿斤）	2258.0	2235.3	2474.3
人均生活消费粮食（斤）	464.6	454.0	496.0

资料来源：国家统计局：《中国商业历史资料汇编》，中国统计出版社 1963 年版。

从上表看，这 3 年平均的人均粮食消费量是 471.5 斤。而依据统计年鉴的数据，1952 年，按人口平均的粮食产量只有 576 斤。1957 年农民的人均口粮 458 斤，按人口平均的粮食产量是 612 斤。[①] 在即将进入统购统销时期的 1952 年，3 年平均的人均消费量粮食 471.5 斤这一数据似乎可以视为是起始点。

三　小农经济与国家工业化战略的冲突

（一）小农经济的弱点与工业化战略

土地改革之后，中农占了农民中的绝大部分，整个农业经济是一种中农经济。中农在老区占了农户的 80%，在新区也占了 60%～70%，他们拥有农业生产力的最主要部分。[②] 当时的情况是："在土地改革完成之后，我们依靠以进行农业生产的队伍是什么情

① 参见《中国农村经济统计大全（1949—1986）》，第 127 页。

② 邓子恢，《在中国共产党全国代表会议上的发言》，载中华人民共和国国家农业委员会办公厅编：《农业集体化重要文件汇编（1949—1957）》（上册），中共中央党校出版社 1981 年版，第 301 页。

况呢？显然地，主要是由约一万万户小生产小私有的个体农民所组成的。互助组还只是建立在农民个体经济基础上的集体的互助的劳动组织，半社会主义性质的农业生产合作社所包括的农户尚不及总农户的千分之二，国营农场（包括非机耕的省县农场在内）的耕地面积也不足总耕地面积的千分之三。至于富农经济无论在老解放区和晚解放区所占的比重都还是很小的。这就是目前农村经济构成的基本情况。"[①]

这些"小生产小私有的个体农民"拥有的土地并不多，生产的技术条件落后。在土地改革完成之际，其耕作技术跟19世纪甚至14世纪流行的方式相比，改变不大，只是在60年代以后，在中国政府的推动下才开始推行一个真正现代化的耕作技术，即化肥和机械力量的使用。[②] 当时《人民日报》社论指出："小农经济是私有的，极端分散的，因而在农业生产方面会产生一定的盲目性和自发倾向，给国民经济各部门平衡发展的要求以不利的影响，这也是可以预料的。"[③]小农经济有很多致命弱点：(1)小农经济在再生产上不可能有较大的扩大，因此农业总产量不可能得到大幅提升，从而农业剩余也就相对有限，这使以农业为主的国家的工业化得不到农业的支持。对此，毛泽东曾明确提出，小农经济增产有限。[④] (2)小农经济抗击风险的能力小，无法冒险进行技术上改进，因此在农业技术上也无法取得大的突破。这一点中共中央也有清醒的认识：土地是各自私有的，每个农民对于生产技术的微小的改革都抱有一种不放心的看法而不敢轻易去试验，试验不成即影响一年

---

① 《人民日报社论：领导农业生产的关键所在》(1953年3月26日)，《1953—1957中华人民共和国经济档案资料选编·农业卷》，第30页。

② 德怀特·希尔德·珀金斯：《中国农业的发展(1368—1968)》，上海译文出版社1984年版，第5页。

③ 《人民日报社论：领导农业生产的关键所在》(1953年3月26日)，《1953—1957中华人民共和国经济档案资料选编·农业卷》，第32页。

④ 毛泽东：《关于合作社的两次谈话》，载中华人民共和国国家农业委员会办公厅编：《农业集体化重要文件汇编(1949—1957)》(上册)，中共中央党校出版社1981年版，第198页。原话是"个体农民，增产有限"。

的生活，甚至有几年翻不过身来的危险。[①]（3）小农经济无法集约地使用劳动力。农闲时，农村中有过剩劳动力，只能通过副业来解决，而农忙时，又可能经受到劳动力紧缺的压力。

新中国建立后，国家工业化是既定目标。1949 年 9 月通过的《中国人民政治协商会议共同纲领》，强调发展国家资本主义，认为土地改革是发展生产力和国家工业化的必要条件[②]，处理好工业与农业之间的关系对于当时的经济建设来说非常重要。

但是在历史的实际进程中，工业化与农业合作化的关系是复杂的。在发展合作社的道路上，中共中央曾认为，要从供销合作社到生产合作社，只有生产合社而没有供销合作社，则在小生产者与国家中间，缺乏一条经济的桥梁和一根经济的纽带，把小生产的生产与国家在经济上结合起来，把小生产者的合作社与国家的国营经济结合起来。张闻天引用了列宁的说法："农业发展的道路，应该是通过合作社吸收农民参加社会主义建设，逐渐把集体制原则应用于农业，起初是农产品的销售方面，然后是农产品生产方面"，并提出：发展合作社的道路必须遵循"从供销到生产"的规律。[③]到 1951 年，山西省委与华北局围绕山西互助组和初级社的问题展开了一场争论，这次争论的一个结果是使"从供销到生产"的问题被搁置到了一边，而生产合作社的重要性得到了强调。随后在 1951 年 9 月 20 日到 30 日，中共中央在原华北局招待所小白楼召开了全国第一次农业互助合作会议，通过了《中共中央关于农业生产互助合作的决议（草案）》，指出以土地入股为特点的农业生产合作社是走向社会主义农业的过渡形式，表明农业合作化道路已初步形成。到 1953 年 2 月 10 日，中共中央按照毛泽东的建议，提出

---

① 《中央关于布置农村工作应照顾小农经济特点的指示》，载中华人民共和国国家农业委员会办公厅编：《农业集体化重要文件汇编（1949—1957）》（上册），中共中央党校出版社 1981 年版，第 106 页。

② 《中国人民政治协商会议共同纲领》，载中华人民共和国国家农业委员会办公厅编：《农业集体化重要文件汇编（1949—1957）》（上册），中共中央党校出版社 1981 年版，第 5 页。

③ 《张闻天选集》，人民出版社 1985 年版，第 427 页。

了过渡时期的总路线。这条总路线，对采取社会主义工业化和农业改造同时并举的方针已经进行了明确。[1]

但是，生产条件落后的小农经济与国家工业化战略之间存在着尖锐的冲突。而这种冲突，就是最大农业剩余小于最大工业需求的矛盾。

(二)最大农业剩余小于最大工业需求

小农经济与工业化战略的这种冲突，可以用唐宗明提供的方法来说明。唐宗明认为中国是一种选择性工业化，他把农业剩余定义为农民户的产出量与消费量的差额。他先假定一个最大工业需求，再假定农业内部的最低消费标准，这一标准决定了国家抽取的农业剩余的最大数量，唐宗明称这一最大数量为最大农业剩余。在最大农业剩余和最大工业需求之间有三种情形：(1)在通常农业种植条件下，最大工业需求刚好等于最大农业剩余，这时选择性工业化将不受农业增长的限制以最大增长速度增长，此时，国家不得不根据谷物收获量调整提取量并实行储存计划以在一定时期内平衡供需。(2)在一定时期的所有年份里，最大工业需求低于最大农业剩余，这将产生以下结果：第一是国家固定农业剩余提取额；第二是农业内部消费量在高于最低消费量的水平上波动；第三是工业与农业增长之间没有联系。显然，国家不再需要启动存储计划，国家定额提取农业剩余，而集体农场和农民成为真正的剩余索取者，剩余的存储计划由农场集体和农民个人来实行。(3)在所有年份里，最大工业需求超过最大农业剩余，此时，农业就限制了工业的发展，农业输送给国家的剩余量会随着农业条件的变化而变化，同时农业内部消费量总是停留在最低消费标准上，此时情况与(2)恰好相反，国家成为真正的剩余索取者。与此相应，两者所导致的农业政策也不同，在(2)情形之下，政策会倾向于提取农业剩余，而不是发展农业生产，在(3)的情形下，则提取农业剩余和发展农业生

① 参见高化民：《农业合作化运动始末》，中国青年出版社1999年版，第17－18页、35－47页、第400页。

产两个方面都会受到强调。唐宗明认为中国属于(3)的情形，工业发展受制于农业瓶颈。因为农业初始条件处于低产量水平，所以农业政策同时强调农业发展和提取农业剩余，中国成功地使农业产出保持在每年增加大约3%的水平上。[①]

我们认为，唐宗明的分析与判断比较切合建国初期小农经济与工业化战略之间的冲突，并且清楚地揭示了冲突的本质：由于农业整体生产力水平较低下，无法提供用以满足工业化战略需求的农业剩余，农业成为工业化战略中的一块短板。这与发展经济学的一般理论也是契合的。William H. Nicholls 认为欠发达国家在达到和维持一个可靠的食物剩余之前，无法实现其经济发展的基本前题条件。而库兹涅茨也认为：农业工人人均生产率获得标志性增长的农业革命是世界上任何一个地方的工业革命的前提条件。[②]

对于最大农业剩余小于最大工业需求，当时的决策层也有所认识。陈云指出，在制订一五计划时，农业投资占5年全部投资9.5%，对农信贷算进去则为12.3%，交通占13.7%，工业必须保证141个项目的建设，重工业与轻工业的投资比例定的是89∶11，但是轻工业吃和穿的原料主要靠农业，农业赶不上，多投资轻工业也是有困难的。[③] 这即是说，因为要确保重工业建设，对农业无法再加大投入，而因为农业无法满足轻工业的原材料，所以想提高轻工业的比重也无法做到。在重工业战略优先的情况下，农业由于无法更好地提高生产力水平，无法提供更多的农业剩余，因此导致了小农经济与工业化战略之间的矛盾。中央农村工作部在召开第二次全国农村会议时也特别强调："正如主席（指毛泽东——

---

① Anthony M. Tang. Agriculture in the industrialization of communist China and the Soviet Union, *Journal of farm economics*, Vol. 49, No. 5, Proceedings Number (Dec). , 1967, pp. 1118－1134.

② William H. Nicholls. An "agricultural surplus" as a factor in economic development. *The Journal of political economy*. Vol. 71, No. 1(Feb. , 1963), pp. 1－29.

③ 陈云：《编制五年计划纲要草案的几个问题》，载《陈云文集》（第二卷），第492－507页。

引者注)所指示的，这种有计划地大量增产的要求和小农经济分散私有的性质以及农业技术的落后性质之间的矛盾是越来越明显了，困难也越来越多了。这是两个带根本性的矛盾。解决这些矛盾的第一个方针，就是实行社会革命，即农业合作化，就必须把劳动人民个人所有制逐步过渡到集体所有制，逐步过渡到社会主义……避免可能发生的农业发展赶不上工业发展需要的危险。”[①]

本章小结

土地改革是对封建土地私有制所导致的土地集中的一次清算，结果造就了一个中农经济。土地的均分使解放前的地租很大程度上由农民获得，农民因此得到了农业剩余中的相当大的一个部分。从农业中转移到农业部门外的农业剩余因此较之 20 世纪 20、30 年代可能更少一些。土地改革的效应是，在随后的一五计划中允许国家提高从农业中抽取农业剩余份额进行工业投资的同时，也提高了农民的生活水平。实际上，农民的真实收入在工业化大发展的一五时期也有较为显著的提高。[②]

1950—1952 年是 3 年国民经济的恢复时期，农业税作为定额提取农业剩余的方式所提取的农业剩余是比较少的，10%左右的比例也是农民所能接受并满意的。同时农民拥有了几千年来一直梦寐以求的土地，这极大地激发了农民的劳动积极性。按照解放前苏区的经验，分田后的最初几年，农业生产往往是下降的。[③] 但在 1950 年这一次新解放区的土地改革，农业生产出现了大发展，从 1950 年开始，连续 3 年农业丰收，1952 年的农业生产量已经恢复并且超过了抗日战争前的水平。

---

① 《中央农村工作部关于第二次全国农村工作会议的报告》(1954 年 5 月 10 日)，载《1953—1957 中华人民共和国经济档案资料选编・农业卷》，第 164 页。

② Nicholas R. Lardy. *Agriculturre in China's modern economic development*. Cambridge University press, 1983, pp. 190－191.

③ 杜润生：《杜润生自述：中国农村体制变革重大决策纪实》，人民出版社 2005 年版，第 23 页。

但是与此同时，小农经济较低的生产率导致农业所能提供的农业剩余的数量较少，远不能满足国家工业化的需求。当时领导层对于国家工业化和农业合作化或集体化的先后顺序还有过犹豫，甚至在 1951 年还主张先国家工业化，后农业集体化。[①] 但是，如果先国家工业化，那么农业剩余不足的问题还会更突出，到 20 世纪 50 年代的中期和后期，农业已经开始感觉到供养中国新兴工业负担的沉重。[②]

为了解决由于农业剩余不足而导致的小农经济与工业化战略之间的冲突，中国在建国后不久就迅速地选择了一条集体化之路。1951 年 12 月和 1953 年 2 月，中共中央两次通过决议指出，“党中央从来认为要克服很多农民在分散经营中所发生的困难，要使广大贫困农民能够迅速地增加生产而走上丰衣足食的道路，要使国家得到比现在多得多的商品粮食及其他工业原料，同时也就提高农民的购买力，使国家的工业品得到广大的销场，就必须提倡‘组织起来’，按照自愿和互利的原则，发展农民互助合作的积极性。这种互助合作在现在是建立在个体经济基础上（农民私有财产的基础上）的集体劳动，其发展前途就是农业集体化或社会主义化”。[③] 以上还只是中共中央内部的决议，但 1953 年 3 月 26 日，《人民日报》发表的“社论”指出：“我们不能长期停留在这种小农经济的基础上面，因为它不能满足农业生产的不断增长和人民物质文化生活不断提高的要求，我们必须随着国家工业化的过程，把农业集体化当作农村中主要的建设任务，必须按中央指示，领导农民积极而又稳步地开展互助合作运动，逐步过渡到社会主义制度。”[④]

---

① 杜润生：《杜润生自述：中国农村体制变革重大决策纪实》，第 28 页。

② 德怀特·希尔德·珀金斯：《中国农业的发展（1368—1968）》，上海译文出版社 1984 年版，第 249 页。

③ 《中共中央关于农业生产互助合作的决议（草案）》，《中共中央关于农业生产互助合作的决议》，载《农业集体化重要文件汇编（1949—1957）》（上），第 38 页、95 页。

④ 《人民日报社论：领导农业生产的关键所在》（1953 年 3 月 26 日），载《1953—1957 中华人民共和国经济档案资料选编·农业卷》，第 31 页。

在某种程度上可以说，正是农业剩余的不足，以及国家为了控制农业剩余的目的，最终使农村土地制度走上了变土地私有为土地公有或集体所有的道路，从以土地私有为基础的初级合作社的道路，转到土地集体所有的高级社，继而又转到土地集体所有的人民公社道路。概言之，国家出于工业化目标，转而控制农业剩余，而为了控制农业剩余，又构造了集体土地的所有制。

第三章　农业剩余与农业合作社(1953—1957)

在完成土地改革之后，国家的经济建设旋即进入了第一个五年计划时期，工业上庞大的发展计划要求农业部门提供更多的农业剩余。当时，农业生产的“出发点乃是小农经济”[①]，互助组虽然在1949年之前就有了较大的发展，但农业合作社的数量还是非常少，1950年全国的农业生产合作社只有19个，参加农户才219户，1951年是130个，参加农户1618户，1952年发展到4010个，参加农户59000户。[②] 在这种背景下，国家强调要通过合作化道路提高农业产量和农业剩余，于是农业合作化成为1953—1957年的一个重要发展目标。但在合作化还没有展开之时，工业人口的快速扩张引发了较为严重的粮食供应危机，按照毛泽东的说法，1955年粮食危机之后终于下定了搞合作社的决心，没几个月，合作化就搞起来了。[③] 不过，不管是合作化，还是统购统销，其发生和发展决不能用主观意志来说明。[④] 无论如何，解决迫在眉睫的粮食问题，成为国家首当其冲必须面对的难题。

一　统购统销与农业剩余倒定额提取

(一)1953年粮食供应危机

1953年，土地改革甫一结束，国家就开始面临了一次粮食供

① 《人民日报社论:领导农业生产的关键所在》(1953年3月26日)，载中国社会科学院、中央档案馆编:《1953—1957中华人民共和国经济档案资料选编·农业卷》，第31页。

② 国家统计局:《建国三十年全国农业统计资料》(1949—1979)，中国统计出版社1980年版。

③ 《在十五次最高国务会议上的讲话》(一九五八年九月五日，九月八日)，载《建国以来毛泽东文稿》第七册，第382页。

④ 宋国青:《从统购统销到土地税》，见高小蒙、宋国青等:《中国粮食问题研究》，第39页。

应危机。其实粮食供应不足的问题在新中国成立后就不同程度地出现了，粮食不足是新中国成立初期的经济建设执行者陈云和薄一波等人经常不得不讨论的问题。早在1951年，陈云就认为，最近若干年以内，我国粮食将感不足。[①] 不过一直到1952底，全国粮食市场是平稳的，供求是正常的。1953年春天，土改全部完成后，当年秋季即出现了严重的粮食供应的短缺。1953至1954年度，国家需要商品粮700亿斤，而农业税收入只有275亿斤，缺口达431亿斤，虽然国家全力收购余粮，但差额仍达87亿～117亿斤。事实上，1952年全国总产量达到3287亿斤，比1951年增长10.6%，比1949年增长44.8%，超过战前最高水平1936年3000亿斤(包括大豆)的9.3%。[②] 既然1952年是土地改革之后的一个大丰收年，为什么还会出现1953年的粮食供应危机呢?

陈云认为粮食不足的主要原因有：一是土地改革后农民的粮食消费增多，商品粮减少，城市粮食消耗也有增加；二是经济作物面积增加，粮食作物面积减少。[③] 薄一波认为1953年粮食供应危机有两个原因：一是粮食供应面迅速扩大，城市人口大规模增长，1949年、1952年、1953年分别占全国总人口的10.6%、12.5%和13.3%，此外1953年农村吃商品粮的人口增加到1亿；二是增长的粮食相当一部分被农民自己消费了。1952年农村人均消费粮食比1949年多了70斤。[④] 珀金斯认为，新中国成立后粮食供应短缺一是因为人均收入太低，对大多数农业产品来说其需求收入弹性很低，农民对粮食的需求比较大，所以不可能拿很多粮食到市场上卖；二是人均收入低的因素在1952年年底完成土地改革之后被进一步强化了；三是由于工业品产量较农产品产量下降更大，所以

① 参见陈云：《解决粮食问题的几条道路》，载《陈云文集》(第二卷)，第295页。

② 薄一波：《若干重大决策与事件的回顾》，第256、258页。

③ 参见陈云：《解决粮食问题的几条道路》，载《陈云文集》(第二卷)，第295页。

④ 薄一波：《若干重大决策与事件的回顾》，第25页。

工业品对农产品的比价大幅度上升，农民惜售。[①] 金观涛、刘青峰则认为粮食供应危机是由土地改革消灭了商品粮食的主要提供者经营地主、租佃地主，以及富农受限而导致，农民向地主交纳的地租大约为700亿斤粮食，地主倾向于将地租的一部分(解放前粮食商品化率约为30%)出售，供求将保持大体上的平衡，而自耕农经济则倾向于自己消费或存在家中。[②] 因此与其说是总量不足，不如说是商品率不足带来的结构不足。温铁军也持相似观点，他认为1952—1953年生产增加，供给不足，土地改革使作为城市商品粮供应者的地主消失，甚至有相对农业生产规模的中农都不存在了，分散的生产增长并不能形成规模供给，大量余粮沉淀在农民手中，导致粮食供应不足(供需缺口40亿公斤以上)。[③] 武力则认为，主要的原因不是小农经济的投机心理和增加消费引起的，而是1953年上半年工业和基本建设的冒进造成的。1953年国家基本建设投资比1952年增长75%，工业总产值增长30%，对外贸易增长25.2%，必然带动城市人口和消费增长总量过快，1953年城市人口比1952年增长9.3%，非农业居民的消费水平提高15%。工业和基本建设的增长速度超过了农业的承受力。[④]

虽然上述解释侧重点各有不同，但都强调两点：一是土地改革后农民消费增多，因此造成商品粮减少；二是工业和城市的快速扩张导致商品粮供应不足。显然陈云、薄一波，还有金观涛、刘青峰、温铁军是倾向于第一点的，而珀金斯和武力则倾向于第二点。农民消费增多导致粮食供应的不足可以用结构不足来解释，而工业和城市人口的快速增加导致粮食供应不足可以用总量不足来解释。因此，基本上上述两点可以归纳为一点，即粮食供应不足是由

---

① Dwight H. Perkins, *Market control and planning in communist China*, Harvard university press, 1966, pp. 28—29.

② 金观涛、刘青峰：《开放中的变迁：再论中国社会的超稳定结构》，中文大学出版社1993年版，第418—421页。

③ 温铁军：《中国50年来6次粮食供求波动分析》，《山东省农业管理干部学院学报》，2001年第2期。

④ 武力：《略论合作化初期党对农业问题的三点认识》，《党史研究与教学》，2004第2期。

于总量不足以及结构不足。土地改革之后，地主不存在了，富农受了限制，自耕农占了绝大多数。而一般学者倾向于认为地主和富农有积累倾向，自耕农在向政府缴纳土地税和其他农业税后，基本没有或很少有剩余，佃农在交纳农业税和地租后，更谈不上剩余，只有地主通过地租，在交完农业税之后，有一部分剩余。[①] 这部分剩余被拿到市场出售，成为商品粮。但是自耕农有增加消费的倾向，所以商品粮率比较低。由于当时决策者认定农村消费粮食数量的增加和农民出卖粮食数量的相对减少，是大大地增加粮食紧张的主要原因。所以，陈云认为不让私商自由购销粮食是必要的，但这还不可能制止城乡居民不抢购粮食，也不能保证余粮农民一定卖出粮食，因此，国家的粮食政策是：(1)必须禁止私商的自由购销；(2)必须对缺粮人民实行计划供应；(3)必须对余粮农民实行计划收购。三者缺一，粮食供求就会紧张。[②] 于是统购统销政策出台了。

(二)统购统销：解决粮食供应问题

1953年粮食供应危机的一个直接后果是统购统销政策的实行。按照薄一波的说法，1953年实行的统购统销，是当时粮食供求矛盾发展的产物。当时粮食市场是自由市场，农民除缴纳农业税外，粮食可以自由上市。经营粮食的，除国营粮食公司外和供销合作社外，还有私营粮商。当时私商活动频繁的地方，粮食市价一般高出牌价20%～30%。新中国成立头几年，国家掌握粮食，以征为主，以市场收购为辅。来自公粮征收和市场收购的比例，1951至1952年度为61∶39，1952至1953年度为56∶44。1953年5月中央指示今后国家掌握商品粮，实行“少征多购”的方针，几年之内公粮征收数目稳定在1952年348亿斤水平的基础上，这样，通过增加农业税来增加商品粮收入的道路就堵死了。于是不得不采

---

① 张培刚：《农业国工业化问题》，湖南出版社1991年版，第107页。

② 陈云，《关于发展国民经济的第一个五年计划的报告》(1955.3.21)，载《陈云文集》(第二卷)，第616—617页。

用新的购粮办法和新的粮食供应办法。[①]

为了解决当时的商品粮问题，早在1951年陈云同志就酝酿过粮食统购问题。1953年粮食供应危机显现后，陈云提出了8种方案，其中7种[②]被否定了，只剩下又统又配，即农村征购、城市配售，将配售称为"计划供应"，征购改为"计划收购"，简单说，新的粮食政策后起来就叫"统购统销"。[③]

1953年实行统购统销时，一部分地区已经卖了粮食，因此统购统销只在农村50％的人口中间进行收购。毛泽东认为在这50％农村人口中，25％是粮食更多一点的，就应该更多收购一点，其他25％就少收购一点。统购统销最初采用由农民民主评定各农户的粮食产量，根据当地政府规定的留粮标准，计算出农民的自留粮数量，从而核定农户的售粮数量。陈云指出，1953年"征购标准和办法，要各大区自己来规定。可以参照公粮的比例，大体上总是要计算和照顾到这户人家的生产量，这户人家的需要，生产量除掉需要还剩余多少，毛主席讲，余下来的不要都收购来，还要留下一点给他。主要办法是上面发控制数字，下面民主评议"[④]。1954年的方法，大致相同，都是在收获后确定要统购的数量，农民并不知道究竟要征购多少粮食，因此导致了一些不安和混乱。1954年比1953年全国粮食增产80多亿斤。粮食统购的第二个年度，在许多省份，第二年购粮比第一年购粮更紧张，农民中发生了不少杀宰羊、不积极积肥的现象。因此在1955年统购统销中采取了"定产、定购、定销"的方法，以乡为单位在收获之前就确定统购统销的数量，农民得以事先明确了统购统销的数量，情况有所改善。从

---

① 薄一波:《若干重大决策与事件的回顾》，中共中央党校出版社1991年版，第255、258页。

② 这7种方法是:只配不征，只征不配，原封不动，临渴掘井，动员认购，合同预购，不搞统一方法、由地方各行其是。

③ 毛泽东要求"征购"、"配售"改一下，因为日本人搞过征购。章乃器主张将配售改为"计划供应"，陈云改为"计划收购"，参见陈云:《关于实行统购统销的一些问题》，载《陈云文集》(第二卷)，第457－471页。

④ 陈云:《关于实行统购统销的一些问题》，载《陈云文集》(第二卷)，第457－471页。

1955年到1964年，统购统销的粮食征购指标是一年一定，从1965年开始，粮食征购指标变为确定后3年不变。统购统销范围主要是农副产品。1953年是粮、油，1954年增加了棉花，随后的几年里又陆续增加了生猪、茶叶、烤烟、黄麻、甘蔗、蚕茧、羊毛等上百种。

统购统销倒定额提取农业剩余的方法对于缓解商品粮食供应危机是非常有效的，较好地解决了解放初期小农经济与工业化战略之间的矛盾。1953年以前，征粮300亿斤，统购统销以后，是860亿斤，1954年拿到900多亿斤。[①] 具体各年征购数量，1953年是739亿斤，1954年是932亿斤，1955年是876亿斤，1956年是757亿斤[②]。从1953年前后国家所掌握粮食的数据来看，统购统销对于国家掌握农业剩余来说是相当成功的。

统购统销倒定额提取农业剩余的方式较好地解决了国家对粮食的需求，"统购统销制度的实质是将粮食等主要农产品资源的支配绝对国家化"。[③] 但是，对于农民来说，他们因为无法拥有和支配农业剩余，对统购统销有所抵拒。毛泽东承认，为了倒定额提取农业剩余而在1953年和1955年两次与农民关系紧张。[④] 总的说来，农业税定额提取农业剩余占农民总产量的份额较少，但统购统销在农业税的农业剩余定额提取之外，又多出了相当部分的商品粮征购，因此农民的负担较重。陈云也坦承，公粮比较容易搞，因为公粮占农民总产量的15%，而购粮最高的地区占总产量的百分之五十几，如果平均为百分之二十九到百分之三十，问题就大

---

① 陈云：《工业要拿出一些力量支援农业》，载《陈云文集》(第三卷)，第295页。1954年多征购了70亿斤，农村出现了不安定的情况，毛泽东对征购粮食提出了批评，后来将多征购的粮食退回了农民。

② 《谭震林关于我国农民收入情况和生活水平的初步研究[节录]》，载《1953—1957中华人民共和国经济档案资料选编·农业卷》，第1149页。这一数据是细粮，且按会计年度计算(即1月1日到12月31日)，而附录二的数据是原粮，而按生产年度统计。

③ 徐勇：《论农产品的国家性建构及其成效——国家整合视角下的"统购统销"与"瞒产私分"》，《中共党史研究》，2008年第1期。

④ 《郑州会议纪录》(1959.2.27－3.5)，载《农业集体化重要文件汇编(1958—1981)》下，第356页。

了。[①] 但是,国家工业化目标所要求的工业化最大需求远远超过当时农民所能提供的最大农业剩余的数量,陈云认为粮食形势从1953年开始至少还要紧张十年,粮食问题已成为农村工作和农业生产的中心问题。[②] 在这种背景下,决策层认为国家不得不将统购统销作为一种永久性机制固定下来。当时,国家处于剥夺农民和城市粮食短缺两者必居其一的关头。[③] 矛盾无可缓解,鱼与熊掌不可兼得,只能舍鱼而取熊掌。陈云明确说:农民应该多出点,因为在我国,农民占人口大多数,农业经济所占比重又最大,所以农民应该多负担一些。主要还是要向农民打主意。[④]

从某种意义上说,统购统销是对农民的需求收入弹性的一种强行干预。在农民的收入水平还很低的情况下,农民对于粮食的需求是最大的,但统购统销强行使农民放弃一部分需求。农民放弃的这部分需求作为农业剩余满足了工业化的发展需求,农民的这种贡献对于中国的工业化发展是非常重要的。[⑤] 统购统销解决了商品粮问题,也就相当程度上解决了国家尽可能控制农业剩余的问题,但是对农民的生产积极性有影响。在湖北省委1953年的报告就提到,"在讨论农民自发趋势联系到征购时,一般农民出身的干部顾虑很大,固然已认识到,国家掌握粮食的重要性及不掌握粮食的危险,但都认为我们依靠农民取得了胜利,农民出人出粮负担重、贡献大、有功劳,今天又要征购其余粮,是整农民,是过河拆

---

① 陈云:《编制五年计划纲要草案的几个问题》,载《陈云文集》(第二卷),第505页

② 陈云:《粮食问题是农村工作和农业生产的中心问题》,载《陈云文集》(第二卷),第586—588页。

③ 金观涛、刘青峰:《开放中的变迁:再论中国社会的超稳定结构》,中文大学出版社1993年版,第421页

④ 陈云,《解决物资供应与人民购买力差额问题》(1954年5月20日),载《陈云文集》(第二卷),第527—530页。

⑤ 也有学者认为农民的贡献并不有助于国家资本的形成,而是维持了城镇居民的较高生活水准。见 Dwight Perkins and Shabid Yusuf. *Rural Development in China*, the John Hopkins University Press, 1984, p. 21.

桥，这样不但将影响其生产积极性，且将引起农民的不满”。[①]

为了解决生产积极性，国家按照既定方针，开始推进合作化运动，希望通过将农民组织起来的办法，增加农民的劳动时间[②]，提高农民的生产积极性，从而提高农业总产量。

(三)统购统销：农业剩余倒定额提取

统购统销中包括农业税，统购的数量大约是农户农业总产量减去农民总消费量后的差额。其方法是分别核定每户农民的粮食产量，分别规定各类农户和不生产粮食的农村居民的用粮标准，按户计算用粮量，凡生产粮食的农户，按照核定的粮食产量，减去用粮量和实缴公粮后，粮食有余的为余粮户，不余不缺为自足户，不足的为缺粮户，不生产粮食的也为缺粮户。统购对象是余粮户，国家向余粮户统购粮食，一般其应占其余粮数量的 80%～90%，按单一比例规定统购率，不累进，对富农余粮的统购率应适当提高。国营农场和地方国营农场生产的粮食，余粮应全部卖给国家。[③]这一制度的特点是农民只拥有接近于消费量的这一定额，1955 年规定“四留”，其余部分由国家征购。显然，这是一种倒定额的农业剩余提取方法，农民只拿定额的消费量，其余部分归国家。这与以基本上是定额的农业税作为农业剩余提取方式是截然相反的，由于粮食需求太大，农业税定额提取农业剩余再辅以市场采购的方法无法满足，于是采用倒定额提取农业剩余的统购统销来满足需求。对余粮户的农业剩余定额提取与倒定额提取的关系可以用图 3—1 来说明。

图 3—1 的上方表示 1953 年实行统购统销之前的农业剩余提取方法，图的下方表示的是实行统购统销之后的农业剩余提取方

① 《湖北省委的报告》，载中国社会科学院、中央档案馆编：《1953—1957 中华人民共和国经济档案资料选编 · 综合卷》，中国物价出版社 2000 年版，第 11 页。

② 时任国务院副总理的李先念指出，农民组织起来以后，农民参加劳动的时间大大增加，农闲时间减少。见《1953—1957 中华人民共和国经济档案选编 · 综合卷》，第 661 页。

③ 《农村粮食统购统销暂行办法》(一九五五年八月五日国务院全体会议第十七次会议通过)，载《农业集体化重要文件汇编(1949—1957)》(上)，第 356 页。

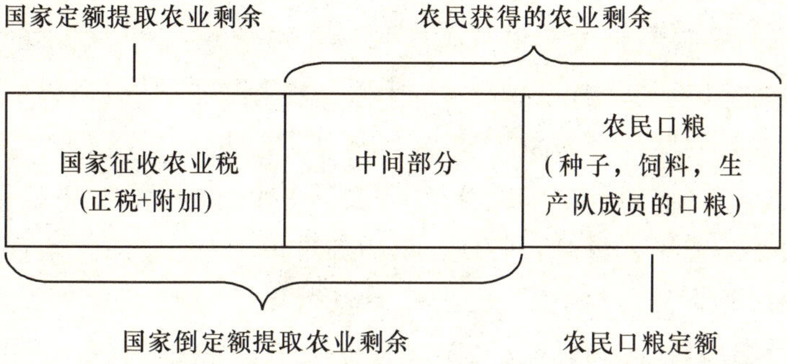

图 3－1　农业剩余的定额提取与倒定额提取

法。从图3－1看,国家与农民争夺的实际上是粮食的中间部分,国家采用定额提取农业剩余时,中间部分的粮食主要靠市场收购的办法,而在国家倒定额提取农业剩余时,中间部分则由统购统销来完成。需要指出的是,图 3－1 表示的只是正常的情况,在一些特殊的情形下,倒定额提取农业剩余可能会进一步将口粮部分也提取走了,即购了过头粮的情况,此时,农民的口粮会被压到最低的消费水平,甚至连最低的消费水平也不能保证。

以上是余粮户的情况,而对于缺粮户,则由国家在统购统销后用返销粮的办法加以解决。在农村,国家返销的粮食,两年来占国家销售总数 35%～40%,数字是很大的。[①] 具体说来,按照粮食年度计算,1953 年的粮食征购量是 739 亿斤,返销 335 亿斤,1954 年粮食征购量 932 亿斤,返销 367 亿斤,1955 年粮食征购量 876 亿斤,返销 389 亿斤,1956 年粮食征购 757 亿斤,返销 432 亿斤。[②] 农业剩余尽量先集中于国家之手,再返销回农村的这种情况,表明农村返销粮作为农业剩余的一部分也纳入了倒定额提取的体制中。返销粮具有滞后性,常常会造成口粮已经严重不足,而返销粮却还没有到位的情况。

① 《中共中央、国务院关于迅速布置粮食购销工作安定农民生产情绪的紧急指示》,载中华人民共和国国家农业委员会办公厅编:《农业集体化重要文件汇编(1949—1957)》(上册),中共中央党校出版社 1981 年版,第 299 页。

② 李成瑞:《中华人民共和国农业税史稿》,财政出版社 1959 年版,第 201 页。

对于定额提取，我们关心的是农业税的数量，而对于倒定额提取，我们则关心农民口粮定额的数量。先看看当时史料中的纪录。浙江1955年每人留粮477斤，但这个数字是不够的，据估计，浙江农民种子加口粮每人每年要540斤。[①]。江苏是530斤。[②] 因此陈云认为每人平均留粮包括种子、饲料在内约550斤，看来这个数字是农民必需的留量。[③] 对于生存经济来说，只要能保证生存线，农民对拿走的多少并不敏感，因此国家可以走以农业剩余完成工业化初步积累的过程，因此倒定额提取也还是农民能接受的。

但是在统购统销制度之下，实际上存在征购过多，导致农民口粮不够的情况，这时倒定额提取实际上变为必须满足城市人口定额前提下的农业剩余提取，是城市人口定额与农民定额之间倒定额提取。由于国家目标是工业化，所以统销主要是为了解决城市人口消费的定量供给[④]，而统销是与统购紧密联系的，前者表现为对城市人口粮食获取权的法律保护，后者表现为对农民的强制性负担[⑤]，在粮食特别紧张的情形下，农民的口粮定额因为受到城市人口定额的挤压而出现农民口粮被征购、吃不饱的情况。这在陈云的文集里也有体现。[⑥] 当时的情形，统购统销最难把握的就是统购的数量究竟多少是合理的，1955年的陈云为此忧心忡忡：统

---

① 《浙江省委农村工作部部长吴植椽同志在全国第三次农村工作会议上的发言》(1955.4)，载《农业集体化重要文件汇编(1949—1957)》(上册)，第323页。

② 陈云：《在苏州调查时的三次谈话》(1955年5月27日、28日)，载《陈云文集》(第二卷)，中央文献出版社2005年版，第644—648页。

③ 陈云：《限制征购任务，压缩粮食》(1955年6月10日)，载《陈云文集》(第二卷)，中央文献出版社2005年版，第649—652页。

④ 当然，统销中也包括对农村缺粮地区的定量销售，而且占的份额近15%，但一旦粮食出现紧张，首先减少的则是对农村缺粮地区的销售。而且后来又推行各自区粮食自给政策，更增加了统销主要是解决城市人口粮食问题的色彩。

⑤ 林毅夫：《粮食供应量、食物获取权与中国1959—1961年的饥荒》，载林毅夫：《再论制度、技术与中国农业发展》，北京大学出版社2000年版，第266页。

⑥ 陈云承认农村中肚子饿吃不饱是个普遍现象，因此小偷小摸的很多，有群众性的，党员也参加。有农民见了陈云，撩起衣服，说饿成这样子了。陈云：《同江苏省委负责人谈农村问题》(1961年7月26日)，载《陈云文集》(第三卷)，中央文献出版社2005年版，第349页，第364页。

购数字过大,农民的口粮、种子、饲料和必需的机动粮留得不够,就不仅招致农民的不满,而且实际上要妨害农民的生产;统购数字过小,就不仅不能保证国家工业化的需要,不能保证工人阶级和城市人民的需要,而且不能保证约 5000 万缺粮农民、5000 万经济作物区农民和每年都有的几千万灾区的农民的需要。①

倒定额提取农业剩余还有一个问题值得关注,那就是粮食的分配顺序。按照规定,粮食的分配顺序是这样的,“农业社分配粮食的原则应该是:首先留下必需的种子和饲料,并且保证完成国家应该征购的任务,然后照‘三定标准’留下全体社员家庭所需要的口粮,如果还有多余粮食,应该分给劳动比较多的社员。超产奖励也应该分配给一部分或者大部分粮食,使超产的生产队得到适当照顾”②。显然,在分配顺序上,国家强调农业合作社应该把国家征购任务放在全体社员家庭口粮分配之前。在农业剩余不多的情况下,国家与农民之间就农业剩余的分配容易出现冲突,倒定额提取的顺序被局部打破。事实上,大约三分之一的农业合作社在夏收时先分配农民家庭的口粮,而把完成国家征购任务放在秋征时完成。在江苏省财政厅对 2424 个农业社的检查中,发现有 307 个社(占 12.7%)的夏收全部分光,对于应交国家的公粮颗粒未留;有 513 个社(占 21.3%)没有留足应交的公粮。另外,在安徽、河南等八个省,也发现有类似情况。有的地区先留口粮后交公粮,有的灾区减征、缓征公粮过多,甚至收成较好的地区也有大量减征、缓征公粮的现象。③

不过,应该指出的是,即使夏收时农民先分配口粮,再完成国家征购任务,也不能在整体上扭转倒定额提取农业剩余上的分配

① 《中共中央、国务院关于迅速布置粮食购销工作安定农民生产情绪的紧急指示》,载中华人民共和国国家农业委员会办公厅编:《农业集体化重要文件汇编(1949—1957)》(上册),中共中央党校出版社 1981 年版,第 296 页。

② 《中国共产党中央委员会、国务院关于做好夏收分配工作的指示》(1957 年 6 月 14 日),载《1953—1957 中华人民共和国经济档案资料选编》,第 294－295 页

③ 《国务院关于农业税夏征工作问题的通知》(1957 年 8 月 1 日),载《1953—1957 中华人民共和国经济档案资料选编·农业卷》,第 71－72 页。

顺序，因为一到秋征时，国家征购任务在总体上是必须完成的，即使一些合作社出现尾欠，那么在下一年或者随后几年中也要面临补交尾欠。例如浙江省在1955年统购中，就扫了几年的尾欠。①

二　农业剩余视野下的初级社和高级社

(一)从初级社到高级社

新中国建立后，国家的目标是工业化，提高农业劳动生产力为工业化提供资金和市场，农业生产的方向是合作化。毛泽东早就已经多次提出让农民“组织起来”的口号。1949年9月通过的《中国人民政治协商会议共同纲领》称土地改革为发展生产力和国家工业化的必要条件，“在已实行土地改革的地区，人民政府应组织农民及一切可以从事农业的劳动力以发展农业生及其副业为中心任务，并应引导农民逐步地按照自愿和互利原则，组织各种形式的劳动互助和生产合作”②。在新解放区土地改革的过程中，1951年12月，中共中央就已经强调指出，农民在土地改革基础上所发扬起来的生产积极性，主要表现在两个方面，一方面是个体经济的积极性，另一方面是劳动互助的积极性。农民的这些生产积极性，乃是迅速恢复和发展国民经济和促进国家工业化的基本因素之一。③必须对这两种积极性加以引导，发展互助合作的积极性。

但是当时对于国家工业化和农业合作化的先后顺序尚未完全确定。按照杜润生的说法，1951年，当时的设想是先国家工业化，

---

① 黄道霞、余展、王西玉主编:《建国以来农业合作化史料汇编》，第244页。

② 《中国人民政治协商会议共同纲领》，载中华人民共和国国家农业委员会办公厅编:《农业集体化重要文件汇编(1949—1957)》(上册)，中共中央党校出版社1981年版，第5页。

③ 《中共中央关于农业生产互助合作的决议(草案)》，载《农业集体化重要文件汇编(1949—1957)》(上册)，第37页。

后农业集体化。[1] 工业化、机械化和农业合作化的顺序问题成了当时必须解决的一个问题。在此背景下，1951 年 4 月到 7 月间，发生了围绕山西发展农业生产合作社的问题引发了一场争论，以山西省委、毛泽东为一方，以薄一波为首的华北局、刘少奇为一方。在争论中，毛泽东认为既然西方资本主义在其发展过程中有一个工场手工业阶段，尚未采用蒸汽动力机械，而依靠工场分工形成新的生产力阶段，那么中国农业合作社，依靠统一经营形成新的生产力，也是可行的。刘少奇和薄一波被说服了。[2] 争论的结果是生产合作社受到了肯定，在理论上解决了农业机械化与农业合作化之间的理论问题[3]，农业合作化被摆到了农业机械化之前。

当时党内普遍认为农业合作化是大幅度提高农业产量的现实选择。中共中央在给各大区的指示中指出，在第一个五年计划之内基本上可以说没有机器投入农业，“农业增产主要还是依靠农民群众积极性与互助合作，靠兴修水利与若干新工农具和初步的技术改良”[4]。农业增产与两个因素有关：第一是扩大耕地面积，第二是提高单位面积产量。邓子恢主持的中央农村工作部认为，第一个五年计划内耕地面积只能再扩大“二千五百万亩左右，生产粮食不过几十亿斤到一百亿斤，约等于需要增长数的十分之一；所以

---

① 杜润生：《杜润生自述：中国农村体制变革重大决策纪实》，人民出版社 2005 年版，第 28 页。

② 具体情况参见薄一波：《若干重大决策与事件的回顾》，中共中央党校出版社 1991 年版，第 184—211 页。

③ 当然现在对这一理论问题进行了进一步的探讨。杜润生在 1953 年就认为工业和农业不一样，工业可以有手工工场，但农业在辽阔的土地上生产，土地是分散的，不可能把大家聚集在一块土地上。对劳动者也不可能靠直接的监督管理，要靠生产者的自觉。而且收获季节是在秋后，劳动和收益不是直接联系，农业有季节性，农民得学会全套农活，不可能进行工厂式的流水作业。见《杜润生自述：中国农村体制变革重大决策纪实》，人民出版社 2005 年版，第 32 页。王贵宸认为，所谓农业也可以有一个工场手工业阶段的论点是站不住脚的，农业生产的特点，决定了在资本主义发展的初期，在农业领域没有出现像工业那样的一个工场手工业阶段。见王贵宸：《关于改造小农的若干理论问题》，《中国农村观察》，1991 年第 1 期。

④ 《中共中央关于缩减家缩减农业增产和互助合作发展的五年计划数字给各大区的指示》(1953 年 3 月 8 日)，载中国社会科学院、中央档案馆编：《1953—1957 中华人民共和国经济档案资料选编・农业卷》，第 144 页。

扩大耕地面积不能作为目前农业增产的主要出路”，在这种情况下，“提高单位面积产量，是目前农业增产的主要出路。但要发挥这种增长潜在力，靠小农经济是有限的，在最近几年之内必须依靠大力发展农业合作化，在合作化的基础上适当地进行各种可能的技术改革”①。陈云也指示农业部，“在这几年内要以发展农业生产合作社为重点，来达到农业增产的目的”②。李富春指出，根据各地很多材料看来，农业生产合作社在初建的一两年内，如果办得不坏，一般可以增产10%～20%，以后还可以在每年保持某种的增产比例，比互助组高，比个体农民经济的增产率更高出很多。按照目前情况来说，这是一种投资少、收效大、收效快的农业增产办法，又是引导农民走向社会主义的必要步骤。经过这种初级形式的合作化，结合初步的技术改良，而后再逐渐地过渡到高级形式合作化，结合农业机械化和其他技术改革，这是引导我国农业生产不断地进步的道路。③

通常来说，农业合作社的产量高于单干农民，也高于互助组，这一点在各种资料中都可以见到(见表3—1)。

根据当时的调查，1953年所办的农业合作社中，80%甚至90%以上都办得比较好，并比一般互助组增产一成到两成，有的增产到一倍以上，产量与当地互助组产量相差不多或不如互助组的则占少数。据山西省2242个合作社的调查，98%的农业生产合作社都超过了当地互助组的产量。④ 这些数据，为加快农业合作社的发展提供了最有力的支持，农业合作社有利于提高产量的理论

① 《中央农村工作部关于第二次全国农村工作会议的报告》(1954年5月10日)，载中国社会科学院、中央档案馆编：《1953—1957中华人民共和国经济档案资料选编·农业卷》，第164页。

② 《农业部关于“一五”农业投资问题致邓子恢同志函》(1954年2月23日)，载中国社会科学院、中央档案馆编：《1953—1957中华人民共和国经济档案资料选编·农业卷》，第74页。

③ 《李富春关于发展国民经济的第一个五年计划的报告[节录]》(1955年7月5、6日)，载中国社会科学院、中央档案馆编：《1953—1957中华人民共和国经济档案资料选编·农业卷》，第19页。

④ 黄道霞、余展、王西玉主编：《建国以来农业合作化史料汇编》，中共党史出版社1992年版，第179页。

似乎已经为事实所证实,无可置疑。

表 3-1　合作社产量超过互助组和单干农民举例①

合作社	省份	时间	亩产超过互助组	亩产超过单干农民	资料来源及备注
耿长锁合作社	河北饶阳	1950	—	50%	《中国乡村,社会主义国家》,第 168 页。
金时龙合作社	吉林延吉	1951	2%	213%	《建国以来农业合作化史料汇编》,第 79 页。产量单位:垧。
东监漳合作社	山西长治	1951	9%	36%	《农业集体化重要文件汇编》上,第 87 页。
川底合作社	山西长治	1951	19%	44%	同上,第 87 页。
苏殿选合作社	河南	1952	47%	60%	同上,第 146 页。
苏殿选合作社	河南	1952	101%	120%	《建国以来农业合作化史料汇编》,第 75 页。

理论问题和党内的认识既已经解决,剩下的只是实行问题。但在农业合作社的实行问题上,农业合作社的发展快慢,又发生了毛泽东和当时负责农业合作化具体执行的中央农村工作部部长邓子恢之间的争论。最初,党内对于农业合作化问题比较谨慎,1953 年 1 月,毛泽东还有用 10 年至 20 年内完成合作化、改造小农经济的想法②。1953 年 3 月,中央考虑 5 年之年将组织起来的农户,老区控制在总农户的 80%左右,新区控制在总农户的 70%左右,其中农业合作社老区控制在 45%左右,新区控制在 12%左右。1953 年 4 月,邓子恢又对中央的"一五"计划 5 年内合作运动发展规划

① 但是合作社的产量有夸大成分,比如弗里曼等人指出,耿长锁合作社产量是有所夸大的。金时龙合作社的产量高的原因,一是把地界打开,增加了 7 亩土地,二是作为比较对象的单干户可能也是有选择的。苏殿选合作社两个比例差距很大,其中原因不得而知。有必要指出的是,一些合作社有夸大,甚至虚报产量的问题。例如,行龙在《在村庄与国家之间:劳动模范李顺达的个人生活史》(《山西大学学报(哲学社会科学版)》,2007 年第 3 期)中提到了山西李顺达的西沟金星农林牧生产合作社夸大产量,梁敬明在《集体化及其困境:一个区域史的分析》(《浙江社会科学》,2004 年第 1 期)也指出浙江许桂龙农业合作社虚报产量的情况。再结合其他材料,似乎可以推论,合作社夸大或虚报产量的情况在当时可能绝非少数。

② 杜润生:《杜润生自述:中国农村体制变革重大决策纪实》,人民出版社 2005 年版,第 25 页。

做了进一步的缩减，提出老区5年发展70%至80%左右，新区发展到50%至60%左右，合作社老区5年发展30%至40%，新区发展6%至10%。[①]

随后不久，毛泽东开始改变了原来对于农业合作化的谨慎态度，变得对合作化前景充满信心，主张快速推进农业合作社。1953年10月和11月，毛泽东发表了合作社的两次谈话，“一般规律是经过互助组再到合作社，但是直接搞社，也可允许试一试”，“个体农民，增产有限，必须发展互助合作”，“互助组还不能阻止农民卖地，要合作社，要大合作社才行”，“能搞中的就应该搞中，能搞大的就当搞大的，不要看见大的就不高兴”[②]，并批评合作化运动中“言不及义”即言不及社会主义的做法，“‘群居终日，言不及义，好行小惠，难矣哉’。‘言不及义’就是言不及社会主义，不搞社会主义，搞农贷，发救济粮，依率计征，依法减免，兴修小型水利，打井开渠，深耕密植，等等，这些都是好事。但是不靠社会主义，只在小农经济基础上搞这一套，那就是对农民行小惠。……靠在个体经济基础上行小惠，而希望大增产粮食，解决粮食问题，解决国计民生的大计，那真是‘难矣哉’！”[③]毛泽东和邓子恢对互助组和合作社的不同态度，必然使二人为发展农业合作社的多寡缓急产生争论。1955年7—10月间，毛泽东严厉地批评邓子恢是“小脚女人走路”，邓子恢作了检讨，但仍坚持在1956年秋收前全国达到100万个农业生产合作社，而毛泽东要求增加到130万个。1955年“十月会议”(中共七届六中全会)上，邓子恢受到批判。之后农业生产合作社在全国铺开，各地农村就掀起“社会主义的高潮”。在此之前，全国只有14%的农户入社，但此后短短几个月内，剩下的80%多的农民蜂拥入社。入社农户占全国农民比重，1955年10月为

---

① 邓子恢：《在全国第一次农村工作会议上的总结报告(节录)》，载《农业集体化重要文件汇编》(上册)，第104页、135页。

② 毛泽东：《关于合作社的两次谈话》，《农业集体化重要文件汇编(1949—1957)》(上册)，第197—198页。

③ 黄道霞、余展、王西玉：《建国以来农业合作化史料汇编》，第169页。

32.5%,1956年3月为80.3%,1956年3月为80.3%,1956年4月为90.3%,1956年12月为96.2%,除西藏和少数省区的牧区以外,实现了全面的合作化。从1953年起,原来15年的计划,3年就完成了。[①] 从互助组到初级社,再到高级社,最后到人民公社,表3-2提供了一个农业合作化运动在短时期内狂飙突进的概貌。

表3—2　中国合作化运动(1950—1958)

年份	互助组		初级社		高级社		人民公社	
	组数	每组农户数	组数	每组农户数	组数	每组农户数	组数	每组农户数
1950	272400	4.2	18	10.4	1	32.0		
1951	4675000	4.5	129	12.3	1	30.0		
1952	8026000	5.7	4000	15.7	10	184.0		
1953	745000	6.1	15000	18.1	150	137.3		
1954	9931000	6.9	114000	20.0	200	58.6		
1955	7147000	8.4	633000	26.7	500	75.8		
1956	8500000	12.2	216000	48.2	540000	198.9		
1957			36000	44.5	753000	158.6		
1958							24000	5000

资料来源:林毅夫:《集体化与中国1959—1961年的农业危机》,见林毅夫:《制度、技术与中国农业发展》,上海三联书店、上海人民出版社1994年版,第21页。

(二)提高农业总产量和农业剩余

通过推动合作化运动,中国共产党希望通过将农民组织起来,以提高生产力,进而提高农业总产量,并在此基础上提高农业剩余,以便解决粮食不足问题。1953年10月和11月,毛泽东指出:"发展合作社……最后的结果就是要多产粮食、棉花、甘蔗、蔬菜等等。不能多打粮食,是没有出路的。"[②]此外,统购统销要与1亿多农户打交道,成本过于高昂,而农业合作社发展起来以后,国家与

① 杜润生:《杜润生自述:中国农村体制变革重大决策纪实》,人民出版社2005年版,第53-62页。

② 黄道霞、余展、王西玉:《建国以来农业合作化史料汇编》,第169页。

数量少得多的农业合作社打交道，成本将大幅下降，从而降低国家提取农业剩余的成本。一方面增加农业剩余，一方面能降低成本，何乐而不为？

在1951年，中共中央就决已经明确提出，“组织起来不仅是解决劳动力不足的一个办法而已，而且可以进一步达到提高生产的目的。反对在劳动力已有剩余的情况下劳动合作组织应该自行解体的说法。必须努力提高单位面积的生产量，这是农业增产中的关键”[①]。毛泽东认为小农经济增产不多，而城市粮食需求年年增长[②]，因此要推动合作化。主要负责统购统销政策和制订第一个五年计划的陈云也一再强调，“五年农业发展计划增长百分之二十八，能否完成主要靠两方面，一是靠天，一是靠农业生产合作化。兴修大的水利，比如利用黄河、淮河等水利灌溉三亿亩地，可以增产二百五十亿斤粮食，但这不是短时间可以办到的，开垦五亿亩荒地可能增长一千亿斤，但需投资二百五十亿元，并且要有拖拉机二十万到二十五万台，这也是现在力所不及的。因此第一个五年计划农业发展靠兴修水利和开荒是不行的，最快的办法是靠合作化。根据已有的经验，农业生产合作社可增产百分之五十到百分之三十。如果全部合作化，全国即可增产一千亿斤粮食。应该集中力量迎接合作化的高潮”[③]。“初办的经验已经证明，农业生产合作社在初建的一两年，如果办得不坏，一般可以增产百分之十到百分之二十。”[④]国外学者如珀金斯也认为：从一开始，中国农业政策的主要目标就是提高农业产出，并在保持政治安全和控制的同时提

① 《中央人民政府政务院关于一九五一年农林生产的决定》，载《农业集体化重要文件汇编(1949—1957)》上册，中共中央党校出版社1981年版，第29－30页。

② 薄一波：《若干重大决策与事件的回顾》，中共中央党校出版社1991年版，第264页。

③ 陈云：《编制五年计划纲要草案的几个问题》(1954年2月11日)，载《陈云文集》(第二卷)，中央文献出版社2005年版，第492－507页。

④ 陈云：《关于发展国民经济的第一个五年计划的报告》(1955年3月21日)，载《陈云文集》(第二卷)，中央文献出版社2005年版，第589－641页。

高农业产出的市场份额。[①] 1955年11月通过的《农业生产合作社示范章程草案》还规定:农业生产合作社必须不断地发展生产,提高农业生产的水平,提高社员的劳动效率和农作物的单位面积产量。[②] 一言以蔽之,合作化运动是为了提高农业总产量,并在此基础上提高农业剩余。

50年代,中国农业政策选择合作化作为提高农业总产量的方法,也是基于当时中国的国情的一个现实选择。因为当时中国工业落后,显然不可能通过机械化和工业化来快速提高农业总产出,陈云清楚地认识到,“粮食形势从现在开始,至少还要紧张十年。因为产量要大量增加,单靠提高单位面积产量还是不够的,还必须开垦大量荒地,开垦荒地包括深耕,都需要大量的拖拉机和大量的柴油,这不是短期内能够办到的事,至少需要十年、十五年、甚至二十年才能解决”[③]。因此,要在短期内较大幅度提高农业产出,只能利用中国人多的优势。

《一九五六年到一九六七年全国农业发展纲要》提出,12年间,粮食平均亩产按不同地区从150斤提高到400斤、208斤提高到500斤、400斤提高到800斤。当时周恩来、廖鲁言等人都认为要达到这个目标,基本是靠人力。陈云也认为北方增产粮食靠水,取得水的办法是靠人力。同样,南方也靠水、靠肥料、靠人力。要使产量达到400斤、500斤、800斤,最后是靠人。[④] 在农业产量的增长源泉中,现代农业强调机械和化肥的贡献,但是在50年代中后期的中国农业中,机械和化肥的使用量并不多。与当时其他国家相比,尤其是如此,日本人每亩施化肥70斤,德国为129斤。日本9000万亩耕地,每人平均一亩,化肥总量700万吨,美国化肥总

① Dwight H. Perkins, *Market control and planning in communist China*, Harvard university press, 1966, p. 21.

② 《农业生产合作社示范章程草案》,载《农业集体化重要文件汇编(1949—1957)》(上册),中共中央党校出版社1981年版,第481页。

③ 陈云:《粮食问题是农村工作和农业生产的中心问题》(1955年2月),载《陈云文集》(第二卷),第586—588页。

④ 陈云:《粮食增产是可能实现的》,载《陈云文集》(第三卷),第1—10页。

量2000万吨，苏联也有1000万吨。美国每亩地施肥12～14斤，苏联6斤，而中国只有2斤。[①]

这里我们来看看当时农业机械、化肥，以及电力和水利的现状(见表3—3，表3—4)，在现代农业所倚赖的增长要素欠缺的情况下，强调用人力，而人力则通过合作化来作为替代，也不失为一种现实的选择。而使用人力的一个办法就是兴修小型水利，1955年就开展了一次全国范围内的大规模的兴修水利运动。国家并没有拿出多少资金，主要是依靠大量的劳动力投入，建设小型水利。

表3—3　1952—1957年全国主要农业机械拥有量、农用化肥施用量

年份	农用机械总动力(万千瓦)	大型拖拉机(台)	联合收割机(台)	农用化肥施用量(折纯量)(万吨)
1952	18.4	1307	284	7.8
1957	121.4	14674	1789	37.3

资料来源：国家统计局农村社会经济调查司编：《中国农业统计资料汇编1949—2004》，中国统计出版社2006年版，第21、22、24页

表3—4　1952—1957年全国农村电力、水利建设情况

年份	乡村办水电站(个)	乡村办水电站装机容量(万千瓦)	农村用电量(亿千瓦时)	有效灌溉面积(千公顷)
1952	98	0.8	0.5	19959.0
1957	544	2.0	1.4	27339.0

资料来源：国家统计局农村社会经济调查司编：《中国农业统计资料汇编1949—2004》，中国统计出版社2006年版，第23页。

“一五”期间，我国农业发展速度平均每年4.5%，农业总产量也取得了不小的增长(见表3—5)。因此，在1956年合作化胜利后，毛泽东认为原来是小农经济扯工业的腿，现在是工业扯农业和整个国民经济的腿了。[②]

---

① 陈云：《探索农业增产的有效途径》，载《陈云文集》(第三卷)，第207页。

② 杜润生：《杜润生自述：中国农村体制变革重大决策纪实》，人民出版社2005年版，第76页。

表 3－5　1949—1957 年全国粮食产量及增长率

年份	人口(万)	农业产出 1952＝100	粮食产出(万吨)	粮食总产量年增长％
1949	54157	——	11318	——
1950	55196	——	13213	16.7
1951	56300	——	14369	8.7
1952	57482	100.0	16392	14.1
1953	58796	103.1	16683	1.8
1954	60266	106.6	16952	1.6
1955	61465	114.7	18394	8.5
1956	62828	120.5	19275	4.8
1957	64653	124.8	19505	1.2

资料来源：人口数据取自《新中国五十年统计资料汇编》，中国统计出版社 1999 年版，第 1 页；农业产出指数来自林毅夫：《集体化与中国 1959—1961 年的农业危机》，后两项数据来自《新中国五十年农业统计资料》，中国统计出版社 2000 年版，第 37 页、76 页。

(三)初级社、高级社与农业剩余的提取

从 1952 年底土地改革结束到农民私有土地入股的初级社、土地转为集体所有的高级社成为主流的 1956 年底，仅仅用了 4 年时间，农村土地制度就通过农业合作化走完了从农民个人私有到合作社集体所有之路。农村土地制度的这种剧烈变迁，为配合统购统销准备了一个制度接口。

初级农业生产合作社是以农民个人私有的土地入股，由初级社进行统一经营，并对农业收入进行统一分配。农民拥有其入社土地的所有权，但不再拥有经营使用权。当时称之为半社会主义的合作社，这种半社会主义合作社实行了统一经营，又保留了农民对土地及其生产资料的私有权。① 初级社支付给农民入股土地的土地报酬，农民参加集体劳动，取得劳动报酬。一般而言，土地报酬有被压低的趋势，劳动报酬有被抬高的趋势。有些农业合作社

① 邓子恢：《在中国共产党全国代表会议上的发言》，载中华人民共和国国家农业委员会办公厅编：《农业集体化重要文件汇编(1949—1957)》(上册)，中共中央党校出版社 1981 年版，第 301 页。

实行固定租额制，有些农业合作社实行比例分红制，一般是地四劳六，少数为地三劳七、地二劳八[①]。中央文件明确规定，土地报酬一般地应低于劳动报酬，过高是不对的[②]。河北饶阳五公村耿长锁合作社1952年组织大社的时候，在确定土地与劳力分配比例时，缺少劳力的农户强烈要求地七劳三分成，但结果耿长锁坚持了对半分成。河北省对此表示了赞许。[③] 在土地和劳力的分配上做出压低土地报酬的规定，固然是为了激励农民的劳动积极性，但也是因为土地是固定的，既入社就不能轻易再退出，无法对不同激励作出不同反应，而劳动则对不同的激励非常敏感。也因为这个特性，合作化主要是要解决农民的劳动积极性问题。由于土地是私有的，大部分初级社仍然以原来的农户为单位贯彻交纳农业税和粮食征购任务，但有的地方因为过分压低土地报酬，农民所得到了不够交农业税的地步[④]，因此初级合作社中，也有由合作社负责交纳农业税和征购任务的。

高级农业生产合作社主要是生产资料和耕畜实行公有，由合作社折价购买，分3至5年付清。不过，土地并不是折价购买[⑤]，而是通过取消土地报酬，把土地转为合作社集体所有。当时中共中央的考虑是：土地这一基本生产资料的公有化，不宜采取直接改变所有权的方式，在废除土地报酬以后，实现了完全的按劳分配，土地私人占有的作用与意义就根本上发生变化，如果再禁止土地买

---

① 《中南局农村工作部关于农业生社在秋收中应认真做好收益分配工作的意见》，载《农业集体化重要文件汇编(1949—1957)》(上册)，第195页。

② 《中国共产党第七届中央委员会第六次全体会议(扩大)关于农业合作社问题的决议》，载《农业集体化重要文件汇编(1949—1957)》(上册)，第454页。

③ 弗里曼、毕克伟、赛尔登：《中国乡村，社会主义国家》，陶鹤山译，社会科学文献出版社2002年版，第204页。

④ 浙江绍兴农民把农民收入不足以交农业税的社是"特级社"，在浙江有少数县的初级社农民收入较入社前减少，不够交农业税。见《浙江省委农村工作部部长吴植椽同志在全国第三次农村工作会议上的发言》，载《农业集体化重要文件汇编(1949—1957)》(上册)，第322页。

⑤ 有极少数的社曾实行过由合作社折价购买，沈阳市委打算在高坎农业生产合作社实行低价收买土地的办法，所订价格虽已很低，也相当于土地的一年产量。因此不采用折价购买。

卖,那么在实质上就与公有制差别不大了[①]。因此,在初级社转为高级社的过程中,并没有回收土地证。同样对于土地是否国有问题,也决议留待日后考虑,在当时,是反对土地国有的说法的。理由是土地归合作社集体所有,容易为广大农民所接受,也同样可以保障社会主义经济建设的正常进行;如果实行了土地国有,反而可能引起农民的误解。[②] 其背后的逻辑是,土地由合作社集体所有,因为农民的土地多少差别并不大,不折价可以接受,如果实行土地国有,不折价购买就于理不通了。

在高级社的情况下,《国务院关于农业生产合作社粮食统购统销的规定》规定农业合作社分为余粮社、自足社和缺粮社,以合作社为单位交纳粮食统购统销的数量,原则上由合作社统一交售;由合作社统一交售有困难的,也可以由原来的小社或社员分别交售。[③] 高级社收获的粮食,首先要扣除应该交纳的公粮和应该出售的统购粮,留下来生产所需要的种子和饲料,剩下来的粮食再分给社员,口粮部分要按照当地规定的口粮标准,按照人口分给社员。[④] 可见国家主要是要保证国家和统购统销的粮食数量和农民的口粮,其余的分配必须确保这两者之后才可以进行分配。

统购统销的粮食分为两个部分:一是农业税,二是征购的商品粮。对于征购的商品粮,与合作社的矛盾稍小。但是对于农业税,则与合作社之间矛盾越来越大。因为,农业合作化以后,农村中新的生产关系同过去在小农经济情况下制定的农业税法,自然产生了矛盾。这就是原来按户征税的办法同农业社统一经营的矛盾。

---

① 《中央农村工作部关于半社会主义性质的农业生产合作社如何逐渐社会主义化问题复东北并告各地电》,载中华人民共和国国家农业委员会办公厅编:《农业集体化重要文件汇编(1949—1957)》(上册),中共中央党校出版社 1981 年版,第 256 页。

② 廖鲁言:《关于高级农业生产合作社示范章程(草案)的说明》,载《农业集体化重要文件汇编(1949—1957)》(上册),第 584 页。

③ 《国务院关于农业生产合作社粮食统购统销的规定》,载《农业集体化重要文件汇编(1949—1957)》(上册),第 629 页。

④ 《中共中央、国务院关于农业生产合作社秋收分配中若干具体问题的指示》,载《农业集体化重要文件汇编(1949—1957)》(上册),第 637 页。

这一矛盾在互助组时还不大，因为土地经营还是分散的，各户土地上的收获物仍归各户所有，各户自行交纳农业税并不矛盾。但到了初级合作社，土地统一经营，收获物统一分配，分配的方式是按照各个社员参加劳动的多少和入社土地多少这两个标准来分配的。在这个标准之下，土地报酬越是降低，与农业税征收之间的矛盾就越大，因为农业税是根据土地多少计征的，实际是一种土地税，而当时初级社较普遍的倾向是提高劳动力报酬，降低土地报酬，因此初级社与农业税征收之间的矛盾就比较大。这一问题留待下文详述。

1956年生产合作社基本完成。在1953到1956年间，农业社和农业税的关系大致可以归纳如下：一开始的想法是农业生产合作社，不论初级社和高级社，都把一个社当一个大户来征收。后来区分了两种情况：第一是土地报酬比例还不很低（如土地报酬占30%～50%，劳动报酬在50%～70%）的初级社，暂时按原来按户征税，第二是土地报酬很低的初级社和高级社，改为由农业社统一纳税。按当时实际情况，在高级合作化未实现以前，关内各地初级社的土地报酬大多数占35%～45%，因此对大多数初级社沿用按户征收的办法，而东北和内蒙古地区初级社土地报酬一般占10%～20%，从一开始就实行按合作社征收的办法了。因为社员分得的土地报酬，已经不够交农业税了。还有很少数的农业社，土地报酬介于两种情况之间，经过社员公议，实行由农业社和社员分担的办法。不过这种办法实行的地区很少，实行的时间也不长。1957年，全国大部分农业社都上升为高级农业社了，取消了土地报酬，自然实行以社为单位征收农业税了。

农业税是按各户土地的量和质征收的。东北实行比例税制，还有一些地方是实行按人口扣除免征额的比例税制地区，还有是实行累进税制的地区。对于前两类地区，农业社和农业税之间的矛盾并不突出，问题出在第三类累进税制地区，这类地区富农的税率达到了30%，如果实际产量远高于常年产量，那么实际税率并不太高，但如果实际产量只是稍高于常年产量，那么实际税率也很高,对于问题突出的农业社,由各地作一些规定进行纠正。[①]

在这种背景下,1958 年 6 月 3 日颁布《中华人民共和国农业税条例》,规定:(1) 纳税人方面。农业生产合作社和兼营农业的其他合作社,以社为单位交纳,个体农户仍然以户为单位,农业生产合作社社员的自留地,由社员自己负担。(2) 征税范围。包括粮食、薯类作物收入,棉麻烟叶油料糖料等经济作物收入,国务院批准的其他收入。但农家副业收入和农业副产品收入仍不计入。(3) 农业收入计算标准。按常年产量计算。(4) 税制和税率。以征收粮食为主,交纳粮食有困难的也可以改征其他农产品或现款。全国平均税率规定为常年产量的 15.5%,最高不得超过 25%,地方附加一般不超过纳税额应纳税额的 15%,最高不超过 30%。5 年合计,征收的农业税 1866.5 亿元,占农业实产量的 11.6%(见表 3－6)。

表 3－6　1953—1957 年农业税实征税额统计

年度	正税(细粮,亿斤)		地方附加(细粮,亿斤)		正税附加合计(细粮,亿斤)	
	依率计征税额	实征额	实征额	占正税额%	实征税额	占农业实产量%
1953	394.7	327.6	16.4	5.0	344.0	11.9
1954	397.3	342.6	28.9	8.4	371.5	12.4
1955	399.4	350.7	33.2	9.5	383.9	11.6
1956	396.4	319.0	48.0	15.0	367.0	10.8
1957	399.6	355.0	45.1	12.7	400.1	11.6
合计	1987.4	1694.9	171.6	10.1	1866.5	11.6

资料来源:中华人民共和国财政部《中国农民负担史》编辑委员会:《中国农民负担史》(第四卷)附录一,中国财政经济出版社 1994 年版,第 413 页。

这一时期,国营经济的缴款(上缴利润和税款)逐渐上升,成为国家财政收入的主要来源之一,国营经济款占财政收入的比重由 1950 年的 13.4%上升到 1953 年的 35.2%,在这种情况下,一部分建设资金可以基本上依靠国营企业收入的增加和工商税收的增

① 李成瑞:《中华人民共和国农业税史稿》,财政出版社 1959 年版,第 180－188 页。

加来解决,农业税的征收可以基本不动。因此,中央人民政府政务院"关于1953年农业税工作的指示"中规定:今后三年农业税征收稳定在1952年实际征收的水平上,不再增加。[①]

农业合作社的初衷,除了通过把劳动力组织起来进行集体生产提高农业总产量外,还有一个目标是为了配合统购统销的政策,便于国家提取农业剩余。正如薄一波所说的那样:"合作化后,国家不再和农户发生直接的粮食关系,国家在农村统购统销的户头,就由原来的一亿几千万户简化成了几十万个合作社,这对加快粮食收购进度,简化购销手段,推行合同预购等都带来了便利。"[②]但是,实践中效果并不太理想。陈云承认:"从前我们想,合作化以后,一家一户的农民,一亿一千万个农户变成了70几万个合作社,搞粮食大概是容易的吧?农民越组织,搞粮食越容易,这是我们过去的想法。将来一定是这样的。但是现时,今年,去年的情况并不是这样。合作化以后农民的生活要求提高一些,农民消费粮食的标准要求高一些,随着劳动强度的提高,消耗粮食也会增多。七月份国家卖的粮食很多,收的粮食很少。去年收了140亿~150亿斤(麦子),今年要收160亿斤,但各地开会的结果,只有130亿斤。这主要是因为农民、合作社和县、区、乡干部有一种多留一点,少卖一点的倾向。这种情况说明,合作化以后立即容易搞到粮食的想法是不现实的。合作化以后是社会主义,但也可能发展个人主义,发展本位主义。"[③]因此,提出包干到社的办法,好处还未得到证明。事实上,合作社虽然减少了国家为了提取农业剩余而同分散的小农打交道的交易成本,但另一方面却遭遇了合作社的非常普遍的瞒产私分现象。1957年,仅河北保定清苑县就瞒产私分粮食

① 《中央人民政府政务院关于1953年农业税工作的指示》,《人民日报》,1953年8月31日。

② 薄一波:《若干重大决策与事件的回顾》,第277页。

③ 陈云:《合理调整粮食供销矛盾》(1957.7—8),载《陈云文集》(第三卷),中央文献出版社2005年版,第187页。

136万斤，清苑县3区5个乡14个合作社，自报时是13个自足社1个缺粮社，后来报出瞒产26900斤，14个社全成了余粮社。[①]

(四)农业合作社与农业税的矛盾及其消解

在第一个五年计划期间，农业税是国家财政收入的重要部分，这部分收入国家不用支付对价，而且农民对于农业税也有较高的认同度，其征收成本相对来说也比较低，因此，农业税是农业剩余的一个重要构成部分。不过，当农业合作社快速涌现之后，农业税与农业合作社之间的矛盾也日益显现出来了。

农业税是一种土地税，是依据土地来征收的，但是初级社的分配原则是提高劳动力报酬，压低土地报酬。1953年中央农村工作部《关于农业生产合作社收益分配问题给各级党委农村工作部的指示》中指出："像中南所反映的，土地分红比例占常年应产量(一般相当于实产量的85%左右)的40%，而公粮按户交纳，投资由土地收益中扣除：以及有的地方，投资从全社的总收入中扣除，公粮按户交纳，而土地分红只占20%～30%；或者是公粮也由社代出，而土地分红只占10%；土地报酬的这几种比例，在目前的具体条件下，大体可以肯定是偏低了。"[②]

当时的农业合作社，绝大多数是按户计征农业税的。这与当时的农业税税制有关，有些地方实行的是没有免征额的比例税，如东北各省；有些地方实行的是有免征额的比例税，如河北、山西、山东等华北各省；有些地方实行的是累进税制。在后两种税制下，各社员农户负担农业税的税率不同，不便按社计征。具体说来，1954年和1955年的农业合作社与农业税的关系主要有三种情况：(1)土地报酬仍占相当大的比重的部分集体所有制的农业生产合作

① 《保定地委关于徐水、清苑两县在社会主义宣传运动中发生的问题向省委的报告》，载《农业集体化重要文件汇编(1949—1957)》(上册)，第711页。

② 转引自中华人民共和国财政部《中国农民负担史》编辑委员会：《中国农民负担史》(第四卷)附录一，中国财政经济出版社1994年版，第160页。

社，仍没用原来对一般个体农民的征税办法。即由入社农户按入社以前的老办法自己负担。但在施行按人口扣除免征额的比例税制的地区也有从全社土地报酬中统一提缴农业税的，而按人口扣除的免征额仍由合作社按各户人口分配到各户。(2)已经取消了土地报酬的集体所有制的农业生产合作社(集体农庄)，社员完全按劳取酬，各户收入与本户原有土地已没有关系，农业税额全部由全社农业收入中统一提缴。(3)土地报酬已降低到一定比例以下的部分集体所有制的农业生产合作社，各地存在着多种多样的征税办法，主要也可以分为三类：1. 社和户分担的办法，即各户税额由本户负担一部分，其余部分从全社农业收入中统一提缴。至于社和各户分担多少，则应根据土地报酬的高低和税额的多少适当规定。这种办法在施行累进税的地区，可以适应农业生产合作社土地报酬降低后的情况，兼顾到社内贫农和中农的利益，并可照顾累进税地区群众的负担习惯。但当时对这种办法经验尚少，可先选点试办，俟取得经验后再逐步推行。2. 由全社土地报酬中统一提缴农业税，按人口免征的税额仍由各户人口分配到各户。这种办法在施行按人口扣除免征额的比例税的地区，适合群众负担习惯，而且比较简便易行。3. 由全省农业收入中统一提缴农业税。这种办法在施行不按人口扣除免征额的比例税地区，适合群众负担习惯，而且更为简便易行。[①]

在农业社内部按户计征，引发了相当多的问题。其中最突出的是农业合作社中收入多的农户负担少，收入少农户的负担反而多的问题，甚至还出现了倒累进问题。比如河北康保县红旗社的情况，收入越低的，负担率却越高。这种情况绝非个别，不仅北方有，南方也有。如江西萍乡、万年、崇仁三个社也出现了类似的情况(见表3—7)。

---

① 《财政部党组关于两年来农业税工作情况和今后工作意见向中央的报告》(1955年9月29日)，载《1953—1957中华人民共和国经济档案资料选编·农业卷》，第61—62页。

表 3－7　农业合作社按户纳农业税的倒累进现象

河北康保红旗社		江西萍乡、万年、崇仁三个社	
人均纯收入(莜麦,斤)	负担占纯收入%	人均收入(水稻、斤)	负担率%
1000 以下	12.69	700 以下	22.66
1000～2000	10.66	700～1200	12.71
2000～3000	9.76	1300～1700	11.22
3000～4000	9.56	1700～2200	9.24
—	—	2200～2700	8.61
—	—	2700 以上	12.79

资料来源:中国社会科学院、中央档案馆:《1953—1957 中华人民共和国经济档案资料选编》,中国财政经济出版社 2000 年版,第 803－804 页。

此外,各地也出现了土地报酬不够交农业税的现象。比如浙江省金华县塘雅乡第三村第一社,1954 年土地报酬占社评产量 32%,入社土地的社评产量占计税产量 88.4%,其中社员贫农邢荣樟,社评产量占计税产量的 52.6%,税率 20%,农业税超过土地报酬 21.6%;社员中农包元东,社评产量占计税常产 46%,税率 18%,农业税超过土地报酬 27.2%。山东胶县劳力弱、土地多的社员金平木反映说:“地板分红少了,公粮还那么样,地多无劳力户包老垛了。”青海地多人少的社员认为:“土地报酬在交纳公粮后,应该多少余一点,万一余不了,也应该够交公粮,否则就会成了赔粮户,人未吃地,反倒地吃开人了,这样不如不入社。”青海刘吉德社的三户中农社员说:“地里的庄稼好是好,但大家分去了,叫我们地多的人负担公粮,哪怕土地不要报酬,公粮应按社计征。”湖北江陵县将召乡建设社的土地报酬社评为 40%,社员中农吴保金说:“按户负担办法我们田多劳力弱的人吃亏,采取由社负担我们愿意,就怕劳力多田地少的人不干。”①

1955 年秋,尤其是 1956 年之后,高级社发展迅猛。高级社的土地归集体公有,取消了土地报酬,实际上也就取消了原来存在于

① 财政部农业税司:《1954 年二十个省市农业税收情况与问题资料汇集》(1955 年 9 月 5 日),载《1953—1957 中华人民共和国经济档案资料选编》,第 800－807 页。

初级社与农业税之间的矛盾。1956 年夏，财政部指出：过去对于高级社，全国各地都是以社为单位征收农业税的，对于初级社，除了东北各省以社为单位征收农业税的以外，其余地区一般仍然采用以户为单位征收的办法。今后，为了适应农业生产合作社统一经营、统一分配的情况，对于初级社一般也应改为以社为单位征收，即是将农业税额从全社收入中统一提缴。初级社改为按社征收时，应当按照“农业生产合作社示范章程”第十九条的规定，相应地减少社员的土地报酬。① 1957 年，国务院副总理兼财政部长李先念进一步指出，应当改变以户为征收单位和一部分地区实行累进税、另一部分地区实行比例税的办法，采用以农业社为征收单位，并且考虑统一实行比例税制的办法，以适应农业合作化以后的新情况。② 此后，农业合作社与农业税之间的矛盾在一定程度上得到了消解。

三　农产品市场价格与农业剩余显性转移

(一)农产品国家定购价与市场价格

统购统销，简言之就是在农村统购农产品，在城市统销。在农村统购中，农业税大约占统购量的一半不到。比如 1953 年国家征购量是 739 亿斤细粮，其中农业税 344 亿斤细粮；1954 年国家征购量是 932 亿斤，其中农业税 371.5 亿斤；1955 年国家征购量是 876 亿斤，其中农业税 383.9 亿斤；1956 年国家征购量是 757 亿斤，其中农业税 367 亿斤。因此，除了农业税之外，超过一半的农产品是通过统购来完成的。而国家统购部分的农产品作为农业剩

① 《财政部关于 1956 年农业税工作中几个问题的请示》(1956 年 6 月 6 日)，载中国社会科学院、中央档案馆：《1953—1957 中华人民共和国经济档案资料选编 · 财政卷》，第 359 页。

② 《国务院副总理兼财政部长李先念关于 1956 年国家决算和 1957 年国家预算草案的报告[节录]》(1957 年 6 月 29 日)，载《1953—1957 中华人民共和国经济档案资料选编 · 农业卷》，第 71 页。

余的一部分，是与国家定购价格密切相关的，国家统购价格是否接近于市场价格直接决定了这一部分农业剩余是否在国家与农民之间得到了等价交换。

从新中国成立之初开始，价格问题就是当时社会最突出的问题，这部分也是因为建国之初主要精力放在了平衡财政、平抑物价上。主要是由于货币增发，1949 年到 1950 年初，全国发生了四次物价大波动，上涨的主要是粮价和纱布价格，国家都在较短时间内比较好地解决了[①]。但是当时要抑制物价大波动，必须消灭赤字财政。1950 年 3 月 3 日，政府颁布《关于统一国家财政经济工作的决定》，统一全国财政收支，国家财政收入的主要部分集中到中央。而此前政府增发货币的一个原因是中央开支很大，收入却很少。中央政府财政压力减小后，货币发行减少，到 1950 年 4—5 月之后，全国财政收支实现了平衡，全国金融物价开始了巩固而稳定的时期。[②] 1950 年 10 月 12 日，全国大中城市粮食牌价先后进行调整，全国高粱、玉米(以 9 月底为基数)价格平均提高 7%，在华东、中南等地大米价格提高 10%。[③] 在国民经济恢复时期，市场物价基本平稳，1950 年下半年市场物价有所上涨，但到 1951 和 1952 年，市场物价得到控制并逐渐回落。

1953 年开始，全国计划价格体制逐渐成形。1953 年开始实行煤炭、钢铁、水泥、木材、汽油、轮胎、机床及铁路运价等 200 多种产品的全国统一价格。1953 年实行粮食统购统销，食用植物油统购统销。1954 年对棉布、棉花实行统购统销，形成了由成本、利润(包括所得税)和税金三部分构成的统一模式的企业出厂价格，确定了利润率水平；开始实行全面的零售物价管理；根据陈云的建议，一般掌握在 10%～30%之间。取消了农产品收购价格中的季节差价，实行全年统一价格。[④] 陈云认为：决定牌价的基本条件应

---

① 薛暮桥、吴凯泰：《新中国成立前后稳定物价的斗争》，《经济研究》，1985 年第 2 期。

② 薄一波：《若干重大决策与事件的回顾》，中共中央党校出版社 1991 年版，第 71—89 页。

③ 李子超、卢彦：《当代中国价格简史》，中国商业出版社 1990 年版，第 28 页。

④ 李子超、卢彦：《当代中国价格简史》，中国商业出版社 1990 年版，第 34—35 页。

该是供求关系，也就是决定于产销情况，如果某种商品生产多而销路小，勉强挂高牌价，结果仍是行不通；反之，如果生产少，销路大，勉强挂低牌价，也是行不通的。① 陈云作为计划经济的主要设计者和执行者之一，其对牌价倾向于由供求决定的认识为1957年之前的牌价确定的基本原则定下了市场导向的基调。表3—8和表3—9在一定程度上反映了这种市场导向的趋向。

表3—8 "一五"时期物价指数表(1952年为100)

年份	全国零售物价总指数	农产品收购价格总指数	农村工业品零售价格指数
1953	103.4	109.0	98.6
1954	105.8	112.4	100.5
1955	106.9	111.1	102.0
1956	106.9	114.5	101.0
1957	108.5	120.2	102.1

资料来源：李子超、卢彦：《当代中国价格简史》，中国商业出版社1990年版，第50页。

表3—9 1950—1958年农村价格指数

年份	农产品购买价格(1950＝100)	农产品购买价格(1954＝100)	工业品价格(1950＝100)	工业品价格相对于农产品价格之比(1930—1936平均为100)
1950	100.0	——	100.0	131.8
1951	119.6	——	110.3	124.4
1952	121.6	——	109.7	121.8
1953	133.9	——	108.2	109.6
1954	138.4	100.0	110.3	109.2
1955	137.7	99.5	111.9	113.3
1956	141.8	102.5	110.8	107.0
1957	148.0	107.5	112.1	103.0
1958	152.1	109.9	111.4	——

资料来源：Dwight H. Perkins. *Market control and planning in communist China*. Harvard university press, 1966, p.30, p.234.

---

① 陈云：《供求关系是决定牌价的基本条件》，《陈云文集(第二卷)》，中央文献出版社2005年版，第261页。

从两个表可以看出，此一时期的物价相对稳定，农产品价格有了较大的提高，而工业品价格则上升幅度不大，工业品价格相对于农产品价格之比也有所下降，1953 年到 1955 年大约在 110∶100，1957 年下降到 103∶100，可见此一时期的国家收购价格对于农产品生产者来说还是相当有利的。当时一些决策层的干部，“总想尽量提高农产品价格，降低工业品价格，缩小工农产品‘剪刀差’，使农民生活过得更好一些，这在许多同志中间是一种相当普遍的想法。我们的同志，同农民有深厚的感情联系”[①]。按照李先念的估计，虽然由于抗日战争时期和解放战争时期工农产品价格“剪刀差”不断扩大，1950 年的“剪刀差”比 1936 年扩大了 45.3%，但从 1950 开始直到 1958 年这 8 年来“剪刀差”是逐年缩小的，到 1957 年，缩小到只比 1936 年扩大了 13.6%的水平。[②]

问题是，计划价格体制的特点是限制市场的作用，使国家的农产品收购价格和市场均衡价格之间的比较变得相当复杂。陈云承认把市场管得很死，只有国家市场，而没有自由市场[③]，因此，后来设立国家领导下的自由市场即农村集市市场，但是自由市场只占 25%，其余 75%都是通过国家统购进行控制。[④] 自由市场的份额较小，而且受国家的控制。市场作用的受限，使上述两个表格的有效性受到了国外学者相当程度的质疑。[⑤]。不过他们对于价格指

① 《李先念：关于财贸工作的汇报提要》(1956 年 4 月 1 日)，载《1953—1957 中华人民共和国经济档案资料选编·综合卷》，第 671 页。

② 《李先念同志关于工农业产品交换问题的调查研究》(1958 年 1 月 14 日)，载《1958—1965 中华人民共和国经济档案资料选编·综合卷》，第 302 页。

③ 陈云：《要把市场搞活，以适应人民需要》，载《陈云文集》(第三卷)，第 98 页。

④ 陈云：《大计划，小自由》，载《陈云文集》(第三卷)，第 103 页。

⑤ 参见 Dwight H. Perkins. *Market control and planning in communist China*. Harvard university press, 1966; Robert C. Hsu. Agricultural Financial policies in China, 1949－1980, *Asia Survey*, Vol. 22, No. 7. (Jul. ,1982), pp. 638－658。珀金斯认为，价格指数是否能反映消费品市场上的实际价格上涨让人心存疑虑。主要问题是零售价格指数只包括市场中的商品的 70%，且大多受国家控制。次要的问题是，批发价格指数包括大量的工业产品，而这些价格在 1955 和 1956 年曾急剧下降，这意味着这一指数很难用以反映消费品市场的通货膨胀程度。Robert C. Hsu 则同意石川滋的观点，对价格指数如何构成的，如包括什么物品、权重如何表示无法确知，也无法知道国家是如何来确定国家价格的。

数的怀疑并不影响他们对于此一时期农业品价格的乐观判断。比如 Robert C. Hsu 就认为，1950 年代后期，中国摒弃了苏联模式，形成了自己的发展模式，在价格上开始上倾向于农业。[①]。同时国内学者也基本上对国家收购价格（包括牌价、议价和超购价格的加权价格水平）与市场价格之间的关系持肯定态度。最乐观的学者认为，1953—1957 年统购的国家牌价与市场价格十分接近，甚至可能略高于市场价格。[②] 而相当一部分学者虽然认为国家收购价格没有高于市场价格，但都肯定 1953—1956 年间，国家的收购价格受市场价格影响很大，二者差别很小[③]，两种意见稍有不同的只是对于 1957 年的价格看法不一。还有一种观点认为，1958 年之后，农产品生产成本上升幅度大，因此实际上使农产品价格的小幅上涨得不偿失[④]，因此开始了隐性转移的阶段。综上所述，我们认为 1953—1957 时期农产品价格处于较为有利的位置，国家收购价格相对于 1958 年之后来说也较接近于市场价格。

（二）农业剩余的显性倒定额提取

国家收购牌价相对而言比较接近于市场价格这一事实，说明国家提取农业剩余基本上还处于显性提取阶段，而较少采取压低农产品价格的隐性转移农业剩余的方式。统购统销虽然采取了倒定额提取农业剩余，但这只是为了满足国家工业化对于商品粮的需求。统购统销不是为了压低价格征取农民剩余，而是为了防止各种投机交易，保证对城市的农产品供给。[⑤] 只是在人民公社之后，国家通过生产组织与政权组织的制度对接，才能较顺利地实行通过价格政策隐性转移农业剩余。

---

① Robert C. Hsu. Agricultural Financial policies in China, 1949－1980, *Asia Survey*, Vol. 22, No. 7. (Jul. ,1982), pp. 638－658.

② 陈越：《关于中国农业部门剩余转移问题》，《经济学家》，1993 年第 5 期。

③ 参见王光伟：《我国农业剩余流动状况分析》，《经济研究》，1992 年第 5 期；宋国青、高小蒙：《中国粮食问题研究》，经济管理出版社 1987 年版，第 48－50 页；邹至庄：《中国经济问题》，南开大学出版社 1984 年版，第 135 页。

④ 李子超、卢彦：《当代中国价格简史》，中国商业出版社 1990 年版，第 78－79 页。

⑤ 陈越：《关于中国农业部门剩余转移问题》，《经济学家》，1993 年第 5 期。

1953—1957年"一五"计划时期，是从农业互助组到农业生产初级社，再到高级社的合作化进程不断加速、并且在短时期内完成的过程。农村土地制度的这种加速变迁的过程，某种程度上可视为是为了给统购统销显性提取农业剩余的方法提供一种制度基础。对此，毛泽东也曾经说过：我们经济的主体是国营经济，有两个翅膀：一翼是国家资本主义（对私人资本主义的改造），一翼是互助合作，粮食征购（对农民的改造，这个一翼，如果没有计划收购粮食这一项，就不完全）。[①] 可见，农业生产合作化与统购统销是作为国营经济一翼的两个不可或缺的组成部分。

统购统销的主要对象是主要的农副产品，绝大多数农副产品是由农民在土地上生产出来的。国家统购的政策对农副产品实行垄断政策，只赋予国家低价收购农产品的权力，但如果同时扩大农产品的收购数量，则必须对农业生产进行控制[②]，以便提高农业总产量和农业剩余。虽然国家收购牌价较接近于市场价格，但还是比市场价格要低，为了在较低的价格下能征购到尽可能多的农副产品，除了加快农村土地制度的变迁速度，还要使统购统销有一定的弹性，实行国家收购价格的牌价、议价和超购加价等不同价格措施，以激励农民的生产积极性。

同时，此一时期，在生产力水平相对较低时，显性转移就已将农业剩余提取得差不多了。在3年国民经济恢复时期，农业税这一显性定额提取方式就已经提取农民本身不多的剩余的大部分，1953年农业总产值仅比1952年增长3.1%，其中粮食仅比1952年增长1.8%。以1957年不变价格计算，农林牧渔业总产值1952年是364.9亿元，1957是455.5亿元，有所提高，但还是有限。在统购统销倒定额提取农业剩余的方式下，农民的人均消费量已经

---

① 薄一波：《若干重大决策与事件的回顾》，第263页。

② 林毅夫、蔡昉、李周：《中国的奇迹：发展战略与经济改革（增订版）》，上海三联书店、上海人民出版社1999年版，第64页。

受到压低，并没有余力支撑国家的隐性转移。农业生产力水平的提高，则为隐性转移提供了条件，在农民有了较多的剩余后，隐性转移虽然提取了较多的资金，但农业还是可以接受的。

不过，值得注意的是，农业合作社在统购统销之下被切断了与市场的联系，这对于其活力和经营也是相当不利的。与市场紧密联系在一起的农村副业是合作社经济活力的源泉，根据中央农村工作部的估计，副业收入一般占农民总收入的25%到30%左右。[①]从河北饶阳五公村著名的耿长锁农业合作社的例子来看，1949年副业收入占总收入的45%，1950年也占了45%，1951年占了30%。在这几年内，耿长锁农业合作社的经济收入都比较高，社员不断向村里的自耕农买地，但1952年，国家开始扩大了对市场的控制，1951年时成立合作社副业和贸易公司还是合法的，到1952年就被视为是反社会主义的了。于是，1952年，合作社的副业收入占总收入的比例从前一年的30%急剧地下降到8%，1953年稍稍回升到12%，在统购统销建立之后的1954年，再次下降到5%。[②] 此时的耿长锁农业合作社实际上已远离市场，也就失去了本应有的活力，农民不再是生产的决策者，在缺乏价格激励的情况下，生产也难有起色。正如薄一波后来反思统购统销时所指出的那样："统购统销制度的主要弊病，就是限制了价值规律在农业生产和农产品经营中的作用，因而不能不影响农民生产积极性的发展和工商企业经济核算的实施。因为统购统销割断了农民同市场的联系：土地种什么，信息不是来自市场；农民对自己的产品，处理无自主权，即使有余粮，也不能拿到市场上出卖。这就排除了价值规律对农业生产的刺激作用。这种弊病在'一五'期间就表现出来，1958年以后，就更明显了"[③]。

---

① 《中央农村工作部：农村副业生产的若干情况简报》(1956年7月26日)，载《1953—1957中华人民共和国经济档案资料选编·综合卷》，第992页。

② 弗里曼、毕克伟、赛尔登：《中国乡村，社会主义国家》，社会科学文献出版社2002年版，第180－181页。

③ 薄一波：《若干重大决策与事件的回顾(上卷)》，第280页。

本章小结

统购统销是为了解决农业剩余不足以应付急剧发展的工业和城市之需求而尽可能提取农业剩余的一个方法；农业合作社是通过统一经营，提高土地规模收益来提高农业劳动生产率，提高农业总产量，进而增加农业剩余总量的另一个方法。前者是为了充分提取现有的农业剩余，后者是为了增加潜在的农业剩余，两者实际上是一个提取农业剩余体系的两个紧密相连的部分。

统购统销与市场的关系值得注意。统购统销基本上取消了粮食市场，但并不仅仅是取消粮食市场，而是为了取得农民基本口粮之外的农业剩余，确保这一部分不被农民多消费掉。仅仅取消市场并不等于农民的粮食就一定可以多卖给国家。因此，如果过分倚靠市场，国家将很难取得工业化发展所需要的粮食需求。正是在这个意义上，陈云认为继续采取自由购买的办法，中央政府就要天天做叫花子。[①] 不过，统购统销中存在征购过头的现象，甚至征购了农民口粮的情况也不少见，实际上影响到了农民的生产积极性。

农民的生产积极性是农业合作社增产的重要条件，国家推动初级社和高级社的发展，是因为合作社被认为是一种能促进农业与工业同时发展的战略。这一农业发展战略的核心是：(1)动员大量的农村劳动力到一些劳动密集型的投资项目去劳动，如灌溉、洪水控制、土地开垦等；(2)通过传统生产方式和投入，如密植、更仔细的除草、施用更多的有机肥，来增加单位产量。[②]

统购统销是一种倒定额提取农业剩余的方式，其中也包含定额提取方式，即包含农业税。农业税是此一时期国家工业化的重要资金来源，“一五”时期国家用于各项建设事业的资金，需要700多亿元，折合黄金7亿两。建设资金一是来自工人，一是来自农民。农业税是从农民方面动员建设资金的重要工具。五年中农业

---

① 陈云:《实行粮食统购统销》,《陈云文选》,人民出版社1984年版,第207页。

② 林毅夫:《制度、技术与中国农业发展》,第18页。

税征收总额约合人民币149亿元，相当于1亿5千两黄金。[①]

统购统销的倒定额提取方式较之定额提取方式而言能提取更多的农业剩余。如果说，在定额提取的阶段，农业剩余是一种绝对剩余，农民的生活水平并未受明显影响，那么在倒定额提取阶段，农业剩余是一种相对剩余，农民的人均消费量减少，生活水平受到了影响。不过，由于国家的收购价格受市场价格影响较大，两者之间比较接近，所以农业剩余的转移还是一种显性转移，只是到了人民公社以后，农业剩余的转移才到了隐性转移的阶段。我们认为，显性转移主要是围绕粮食与农副产品而采取的，如农业税和统购统销，都是体现为实物的农业剩余，是为了供应商品粮；而隐性转移则更多是为了国家获得工业化资金，虽然也以实物体现，其目的则是为了国家工业化。

① 李成瑞：《中华人民共和国农业税史稿》，财政出版社1959年版，第164页、167页。

第四章　农业剩余与人民公社(1958—1978)

1957年第一个五年计划完成，经济建设取得了巨大的成绩。但是，农业合作社对与国家提取农业剩余是有冲突的，基层干部和农民从“本位主义”出发“瞒产私分”，有时竟成为国家提取农业剩余的竞争者。国家、集体和农民在如何分配农业产品和农业剩余的关系非常微妙。如何解决农业合作社与国家在争夺农业剩余上的冲突呢？解决的办法是政社合一、国家权力直接进入农业生产领域，既承担农村行政职能，也承担管理农业生产职能，提高国家提取农业剩余的效率。事实上，人民公社建立后的头几年，高指标、高估产、高征购成为常态。

一　人民公社与农业剩余的隐性转移

(一)政社合一与控制农业剩余内部化

除了土地集体所有之外，政社合一是人民公社一个更重要的特征。基层政权与农业生产组织合一，在某种意义上，可以视为是国家为了进一步增加控制农业剩余强度的一种努力。正如林毅夫等学者所认为的那样，人民公社体制是适应于通过强制性汲取农业剩余为国家工业化服务的目标而形成的。[①]

乡社合并在人民公社之前就出现过，刘少奇曾说乡社合一早已有之。在合作化过程中，东北有些地方曾出现村政府和合作社合署办公，一个机构、两块牌子的现象。浙江舟山群岛的蚂蚁岛，

① 林毅夫、蔡昉、李周：《中国的奇迹：发展战略与经济改革（增订版）》，上海三联书店、上海人民出版社1999年版，第147页。

还正式出现过一个乡社合一的渔业生产合作社，民政部在1955年将其作为“以社代政”或“政权消亡论”加以批评。1957年陈伯达写过一个报告，主张把乡或村和社合在一起，使合作社成为真正的基层，把供销社和信用社合并到农业生产合作社。[①]

人民公社政社合一的结构，是通过将农业生产合作社往上提升到与乡政权的边界基本重合成为基层组织的方法，把国家控制农业剩余进一步内部化，国家介入到农业生产中(见图2—6)。在人民公社化的初期，国家的想法是先进行乡社合一，并逐步为县社合一做准备。1958年8月通过的《中共中央关于在农村建立人民公社问题的决议》规定：人民公社的组织规模，就目前说，一般以一乡一社、两千户左右较为合适。人民公社进一步发展的趋势，有可能以县为单位组成联社。现在就应该对人民公社的分布，以县为单位进行规划，作合理的布局。[②] 与生产边界与行政边界重合相应，当时甚至一度有将原来高级农业生产合作社集体所有的土地进行国有化的想法，农业像工厂一样，土地国有，工资发给每个人，实行供给制与工资制相结合的分配制度，吃饭不要钱。[③]

围绕着国家控制农业剩余的努力，可以将人民公社分为五个阶段：(1)1958年人民公社，其特点是“一大二公”，大搞平均主义和刮“共产风”，公社成为核算单位，国家直接介入生产的组织之中。(2)1959年到1961年，实行“三级所有，队为基础”，核算单位接近高级社的水平，但保留了公共食堂，国家不再直接介入生产组织。(3)1962年到1965年，以生产队为基本核算单位，恢复到初级社水平，接近生产力发展水平，农民的劳动积极性因此有所提高，但没有把生产资料的集体所有制和集体生产区别开来，经营管理上的问题仍未解决。(4)1966年到1978年，全国掀起“农业学

① 薄一波：《若干重大决策与事件的回顾(下卷)》，第735页。

② 《中共中央关于在农村建立人民公社问题的决议》，载《农业集体化重要文件汇编(1958—1981)》(下册)，第70页。

③ 薄一波：《若干重大决策与事件的回顾(下卷)》，中共中央党校出版社1991年版，第742页。

大寨”运动,鼓吹穷过渡,以生产队为基本核算单位受冲击。(5)1979年到1984年,普遍推行家庭联产承包责任制,1984年撤社建乡,取消“三级所有,队为基础”的人民公社制度。

具体来说,国家将控制农业剩余内部化只是1958年和1959年真正实行过,当时“一平二调三收款”的做法,正是进行内部化的一种努力,随后发现这一做法并不可取,导致国家跟农民的关系存在着一种相当紧张的状态,甚至在1958年农业大丰收以后,粮食棉花油料等农产品的收购至1959年初还有一部分没有完成任务[①],于是国家立即从主观上纠正“一平二调三收款”的做法。1959年到1961年3年自然灾害,农业生产连续下滑,客观上也迫使国家从先前将农业剩余内部化的做法中退却,实际上回到了此前以高级社为核算单位的层次上。不过,政社合一体制没有调整,核算单位的下移只是出于生产组织上的考虑,国家依然保留了控制农业剩余的制度接口。在度过三年自然灾害后,基本核算单位的主体进一步下移到450万～540万个生产队(见表4—1)。此后直到1979年开始进行以农户家庭经营为特点的家庭联产承包责任制,人民公社的政社合一强化农业剩余控制的功能实际上被消解。

表4—1　农村人民公社基本核算单位数量

年份	公社数(个)	生产大队数(万个)	生产队数(万个)	基本核算单位			
				小计(万个)	公社核算(个)	生产大队核算(个)	生产队核算(万个)
1962	74771	70.3	558.0	549.8	200	29000	546.7
1963	80956	65.2	564.3	558.5	100	16000	556.8
1973	54423	66.7	476.9	471.6	74	43857	467.2
1975	52615	67.7	482.6	477.8	56	43267	473.5
1976	52665	68.1	482.7	775.6	51	47652	470.8
1977	52923	68.3	480.5	472.5	50	53036	467.1
1978	52781	69.0	481.6	469.5	61	66713	462.8

资料来源:农业部产业政策与法规司、国家统计局农业统计司:《中国农村40年》,中原农民出版社1989年版,第126页。

① 《郑州会议记录》,载《农业集体化重要文件汇编(1958—1981)》(下册),第141页。

在这个意义上，我们将讨论人民公社与农业剩余关系的下限界定到 1978 年，而不是人民公社解体的 1984 年。

(二)农业剩余的隐性转移

国家虽然在 1959 年以后从将农业剩余纯粹内部化的做法中退却，但人民公社将行政边界与生产边界重合，还是为农业剩余的隐性转移提供了制度基础。农业剩余的显性转移先是通过农业税进行转移，随后又通过统购统销倒定额提取农业剩余的方法确保了国家尽可能地获得最多的农业剩余。但是显性转移有一个缺点，即只能满足国家工业化目标的粮食和基本物资的实物供应问题，并不能有效地解决工业化发展的资金积累问题。[①] 因此，国家还有必要通过农业剩余的隐性转移来解决工业化资金需求中的较大部分。

前已述及，农业剩余的稳性转移是相对于显性转移而言的，在 1957 年之前，从农业税与政府支农费的差额上看，农业部门向工业部门的农业剩余流出是正的，但是在 1958 年之后，这种流出却一直都是负的(见表 4—2)。

表 4—2 1958—1978 年中国农业剩余"负转移" (单位：亿元)

年份	农业税	农业税占当年总税收比重%	农业税减去政府支农费	年份	农业税	农业税占当年总税收比重%	农业税减去政府支农费
1958	32.59	17.39	−10.69	1969	29.56	12.56	−18.47
1959	33.01	16.13	−25.23	1970	31.98	11.37	−17.42
1960	28.04	13.77	−62.42	1971	30.86	9.87	−29.89
1961	21.60	13.64	−33.13	1972	18.37	8.95	−36.76
1962	22.83	14.09	−13.99	1973	30.52	8.75	−54.65
1963	24.00	14.60	−30.09	1974	30.06	8.34	−61.65
1964	25.89	14.23	−41.09	1975	29.45	7.31	−69.51
1965	25.78	12.68	−29.24	1976	29.14	7.14	−81.35
1966	29.50	13.31	−24.59	1977	29.33	6.25	−78.79
1967	28.95	14.72	−16.69	1978	28.40	5.45	−112.26
1968	30.02	15.64	−3.22				

资料来源：根据《中国统计年鉴》(1989)，第 29 页、663 页、666 页、669 页相关内容整理。

① 国家也通过出口粮食换取外汇，筹集资金及机器设备。

对于农业部门这种净的负流出现象，国内学术界已经加以较为充分的关注，并在80年代末90年代初对农业剩余的显性转移与隐性转移之间的关系做过很多相关研究。王光伟认为到50年代末，政府支农支出超过了农业税，标志农业剩余的显性转移结束，隐性剩余转移是关键。[①] 吴承明注意到农业净流出年年都是负数，似乎农民对国家毫无贡献，他认为这是不真实的，其故在于价格扭曲，即“剪刀差”。[②] 大多数学者都倾向于这种观点，认为虽然在账面上看，农业剩余存在负流出的现象，但这不是事情的真相，农业剩余主要通过隐性转移的方式从农业部门流出，而这种稳性转移的主要方式是工农产品价格“剪刀差”。

一般认为，农业为工业化提供农业剩余的基本方式有四种。一是赋税方式；二是价格方式，即农业剩余通过不利的贸易条件流向工业，很多学者将其称为“剪刀差”，而我们认为这种建立在工农业之间不平等贸易条件下的农业剩余提取方式属于隐性转移方式；三是储蓄方式；四是财产剥夺方式。中国采用了税收、价格和储蓄三种方式，其中价格方式是主要方式。在工业化起步初期，如第三章所述，国家对粮食需要量的一半以上是通过农业税取得的，70年代以来，这一比例还在三分之一以上。但是由于国家对农业实行轻税政策，通过税收提取农业剩余远不能满足国家工业化的资本需求，因此用价格方式汲取农业剩余就成为决策者的一个基本选择。[③] 即是说，农业剩余的显性提取还无法满足工业化的发展需求，因此不得不在1958年之后又进一步采用隐性转移方式。从价格扭曲程度来看，隐性转移的特征十分明显(表4—3)。

---

① 王光伟：《我国农业剩余的流动状况分析》，《经济研究》，1992年第5期。

② 吴承明：《论二元经济》，《历史研究》，1994年第2期。

③ 潘光浑、罗必良：《农业剩余与农业产业化》，《广东社会科学》，1998年第3期。

表 4－3　1952—1978 年若干年份价格扭曲程度表

(1950 为 100)

时间	全国消费品价格 (1)	集市贸易价格 (2)	价格扭曲程度 (1)/(2)
1952	113.3	111.0	1.02
1957	122.5	120.9	1.01
1962	155.6	354.8	0.44
1965	138.2	192.3	0.72
1970	137.8	197.7	0.70
1975	143.0	259.5	0.55
1978	150.0	246.0	0.61

资料来源：林毅夫、蔡昉、李周：《中国的奇迹：发展战略与经济改革(修订版)》，第 43 页。

上表中，假定集市贸易价格指数代表了市场所要求的价格，而全国消费品价格指数则受到宏观价格政策影响而偏离了市场所要求的价格，后者对前者的偏离代表了价格的扭曲程度，虽然这一估计是很粗略的，但仍可以中看出，1957 年之前价格扭曲几乎可以忽略，而 1958 年之后的价格扭曲就比较严重。可见，通过价格手段，国家在统购统销之外，又进一步采用了工农业之间不平等贸易条件下的隐性转移农业剩余方式。①

(三)农业剩余的隐性转移及剩余提取总量估计

那么隐性转移农业剩余的数量是多少呢？在这一方面，我们首先回顾一下与隐性转移相关的“剪刀差”的研究。有很多学者做过关于“剪刀差”的卓有成效的研究。“剪刀差”估算方法有多种，因此在数量估计上，各家之间差异较大。最早的估算方法是比价“剪刀差”，随后又有比值“剪刀差”。比值“剪刀差”最早采用的是工农业劳动比的方法，对于工业和农业劳动比如何折算、采何种标准又有不同的说法，持这一算法的，有代表性的是严瑞珍、李溦，还

① 1958 年前也存在工农业之间不平等贸易条件下的农业剩余隐性转移，但我们认为通这种方式提取的农业剩余数量并不太大，不是主要的提取方式。

有潘盛洲[①];另一种估算方法则通过强调国家收购价格与市场价格的偏离程度来计算,或者类似的采用介于政府定购价格(包括牌价、议价和超购加价的加权价格水平)和集市贸易价格之间的均衡价格的偏离程度来计算,这是一种日渐成为主流的估算方法,主要代表者有王光伟、王耕今、崔晓黎、武力等人。[②] 我们认为,均衡价格的算法的优点是比较合理,但缺点在于市场一直受国家控制,且由于统购统销的存在,市场所占份额只占25%,在这种情况下要确定市场均衡价格很难,且由于资料不足,容易造成误差,操作起来不可行[③];而收购价格与市场价格的偏离程度的估算方法缺点是农村集贸市场的价格可能高于均衡价格,在计算上也会造成误差,但也有简便可操作、资料较全等优点。

农业剩余的隐性转移主要指国家通过扩大农业的不利贸易条件,在事实上压低了农产品价格来提取农业剩余,而这种隐性转移的制度基础即是人民公社政社合一的制度。正如林毅夫等人所指出的那样,农业集体化是为了配合国家执行低价收购并在低价下增加农产品收购数量的政策,为此,农业集体化的速度骤然加快,建立农产品统购统销制度只是农村经济体制形成的第一步,人民公社才是与扭曲价格宏观政策环境相配套的农村经济体制完全形成的标志。[④] 在这个意义上来理解农业剩余的隐性转移,也许会比较接近历史真实,也是在这个意义上,我们把隐性转移视为与用

---

① 分别参见严瑞珍、龚道广、周志祥、毕宝德:《中国工农业产品价格剪刀差的现状、发展趋势及对策》,《经济研究》,1992年第2期;李溦:《农业剩余与工业化资本积累》,云南人民出版社1993年版,第290—313页;潘盛洲:《中国农业保护问题研究》,中国农业出版社1999年版,第76—108页。

② 分别参见王光伟:《我国农业剩余的流动状况分析》,《经济研究》,1992年第5期;王耕今、张宣三主编:《我国农业现代化与积累问题研究》,山西经济出版社1993年版;崔晓黎:《统购统销与工业积累》,《中国经济史研究》,1988年第4期;武力:《1949—1978年中国"剪刀差"差额辨正》,《中国经济史研究》,2001年第4期。王光伟采用的是均衡价格的估算方法,其余诸家都采用了简便易行的国家定购价格与市场价格的偏离程度的估算法。崔晓黎认为1959年之前,粮食供销不存在显著的牌价和市价之间的差价。

③ 王光伟承认,1965—1974年比价的连续资料缺乏,10年间只能用两个数据来代表,误差自然不小。

④ 林毅夫、蔡昉、李周:《中国的奇迹:发展战略与经济改革(增订版)》,第52页。

国家收购价格与市场价格的偏离程度的估算方法进行计算的“剪刀差”在数量上比较接近。

国家收购价格与市场价格的偏离程度的估算方法，是通过农副产品和工业品的国家计划价格与自由市场价格以及国际价格的比较，同时扣除国家返销于农村的农副产品以及大宗销往农村的工业品数量，而且忽略了由于农业劳动生产率与工业劳动生产率之间差异所造成的工农业产品价格“剪刀差”，关注工农产品自由交换的市场条件下工农业产品之间的自由交换[①]，即排除国家取消、限制市场、压低定购价格对于市场价格的干扰，这与我们的界定隐性转移最为接近，因此我们将采用武力的数据，将农业税农业剩余显性提取，工农业产品贸易条件不平等条件下的农业剩余隐性转移，以及农业剩余的货币形式，即农民储蓄三者放在一起做一个表。

表 4—4 1958—1978 年农业剩余隐性转移数量及农业剩余提取总量

(单位：亿元)

年份	显性提取	隐性转移	储蓄转移	农业剩余提取总量	年份	显性提取	隐性转移	储蓄转移	农业剩余提取总量
1958	37.5	−11.9	0.044	25.644	1969	34.0	56.0	−0.006	89.994
1959	38.0	−16.2	0.029	21.829	1970	36.8	59.8	0.041	96.641
1960	32.2	14.9	−0.013	47.087	1971	35.5	109.9	0.050	145.450
1961	25.0	639.4	0.087	664.487	1972	32.7	161.0	0.017	193.717
1962	26.2	314.7	0.021	340.921	1973	35.1	227.1	0.134	262.334
1963	27.6	186.9	0.050	214.550	1974	34.6	243.8	0.116	278.516
1964	29.8	31.6	0.011	61.411	1975	33.9	284.4	0.068	318.368
1965	29.7	55.9	0.056	85.656	1976	33.5	316.9	0.040	350.440
1966	34.0	48.2	0.011	82.211	1977	33.7	311.7	0.091	345.491
1967	33.4	58.4	0.013	91.813	1978	32.7	226.9	0.105	259.705
1968	34.5	58.2	0.006	92.706	合计	690.4	3377.6	0.971	4068.971

资料来源：显性提取一栏数据取自李溦：《农业剩余与工业化资本积累》，云南人民出版社

① 武力：《1949—1978 年中国“剪刀差”差额辨正》，《中国经济史研究》，2001 年第 4 期。武力认为，即使在比较充分的市场条件下，在某一时期内也存在因农业劳动生产率提高速度慢于工业而产生工农业产品价格“剪刀差”，但这是工业化进程中的自然规律，且有利于农民向工业转移，最终有利于农业现代化的。对于这种“剪刀差”，武力认为可以忽略不计。我们赞同这种观点。

1993 年版，第 292—293 页；隐性转移一栏数据取自武力：《1949—1978 年中国“剪刀差”差额辨正》，《中国经济史研究》，2001 年第 4 期；储蓄转移一栏取自潘盛洲：《中国农业保护问题研究》，中国农业出版社 1999 年版，第 105—106 页，稍有调整。

表 4—4 中，显性提取即农业税根据表 4—2 中农业税再加上农业税地方附加(上限是农业税总额的 15%)计算得出，隐性转移主要根据农村农副产品集市贸易价格指数与国家收购价格总指数之间的差额，再乘以国家在农村的农副产品收购总量而得出。储蓄一栏相对较复杂，所谓农业剩余的提取应该是无偿的提取，而农民储蓄的所有权还在农民手中，因此农民净储蓄额并不能算是被国家提取了的农业剩余，被提取的是由于国家执行低利率政策(正如在农副产品中实行低价政策一样)而提取的那一部分，其换算依据各年的农民净储蓄额及各年的存货款利率差。

二　自留地、社队企业与农业剩余

国家并不能控制全部农业剩余，未被控制的农业剩余包括两部分：一是国家为了弥补集体经济而采用的农民自留地经济，二是作为农业集体经济组织内部的集体积累，如公积金和公益金。前者的农业剩余归农民所有，后者则是农业剩余的一部分作为集体的积累留在了集体内部。这两部分农业剩余表现方式并不同，农民的自留地经济实际上是对国家通过集体化控制农业剩余的一种消极逃避，而集体积累则通过社队企业进行积极突破。

(一)自留地与农业剩余

在集体经济的间隙，国家还允许农民依法经营一小块自留地。在自留地上，农民得到的产品可以全归农民所有，是为了满足农民一些单靠集体经济无法提供给社员家庭日常生活消费品的多种需要而不得不采取的补充。不过，自留地经济不是一种独立的经营方式，仅仅是集体经济的一种补充和附属物。

早在 1955 年底，《农业生产合作社示范章程草案》就规定：无论在农业合作社的初级或者高级阶段，社员所有的生活资料和小块园地、零星树木、家禽、家畜、小农具、经营家庭副业所需工具，都不实行公有化。允许社员有小块自留地。每口人所留土地至多不能超过全村每口人所有土地的平均数的5%。[①] 1956年3月，在初级社升级为高级社的高潮中，国家再次规定，高级农业生产合作社，仍然应当像初级社一样，允许社员留下一定数量的自留地[②]，3个月后，国家又规定农业生产合作社应该抽出一定数量的土地分配给社员种植蔬菜。一般不超过当地每人平均土地数的5%。[③] 随后不久，在周恩来提议下，对上述一条又做了一个补充规定：农业生产合作社可以根据需要和当地条件抽出一定数量的土地分配给社员种植猪饲料。分配给每户社员的这种土地的数量，按照每户社员养猪头数的多少决定。每人使用的这种土地，连同高级农业生产合作社示范章程所规定的分配给社员种植蔬菜的土地，合计不能超过当地每人平均土地数的10%。[④] 这是自留地的初始发展阶段，在这一阶段自留地的政策是相当明确的，其作用可以用来种植蔬菜和生产猪饲料，作为对集体经济的补充，自留地在这一阶段发展良好。

1958年由于公社化运动，自留地经济逐渐被作为要取缔的对象，国家明确规定社员自留地可以在并社时变为集体经营。[⑤] 虽然这一政策在1959年得到纠正，中共中央发布《关于农业的五条

---

① 《农业生产合作社示范章程草案》，载《农业集体化重要文件汇编(1949—1957)》(上册)，第480页、484页。

② 《中央关于在农业生产合作扩大合并和升级中有关生产资料的若干问题的处理办法的规定》，载《农业集体化重要文件汇编(1949—1957)》(上册)，第539页。

③ 《高级农业生产合作社示范章程》，载《农业集体化重要文件汇编(1949—1957)》(上册)，568页。

④ 《全国人民代表大会常务委员会关于增加农业生产合作社社员自留地的决定》，载《农业集体化重要文件汇编(1949—1957)》(上册)，第699页。

⑤ 《中共中央关于水利工作的指示》，载《农业集体化重要文件汇编(1958—1981)》(下册)，第77页。

紧急指示》,规定恢复社员的自留地,其面积按高级社时的规定执行[①],但在实际执行中,大部分自留地认为是应该归社的。[②] 自留地仍被规定要交给食堂,1960年4月甘肃省委也规定,将自留地收回了三分之一到二分之一,作为食堂菜地。有的生产队一连几次缩减社员的自留地,社员种得好好的,一声命令,连地带菜都没收了。[③] 经过这次波折,自留地又经过1961—1964年的发展,逐步作为一种对集体经济的补充稳定了下来,其标志是1961年3月广州会议制定的《农村六十条》,明确规定:人民公社社员的家庭副业是社会主义经济的必要补充部分,人民公社应该允许和鼓励社员利用剩余时间和假日,发展家庭副业;自留地一般占当地耕地面积的5%,长期归社员家庭使用,社员自留地的农产品,不算在集体分配产量和口粮以内,国家不征公粮,不计统购。[④]

《农村六十条》被视为人民公社宪章,在自留地经济方面有新的思想。第一,对自留地经济有了突破性认识,不再像以前那样认为是大集体中的小私有,而是附属于集体所有制经济和全民所有制经济的助手,因此是社会主义性质的。第二,在肯定自留地原有面积比例基础上,扩大了自留地的范围,还扩大为开荒地和饲料地,三者相加可以占生产队耕地面积的5%~10%,最多可以达到15%,使自留地经济有了更大的空间。虽然1963年以后由于“文化大革命”的影响,自留地还是出现了较大的反复,不时地受到限制[⑤],但一直存在了下来,具体情况可参见表4-5。

---

① 中共中央文献研究室:《建国以来重要文献选编》(第12册),中央文献出版社1996年版,第293页。

② 《建国以来毛泽东文稿》(第八册),第71页。

③ 相关内容参见《农业集体化重要文件汇编》(下册),第289页、411页、366页。

④ 《农村人民公社工作条例》,载《农业集体化重要文件汇编(1958—1981)》(下册),第463-464页。

⑤ 对自留地的限制的一种方式是不断细分自留地,据David Zweig. *Agrarian radicalism in China*, 1968—1981. Harvard university press. 1989, p. 123,自留地分为自留地(principal private plots),住宅地(yard household plots),五边地和四边地(marginal land),开荒地(opened barren land),饲料地(feed plots),菜地(vegetable plots),集体自留地(collective private plots)。

表 4—5 历年自留地面积及占集体耕地比例

年份	1957	1962	1965	1970	1975	1979
社员自留地(万亩)	6441	9453	9159	8537	8667	9319
占集体所有耕地%	3.8	6.1	5.9	5.6	5.8	6.2

资料来源：武力：《论建国以来农业剩余及其分配制度的变化》,《福建师范大学学报(哲学社会科学版)》,2004 年第 3 期。

自留地最引人注目的一点是，自留地上出产的农产品，不算在集体分配产量和口粮以内，国家不征公粮，不计统购。也因此有学者将其视为是农民在集体经济中的部分退出权。[①] 即是说，自留地上的产出全部归农户所有，农民可以拥有自留地上全部农业剩余所有权，因此极大地激发了农民的劳动积极性，农民在出工和收工前都要在自留地上劳作，以尽量增加自留地的产出。虽然自留地都算不上是良田，甚至连大田的自留地都相当少，但自留地的产量，据估计为公社田产量的 5～7 倍。[②] 自留地的主要作用，是解决口粮、饲料、蔬菜、零用钱、竹园等，可以养猪、可以吃菜，在上海青浦一带零星的自留地也可以每人补充约 50 斤粮食，陈云认为丰产区解决口粮问题的办法是自留地，目前这是一条比较好的出路。[③] 因此，自留地为保证国家倒定额提取制度不至于伤害到农民的最基本生活需求部分，自留地及家庭副业就成为国家和集体提取农业剩余后仍能补充收入来源的“限压阀”，对于国家、集体和农民三者来说，自留地具有双重作用。一是三者共赢的作用，弥补了集体经济的低效率和供给不足，填补集体分配与农民最低需求之间的缺口，自留地和家庭副业的收入几乎占了农民收入的三分之一甚至更多，一定程度上改善了农民生活；二是对国家和集体有一定的副作用。学者认为，这种副作用有两个方面：第一，农民把集体经济的低效率看得更清楚了，产生了家庭经营的冲动，第二，

① 周其仁将自留地经济界定为是一种对于集体经济的“部分退出权”。

② 发展研究所综合课题组：《改革面临制度创新》，上海三联书店 1988 年版，第 5 页。

③ 陈云：《同江苏省委负责人谈农村问题》(1961 年 7 月 26 日)，载《陈云文集》(第三卷)，第 351 页。

为农村自由市场存在提供了基础，而市场形成价格，对国家的牌价和统购统销都产生了冲击和威胁。[①]

在这种背景下，一旦农村经济形势稍有好转，人民公社一直希望能把自留地收回，以便压制农民家庭生产的积极性，维护统购统销，而农民和基层干部则希望多种自留地，多一点自己掌握的农业剩余。1961 年，河北定县留早村每人多分 1 分自留地，元光村每人多分 5 厘自留地；1962 年春，东留春公社西王路村每人也多分了 3 厘自留地。但在 1962 年，这些自留地都由公社指示大队收回了。但生产队干部和社员很不满意，有的干部说；"征购已经包干，自留地 1 分就 1 分，2 分就 2 分，你管那些干什么。"有的社员说："今年生活才提高一点，又抽回 5 厘去了。"大队把自留地收回后，因缺乏种子没有及时耕种，农民看了可惜，又把地种上了，队干部也没有制止。[②] 1961 年分自留地的背景，是农业剩余被过度提取后，农民口粮严重不足而出现饥荒，到 1962 年夏，农业生产开始恢复，农民消费的口粮已经回升到饥荒前的水平。此时为了便于控制农业剩余，政社合一的公社自然要收回自留地了，不过在收回自留地问题上，作为基层干部的大队和生产队干部并不积极。

与自留地相关的还有开荒地，各地在经济好转之后于收紧自留地的同时，又违反《农业六十条》规定，对《农业六十条》颁布时开出的开荒地进行整顿。河南省登封县社员自留地和开荒地较多，县委为了整顿"小自由"，在 1965 年 6 月下旬召开全县广播大会，宣布：(1)自留地的数量，要按"六十条"规定，好地一律收回，抽换给一般地。(2)宅基地超过半亩，种了粮食的，要拿出 8%交公粮。(3)开荒地，每人平均 1 分以下的，交 8%公粮，不卖余粮，不计口粮，每人平均 1 分以上，超过部分种的粮食，全部卖给国家，顶预购任务。(4)整顿"小自由"是两条道路斗争问题，对只搞"小自由"，

---

① 武力：《试论建国以来农业剩余及其分配制度的变化》，《福建师范大学学报(哲学社会科学版)》，2004 年版，第 3 期

② 《定县见闻三则》，《1958—1965 中华人民共和国经济档案资料选编·综合卷》，第 542 页。

不参加集体生产的，应进行处理。会后，全县即有21个大队，211个生产队，开始调整自留地，有28个大队，273个生产队，开始收不合理的开荒地。同一时期，在浙江奉化松岙公社，干部强迫没收社员开荒地，并说："宁可遍出青草，不准社员多种粮。"他们将开荒地上的作物无条件地收归集体，还打算收回后，不补偿工分，也不给工本费。辽宁本溪市牛心台区南芬镇"四清"工作队决定，将社员屋前屋后的零星菜地全部没收，并已发动一两百人到每家菜地里强行毁垅铲苗，把果树也拔掉了。辽宁省清源县、新宾县，正在大张旗鼓地开展拔除社员开荒地青苗运动，每天都从机关、学校抽调上百人，到各大队去拔苗。有些社员看到拔苗，就不下地了。有的人在一边乱骂。有一个老大爷和老伴两人，躺在地里又哭又叫："你们要拔要刨，就是要我的命。"①中共中央在得知这些事情之后，专门发布《中共中央关于当前农村工作问题的指示》，对各地的错误做法进行了纠正。

总之，国家在经历波折之后最终允许了自留地的存在，这也是国家为了在统购统销倒定额提取农业剩余的制度下避免过度提取的一种补救措施，是集体化之后国家与农民长期博弈的一个结果。

(二)社队企业与农业剩余

社队企业缺乏一个统一概念，对于社队企业从什么时候开始这一问题一直以来都有争议。归纳起来，主要有三种意见：一些学者认为应从1955年算起，从合作化运动开始，农村就有了农业生产合作社，到1958年以后大量出现；另一些学者认为社队企业是从1958年人民公社成立之后才出现，人民公社之前不可能有社队企业；还有一些学者认为70年代以后才有社队企业。② 我们基本倾向于第一种意见：社队企业在农业合作化之后已经少量出现，其主体则是在人民公社之后出现的。

---

① 《中共中央关于当前农村工作问题的指示》(1965年8月23日)，《农业集体化重要文件汇编》(下册)，第837－840页。

② 颜公平：《对1984年以前社队企业发展的历史考察与反思》，《当代中国史研究》，2007年第2期。

农业合作社和人民公社这类集体经济，除了要满足国家对农业剩余的需求之外，也在集体内部进行集体积累，这部分农业剩余由集体组织控制和使用。初级合作社、高级合作社以及人民公社都有公积金和公益金的规定。在初级社中，公积金和公益金两项所占农业生产合作社收入的比例，一般以1%～5%，最多不得超出5%[①]，也有的达到了8%～10%[②]；高级合作社中，公积金和公益金两项一般也不超过10%[③]。在人民公社中，公积金不超过8%～18%，公益金不超过2%[④]，两者相加不到10%～20%。可见公积金和公益金所占农业收入的比重不断增加。这一部分集体积累，在初级社时一般是可以随着农户的退出合作社而带走，但在高级社和人民公社就不能再带走了。其原因就在于初级社的入社土地尚属于农民私有，因此当其退出时，有权带走那一部分基于所有权而享有的农业剩余；而在土地集体所有的高级社和人民公社时，农民既没有退出权，而且也就不能将其带走。这部分农业剩余是集体共有的，国家并不能直接控制，同时，由于其共有的性质，农民个体也无法对其直接掌握，因此实际上是由社、队干部或社、队精英控制。

国家对于农业剩余的控制主要是农业税和作为征购余粮方法的统购统销。农业税主要是土地税，不把农民副业收入纳入征收范围，因此对农村工业和农民副业无法直接加以控制，同时统购统销是征购商品粮，对于农民从农村工业和农民副业中得到的收入也较难直接控制，社队干部或社区精英有激励将集体积累用于发展工副业，以积极的方式规避国家对于农业剩余的控制。社队企

---

① 《华北局关于农业生产合作社若干问题的解决办法》，载《农业集体化重要文件汇编(1949—1957)》(上册)，第160页。

② 《中南局农村工作部关于农业生产社在秋收中应认真做好收益分配工作的意见》，载《农业集体化重要文件汇编(1949—1957)》(上册)，第196页。

③ 《高级农业生产合作社示范章程》，载中华人民共和国国家农业委员会办公厅编：载《农业集体化重要文件汇编(1949—1957)》(上册)，第575页。其中公积金不超过8%，公益金不超过2%。

④ 《关于人民公社的十八个问题》，载《农业集体化重要文件汇编》(下册)，第194页。

业的资金来源，不仅经常利用公共积累办厂、办社和进行新建扩建，还经常动员社员集资捐款，不免时而带有“平调”性质。[①] 在这种背景下，村社企业开始发展起来。这其中的逻辑是：集体土地所有制导致社队企业的产生，集体土地所有制是社队企业的“产婆”，社队工业全部特征几乎都来自于集体土地制度。首先是土地的集体化，其次是在此基础上建立的集体组织，最后是从集体组织中产生出社队工业[②]，而逻辑背后的实质，则是农业剩余试图逃避国家的控制。社队干部或社队精英努力发展由他们而不是由国家直接控制的集体工副业，创造更多的可支配农业剩余。从50年代末到70年代，社队企业是农村经济中发展最快的一个部门，原因即在于农业集体是这部分农业剩余的组织者和控制者，如果说农民的自有家庭经济是对国家控制农村系统的一种个体突破，而社队工副业则是一种集体的突破。[③]

值得注意的一点是，人民公社成立后的最初两年，即1958年、1959年，各地人民公社都大搞“一平二调三收款”，对生产队的某些财产无代价地上调到人民公社，并强调要逐步把公社的集体所有制变成全民所有制，同时人民公社也向原来相当于高级合作社的核算单位收缴公积金、公益金。人民公社作为国家基层政权实行“一平二调三收款”，实际上反映了国家曾试图控制作为集体积累的这一部分农业剩余的努力。但这次努力很快被证明行不通，因此，国家开始放弃控制这部分农业剩余，开始纠正“一平二调三收款”的做法。这一点从图4－1中也可以反映出来。

1957年前，农村工业都基本上是自给性的手工作坊式的手工业和农产品初加工，商品性的工业很少，社队工业的商品率不到50％。其劳动力主要是当地农业人口，生产和劳动安排缺乏工业

---

① 陈吉元、韩俊：《中国农村工业化道路》，中国社会科学出版社1993年版，第58－59页。

② 裴小林：《集体土地制：中国乡村工业发展和渐进转轨的根源》，《经济研究》，1999年第6期。

③ 周其仁：《产权与制度变迁：中国改革的经验研究（修订本）》，北京大学出版社2004年版，第23页。

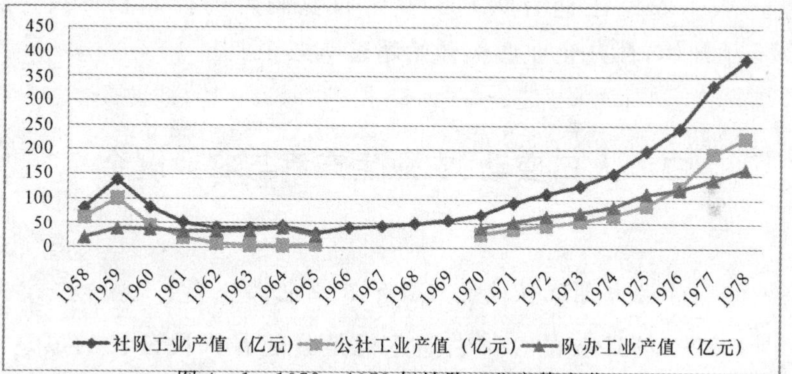

图 4－1　1958—1978 年社队工业产值变化

资料来源：张毅、张颂颂编：《中国农村工业化与国家工业化》，中国农业出版社 2002 年版，第 155 页、160 页；张毅：《中国乡镇企业艰辛的历程》，法律出版社 1990 年版，第 17 页、20－21 页。1966—1969 年的社办和队办的产值数据缺。

企业应有的稳定性，往往随着农业生产的季节性而变化，一些企业的劳动安排甚至采取农业派工的形式，务工人员与务农人员定期更换轮作，工业生产资金往往是同农业捆在一起统一支配，其服务对象也主要是社队农业生产或其他农业基本建设需要，从本质上说，是社区经济组织的“家内工业”。[①] 由于这些特性，农村工业企业的产值增长不快，从 1952 年的 81 亿元缓慢增长，1953 年是 88 亿元，1954 年是 90 亿元，1955 年是 97 亿元，1956 年是 99 亿元，1957 年的 100 亿元。[②] 1958 年人民公社化之后，社队企业开始大量出现，在图 4－1 中，1958—1965 年，公社工业产值一直呈下降趋势，而队办企业产值则基本平稳，反映了国家在 1959 年一度试图将投入到队办工业中的农业剩余上调到公社，大办公社工业，这一做法不久就被纠正，公社工业因此开始下降，队办工业在与国家（公社）博弈中保留了作为队办工业投资的农业剩余控制权，因此稳步发展。一直到 1976 年以前，队办企业工业产值一直高于社办

① 陈吉元、韩俊：《中国农村工业化道路》，第 57 页。

② 张毅、张颂颂编：《中国农村工业化与国家工业化》，中国农业出版社 2002 年版，第 147 页。

企业，表明农民还拥有队办工业中农业剩余的控制权。只是在1976年开始，社办企业产值开始超过队办企业。

二　人口变动、农业生产率与农业剩余

（一）劳动力再配置过度与3年农业危机

1959—1961年的3年农业危机是紧随着人民公社的成立而来的，1959年谷物产量下降了15%，1960年和1961年谷物产量只有1958年的70%，从产出指数曲线上看还要低于1952年的产出水平（见图4—2）。对于这3年农业危机的原因，国内外学术界有各种解释。一般所接受的假说有四种：(1) 连续三年的坏天气；(2) 政策失误加上合作社管理不良；(3) 由于合作社规模不当引起的激励问题。珀金斯持这种观点，认为人民公社的规模不当所产生的激励问题是农业突然滑坡的原因。他认为，在一个较大的生产单位下，一个人的努力与每一工分值之间的关联很小。因此监督成为关键，但也是因为同一个原因，同伴社员也没有激励进行密切监督。基本核算单位的下放即缩小合作社规模会使工分值关联度和互相监督两者都可以得到改善；(4) 退出权假说。这一假说由林毅夫提出，最有解释力也最有影响力。林毅夫则认为上述三种假说与经验数据都不相符合，他认为主要是由于从1958年秋天开始农民退社自由被剥夺造成了3年农业危机。合作化最初是一种自愿的运动，但在1958年秋变成了强制性运动，合作化运动从原来有退出权的多次博弈，变成了没有退出权的一次博弈。农民无法用退出来保护自己，结果是原来在多次博弈下的自我实施的协议在一个一次博弈的合作社中就无法维持，监督成为保持劳动激励了合作社生产率水平的关键，而农业生产中的监督相当困

难,于是导致了生产率下降和 3 年农业危机。[①]

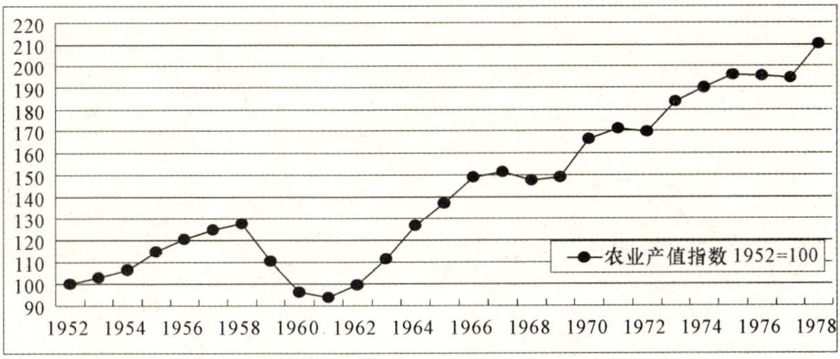

图 4－2　1952—1978 年农业产出指数曲线

林毅夫用以支持其退出权假说的主要依据实际上是农业的全要素生产率,全要素生产率在 1952—1957 年处于上升中,而在 1958 年开始直线下降,1962 年左右降到低点,随后开始上升、下降,到 1982 年以后才上升到 1952 年的水平[②]。从这个角度说,退出权假说是很有说服力的。因为人民公社在 1958 年开始,到 1982 年才在全国大部分地区推行家庭联产承包责任制,在时间上,退出权假说与其有很高的拟合度,令人信服。

不过,我们认为,如果从农业剩余生成的劳动力再配置模型的角度来说,3 年农业危机的原因也可以从劳动力的过度再配置加以解释。1958 年的"大跃进"实际上是工业大跃进,工业大跃进的结果是大量农业劳动力进入城市工业部门,同时留在农业部门的劳动力也大量投入大炼钢铁之类的工业化建设中,实际上造成了农业剩余生成的劳动力再配置模型中的劳动力过度配置,即从农业转移到工业的劳动力已经超过了农业劳动力边际生产率为零的 G 点(见图 1－1),农业劳动力的过度转移已经明显影响到了农业总产出,因此农业产出开始显著下降。

---

① 林毅夫:《集体化与中国 1959—1961 年的农业危机》,载林毅夫:《制度、技术与中国农业发展》,第 24－31 页。

② 对于在 1960 年后总要素生产率长时期的低下状态,周其仁认为是自留地经济使农民拥有了从集体经济中撤退的"部分退出权"。这一部分退出权解释了总要素生产率的低下。见周其仁:《产权与制度变迁:中国改革的经验研究(修订本)》,北京大学出版社 2004 年版,第 20 页。

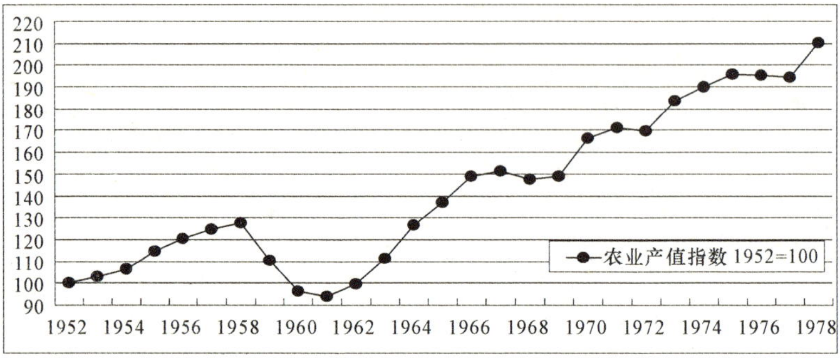

图 4—3　1952—1988 年总要素生产率指数

资料来源：Guanzhong James Wen. Total factor productivity change in China's farming sector：1952—1989，*Economic development and cultural change*，Volume 42，Number 1，October 1993.

从表 4—6 看，农业劳动力在 1958 年达到最低点，只有 15492 万人，而 1957 年还有 19310 万人，绝对数量上就减少了 3818 万人，其中大部分都转向了城市进入工业中，农业劳动力相对比重相应地从 81.2%下降到 58.2%，达到了建国以来的最低点，此后，农业劳动力开始逐渐回升。1958—1960 年 3 年间，全国城镇劳动力增加 2914 万人，1960 年全国城市劳动力增加到 6119 万人，比 1957 年增长 90.9%。城镇人口比重在 1982 年以前的 30 多年里仅提高了 10 个百分点，从 1949 年的 10.6%增长到 1981 的 20.2%，而这 10 个百分点的增长却是在 50 年代末期以前发生的。①

问题在于，农业劳动力向工业部门的转移，并不是建立在农业剩余增长的基础之上的。在“大跃进”中，由于工业冒进造成非常规增长，产生了对劳动力的虚假需求，而农村中发生浮夸风，对当年农业生产量过高估计，才出现这种农业劳动力过度再配置，有研究者认为，这造成了一次有史以来农业劳动力向非农产业最大规模的转移。②

---

① 范力达、孙少岩：《体制、农业剩余与中国的人口城市化》，《人口学刊》，1992 年第 3 期。

② 陈廷煊：《城市化与农业剩余劳动力的转移》，《中国经济史研究》，1999 年第 4 期。

表 4-6　1957—1964 年农业人口和农业劳动力比重　(单位:万人)

年份	农业人口占全国总人口比重			农业劳动力占全社会劳动力比重		
	全国总人口	农业人口	比重 %	全社会劳动力	农业劳动力	比重 %
1957	64653	54035	83.6	23771	19310	81.2
1958	65994	53784	81.5	26600	15492	58.2
1959	67202	53640	79.8	26173	16273	62.2
1960	66207	52476	79.3	25880	17019	65.8
1961	65859	53444	81.1	25590	19749	77.2
1962	67295	56024	83.3	25910	21278	82.1
1963	69172	57588	83.3	26640	21968	82.5
1964	70499	58822	83.4	27736	22803	82.2

资料来源:中华人民共和国农业部计划司编:《中国农村经济统计大全(1949—1986)》,中国农业出版社 1989 年版,第 84－85 页。

在当时的档案资料中也能发现关于劳动力过度配置的记载。中共中央指出:“去冬今春水利战线拉得过长,三百个大型工程同时上马,材料分散使用,人力物力都来不及……占用劳动力过多,最高额曾达到七千万人。”[①]一些基层干部对劳动力调出影响农业生产也有看法。洛宁县上戈公社摇沟生产队支书抱怨公社把年轻劳动力都调走了:“我们队总共有 200 个劳动力,调 80 个还都是强的,弄得生产开不了台。”卢氏县五里川公社五里川生产小队支书说:“公社乱调劳力,按规定调 25%,现在已经调了 30%了,还在调,闹得干农业的人也不安心,不调就受批评”。[②] 1959 年前后,湖北等地粮食只增产了三成左右,却估计成为“翻了一番”,照着“翻了一番”的算盘往下打,既未瞻前,也未顾后,各项基本建设的任务繁重,劳动力分散,正在紧张的秋收秋种季节,五六百万劳动力上山大办钢铁,留在农业战线上的劳动力就很少,有的乡只留下几个

① 《中央关于全党动手大办农业、大办粮食的指示》(1960 年 8 月 10 日),载中国社会科学院、中央档案馆:《1958—1965 中华人民共和国经济档案资料选编·农业卷》,中国财政经济出版社 2011 年版,第 18 页。

② 《几个生产队长支部书记对郑州会议的反映》(1959 年 3 月 9 日),载《1958—1965 中华人民共和国经济档案资料选编·综合卷》,第 314－315 页。

全劳动力，在这样的情况下，还要提倡什么“秋收放卫星”。庄稼熟了不收割，等着“放卫星”的时候，“青黄一齐割”，个别地方甚至出现腊月二十七还在割谷子的怪现象。农民说是“种得好，收得不好”，一般的要丢掉一成左右，有些地方棉花、花生、红苕丢掉二三成。[①]

劳动力过度再配置到农业之外的结果是农业产出急剧减少，农业剩余受到很大影响，因此出现了农业危机。国家也注意到了这一问题，1959 年 4 月上海会议上，中央指出“人民公社以来，外调劳动力确实多了一些，还有一批劳动力盲目外流，城市和工矿区应当停止向农村招收职工，进行清理，把可以缩减的临时工退回农村”[②]，并发出紧急指示信一再强调：“保证农业生产第一线有足够的劳动力，是当前保证粮食生产的中心关键。”[③]

在此背景下，1961 年以后国家开始精减大批城市工业从业人员返回农村，1961—1963 年，城市职工共减少 1940 万人，其中返回农村的劳动力 1300 万人，同时农村非农业劳动力也大量返回农业生产，其人数从 1960 年的 2745 万人减少到 1963 年的 71 万人。国家规定，城镇、机关、学校、各行各业尽可能多地把劳动力送到农业生产的第一线。严禁一切机关部门、工矿企业私自到农村招收劳动力。5 年之内不从农村调劳动力，如果十分需要时，必须经过省委批准，地、县委无权批准。[④] 在这一次劳动力过度配置失败之后，国家开始限制农业劳动力向工业部门转移，并以户籍制度严格限制农业劳动力流向城市，又走上另一个极端，基本上不再进行规

① 《中共中央批转湖北、河北、山东三个省委关于人民公社和农村工作情况的报告》（一九五九年五月十日），载《农业集体化重要文件汇编》（下册），第 208 页。

② 《关于人民公社的十八个问题》（中共中央政治局 1959 年 4 月上海会议纪要），载《1958—1965 中华人民共和国经济档案资料选编 · 农业卷》，中国财政经济出版社 2011 年版，第 80 页。

③ 《中共中央关于农村人民公社当前政策问题的紧急指示信》（1960 年 11 月 3 日），载《1958—1965 中华人民共和国经济档案资料选编 · 农业卷》，第 99 页。

④ 《中共中央关于〈湖北省委关于调动群众积极性的十项措施〉的批示》，载《农业集体化重要文件汇编（1958—1981）》（下册），中共中央党校出版社 1981 年版，第 358 页。

模较大的劳动力再配置，这种情况一直延续到1978年改革开放。

在农业劳动力得到补充之后，农业生产开始恢复。从统计数据上看，1958—1960年这3年是农业劳动力最少的3年，1961年农业劳动力回复到1957年的水平。由于农业生产的周期性较长，因此农业产出在1962年开始恢复，1962年劳动力进一步增加，农业生产也开始走出危机。我们认为，这种时间上的契合绝非巧合，而农业劳动力的过度配置是农业产出减少的主要原因。

在缺少现代投入要素的农业中，农业劳动力是决定农业产出的主要决定因素。农业剩余生成的劳动力再配置模型也强调再配置劳动力不能超过劳动边际生产率为零的G点，一旦农业劳动力少于G点，边际劳动生产率将升到零以上，则农业劳动力转移到工业部门将导致农业产出减少(见图1－1)。而且劳动力再配置模型的前提假定是零值边际生产率理论，而按照我们在导言中的讨论，零值边际生产率理论对中国农副业结合的农业生产方式并不成立，即不存在零值边际生产率的劳动力，因此，过度转移劳动力将会明显减少农业产出。

国家也意识到了这一点，因此，在3年农业危机过后，现代化技术和投入得到更多强调。[①] 国家希望通过提高劳动生产率来增加农业产出和农业剩余。

(二)生产率提高模型与农业剩余

3年农业危机实际上宣告了农业剩余生成的劳动力配置模型在中国农业中的暂告一段落。从此之后，国家开始强调新的农业现代投入要素，到70年代后期，农业经营的机械化再次被提出来，机械化使复种作物的增加成为可能，释放出来的劳动力常被用作增加田间管理的集约度。因此，机械化被假定为对过去20年农业增长也有些正面的贡献。[②] 所以，中国农业在某种程度上开始舍

① 林毅夫:《集体化与中国1959—1961年的农业危机》,见林毅夫:《制度、技术与中国农业发展》,第23页。

② 林毅夫:《集体化与中国1959—1961年的农业危机》,见林毅夫:《制度、技术与中国农业发展》,第23页。

弃农业剩余的劳动力再配置模型而转向生产率提高模型。

但是，传统农业的方法对于农业生产率的提高似乎已经达到了极限。在20世纪50年代，中国用传统方法(即在西南搞水利建设并在产米区大双季稻)获得了好几次“一阵子”粮食增产，可是这种类型的机会，很快就消逝了[①]，即使是增加复种指数，采用双季稻技术，在当时水稻的稻种和耕作技术水平下，增加的产量比起单季稻来也很有限。[②] 因此，要提高农业生产率，必须增加新的现代投入要素，比如农业机械和化肥等。表4—7和表4—8分别反映了1957年到1978年间的农业生产中使用现代投入要素如农业机械、农用化肥、电力和水利设施的情况。从中可以看出，60年代和70年代现代投入要素较之50年代有显著的增加，因此60年代后半期与整个70年代，农业产出有较大幅度的提高(见图4—2)。

在统购统销倒定额提取农业剩余的情况下，农业产出的提高的收益绝大部分由国家获得，而农民只能得到口粮的定额部分，因此虽然投入了大量的农用机械、农用化肥和水电及灌溉这些现代的投入要素，而且国家一直对这些现代投入要素采取低价政策，但由于作为生产组织的生产队的社区权利是一种排他的受到严格控

① 德怀特·希尔德·珀金斯：《中国农业的发展(1368—1968)》，上海译文出版社1984年版，第101页。

② 1961年，薛暮桥算过一笔双季稻与单季稻的产量账，双季稻头季产500斤，二季收300斤，最多只能收800斤，苏州双季稻只收700多斤，双季稻都是在好田里种的，种单季也可以收580～600斤，而且种双季稻有损失：(1)秧田只有在身拔掉后才栽，产量折到每为至少要少40～50斤。(2)秧田不能种早稻，四亩双季稻中只有三亩能种早稻，以每亩产500斤算，三亩1500斤折成四亩，单产只有375斤，每亩少收125斤。(3)种子前作要40斤。(4)不能种豆子、绿肥。种豆子每亩可收100斤，可收青豆500～600斤。种绿肥，可以收3000～4000斤，割下来作两亩地的基肥。群众不相信双季稻。(5)出米率低，晚稻75%，双季早稻68%。所以种双季稻最少也要损失350斤，而比单季稻多收只有200斤到220斤，实际比种单季稻还少收100斤左右。嘉兴有60%的双季稻，收成比单季稻少，劳动力紧张。吴县一个队支部书记，种了5%的双季稻，以最好的田，以最大的精力去搞，全部田亩的平均产量每亩只多收了5斤。因此，陈云认为，双季稻的产量，好像是多收了，但实际上比单季稻要低。见陈云：《同江苏省委负责人谈农村问题》，载《陈云文集》(第三卷)，中央文献出版社2005年版，第359页。

制的产权体系，农民的生产积极性很低，总要素生产率还是无法提高[①]，长时期内低于1952年的水平(参见图4－3)。因此，虽然投入了大量的现代投入要素，农业产出的增长主要还是靠农业劳动力的集约化劳动取得，而不是靠提高农业生产率取得的。从这个角度来看，农业剩余生成的生产率提高模型对于人民公社的实践很难说是成功的。

表4－7　1957—1978年全国主要农业机械拥有量、农用化肥施用量

年份	农用机械总动力(万千瓦)	大型拖拉机(台)	小型拖拉机(台)	联合收割机(台)	农用化肥施用量(折纯量，万吨)
1957	121.4	14674	——	1789	37.3
1962	757.0	54938	919	5906	63.0
1965	1098.8	72599	3956	6704	194.2
1970	2165.3	125498	78309	8002	——
1975	7478.6	344518	598533	12551	——
1978	11749.9	557358	1373000	18987	884.0

资料来源：国家统计局农村社会经济调查司编：《中国农业统计资料汇编1949—2004》，中国统计出版社2006年版，第21、22、24页。

表4－8　1957—1979年全国农村电力、水利建设情况

年份	乡村办水电站(个)	乡村办水电站装机容量(万千瓦)	农村用电量(亿千瓦时)	有效灌溉面积(千公顷)
1957	544	2.0	1.4	27339.0
1962	7436	25.2	16.1	30545.0
1965	——	——	37.1	——
1970	29202	70.9	95.7	——
1975	68158	144.4	183.1	——
1978	82387	228.4	253.1	44965.0
1979	83224	276.3	282.7	45003.1

资料来源：国家统计局农村社会经济调查司编：《中国农业统计资料汇编1949—2004》，中国统计出版社2006年版，第23页。

---

① 陈剑波：《人民公社的产权制度——对排他性受到严格限制的产权体系所进行的制度分析》，《经济研究》，1994年第7期。陈剑波认为生产队的社区权利是一种排他性受到严格限制的产权体系，剩余控制权很少，这种产权弱化必然导致生产率低下。陈剑波并且认为，生产率低主要是因为生产队社区产权的排他性受到国家的严格限制，而不仅仅是林毅夫所认为的生产监督难题，因为在产权明确的情形下，实际上并不存在生产监督难题。

(三)人口变动与农业剩余

1949年以后，中国人口增长率出现长时期的高增长，1951—1973年间人口年增长率都超过了2%，最高达到3%以上(1958—1961年情况特殊除外)，1974年后有所下降，但最低也有1.2%的年增长率，而此期粮食年增长率的波动比较大。从两条线的相互关系来看，在1950—1978年的29年中，粮食增长率超过人口增长率的有16年；粮食增长率低于人口增长率的有13年，这其中有5年两者是比较接近的，粮食增长率低于人口增长率幅度较大的也只有8个年头，分别是1959—1961年，1967—1969年，以及1972年和1977年，尤其在粮食增长率严重下滑的1959—1961年，人口增长率甚至出现了负增长的情形(见图4—4)。

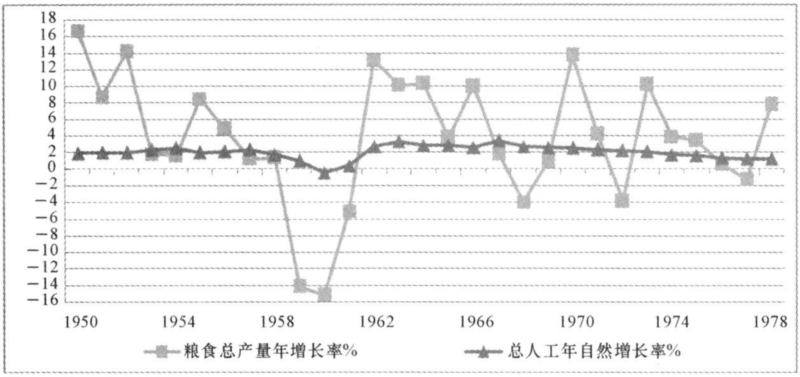

图4—4　1950—1978年粮食总产量年增长率与人口自然增长率

资料来源：国家统计局农村社会经济调查总队：《新中国五十年农业统计资料》，中国统计出版社2000年版，第1页、76页。

在人民公社时期以粮为纲的情形下，粮食总产量年增长率可视为接近于农业劳动生产率的增长率，因此从农业剩余生成的总人口变动模型角度来看(参见第一章图1—4)，在1950—1958年是农业剩余生成的时期，不过其生成的数量有下降的趋势，此一时期的前半期劳动生产率增长率比人口增长率高出较多，但后半期则高出不多。1959—1961年农业危机，粮食负增长，远低于人口增长率，因此进入了人均消费量急剧下降的时期。此后的时期内，虽然偶尔也有劳动生产率增长率低于人口增长率的情形(17个年份中的5个年份),但大多数年份里劳动生产率增长率都高于人口增长率,农业剩余的生成并没有问题。

1957年和1958年的农业生产都取得了不俗的成绩,农业剩余不断增加,为什么又出现了1959—1961年这3年农业危机时期的粮食不足并导致人口下降问题呢?这与1955年之后对于农业产量的高估计有关,伴随着农业产量的高估计的是统购的高征购。按照薄一波的说法,1955年第四季度开始,我国经济建设出现了一股层层抬高数量指标和忽视综合平衡的冒进势头。在这种风气的影响下,1958年12月10日发表的全会公报中宣布:今年粮食产量将达到7500亿斤左右,棉花产量将达到6700万担左右。那一粮食年度的征购任务和经济生活,基本上就是以这个估计数字为基础安排的。而实际上,1958年粮食产量为4000亿斤,棉花产量为3938万担。1959年全国定产指标为5000亿斤原粮,但实际上1959年、1960年、1961年的实际产量分别只为3400亿斤、2870亿斤、2950亿斤,3年平均实产比1957年减少827.6亿斤,但平均每年征购粮食却比1957年增加95.8亿斤,相当多的地方购了农民的"过头粮"。由于整个经济工作和社会变革的指导思想发生失误,造成高估产、高征购,给农民带来严重的不利影响。[①]

当时,高指标、高估产和高征购是相当普遍的。首先是高指标。浙江萧山县城南公社1958年的指标是亩产780斤,但1959年上级分配给该公社的征购任务是早稻应按亩产1000斤计征,晚稻应按亩产900斤计征,合计达到了1900斤,由于相差实在太过悬殊,1959年计划指标讨论了七八次没有落实,最后经过公社党代表大会讨论,计划亩产1190斤,包产指标是每亩912斤,其中早稻650斤,晚稻500斤,即便这样还远远不能达到征购任务指标,县委不敢承认公社通过的产量指标,也不敢把征购任务向下面宣

① 薄一波:《若干重大决策与事件的回顾》,第278页、521页、689页。

布。[①] 浙江桐庐县一个公社1958年水稻平均实际亩产不到500斤，但县委把基础产量提高到800斤，于是到1959年包产指标没有1000斤就不行了。[②] 河北昌黎县1958年亩产308斤，上面分配的1959年亩产指标高达1200斤，农民认为累死也达不到指标要求。[③] 福建1958年全省粮食总产量，按生产队向上报的数字是106亿斤，但汇集到省后变成了177亿斤，于是福建省1959年的粮食指标更水涨船高提到265亿斤。[④] 1958年湖北实收粮食300亿斤，但在定1959年的指标时，第一本账是460亿斤，第二本账是528亿斤，第三本账是550亿斤，三个指标都是高得离谱。[⑤]

高指标之外，是高估产。农业产量估计偏高的现象早在1956年就已经有所发觉。高估产与估产的方式有关。当时农业统计是靠代表地块“测产”的材料和一部分农业社的报告结合观察评议得出来的，在“测产”的工作中，由于测产点较少，一般1个县3～7个点，每个点在一些地方要代表10万～50万亩耕地的产量，极不容易做到准确，容易“一眼看高，一眼看低”，且干部希望实际产量接近计划产量(许多地方计划产量有偏高的现象)，以显示合作化的优越性，因此在选择测产点和评议产量时，往往存在着宁高勿低的情绪。[⑥] 估产偏高的问题一直没有得到很好的解决，到1958年“大跃进”以后越来越严重。农业部一位副局长认为赛什克春小麦亩产长好了也只能打2500斤，但在最初估产就估到了4000斤左

① 《中央组织部关于一部分公社党委的领导方法和干部作风方面的情况简报》(1959年7月9日)，载《1958—1965中华人民共和国经济档案资料选编·综合卷》，第336页。

② 《一个“普通农民”给毛主席的信》(1959年6月5日)，载《1958—1965中华人民共和国经济档案资料选编·综合卷》，第327页。

③ 《党内通信——关于〈河北昌黎县最近公社的工作情况及问题〉》(1959年5月2日)，载《农业集体化重要文件汇编》(下册)，第187页。

④ 《国家经委向中央转达叶飞同志谈福建省工农业生产中的问题的报告》(1959年6月)，载《1958—1965中华人民共和国经济档案资料选编·综合卷》，第332页。

⑤ 《中共中央批转湖北、河北、广东三个省委关于人民公社和农村工作情况的报告》(1959年5月10日)，载《农业集体化重要文件汇编》(下册)，第206页、210页。

⑥ 刘墉如：《关于陕西省农村经济与农业税收负担问题的调查报告》(1957年2月18日)，载《1953—1957中华人民共和国经济档案资料选编·综合卷》，第1102－1103页。

右,最后更估到了亩产 8585 斤。[①] 湖北 1958 年比 1957 年约增产 30%,但却估计成翻了一番,照着翻一番的估计安排工作。河北原来估计 1958 年全省生产粮食 400 亿斤,而实际产量只有 280 亿斤,结果全省 30 个县闹缺粮,严重缺粮的有 10 个县。[②] 甘肃省 1958 年对全省粮食产量估产 185 亿斤,1959 年秋季核实为 120 亿斤,1960 年再次核定为 110 亿斤,高估了 75 亿斤;1959 年原定估产 132 亿斤,后来核实为 85 亿斤,高估了 47 亿斤。[③]

随着高指标和高估产而来的是高征购。在山西太谷县古村公社吾村,1958 年"大跃进",由于高指标、高征购,粮食在冬天还有,第二年春就没有了。1960 年更困难,一直到 1961 年麦收后才好转。[④] 安徽临泉县 1958 年至 1960 年,全县征购粮食 20683 万公斤,年均 6894 万公斤,其征购量达到了总产量的 40%。[⑤] 1960 年,河北定县邵村粮食征购任务为 15 万斤,但以后又返销 7 万斤。[⑥] 实际上购了过头粮。这些情况可以说在当时农村有相当的代表性。

从表 4—9 中我们能较为直观地看到 1958—1961 年扣除返销粮之后的粮食净征购量比"一五"时期每年平均要多出 31 亿斤,由于征购量过多,农村的净留量则平均只有"一五"时期的 83%。据国务院财贸办公室 1960 年 12 月的估计,1958 年和 1959 年两年全国大约多征购贸易粮 200 亿斤左右。[⑦]

---

① 《农业部一些司局长对毛主席批评中层干部的反映》(1959 年 5 月 95 日),载《1958—1965 中华人民共和国经济档案资料选编·综合卷》,第 316 页。

② 《中共中央批转湖北、河北、广东三个省委关于人民公社和农村工作情况的报告》(1959.5.10)。载《农业集体化重要文件汇编》(下册),第 210 页。

③ 《中共中央关于转发〈甘肃省委关于贯彻中央紧急指示信的第四次报告〉的重要批示》(1960.11.28),载《农业集体化重要文件汇编》(下册),第 414 页。

④ 高王凌:《人民公社时期中国农民"反行为"调查》,中共党史出版社 2006 年版,第 7 页。

⑤ 葛玲:《统购统销体制的地方实践——以安徽省为中心的考察》,《中共党史研究》,2010 年第 4 期。

⑥ 《定县见闻三则》,载《1958—1965 中华人民共和国经济档案资料选编·综合卷》,第 541 页。

⑦ 当代中国编辑部:《当代中国的粮食工作》,中国社会科学出版社 1988 年版,第 108 页。

表4—9　1958—1961年的粮食净征购及农村净留量

年份	净征购粮（亿斤）	占产量%	人均负担的净增购粮（斤）	人均净留量（斤）	农村净留量（“一五”为100）
“一五”每年平均	705.4	19.4	137	561	100
“二五”4年平均	736.4	22.4	138	466	83
1958	902.7	22.6	168	576	103
1959	958.6	28.2	180	459	82
1960	600.2	21.4	114	419	75
1961	484.2	17.0	91	441	79

资料来源：根据《1958—1965中华人民共和国经济档案资料选编综合卷》第543页相关表格整理。

一方面是高指标、高估产和高征购，另一方面是粮食实际产量出现较严重的减产，按照附录二的数据，1958年全国粮食产量是20000万吨，1959年减为17000万吨，1960年继续减为14350万吨，到1961年才止跌回升，增加到14750万吨。可是“大跃进”的高指标与高估产已经遮蔽了农业减产的事实，因此造成了在农业减产的情况下仍旧实行高征购，导致了过度提取农业剩余的情形。

高征购与农业减产造成了农民口粮严重不足。1962年春，农村缺粮最困难的时期已经过去，口粮情况已经有了好转，但即便此时全国农村人口还有约50%，即2.5亿人左右，平均每人每天吃粮在原粮5两到8两；有30%，即1.5亿人左右，平均每人每天吃粮在原粮8两以上；有20%，即1亿人左右，平均每人每天吃粮在原粮半斤以下。[①] 若以每人每天5两计，则一年的口粮标准只有原粮180斤，以每人每天8两计，一年口粮标准也只有原粮288斤，即便按照1960年淮河以南每人全年360斤原粮、淮河以北300斤原粮的标准[②]，每人全年180斤的口粮标准是严重不足的，288斤的标准也还是不足的。而按照当时一些地方的调查，每人

① 《全国约有一亿人平均每人每天吃粮在半斤以下》(1962年3月10日)，载《1958—1965中华人民共和国经济档案资料选编·综合卷》，第534页。

② 《中共中央关于压低农村和城市口粮标准的指示》(1960年9月7日)，载《建国以来重要文件选编》(第十三册)，第567—568页。

每天8两原粮是一个劳动力维持生活需要的最低标准。[①] 也许因为这个原因，有学者把农业危机的时间界定为1958—1962年。[②]

四　农业剩余倒定额提取下的农民和基层干部

实行统购统销之后，农业剩余的倒定额提取成为常态，从初级社、高级社，直至人民公社，国家尽可能地提取剩余。那么，基层干部和农民的反应又是怎样的呢？农业剩余在国家、集体和农民之间如何分配的问题涉及农民切身利益，尤其值得关注的是，作为国家在农村提取农业剩余的执行者，同时又是农民一员的基层干部的处境与反应，是非常值得深究的。

（一）已有研究

西方学者习惯于将从西方经验中抽象出来的国家与社会二元分析框架用于分析中国的情形，中国学者也逐渐习惯了这一分析框架。不过，与西方学者强调国家与社会二元对立不同，对中国有深入了解的学者似乎更倾向于强调国家与社会之间的互动。黄宗智在考察清代司法体系时，从哈贝马斯“公共领域”概念引申出“第三领域”概念，这是一个国家与社会双方都参与其间的领域，双方在其中互动，互相影响[③]。“第三领域”对于中国研究产生了较大的影响。

在中国乡村的研究方面，一些学者讨论了国家与乡村社会互动的形式和基层干部的类型。张静在对乡村制度的研究中指出，传统乡村权威的获得更重要的是要建立与地方社会政治经济利益

---

① 河北省委的调查，平均每人每天有0.8市斤原粮（全年290斤），加上2斤或2斤半菜，大小人口调剂着吃，劳动力可以维持通常的劳动。这已经是维持最低生活需要的口粮标准。出处同上，第568页。

② 邹至庄：《中国经济转型》，中国人民大学出版社2005年版，第23页。

③ 黄宗智：《中国的“公共领域”与“市民社会”？——国家与社会间的第三领域》，载《中国研究的范式问题讨论》，社会科学文献出版社2003年版。

的关联，以获得地方力量的认同，但近代以来，地方权威的授权来源转移至官府系统，单方面地扩展了国家控制权威，中央的政令容易下达了，却堵住了自下而上的利益传递轨道，形成了基层“单轨政治”的局面。在人民公社体制中，对基层组织的官方授权，刺激的是基层干部集团内部利益组织化的发展，基层组织有选择地贯彻国家的意图，但更多的是利用官方地位增加其集团的政治经济利益。国家并没有成功进入到乡村之中，乡村秩序在新的说辞下仍按照基层社会旧有的惯例在进行着。国家的权威中心只是象征性的，基层权威仍然垄断着对上的信息传递和对下的资源分配，国家只能通过报表和工作组了解情况。[①] 吴毅也强调乡村与国家在某种程度上存在一定的角力，尤其是乡村常常有选择地利用和改换国家目标，国家要清除恶霸和阶级敌人，结果好饮而酒后尖酸刻薄的旧保长被镇压，而实际上把持村庄权力的族长则被划为了贫农，并分了土地，阶级斗争成为解决村内和族内个人恩怨的工具，大转折时期的村庄政治成为了国家政治与个人恩怨搓揉叠合的产物。[②] 张思也注意到，乡村对于国家的渗透有某种过滤的作用，河北昌黎县侯家营方圆 80 里有名的地主侯老爷的子弟成了贫农，伪保长成了“四清”运动的红人，而穷苦的贫农却因为其兄当干部得罪了人而被划为上中农。[③] 张乐天通过对浙北乡村的深入分析，认为国家权力是外来的，但“嵌入”于乡村社会之中，在“外部冲击—村落互动模式”下，国家与农民互相影响，国家意识形态的理想逻辑与村落传统的小农经济逻辑双方互动，而基层干部在其中起到了重要的作用，他们对国家有所拒斥，但又利用国家的授权在对待农民时独断专权、简单粗暴。[④] 在此基础上，进一步强调基层

---

① 张静：《基层政权——乡村制度诸问题》，浙江人民出版社 2000 年版，第 21—45 页。

② 吴毅：《村治变迁中的权威与秩序——20 世纪川东双村的表达》，中国社会科学出版社 2002 年版，第 81—82 页。

③ 张思：《国家渗透与乡村过滤——昌黎县侯家营文书所见》，《中国农业大学党报》(社会科学版)，2008 年第 1 期。

④ 张乐天：《告别理想：人民公社制度研究》，上海人民出版社 2005 年版。

干部在国家与农民关系中的关键性作用,并把基层干部分为四种类型:1951—1965年的感恩型"土改"干部、1966—1982年的革命型"四清"干部、1983—1997年的赢利型农村干部和1998－2011年的服务型农村干部。感恩型土改干部的革命干劲推动了农业合作化,协助国家有效地实现了对乡村社会的"嵌入";革命型"四清"干部则善于活学活用国家意识形态的话语和符号,不断地建构出具有革命风格的"表述性现实"。[①] 赵文词(Richard Madsen)在《一个乡村中的道德与权力》一书中考察了广东一个叫陈村的村庄,强调国家自上而下的运动要在村庄掀起波澜,必须要有村庄农民和基层干部的参与,这种参与不是消极配合、应景,而是村庄既有矛盾的反映和激化,他将村庄的基层干部分为两类,一类是"共产主义绅士",他们希望维持传统社会中具有传统统治地位的生活方式和地方组织形式,他偏好传统的中庸之道,考虑人情,以及顾及脸面等,其通往权力之路是扎根在与乡村生活紧密一致的道德传统之中;另一类是"共产主义起义者",他们通过拥有和满足那些处于乡村社区边缘经常抱怨的村民期望的能力,从而获得和保持他们的权力,其权威结构通常是通过建立在良好的人际感情和结构性的亲属网络基础之上的交换。[②]

除了国家与乡村社会互动形式和基层干部类型,还有学者讨论了国家征粮等获取农业剩余时的策略和农民和基层干部的反应模式。胡现岭以河南商水县1950年夏征为例讨论了农民和基层干部的行为选择,对于征粮,县委一再强调的是夏征任务并不多。但由于小麦产量很低,在亩产只有140斤、农民即便不交公粮也难以糊口的情况下,每亩征粮50～60斤的任务实际上是相当沉重的。农民和基层干部的第一个反应是瞒报地亩、产量,某村地主指使村干部到区里开会时少报地亩,尽量减少本村的负担。每个村的干部要完成公粮任务并非易事,成为国家与农民之间"夹层人"

---

① 张乐天、陆洋:《新中国农村基层干部的文化解读》,《南京社会科学》2012年第6期。

② 转引自郑欣:《运动中的乡村道德与权力》,周晓虹、谢曙光主编:《中国研究》2005年春季卷总第1期,社会科学文献出版社2005年版。

的基层干部为了完成国家任务而采取一系列逼粮、催粮的过火行为，而农民对于过重的公粮任务和村干部的逼粮、催粮，也出现各种各样的反应，一般农民采取的方法是挥霍粮食、外出逃荒，而被迫承担大部分任务的地主则在绝望之余只好无奈地“论堆”(指毫不作为随对方处置)。①

在集体化之后，基层干部和农民面对统购中征过头粮的情势，为了生存，常常合谋“瞒产私分”。高王凌发现，不仅合作社干部和农民瞒产私分，县长等县里主要干部也都知道，但都不说，合作社干部被闹时也不互相揭“瞒产私分”的事，他把农民“瞒产私分”等行为称为“反行为”②。徐勇认为“瞒产私分”和“投机倒把”是一种无权者的抵制。③ 应小丽将农民的瞒产私分、黑市交易、包产到户、借地、买工分等农民抵制统购统销的自发性行为称为“创新性表达”，这些行为在多样性的乡村社会与国家正式制度安排发生冲突的情况下，人们既正视制度的限制又突破制度的限制，在既定的社会基本制度框架内，采取一些理性、非对抗与非常规的方式，从而导致制度变迁的一种基层创新行为，这些行为是一些公开的秘密，政府尤其是地方政府时常是睁一只眼闭一只眼，甚至是地方干部与社员之间的一种默契行为，或者是不谋而合。④ 张昭国认为，瞒产私分在互助组时期就开始了，不过那时只是个别现象，人民公社建立之后，农村的“瞒产私分”呈逐步扩大之势，他强调“瞒产私分”是农民在国家征购任务过重、“剪刀差”过大的条件下，为了解决温饱问题、维护个人利益的变通措施，一定程度上推动了人民公社体制的逐步调整。⑤

---

① 胡现岭：《新解放区征粮运动中的农村基层干部行为选择——以河南商水县1950年夏征为例》，《党史研究与教学》，2012年第3期。

② 高王凌：《人民公社时期中国农民“反行为”调查》，第5页。

③ 徐勇：《论农产品的国家性建构及其成效——国家整合视角下的“统购统销”与“瞒产私分”》，《中共党史研究》，2008年第1期。

④ 应小丽：《关于人民公社制度变迁动力和机制的探讨》，《中共党史研究》2008年第4期。

⑤ 张昭国：《人民公社时期农村的瞒产私分》，《当代中国史研究》2010年第3期。

综上所述,已有研究强调的主要有两点:一是农民和基层干部虽然在强势的国家面前是弱势的一方,但弱者也有其武器,他们常常在不经意间转换与异化了国家目标,二是基层干部是夹在国家和农民之间的“夹层人”,他们经常瞒上欺下,并形成了自己的利益诉求。在人民公社时期,国家在提取农业剩余的过程中,同样也不得不面临农民和基层干部对于国家目标的转换与异化。

(二)农民和基层干部的行为选择

邓子恢在大规模合作化展开之前的1954年谈到:农民是小私有生产者,习惯以家庭为单位单独生产,对于集体经营怕搞不好。国家要说服农民走集体化道路,必须符合农民的利益,要做到国家与农民的互利,不互利农民就不会自愿,不自愿就是假的,最后还是会闹翻。[①] 因此,他主张在合作化时要谨慎,放慢脚步。但此后的历史发展却走上了不同的路径,在国家的强力推动下,1956年合作化高速发展,在几个月内就完成了全国范围内的高级社。农民对集体化的积极性即使不是杜撰的或被误认的,起码是被不恰当地夸大了。[②] 实际上,农民的生产积极性与集体化的矛盾成为合作化,尤其是人民公社之后一直难以解决的问题。

统购统销之后,国家控制了农业剩余,农民基本上只能吃定额口粮,对这一做法,农民有一定的抗拒心理。而且在国家倒定额提取农业剩余之下,农民的口粮也不足。在口粮问题上,基层干部与农民的想法差不太远,他们最关心的就是口粮问题。人民公社建立之后,口粮问题成了一个突出的问题。全国平均的人均口粮水平,1957年是458斤,1958年501斤,1959年399斤,1960年332斤,1961年313斤[③],这一口粮标准是严重不足的,农民对口粮的

---

① 参见《邓子恢:对农业合作化运动的指导原则》(1954年4月18日),载《1953—1957中华人民共和国经济档案资料选编·农业卷》,第135—137页。

② 周晓虹:《1951—1958:中国农业集体化的动力——国家与社会关系视野下的社会动员》,载《中国研究》(2005年春季卷总第1期)。

③ 《国家统计局农业司关于农民负担的一些资料》(1962年7月31日),载《1958—1965中华人民共和国经济档案资料选编·综合卷》,第544页。

要求是大约是700斤的“温饱”标准[①]，两者之间差距较大。因此，农民对于口粮的呼声很高。在湖北麻城县，县里准备召开万人大会，农民就叮嘱干部，向县里要粮食。因此，许多干部参加县里万人大会的主要打算，就是要求解决口粮问题。[②] 在一些经济发展较落后的地区，人均口粮远达不到平均水平，陕北安塞县的王家湾公社，1973年到1976年，人均口粮才100来斤，不到过年早就光了，到1979年，人均口粮已经有了很大提高，也只达到315斤。[③]

人民公社后，全国的口粮分配大约有五种方法。第一种是口粮按人分等定量，这是一种极端平均主义的分配制度，违背了按劳分配原则。但在口粮过低的重灾区，又不能不实行这种办法。第二种是基本口粮与劳动粮相结合。对调动社员积极性起了一定作用，但由于所有人都给予了基本口粮，基本口粮占了可分配粮食的绝大部分，劳动粮寥寥无几。第三种是完全按劳分配加照顾，这对调动社员积极性起了很大作用，但有些地区照顾粮定得过低，结果引起工属、军属、干属、小学教师及人多劳少者的不满和恐慌。第四种是基本口粮、劳动粮、照顾粮三结合的办法，即凡是无劳力的老人小孩病人都给予基本口粮，凡有劳动力(评有劳动底分)的都不给基本口粮，一律按各人工分分取劳动粮，此外五保户、军烈属、病人、孕妇、劳动底分不足3分，以及人多劳少的户，除基本口粮外，经过社员评议，还给予一定的照顾粮。这种制度，有的地方试点，基本口粮约占全部可分粮食的35%，劳动粮约占60%，照顾粮占5%左右。这样，每个工作日可得劳动粮3～4斤至5～6斤不等。第五种是完全按劳分配加照顾，但照顾标准定得比较合理，即规定每个劳力担负两个无劳力的口粮，半劳力担负一个无劳力的口粮，无劳力超过此负担限额的，超过的人给予基本口粮。邓子恢认为前三种方法毛病比较多，后两种方法比较合情合理，便于调动

---

① 高王凌：《人民公社时期中国农民“反行为”调查》，第38页。

② 《毛泽东对麻城县万人大会的三次报告的批示》(1959年4月)，载《农业集体化重要文件汇编》(下册)，第172页。

③ 傅上伦等：《告别饥饿：一部尘封十八年的书稿》，人民出版社1999年版，第8—9页。

社员积极性。[①] 不过,由于国家粮食征购的任务过重,农民的留粮偏紧,农民的生产积极性就提不起来。同时,农民的收入也很低,且从1957年到1978年,长期没有明显起色(见表4－10)。

表4－10 1957—1978年农民人均收入及其构成 (单位:元)

	1957	1962	1965	1976	1977	1978
农民人均收入	87.57	111.53	117.27	129.25	133.45	151.79
其中:来自集体生产	43.40	52.52	63.17	78.35	76.05	88.53
家庭副业生产	36.08	50.59	43.46	42.43	49.17	54.01
其他	8.09	8.09	10.74	8.47	8.23	9.25

资料来源:农业部产业政策与法规司、国家统计局农业统计司:《中国农村40年》,中原农民出版社1989年版,第133页。

从上表中可以看到,从1957到1978年20余年间,农民人均收入仅增加64.22元,平均每年仅仅增加3元,而且增收部分大部分来自集体分配,家庭副业增长微乎其微。集体生产的主要收入来源是农业剩余,当国家提取农业剩余的份额比较大时,收入的增长就会受到抑制。在这种情况下,农民的不满是可以想见的。

国家在决策统购统销时也考虑到了农民的反应。陈云在提出统购统销时也考虑过:"现在只有两种选择,一个是实行征购,一个是不实行征购。如果不实行,粮食会出乱子,市场会混乱;如果实行,农村里会出小乱子,甚至出大乱子。我们共产党在长期的革命斗争中,跟农民结成了紧密的关系,如果我们大家下决心,努一把力,把工作搞好,也许农村的乱子会出小一点。"[②]总体上,农民没有捅什么乱子,但是他们和基层干部一起搞"瞒产私分",抵制高指标和高估产。

有学者指出,"瞒产私分"是相对于定产定购而言的,是指农民及其所在单位为了获得更多的粮食及其他农产品而隐瞒真实的产

① 《邓子恢同志关于当前农村人民公社若干政策问题的意见》(1962年5月24日),载《农业集体化重要文件汇编》(下册),第567－570页。

② 《陈云文选(1949—1956年)》,人民出版社1984年版,第210页。

量和不经同意而分配产品。[①] 但在我们看来，瞒产私分是农民对于国家倒定额提取农业剩余的一种反抗，利用农民占有农业剩余的各种便利条件，尽可能地不让农业剩余过多地落到国家手里，在定产定购方面国家处于强势地位，但在处理农业产品方面，农民天然地占据着有利位置。也因此有学者感叹农民有着诸多的账外粮，“分到每个人头上的数量，大约是公开账(即口粮)的二分之一……实际上中国农民就是这样‘吃饱’或接近于‘填饱’他的肚子的”。[②]

较早被发现的“瞒产私分”可能出现在河北饶阳五公村的耿长锁合作社。1953年秋，五公村西村3名生产队干部李小占、李福增和徐树林上报合作社的数字低于实际产量，没上报的粮食分给了社员，许多社员分得的粮食几乎两倍于上报的数字。当时的指控罪名是贪污[③]，但实际上这是后来非常普遍的“瞒产私分”。不过这次“瞒产私分”隐瞒的直接对象是耿长锁合作社。此后，随着合作化运动的开展，浙江省1957年批转的一份文件指出：“队向合作社报产时层层瞒产和贪污盗窃现象比较普遍。”[④]

在实践中，农民与国家争夺农业剩余的“瞒产私分”行为有多种多样的表现方式，花样繁多。在浙江省浦江县郑宅，偷产、瞒产、漏产的花样有20多种，比如，湿谷折燥谷以提高含湿率、降低成头，好谷当瘪谷、次谷分掉，小队集体瞒报、编造两个方案，等等。[⑤] 有些农民把粮食藏到山上，埋到地里。贵州省好多地方都在深翻土地、上山积肥中搞出大批的粮食。查实以后证明，这些粮食的隐

① 徐勇：《论农产品的国家性建构及其成效——国家整合视角下的“统购统销”与“瞒产私分”》，《中共党史研究》，2008年第1期。

② 高王凌：《人民公社时期中国农民“反行为”调查》，第38页。

③ 弗里曼、毕克伟、赛尔登：《中国乡村，社会主义国家》，第207页。

④ 《浙江省委转发杨心培同志关于仙居县群众闹事问题的报告》(1957年8月13日)，载《农业集体化重要文件汇编(1949—1957)》(上册)，第694页。

⑤ 梁敬明：《集体化及其困境：一种区域史的分析思路》，《浙江社会科学》，2004年第1期。

匿者多半是富裕中农和一部分基层干部。① 在"瞒产私分"中，基层干部是站在农民一方的，甚至是主导者。有关河北的一份文件指出：某些生产队干部，本位思想严重，在夏粮征购中，对征购政策抵触，个别的甚至"瞒产私分"，偷盗公粮。石家庄市在麦收期间发现私分案件 9 起，共分小麦 12580 斤。② 1963 年，国家统计局估计 1962 年全国粮食产量平均瞒产在 5% 以上，有些地区达到了 17%。③

"瞒产私分"是农民面对统购统销倒定额提取农业剩余时采取的积极措施。在积极措施之外，还有消极措施，主要有"卖牲口、杀猪"、不种低产地和"抛荒"，等等。

"卖牲口、杀猪"。1954 年，粮食统购过头，引发农民的消极抵抗。到 1954 年底和 1955 年初，广东、浙江等地地普遍发生农民大量杀猪杀鸭，广东尤其明显，因为猪是统购物品。最后竟导致广东一带猪价陡降。有一个乡就杀死猪 70 多头，小猪仔的价格从 60 万元至 100 万元一担的正常价格陡降到 14 万元一担，甚至有人能用一只母鸡换两只小猪，还有一个乡一天就杀猪 40 多头，9000 元卖一只 20 多斤重的小猪，甚至有的农民将刚生下来的 10 只小猪都一起弄死。谁也想不到的是，不在统购范围内的番薯价格飞涨，从每担 2 万元涨到每担 4 万、5 万元，个别地方甚至涨到 8 万元，有的地方出现了 1200 人排队抢购的现象，不产番薯地区的农民则到数十里外去争购，有些农民说："明年什么也不种，就种番薯，既不统购，价格又高。"④

不种低产地和"抛荒"。1955 年，广东部分地区"发生了农民大量退出租种的机动田和小土地出租者租出的田地，甚至有个别

① 《贵州省委对农村形势的分析》(1959 年 3 月 5 日)，载《农业集体化重要文件汇编》(下册)，第 313 页。

② 《河北农村当前两条道路斗争的一些情况》(1960 年 7 月 28 日)，载《农业集体化重要文件汇编》(下册)，第 342 页。

③ 《国家统计局党组关于贯彻执行中央和国务院加强统计工作决定的情况的报告》(1963 年 1 月 16 日)，《1958—1965 中华人民共和国经济档案资料选编・综合卷》，第 679 页。

④ 王道霞、余展、王西玉主编：《建国以来农业合作化史料汇编》，第 231 页。

农户退出自耕田，交出土地证，认为这些土地产量低，负担不起购粮任务，不少农民都存有少种一点、产量高一点的思想，只愿种产量高的田，而不愿种产量低的田”。浙江的“部分地区发生抛荒现象，金华的兰溪、龙游、义乌等5县共有数千亩”。[①] 出现这种情况，主要是因为征购任务重，低产地的产量还不足以交纳征购的粮食。

抵制高指标、高估产。对于人民公社建立后头几年的高指标、高估产，农民和基层干部也采取抵制态度。基层干部和群众对农业生产有科学的估计，人人心中有数。河北昌黎县果乡公社，1959年的农业生产用最大的努力可以比1958年增产50%～70%(1958年比1957年增加50%)，每亩可产450～500斤(1958年308斤)，再多没有可能，但上面分配产量指标是1200斤，距实际很远。公社按县的指标包产70%，即亩产700多斤，基层干部和群众认为这是空想和吹牛。这种脱离实际太远的指标，非但不起鼓励作用，相反起了挫伤群众生产情绪的作用。群众认为：“累死也达不到指标要求，生产多少要多少，不干也少不了360斤的定量供应。”农民对“没有千斤思想，不打千斤粮”的说法很有意见，说：“那你为什么不想一万斤呢？”[②]山西汾阳县峪道河公社1959年进行小麦估产时，公社干部向参加估产的老农说：“要实事求是，估低了可没有好处！”管理区干部背后又向老农说：“要实事求是，估高了可没有好处。”[③]在估产问题上，公社干部作为国家代表希望产量高估，而管理区干部则出于减少统购任务的考虑显然不希望估产太高。

在我们讨论范畴中，基层干部主要是大队干部和生产队干部，

---

① 王道霞、余展、王西玉主编：《建国以来农业合作化史料汇编》，第231—232页、244页。

② 《党内通信——关于河北昌黎县最近公社的工作情况及问题》(1959年5月2日)，载《农业集体化重要文件汇编》(下册)，第187页。

③ 《中共中央批转中央组织部关于一部分公社党委的领导方法和干部作风方面的情况简报》(1959年7月12日)，载《1958—1965中华人民共和国经济档案资料选编·综合卷》，第338页。

公社干部虽然也是基层干部，但不在我们讨论的范围里面。因为公社干部是属于国家系统的，大队干部与生产队干部都属于村落。他的身份是大队干部，但他的归属仍属于某个生产队，他的口粮和收入都来自于大队和生产队，在这个意义上大队干部与国家有疏离感。在浙江海宁的一个大队，1962 年核算单位变为生产队时，生产大队干部较多地站在生产队、个体农民和乡村传统的一边。例如，1963 年春天，一生产队缺少生产资金，队里的大队干部提出了一个完全是“资本主义的”解决方法：高价卖掉一部分生产队的储备粮。生产队干部亦接受了大队干部的意见，从仓库里拿出一些储备粮加工成米，高价出售，所得现金用于购买生产资料。一位大队干部曾向自己所在的生产队提出了一个损害国家利益的建议：拆掉生产队中属于国家所有的房屋，所得建筑材料用于建造生产队蚕室。不仅如此，1962 年和 1963 年，各生产队在桑园中大量套种粮食作物，严重妨碍了交售给国家的经济作物产品蚕茧的生产，大队对这一做法采取睁一只眼闭一只眼的态度。[①] 在 1962 年，河北涉县东戌大队支部书记也认为“现在基层干部和群众同上面（从公社到中央）是两条心。干部对上面的人是哄着干”[②]。

但是，大队和生产队干部作为基层干部又是农民中的一个特殊群体。在 1949 年之后的国家转入极端的“政府主导型”发展模式，导致农村基层组织的事权大大增加，“上面千根针，下面一条线”。在人民公社“三级核算”之后，农村经济的相当一部分都控制在公社、大队、生产队手中，其生产剩余除了分配给农民必需的生活资料外，都掌握在集体手中。[③] 大队和生产队干部事实上成为直接掌握了一部分农业剩余的利益群体。[④]

---

① 张乐天：《告别理想：人民公社制度研究》，第 75 页、92 页。

② 《一个老区的基层干部和农民对当前农村工作和恢复农村经济的意见》（1962 年 6 月 5 日），载《1958—1965 中华人民共和国经济档案资料选编·综合卷》，第 537 页。

③ 武力：《论近代以来国家与农民关系的演变》，《武陵学刊》，2011 年第 1 期。

④ 按照附录二的“农村生产队收益分配”表，集体提留一项在大多年份里都占到了 10%左右，且在所有年份里都超过了国家税收，有些年份里是国家税收的 2～3 倍。集体提留这一项农业剩余虽然有很多公共用途，但实际的操控者是基层干部。

1950年代至1960年代早期基层干部是一个庞大的群体，全国生产大队和生产队干部的人数达到3000多万之众[①]，一些农民和基层干部“从1958年开始，人心就变了，再经过困难时期，就动脑筋想起办法来，和初办社时的思想不一样了”[②]。1962年核算单位从生产大队调整到生产队时，“有少数大队干部感到权力受到限制，思想上有抵触，小队干部和群众也有一部分过去在大队统一分配中占了便宜的人主张维持现状不变”[③]。相当一部分基层干部在直接掌握一部分农业剩余之后，希望维持自己的权力，进而参与分享农业剩余，其手段主要是贪污、多占、吃工分和不参加劳动搞特殊化。贪污主要涉及基层干部与国家的关系，留待下文详述，这里主要分析一下吃工分的问题。

在高级社时期，基层管理机构就很庞大，基层干部人数多，而工分补贴也往往过多，他们获得的工分补贴总和大大超过了高级合作社示范章和规定的最高不超过合作社总劳动日2%的规定，如广东省一般占全社全年劳动日数的3%左右，高的竟达6%甚至9%，山西最高的竟达到11%。[④] 到人民公社时期，最初实行供给制和半供给制，经历“大跃进”及3年农业危机之后，其分配制度改为“各尽所能、按劳分配”，于是工分制开始成为分配的主流形态。在工分制下，大队和生产队干部都获得了工分补贴，政策规定工分补贴不超过大队工分总数的2%[⑤]。但是，基层干部工分补贴常超出这一比例。在相当多的地方，“大小队干部的补贴工分都超过了全大队社员出勤总劳动日数的14%，有些大队干部补贴工分达

---

① 毛泽东：《党内通信——关于人民公社基本核算单位问题》(1959年3月5日)，载《农业集体化化重要文件汇编》(下册)，第158页。

② 高王凌：《人民公社时期中国农民“反行为”调查》，第8页。

③ 《中共中央批转邓子恢同志关于农村人民公社基本核算单位试点情况的调查报告》(1961年11月23日)，载《农业集体化化重要文件汇编》(下册)，第525页。

④ 叶扬兵：《中国农业合作化运动研究》，知识产权出版社2006年版，第554页。

⑤ 《农村人民公社工作条例(草案)》，载《1958—1965中华人民共和国经济档案资料选编·农业卷》第115页。

600个劳动日之多,其中误工补贴制度漏洞最多,群众意见也最大”[①]。以一个劳动日10分计,600个劳动日就是6000分,其数额巨大,一个全劳动力不休不歇工作一年,也拿不到6000个工分。当然,这是极端的情况,一般来说,大队干部的工分可能都要在数百分到数千分之间。浙北海宁县的一个大队的干部工分补贴提供了一个翔实的例子,得以让我们窥一斑而知全豹(见表4－11)。

表4－11　浙江海宁L大队主要干部1961—1965年工分补贴

(单位:分)

	1961	1962	1963	1964	1965
冯洪明	3400	3600	2820	2800	2100
陈兴富	3100	3400	2600	2600	1820
贾小青	2000	3200	2500	2600	2037
戴新兴	1500	500	750	500	1560
王阿兵	1400	600	324	680	426
周一堂	800	500	100	0	0

注:冯洪明为大队支书,陈兴富为大队长,贾小青应是大队会计,三人是定额补贴。

资料来源:张乐天:《告别理想:人民公社制度研究》,上海人民出版社2005年版,第102页。

对于基层干部吃工分的情况,国家决策层做了纠正,1962年5月,邓子恢要求:“各县社要严格规定在小队干部的补贴人数和补贴限额,一般来说,百户以下大队只允许一个人补贴,一百户到二百户的两个人补贴,二百户以上的三个人补贴。五百户以上的四个补贴。小队干部补贴人数应控制在两个到三个人以内。大队干部补贴工分每人每年可补贴120～150劳动日,小队干部20－30个劳动日,除了这种工分补贴外,应禁止临时误工补贴制度。总之干部补贴加上办公杂支等管理费,以不超过全大队可分配部分的

① 《邓子恢同志关于当前农村人民公社若干政策问题的意见》(1962年5月24日),载《农业集体化化重要文件汇编》(下册),第575页。

2.5%为原则，超过此限度者必须取缔。”[①]于是，在表4—11中，我们看到，1963年之后，L大队干部的工分补贴有了较为显著的下降，其中大队书记冯洪明的工分补贴从1962年的3600分降到1965年的2100分。

基层干部另一个行为选择是不参加劳动、搞特殊化。《农村人民公社工作条例修正草案》规定：“生产大队干部都不能完全脱离生产，只能半脱离生产，或者不脱离生产”，“生产队的干部都不脱离生产”，“生产大队和生产队的干部，都要以一个普通社员的身份积极地参加劳动，同社员一样评工记分，每一个生产大队的干部，最好都要固定在一个生产队参加劳动……最少的全年不能少于120天”[②]。但事实上，基层干部经常不参加生产队劳动，以脱产为荣。

对于基层干部的诸多行为选择，农民很不满。农民认为，基层干部“进城开会这里看看那里看看，回来记上10个工分，晚上开个会记10分，到地里检查一下10个工分”。农民说：“养了一批闲人，这样我也不做了，谁这么傻。”[③]在河南信阳，大队干部说：我对不起大家，我没有领导，没有尽领导的责任；老百姓说：大队干部没有领导很好[④]。在浙江海宁，有不少人报怨：“大队干部拿了‘大家的’工分不干活，在外面‘荡来荡去玩’。”有个别极端者甚至说“过去地主剥削农民，现在农民受干部剥削”[⑤]。河北涉县农民“对吃闲饭的人太多反感……看到县干部、公社干部、大队干部、队干部……就干活没劲了，因为觉得要‘背人’，多劳不能多得，干部没有

---

① 《邓子恢同志关于当前农村人民公社若干政策问题的意见》(1962年5月24日)，载《农业集体化化重要文件汇编》(下册)，第575页。

② 《农村人民公社工作条例修正草案》，载《1958—1965中华人民共和国经济档案资料选编・农业卷》，第134—135页。

③ 《关于农业问题的报告(邓子恢)》(1962年7月11日)，载《农业集体化化重要文件汇编》(下册)，第579页。

④ 《邓子恢同志关于当前农村人民公社若干政策问题的意见》(1962年5月24日)，载《农业集体化化重要文件汇编》(下册)，第584页。

⑤ 张乐天：《告别理想：人民公社制度研究》，第102页。

给他们带利益,反而算计着他们的粮食"[①]。因此,农民对基层干部有抵触的思想,也影响了劳动积极性,而这对于提高产量和农业剩余是极为不利的。

(三)基层干部的境遇:"下楼"和"洗手洗澡"

农民的"瞒产私分"等行为,以及基层干部贪污、多占、吃工分、搞特殊化等行为对于国家提取农业剩余是不利的。农民通过"瞒产私分"占有了更多的农业剩余。在对待农民的"瞒产私分"问题上,国家在相当程度上也是持理解态度的。毛泽东指出:"生产大队小队普遍一致瞒产私分,深藏密窖,站岗放哨,保卫他们自己的产品,反批评公社、上级的平分主义,抢产共产,我以为生产队的做法基本上是合理的,是合法的。"[②]而基层干部的情况就不同,他们吃工分、搞特殊化影响了农民的生产积极性,影响到农业剩余的产出量,尤其是他们的贪污和多占行为侵蚀了农业剩余,事实上成为参与分配农业剩余的除国家与农民之外的第三方,成为了与农民、与国家争夺农业剩余的潜在竞争者,这是国家所无法接受的。国家如果不加以解决,农业剩余将被数量庞大的基层干部所蚕食,同时也必将降低国家提取农业剩余的效力。

因此,国家对于农民和基层干部的反应是不同的。对于农民"瞒产私分",国家的原则是一定程度上承认其合理性,不搞反"瞒产私分"运动。毛泽东曾表示农民的"瞒产私分"是农民保卫他们自己的产品。同时,在实践中,在搞了反"瞒产私分"的运动后,结果带来了诸多不利影响,因此在1960年夏,国家决定"不仅不在'三反'运动中搞反'瞒产私分',今后也不要再在群众中搞反'瞒产'运动,因为一搞运动就极易搞乱,对群众生产、生活危害很大"[③]。在此背景下,地方干部对于农民的"瞒产私分"基本上都像一些学者所提

---

① 《一个老区的基层干部和农民对当前农村工作和恢复农村经济的意见》(1962年6月5日),载《1958—1965中华人民共和国经济档案资料选编·综合卷》,第537页。

② 《建国以来毛泽东文稿》第八册,中央文献出版社1993年版,第62页。

③ 《中央监委关于农村"三反"运动中几个具体政策问题的意见向中央的报告》(1960年7月20日),载《1958—1965中华人民共和国经济档案资料选编·综合卷》,第285页。

到的那样，采取“都不说”、“睁一只眼闭一只眼”的态度。

但是，基层干部的境遇就不同了。在1960年代，在国家为了提高人民公社的生产积极性，增加农业剩余的背景下，“要教育农民群众，必须首先教育农村干部”[①]。在此背景下，基层干部经历了两次主要的整改运动，第一次是1959—1962年的干部“下楼”，第二次是1963—1965年的干部“洗手洗澡”。在“下楼”中，国家对基层干部尚且抱有宽容之心，主要是防止基层干部剥夺农民的农业剩余，在整社算账中，“通过彻底退赔来教育干部，要使我们的干部懂得，只有彻底退赔，才能恢复广大农民群众对党的政策的信任，才能使农民心情舒畅，要使干部认识到，任何时候都不能剥夺农民”[②]。但在随后的“洗手洗澡”中，国家认为三分之一政权已经掌握在敌人手里，相当多的基层干部已经严重影响国家提取农业剩余，因此重提阶级斗争，把基层干部蚕食农业剩余的行为视为敌我矛盾，“不再强调依靠基层干部”，而是“整个运动都由工作队领导，把基层组织和干部都撇在了一边”[③]。

1.“下楼”

1958年下半年人民公社建立之后，各地括起“共产风”，“一平二调”十分盛行。同时，由于组织变动剧烈，一些基层干部乘机贪污。例如，湖北沔阳县通海公社刮“共产风”的范围，大至土地、粮食、房屋，小至镰刀、筷子、夜壶，什么都刮。全公社算了一笔账，共乱调劳动力349个，土地8020亩，房屋1512栋，资金(包括分配未兑现的)53万元，粮食53万斤，农具35040件，耕牛84头，木料84万斤，砖瓦147万块，家具24906件。[④] 沔阳的澎场公社，1958年以前，是全

① 《中共中央关于在农村进行社会主义教育的指示》(1961年11月23日)，载《建国以来重要文献汇编》(第十四册)，第770页。

② 《中共中央关于坚决纠正平调错误、彻底退赔的规定》(1961年6月19日)，载《建国以来重要文献选编》(第十四册)，第434页。

③ 薄一波：《若干重大决策与事件的回顾》(下卷)，第1116页、1121页。

④ 《中共中央关于转发湖北省委和福建省委两个文件的重要指示》(1960年10月12日)，载《农业集体化重要文件汇编》(下册)，第364页。

县比较先进的公社，之后几年，由于风刮得大，瞎指挥的多，变成了全县最落后的公社，该社33个生产队，没有一个不减产。粮食总产量，1958年3775万斤，1959年下降到3317万斤，1960年下降到2421万斤，比1958年减产36%。棉花产量(皮棉)1958年163.5万斤，1959年下降到113万斤，1960年下降到42.6万斤。由于生产下降，贡献也跟着逐年减少，1958年卖给国家粮食886万斤，棉花1133500斤，1959年卖给国家粮食1081万斤，棉花1030900斤，1960年卖给国家粮食493万斤，棉花也比1959年大大减少。[①] 可见，"共产风"、"一平二调"已经严重影响到粮食统购，影响到农业剩余的提取了。

中共中央很快发现了问题的严重性，1959年2月的郑州会议上就确定了"三级核算，各计盈亏"的方针，随后展开了三级核算单位公社、生产大队和生产队之间的整社算账。在算账中，各地都发现了基层干部的贪污问题。

例如，比较典型的湖北省麻城县，"生产队一级的干部，依法多占的现象极其严重，绝大多数的人手脚不干净，在混水中摸了不少的鱼"，"小队长也有顾虑，他们本身有点问题"。好多生产队查起账来，对不上口。宋埠公社抽生产队的钱是77万，生产队账上却有99万，拜郊二队，各小队共交给生产队24.8万斤籽棉，生产队的账上却只有19万斤，张畈一队，九个小队和队里查对账目的结果，出入很大，粮食差2.9万斤，高粱差1100斤，花生差60斤，芝麻差500斤，黄豆差270斤，钱差几百块。生产队的干部普遍有贪污行为，宋埠公社歧亭六队24个干部，有19人共贪污2400元，5个没有贪污的都是不在家的。生产队一级的干部最严重，他们说，贪污十几块钱的算是"清白干部"，贪污一两百块的相当普遍，多的在千块以上。小队干部也有贪污行为，但不多，一般的几块、十几块，多的几十块，贪污的名目多得很：有贪污工资的，中一公社只有

① 《中共中央对省、市、区党委的指示——关于彻底纠正五风问题》(1960年11月15日)，载《农业集体化重要文件汇编》(下册)，第395页。

2.1万个劳动力，却被生产队领去2.3万个劳动力的工资；有贪污超产奖金的，三河公社五个大队，有四个大队的奖金被贪污了；有贪污工农业投资的，东木公社丁家河十一队的干部，把社员投资工农业的现款和7个大元宝都贪污了；有贪污副业收入的，龟山公社八队4个干部集体贪污4900元的副业收入，因为分不平，下手抢了，连通讯员也抓了一把；有贪污过节费的，三河公社春节发肉发钱，有的生产队干部就把钱扣了；有贪污罚款的，龟山公社八队的干部，私罚社员40元，都拿去喝酒。此外，不管贪污存款利息、贷款、救济款、购粮款、伙食费等，反正是见钱就抓。在此之后，县里又突击清算了172个生产队的账目，搞出了"私分和干部多占的粮食1969万斤，棉花41万斤，油脂20万斤，干部贪污挪用公款36万元"①。

公社与生产队、生产队与小队的账互相对不上，虽然究竟是哪一级的基层干部贪污不易确定，但是国家的农业剩余在此过程中被基层干部蚕食这一事实则是可以确定的。而从材料的表达倾向来看，麻城县委在公社与生产队的账对不上时，实际上也是倾向于认为有贪污行为的是生产队干部，而不是公社一级。从这一倾向也可以看出，整社算账的目的是整改生产队和小队干部贪污、占有农业剩余的行为，而这些农业剩余原本是应该交给国家的。

整社算账运动的规模很大，从中也可见国家力图杜绝基层干部蚕食农业剩余的决心。根据河南省一个材料，该省参加运动的党员、干部共达1222735人，发现了包括贪污在内的各种问题，犯各种错误的基层干部占到了参加运动总人数的三分之一（见表4—12）。

---

① 《毛泽东同志对麻城县万人大会的三次报告的批示》(1959年4月)，载《农业集体化重要文件汇编》(下册)，第177—179页。需要注意的是，引文中的生产队是后来的生产大队，小队是后来的生产队。

表 4—12　1959 年河南省算账运动中犯错误基层干部人数及比例

	人数	占参加算账总人数比例
犯各种错误	408 690	33.42%
其中:贪污	68 975	5.64%
超支、挪用、占小便宜	176 637	14.45%
铺张浪费	24 597	2.0%
强迫命令	60 145	4.9%
违法乱纪	41 508	3.4%
反革命、异己和各种坏分子	3 654	0.3%
其他	33 174	2.7%

资料来源:《1958—1965 中华人民共和国经济档案资料选编・综合卷》,第 66 页。原文中有些比例有误,本表作了改正。

从表中看,前三项错误如贪污(贪污的数理一般是二三十元,百元以上的很少),超支、挪用、占小便宜和铺张浪费,合计占到了参加算账运动总人数的 22%,占犯各种错误人数的 66%。而这三项都与基层干部侵蚀农业剩余有关,从中我可以再次看出,算账的主要作用是遏制基层干部蚕食农业剩余的势头,以便国家更有效地从农业提取农业剩余。

面对农村基层干部蚕食农业剩余的情况,在全国各地开展算账退款后不久,国家又先后在农村进行"三反"、纠正"五风"。1960 年 5 月,中共中央作出关于在农村开展"三反"运动的指示,规定"三反"的内容为反贪污、反浪费、反官僚主义,以反贪污为重点。同年 11 月,中共中央作出纠正"五风"运动的指示,要求各省、市、自治区必须在几个月内纠正共产风、浮夸风、命令风、干部特殊化风和生产瞎指挥风。纠正五风运动开展之后,中共中央在 1961 年 11 月又一次作出在农村进行社会主义教育的决定,要求结合《农业六十条》的规定,"教育干部和农民……艰苦奋斗,努力增产",指出"少数干部片面地只顾农村一头,少顾或者不顾国家"都是不正确的,要"发扬爱国热情,积极完成征购任务","教育农民计划用粮,留有余地……改善不要太多，仍然应当实行‘低标准，瓜菜代’”[①]。

对于基层干部的贪污等行为，国家的基本方针，第一是肯定绝大多数。“首先肯定他们在大跃进当中的功绩，肯定绝大多数的人是好干部，然后严肃地向他们指出贪污多占的错误，诱导大家认识错误的严重性是在于破坏了党和农民的关系”，第二是要求基层干部主动“下楼”，并帮助基层干部“下楼”。“领导上主动作检讨，承认工作上的官僚主义，分担责任，表明党的态度是帮助大家下楼，只要交代清楚，承认错误，仍然是好干部，仍然会得到党和群众的信任。”[②]第三是只处理小部分人，把处理面缩小到最小限度。“要做到少处分人，把处分的面缩小到最小限度。贪小便宜、超支工资、挪用公款干部，只要愿检讨，并且愿意退出不该自己所得的那些东西（一时退不出，可以分期付还），应当一律不追究。有贪污行为的干部，只要愿意坦白，决心改正错误，除了必须追回贪污的东西以外，也应从宽处理。”[③]

根据基层干部“下楼”的处理原则，各地对有错误行为的干部的处理都掌握在5%左右的限度内，保护了95%左右的基层干部。1959年6月，河南省对于算账运动中犯错误的干部进行了“排队”，结果是“需要受处分的20035人，约占党员、干部总数的1.64%，占犯错误党员、干部总数的4.89%；需受刑事处分的870人，占党员、干部总数的0.07%，占犯错误党员、干部总数的0.213%”[④]，三者相加为5.173%。可能由于这一比例还是偏高，1960年7月，在“三反”运动中又规定以“二三百元”作为界定是否贪污的标准，“处

---

① 《中共中央关于在农村进行社会主义教育的指示》(1961年11月23日)，载《建国以来重要文献汇编》(第十四册)，第766—769页。

② 《毛泽东同志对麻城县万人大会的三次报告的批示》(1959年4月)，载《农业集体化重要文件汇编》(下册)，第179页。

③ 《关于人民公社的十八个问题》(中共中央政治局1959年4月上海会议纪要)，载《1958—1965中华人民共和经济档案资料选编・农业卷》，第77页。

④ 《中共河南省委关于农村人民公社整社算账工作的报告》(1959年6月22日)，载《1958—1965中华人民共和经济档案资料选编・综合卷》，第66页。

分面不宜过宽，大体上以控制在3%以下为宜”[1]。收缩处分面，实际上是为了帮助更多的基层干部“下楼”。

当然，整体上的“最小限度”和收缩处分面并不是说具体某个大队的基层干部也基本上不受触动，事实上没有“下楼”的干部可能集中出现在某些大队中。对于某些严重侵蚀农业剩余、严重影响农民生产积极性的大队，基层干部甚至整体都无法“下楼”，或者相当部分无法“下楼”。湖北沔阳县澎场公社赵家管理区，1958年后“共产风”刮得大，干部犯错误的多，受处理的多，原来的土改积极分子、老干部，差不多都撤光了，管理区13个老干部，现在只剩下3个了，7个党分支，有5个烂掉了[2]。河南省新乡七里营公社七里营大队从1959年10月反右倾开始，到1961年1月止，经过反右倾、“三反”、整顿三类队、执行“十二条”，连续开展运动16个月，大队和生产队干部整掉了47%。[3]

由于算账退款不能影响农业生产，所以各地的算账问题时断时续，迁延了较长时间。1960年11月，中共中央规定，除了1959年夏季已经清理退赔了的以外，凡是没有清理的，或者已经清理、算了账、打了欠条、拖延未付的，都必须在1960年内，最迟在1961年春耕前，偿付清楚。[4] 但是，实际的情形是，一些地方迟迟没有清理完算账退款。由于公社干部以及部分大队干部“善财难舍”思想相当严重，河南省新乡七里营公社七里营大队到1961年5月底，“平调”账只退了10%，占用群众房屋并未退还。[5]

基层干部对“下楼”的反应是“很不安心”，河北涉县东戌大队

---

① 《中央监委关于农村“三反”运动中几个具体政策问题的意见向中央的报告》(1960年7月20日)，载《1958—1965中华人民共和国经济档案资料选编·综合卷》，第284页。

② 《中共中央对省、市、区党委的指示——关于彻底纠正五风问题》(1960年11月15日)，载《农业集体化重要文件汇编》(下册)，第396页。

③ 《谭震林同志给毛主席的信〈河南省新乡七里营公社整社的调整报告〉》(1961年5月8日)，载《1958—1965中华人民共和国经济档案资料选编·综合卷》，第528页。

④ 《中共中央关于农村人民公社当前政策问题的紧急指示》(1960年11月3日)，载《1958—1965中华人民共和国经济档案资料选编·农业卷》，第97页。

⑤ 《谭震林同志给毛主席的信〈河南省新乡七里营公社整社的调整报告〉》(1961年5月8日)，载《1958—1965中华人民共和国经济档案资料选编·综合卷》，第528页。

党支部书记感叹："当干部没下场，全村老党员干部除他本人外都挨过斗。上面压，上面顶，两面为难，老婆还和自己吵嘴打架。"[①]为此，干部情绪很压抑，甚至消极抵制。在福建，"有些基层干部躺倒了"[②]，负责农口的谭震林在给毛泽东的信中也指出，"下台干部不服，整错了的干部、群众对我们不满"[③]。

2."洗手洗澡"

1963年的农村已经基本从3年农业危机中走了出来，农村经济形势稍有好转，但是农业剩余仍显不足。1963年的农业产量虽略有上升，但仍只是与1959年持平，粮食收购量则仍没有回复到危机之前的水平(见附录二)。面对1959年以来农村基层干部贪污、多占等行为，决策层开始倾向于认为粮食问题长期得不到解决的原因是长时间没有搞阶级斗争。[④] 合作化以来十余年，基层干部已经越来越脱离国家的意识形态，已经影响到农业总产量的提高，影响到国家提取农业剩余的效率。在此背景下，于是有了以强调阶级斗争、敌我矛盾为主要特点的"四清"运动，这与此前的整社算账、"三反"和纠正"五风"等运动有显著的不同。

通常称为《前十条》的《中共中央关于目前农村工作中若干问题的决定(草案)》指出：农村的"四清"主要指"清理账目，清理仓库，清理财物，清理工分"(简称'四清')。"目前社、队普遍存在四不清的矛盾，这种矛盾主要是干群之间的矛盾，必须予以解决。""四清"之中，"农民最关心的是清账目、清工分。从集体化以来，相

---

① 《一个老区的基层干部和农民对当前农村工作和恢复农村经济的意见》(1962年6月5日)，载《1958—1965中华人民共和国经济档案资料选编·综合卷》，第537页。

② 《国家经委向中央转达叶飞同志谈福建省工农业生产中的问题的报告》(1959年6月)，载《1958—1965中华人民共和国经济档案资料选编·综合卷》，第331页。

③ 《谭震林同志给毛主席的信〈河南省新乡七里营公社整社的调整报告〉》(1961年5月8日)，载《1958—1965中华人民共和经济档案资料选编·综合卷》，第528页。

④ 1963年6月4日，毛泽东在接见越南劳动党代表团时说，我们在农村经过几次整顿，总整不好，现在找出原因了，一是过去土地改革不彻底，领导权并不在共产党人手里或者共产党起了变化，名为共产党，实际上不是了。二是土地改革后合作化有十年了，没有搞阶级斗争了，产生了这种现象(贪污、盗窃)也是很自然的。参见罗平汉：《农村人民公社史》，福建人民出版社2006年版，第296页。

当多的社、队，对于账目、工分，或者一直没有清理，或者敷衍了事”。“党的方针是：说服教育、洗手洗澡、轻装上阵、团结对敌”，“对于一切手脚不干净的党内外干部，这一次‘四清’，是一场严肃的考验。是老老实实地洗手洗澡、轻装前进，还是执迷不悟，越陷越深，以至蜕化变质？这是一个过社会主义的大关。”[①]“四清”，尤其是清账目和清工分都与基层干部有关，可见“洗手洗澡”的矛头直指基层的生产大队、生产队干部。这一阶段的“四清”后来又称为“小四清”。1963 年 9 月，中共中央北京工作会议又制定并通过了《中共中央关于农村社会主义教育运动中一些具体政策的规定(草案)》(《后十条》)，明确提出“以阶级斗争为纲”，1964 年 6 月，“四清”已经不再“强调依靠基层干部”，1964 年 9 月，又下发《后十条》修正草案，此后，“整个运动由工作队领导的决定。这样，实际上就把基层组织和干部撇在了一边”[②]。1965 年 1 月以后，“四清”的内容实际上变成了“清政治、清经济、清组织、清思想”，称为“大四清”。“大四清”阶段，经济上的问题已经弱化，对基层干部蚕食农业剩余的问题整改的重要性下降，阶级斗争被夸大，与本书的主题关系不再紧密。

“洗手洗澡”针对的主要还是基层干部贪污盗窃、吃工分、多吃多占、挥霍浪费等蚕食农业剩余的问题，是此前“下楼”的直接延续。在“四清”的“洗手洗澡”中，基层干部过关就是“下楼”了，而如果没过关，就成为“四不清”干部。在江西丰城县老上洲大队“四清”的清理账目中发现，大队干部在 1961 年 7 月到 1962 年 10 月一度自己开办大队干部食堂，吃掉了粮食 2000 斤。范桥大队干部自 1961 年 5 月到 1962 年 7 月也开办了干部食堂，消费粮食 3340 斤，食油 180 斤，开支人民币 900 元。对于一般基层干部来说，主要的问题是多吃多占，清工分补贴。1960 年和 1961 年，大队干部

---

① 《中共中央关于目前农村工作中若干问题的决定(草案)》(1963 年 5 月 20 日)，载《农业集体化重要文件汇编》(下)，第 688－689 页。具体的关于“四清”内容可能大同小异，但基本上都是这几项。

② 薄一波：《若干重大决策与事件的回顾》(下卷)，第 1116 页、1121 页。

的工分值，一般高出社员两倍以上，形成大队干部做工很少，而报酬却很高的现象。在1962年10月以后，基本核算单位下移到生产队后，江西丰城县一些大队干部的补助工分，仍然按照原大队核算时的包工工分进行分配，一般比社员实际分配的分值高一倍以上，老洲大队干部每10分为1.95元，而该大队平均工分值每10分只有0.30元，为社员平均分值的6.5倍(见表4－13)。1963年，大队干部的工分分值按大队平均分值计算，但大队干部收入如低于同等劳动力(与同村人比)的收入，其不足部分，报公社批准，在大队公益金中报销。[①]

表4－13　江西丰城老洲大队干部1962年多吃多占情况　(单位：元)

姓　名	职　务	核定工分	已领工资	应得工资	多占工资	三年多吃
曾金荣	书记	1800	351.00	54.00	297.00	54.70
翁润生	副书记	750	146.25	22.50	123.75	33.40
刘纯鼎	副书记	750	146.25	22.50	123.75	41.86
罗木根	大队长	1800	351.00	54.00	297.00	57.35
刘茂发	会计	1500	292.50	45.00	247.00	57.67
曾祥生	连长	350	68.25	10.50	57.75	—
曾梅英	大队干部	300	58.50	9.00	49.50	29.96
曾文华	生产队干部	54	10.53	1.62	8.91	—
小　计	—	7304	1424.28	219.12	1205.16	274.94

注：1.已领工资按工分值(每10分)1.95元计，应得工资按该大队平均工分值(每10分)0.30元计。

2.三年指1961年至1963年。

资料来源：根据齐武：《"四清"工作笔记》第86页和第89页数据整理。

上表的一个特点，是从核定工分数的多寡上可以看出多占多吃的主要是大队干部，生产队干部在这方面相对较好。不过，从总体上来说，大队干部可能主要也是吃工分多占多吃了一些，可能有点铺张浪费，而他们蚕食农业剩余的行为并不是太多。这在大多数基层干部身上可能有普遍性。在上海郊区"四清"中普遍检查了基层干部多吃多占、铺张浪费、不参加劳动等特殊化行为，检查和

① 齐武：《"四清"工作笔记》，未刊稿，2000年，第75页、91页、96页。

揭发多吃多占的约占 80%。[①]

不过,受各种因素的影响,当时对基层干部犯各种错误的比例估计有明显的夸大。“根据几个省所揭发的材料看,干部中犯有贪污盗窃、投机倒把、违法乱纪等行为的,一般约占干部总数的 30%左右,多的达到了百分之四五十,有的甚至整个组织都烂掉了。”[②]在这种情况下,各地基层干部在“四清”受到冲击的面都比较大。宁夏固原县第一批“四清”的 9 个公社的 4430 名基层干部中,定为贪污盗窃的 2003 人,占总数 60%,多吃多占的 494 人,占 14%,另外定投机倒把的 94 人,挪用的 340 人。第三批“四清”的 12 个公社中,共有基层干部 2857 人,定为“犯有不同程度四不清错误”的 2130 人,占总数的 59%,撤职、开除党籍、留察、撤换的 256 人,占总数的 8.96%。[③] 应该说,这并非个案,而是当时比较普遍的情况。到“四清”后期,对基层干部的打击面早已超出了中央规定的团结 95%以上农村干部的要求。

基层干部对于“四清”有消极抵触情绪,“有的上中农出身的干部认为领导上不再信任他们了”,甚至有些干部趟倒不干了,一些干部“害怕贫农下中农起来揭他们的‘底’,再也当不成干部了,就采取以攻为守的办法;有的则公开地在会上哄闹;有的集体退出会场,叫喊‘不干了’”[④]。在四川达州通川区双村,从土改以来一直担任村党支部书记的刘兴才躺倒不干了,公社干部找他做工作,他说:“我宁愿给群众当儿子也不当书记了”,甚至拿起菜刀要自杀。[⑤] “四清”,尤其是“四清”后期,运动的扩大化严重挫伤了基层干部的积极性。正如杜润生所评价的那样:“在一些困难地区,合

① 《上海郊区干部整风中解决了哪些问题?》(1963 年 4 月),载《1958—1965 中华人民共和国经济档案资料选编·综合卷》,第 722 页。

② 《农村干部犯错误的面有多大?》(1963 年 4 月),载《1958—1965 中华人民共和国经济档案资料选编·综合卷》,第 720 页。

③ 傅上伦等:《告别饥饿:一部尘封十八年的书稿》,第 87 页。

④ 《一些农村干部对建立贫下中农组织有抵触思想》(1963 年 4 月 22 日),载《1958—1965 中华人民共和国经济档案资料选编·综合卷》,第 720 页。

⑤ 吴毅:《村治变迁中的权威与秩序:20 世纪川东双村的表达》,第 164 页。

作社大部分办得不好，多少年来总以为是资本主义在作怪，不断派工作队下去'整社'，整社就是整干部，整了一批又一批，整到最后大家怕当干部，干脆轮流坐庄。"[①]在陕西子长县涧峪岔公社，"四清"之后，大队、生产队干部上了下，下了上，翻腾了没有完，只要不痴不傻不聋，差不多全当过了。[②]

(四)进一步的讨论

对基层干部的整改或者整风是为了更为有效地提取农业剩余，在初期的整社算账的努力之后，国家在"四清"中开始用阶级斗争话语去除基层干部的异化行为。"四清"之后，一批"革命型干部"取代了"土改干部"，基层干部在"下楼"和"洗手洗澡"中的境遇，表明他们在相当程度上不适当地承担了农业剩余不足所带来的后果。一些基层干部确实有多吃多占、铺张浪费之类的问题，但用阶级斗争的方法进行基层干部的整风，对于提高农业产量、增加农业剩余来说很难说有什么益处。

在1959—1962年，国家认为基层干部贪污、多占行为是剥夺了本应属于农民的农业剩余。在这个意义上，毛泽东"坚决反对'一平二调'，要给农民退赔，退赔要花几十亿。毛主席说，倾家荡产也要退赔，无论如何不能剥夺农民"[③]。但在1963年之后，国家认为基层干部不仅剥夺农民的农业剩余，还侵蚀国家的农业剩余，因此在1964年3月29日在河北邯郸同山西、河北两省负责人谈话时，提出了"现在看来，大约有三分之一的大队很坏。我们真正有三分之二就了不起了，天下三分，我仍占二分"[④]。在这种背景下，毛泽东提出了"我们这个国家有三分之一的权力不掌握在我们手里"，刘少奇提出基层政权和基层干部的问题"不仅下边有根子，上边也有根子"，朝里有人好做官的"追根子"的观点。[⑤] 因此，国

① 杜润生：《中国农村经济改革》，中国社会科学出版社1985年版，第20页。

② 傅上伦等：《告别饥饿：一部尘封十八年的书稿》，第169页。

③ 杜润生：《中国农村经济改革》，第17页。

④ 罗平汉：《农村人民公社史》，第304页。

⑤ 金冲及：《刘少奇传》(下册)，中央文献出版社1998年版，第952—954页。

家重提阶级斗争，希望用阶级话语纠正农村基层组织和干部中不利于提取农业剩余的因素。

“下楼”和“洗手洗澡”也表明，国家提取农业剩余是有成本的，当政社合一的人民公社成立不到4年就不得不将核算单位下移到相当于原来高级社的生产队时，国家处于两难之中：既要基层干部站在国家一边提高农业剩余的提取效率，又要对基层干部不断地进行整社整风。在人民公社体制下，越到后期，维护农业剩余提取效率的成本越来越高，国家不得不重新考虑是不是需要适时地改弦更张。

本章小结

国家利用人民公社控制农业剩余内部化的初衷，是要为农业剩余的隐性转移提供制度基础。在统购统销(其中包含农业税)的显性倒定额(其中包含农业税定额)提取农业剩余基本取得了农业中最大的粮食剩余后，又开始通过隐性转移方式获取工业化的建设资金。根据估算，1958—1978年，隐性转移农业剩余(通过牌价与市价差额来换算得到)达到了3377.6亿元①，平均每年160亿元。再加上农业税的显性提取690.4亿元(平均每年约30亿元)和储蓄低利率所提取的0.971亿元，21年中共提取了农业剩余总量达4068.971亿元，平均每年约为190亿元。

隐性转移农业剩余的量要比显性提取多得多，因此，农民的生计不免受影响，为了确保农民得以维持生计，自留地就必不可少了。从这个角度说，自留地经济是国家对农业剩余隐性转移的一种补偿。另一方面，村社也开始积极寻找保留农业剩余的方法，这就是队办企业。队办企业是农民对于农业剩余隐性转移的一种规避手段，因此，队办企业的发展一直比较稳定。社队企业对于农业

① 武力估算1960—1978年国家获得牌市差价3405.7亿元，并扣除15%的返销物品，再扣除1953—1959年间国家损失的牌市差价近100亿元，最后国家所得为2800亿元。我们没有扣除返销物品。

剩余来说，意义相当重大。有学者认为，国家可以控制农业生产，但由于非农业产业中要素的投入除劳动力外基本不受主体生产要素投入的影响，其剩余控制权和剩余索取权的成分极小，同时还可以获得正规金融机构的信用支持，因此在60年代末、70年代初成为中国农村的一大奇迹。因此，中国农村的产权调整和制度结构的变化并不是始于大包干的推行，而当社队企业一出现时，这一制度调整就已经开始了。[①] 农业剩余来自于集体土地，而国有工业和社队工业企业都受惠于农业剩余很多，因此中国的国有工业和农村工业都是集体土地的产物。[②]

农业剩余被过度提取在相当程度上加剧了1959—1961年农业危机[③]，由于工业“大跃进”，1958年粮食产量只比上年提高了2.5%，而征购量却增加了22.3%。[④] 同时大量的农业劳动力转移到工业部门，明显影响了农业产出，一定程度上导致了农业危机的发生。危机过后，为了提高农业产量，现代投入要素开始被强调，但是由于农民无法得到农业增产之后增加的农业剩余，农民生产积极性低落，抵消了现代投入要素的作用，总要素生产率在整个人民公社时期的大部分时间都低于1952年的水平。在粮食产量上，以1957年为基期，粮食总产量1958年达2000亿公斤后一直减产，直到1966年才恢复到2140亿公斤，用了8年时间。棉花也是1958年达到196875万公斤后，直到1964年才达209775万公斤，用了6年时间。而油料从1958年的476950万公斤，直到1978年才恢复521790万公斤，用了20年时间。[⑤] 而高征购和农业产量降

---

① 陈剑波：《人民公社的产权制度——对排他性受到严格限制的产权体系所进行的制度分析》，《经济研究》，1994年第7期。

② 裴小林：《集体土地制：中国乡村工业发展和渐进转轨的根源》，《经济研究》，1999年第6期。

③ 邹至庄把农业危机的时间界定为1958—1962年。见邹至庄：《中国经济转型》，中国人民大学出版社2005年版，第23页。

④ 林毅夫、蔡昉、李周：《中国的奇迹：发展战略与经济改革(增订版)》，上海三联书店、上海人民出版社1999年版，第53页。

⑤ 农业部产业政策与法规司、国家统计局农业统计司：《中国农村40年》，中原农民出版社1989年版，第132—133页。

低的后果，则导致了农民口粮严重不足。

当基本核算单位从政社合一的人民公社下移到生产大队和生产队之后，国家为了有效地提取农业剩余，势必加强对生产大队和生产队基层干部的管理，在这种情况下，农民和基层干部的反应模式就特别值得关注。农民的行为选择主要是"瞒产私分"，而基层干部由于掌握了集体经济，直接控制着农业剩余，因此其行为选择是贪污、多占、多吃工分，等等，一定程度上侵蚀了农业剩余，影响了农民的生产积极性，并降低了国家提取农业剩余的有效性。为此，国家通过整社算账、"三反"、纠正"五风"等运动，以及重提阶级斗争的"四清"运动对基层干部进行整改，基层干部在 1960 年代经历了"下楼"和"洗手洗澡"。

第五章 农业剩余与家庭承包责任制(1979—1985)

肇始于20世纪50年代的合作化运动和人民公社化的过程，是国家为了获取农业剩余而不断构造农村土地制度的两个重要步骤，通过构造农村集体土地所有制，国家不断进入到农业生产之中，虽然1962年之后生产核算单位下移到生产队，但国家仍然没有从农业生产中退出。国家真正的退却是在十一届三中全会召开之后的1979年。1979年之后，改革开放开始启动，国家开始从此前的市场替代型向市场增进型迈进。随着国家的转型，农业剩余的提取方式和农村土地制度都出现了新的变化。

一 国家转型与家庭联产承包责任制

(一)从市场替代型国家到市场增进型国家

国家与市场的关系一直是经济学的一个重要理论问题。习惯性的做法是将两者作为对立的存在加以区别，并因此产生两个极端：一个极端是认为国家是干扰市场的外在力量，要限制国家，推向极致就是诺齐克的最小国家理论；另一个极端则认为国家有能力替代市场，早期的社会主义理论家认为中央计划者可以模拟市场的运作，从而在公有制下获得经济效率。后者这种对市场的机械论理解已经被证明是错误的。到今天，人们已经认识到，国家和市场从来不是分离的，特别是资本主义产生之后，市场更是借国家之手建立起来的,国家是市场的一部分,而不是独立的外在力量。①

但在达到上述认识之前,对于国家与市场的关系,尤其是对于亚洲国家与市场关系的认识经历了一个演进过程。亚洲并不存在滋生最小国家理论的土壤,因此国家与市场的关系更多倾向于国家对于市场的替代作用。石川滋强调国家干预的必要性,因为亚洲的市场发育不充分,有着村落共同体的痕迹,因此强调国家对于市场的替代作用。到了青木昌彦等人,开始意识到即使在亚洲,国家与市场也并不是对立的,不是非此即彼的关系,因而提倡市场增进论,强调国家的目标定位于致力于改善民间部门解决协调问题及克服市场缺陷的能力。② 不过,由于亚洲国家强势的传统,在东亚,国家介入市场的脚步从来都没有过踌躇。③ 因此,实际上不管采取何种态度,在国家与市场的关系之间,亚洲都更强调国家的作用。

就中国 1949 年之后的历史与经验来看,从一开始,中国农业政策的主要目标就是提高农业产出与农业剩余,并在保持政治安全和控制的同时,提高农业产出的市场份额。对于中国来说,获取大量和不断增加的市场剩余非常重要。第一,农产品和加工农产品大约占到所有中国出口物的四分之三;第二,1950 年初到 1956 年底城市绝对人口增加了 3000 万,增加了 55%,所有这些人口口粮不得不由国内农业来供应,但控制中国农业的任一目标上都不是一个简单任务,最终通过市场到得农业剩余的方法失败了,于是市场被中央计划控制方法所替代。④

---

① 姚洋:《一个关于社会分配的公正理论》,载姚洋:《自由、公正和制度变迁》,河南人民出版社 2002 年版,第 251—254 页。

② 青木昌彦、金滢基、奥野一藤原正宽:《政府在东亚经济发展中的作用:比较制度分析》,中国经济出版社 1998 年版,第 2 页。

③ 斯蒂格利茨:《国家作用的重新定义》,载青木昌彦、奥野正宽、冈崎哲二:《市场的作用 国家的作用》,中国发展出版社 2002 年版,第 24 页。

④ Dwight H. Perkins. *Market control and planning in communist China*. Harvard university press, 1966, p. 21.

虽然1962年以后由国家控制下的自由市场得到了恢复，但此时的市场的功能甚至离石川滋的“低度发达市场经济”都尚有差距。国家控制并限制市场的作用，大多数农产品价格由政府控制，农产品价格影响生活成本并因此影响工业部门的工资，及工业原材料的工资，和一些工业制品的价格。这一体系一直维持到了改革开放，其中某些特征甚至在改革开放之后的一段时间还在延续。不过1979年之后，国家开始强调市场的调节作用，国家开始了有意识地进行转型，即，逐渐从市场替代型国家转型到市场增进型国家。青木昌彦认为中国政府在过去20年的政策可以确定为基本是市场增进式的，并相信这是造成此期显著的发展绩效的重要原因。[①]

我们认为青木的观点是符合中国实际的。中国始于1978年末的改革是一个国家分权让利的改革，国家希望通过放权让利自上而下地进行改革，我们将改革开放视为是国家放弃之前的市场替代型，而转向市场增进型。[②] 但是按照诺斯的观点，国家这种自上而下的改革通常会遇上“诺斯悖论”，即权力中心在组织和实施制度创新时，不仅具有通过降低交易费用实现社会总产出的最大化动机，而且总是力图获取最大化垄断租金，而在这两者中间存在着持久的冲突，从而当权力中心面临竞争约束和交易费用约束时，会容忍低效率产权结构的长期存在。诺斯悖论在供给主导型制度变迁方式中表现为制度变迁方式与制度选择目标之间的冲突。而自下而上的诱致性制度变迁方式有赖于利益独立化的微观主体能否从权力中心获得制度创新的特许权，或者能否凭借其讨价还价能力突破进入壁垒，因此也存在障碍。在这种上下交困的两难中，

① 青木昌彦、金滢基、奥野－藤原正宽：《政府在东亚经济发展中的作用：比较制度分析》，中国经济出版社1998年版，中文版前言。

② 对于1978年末1979年的中国改革，很多学者倾向于强调意识形态改变的作用，但我们认为与其强调意识形态的作用，不如将意识形态的转变视为国家转型来看待，以此将意识形态的变化内含于国家转型之中。

地方政府充当了第一行动集体来进行中间扩散型制度变迁方式来解开“诺斯悖论”,在自上而下的渐进改革的条件下,解开“诺斯悖论”的突破口可能介于个体的自愿牟利行为和完全由权力中心控制之间的集体行动,即,在微观主体之间的自愿契约与权力中心的制度供给行为之间,存在一种既能满足个体在制度非均衡条件下寻求最大化利益的要求,又可通过在与权力中心的谈判与交易中形成的均势来实现国家的垄断租金最大化的制度变迁方式,实现向市场经济的渐进过渡。地方政府成为了国家转型的推动者。①

国家转向市场增进型转型实际上是要恢复市场及其价格机制的调节作用。1979 年大幅度地提高农产品价格,是向市场化的一个步伐。为刺激家庭承包制下农民的分散性决策对于价格的反应,从 1979 年开始了价格改革,一直到 1988 年,分为两个阶段:

1979—1984 年为第一阶段,主要是调整之前不合理的价格。1979 年农产品收购价格有了一个较大的提高,提价的有粮食、油料、棉花等 18 种主要农产品,平均提价 34.8%,同时对粮、棉、油实行超购加价,粮油加价 50%,棉加价 30%。此后又多次调整,到 1986 年农产品收购价格总水平比 1978 年提高了 77.5%。从 1978—1986 年,农产品收购价格每年平均递升 7.9%,相当于 1978 年末前 28 年平均递升 2.8%的近 3 倍,而 1978—1986 年农业工业品零售价格只上升 14.7%。农民用同等数量的农产品可多换得三分之一的工业品。② 主要农产品的收购价格都成倍地增长(见表 5－1)。

---

① 杨瑞龙:《我国制度变迁方式转换的三阶段论——兼论地方政府的制度创新行为》,《经济研究》,1998 年第 1 期。杨瑞龙认为,在诺斯的制度变迁模型中,国家理论和产权理论是两大支柱。在国家理论中,诺斯抽象掉了地方政府行为,集体中考察国家与产权主体在制度变迁中的博弈过程,这一理论很难真实地描述我国现阶段的制度变迁过程。事实上随着放权让利改革战略和财政分灶吃饭体制的推行,地方政府具有了独立的行为地和行为模式,从而在向市场经济过渡中扮演着主动谋取潜在制度净收益的第一行动集团。

② 李子超、卢彦:《当代中国价格简史》,中国商业出版社 1990 年版,第 91 页。

表 5－1 1952—1985 年主要农产品收购混合平均价格 (单位:元)

农产品	单位	1952 年	1957 年	1965 年	1978 年	1980 年	1985 年
粮食(贸易粮)	吨	138.4	162.0	229.2	263.4	360.6	416.1
食用植物油	吨	605.6	940.0	1450.0	1746.4	2640.8	2701.2
皮棉	百公斤	183.0	179.6	204.0	227.8	317.4	321.8
肥猪	头	32.6	47.7	60.0	74.5	115.7	166.9

资料来源:《中国农村经济统计大全(1949—1986)》,第 462－465 页。

1984—1988 年为第二阶段,主要是放开价格阶段。国家不再规定多种价格,而是放开由市场决定,1985 年放开农副产品价格,除粮、棉、油等少数重要品种实行合同定购外,其余农产品不同程度放开。价格放开的结果是,1978—1988 年,全国农副产品价格总水平提高了 144.5%,农民共增加收入 2308.12 亿元,平均每个农民增加 278 元。① 而 1982 年平均一个农业劳动力的年纯收入也只有 270 元。②

与市场化改革同步,国家开始对外实行开放政策,引进外资,可以从国外引进建设资金。国家开始变得不再过分强调从农业中提取农业剩余作为工业建设资金,这也是国家放松农业剩余控制的一个重要原因。因此,国家开始从农村土地制度变迁的主导位置上退出。

(二)农业部门份额下降

国家放松农业剩余的控制及其从农村土地制度变迁中退出还有其他原因。归纳起来有两点:一是农业财政收入占国家财政总收入的百分比不断下降(见表 5－2),二是农业总产值在国民收入中的份额也在不断下降。

① 李子超、卢彦:《当代中国价格简史》,中国商业出版社 1990 年版,第 106 页。

② 中华人民共和国农业部计划司编:《中国农村经济统计大全(1949—1986)》,农业出版社 1989 年版,第 128 页。

表 5—2　工业与农业财政收入及百分比　　(单位:亿元)

时　期	财政总收入	工业部门财政收入	工业部门占总收入%	农业部门财政收入	农业部门占总收入%
恢复时期(1950—1952)	382.05	123.63	32.4	96.30	25.2
“一五”时期(1953—1957)	1354.88	602.45	44.5	201.88	14.9
“二五”时期(1958—1962)	2116.62	1244.62	58.8	176.92	8.4
1963—1965 年	1215.11	858.01	70.6	101.21	8.3
“三五”时期(1966—1970)	2528.98	1813.42	71.7	176.83	7.0
“四五”时期(1971—1975)	3919.71	2907.95	74.2	151.63	3.9
“五五”时期(1976—1980)	4960.66	3885.52	78.3	154.23	3.1
“六五”时期(1981—1985)	6830.68	5274.87	77.2	304.10	4.5

资料来源:中国财政年鉴(1993),第 646 页。

从表 5—2 中,可以看出新中国成立初期的 1950—1952 年,农业财政收入占了国家财政收入的 25%,只比工业财政收入少 7%。“一五”时期农业财政收入达到了第一个高峰,占了总财政收入的近 15%,但进入人民公社之后,农业财政收入出现较大的减少,占财政收入的比重也不断下降,1960 年代约占 7%～8%,1970 年代只占 3%～4%,而整个 1960 年代到 1970 年代 20 年间,工业财政收入增长迅速,占总财政收入的比重也达到 70%～80%。这表明,工业发展的自身循环不断完善,农业剩余的重要性日渐降低。

再从农业总产值占国民收入的份额来看,情况也类似。随着工业化进程的不断推进,工业总产值所占国民收入的份额不断扩大,而农业总产值所占国民收入份额则不断减少。工业化进程中农业份额的下降是一个普遍规律。1959—1963 年期间,农业份额第一次连续下降,农业产值份额由 1958 年的 26.47%下降到 1959 年、1960 年的 19.51%和 17.06%,农业国民收入份额由 1958 年的 39.36%下降到 1959 年、1960 年的 30.77%和 27.21%,但与此同时,社会总产值和国民收入不仅没有增长,反而降低。造成这种反常份额下降波动的原因是政策上的失误和自然灾害,农业生产遭到很大破坏。农产品产量大幅度减产,农业的不景气,直接影响到城市工业。第二次农业份额下降是 1975—1978 年,出现非常态波动。农业份额由 1974 年的 25.05%下降到 1978 的 20.41%,农业国民收入份额由 1975 年的 38.90%下降到 1978 年的 20.41%，与此同时，1976 年和 1977 年农业净产值不但没有增长，反而低于 1975 年，国民收入在 1976 年甚至出现负增长。上述两次非常态波动的共同点在于，农业份额的下降均由农业产值或国民收入本身的减少和而引起。第三次下降出现在 1984 以后，农业产值和国民收入份额都下降，1984—1987 年间，产值份额下降 4.44 个百分点，国民收入份额下降 6.77 个百分点，这次下降与经济体制改革，尤其是农村的改革有密切的关系。但始于 1978 年的改革，并未马上使农业份额下降，反而造成农业产值份额和国民收入份额的逐年上升。这种异常的发展是我国农业劳动力在长期被压抑的条件下生产积极性得到迅速释放的必然结果。进入 1985 年以后，农业份额才进入符合常态的下降，其重要标志是，在农业份额下降的同时，农业本身仍然保持了相当的增长率。1984—1987 年，农业产值平均增长 14.05%，农业国民收入年均增长 11.23%。不过要明确的是，农业份额下降，并不影响农业的基础地位。①

在上述情况下，农业剩余的重要性在不断下降，因此，国家选择从农村土地制度中退出，是一种理性的选择。

(三)家庭承包责任制的土地制度结构

在国家转向市场化以及放松农业剩余的控制的背景下，1982 年中央第 1 号文件以中央的名义肯定了包产到户，并宣布长期不变。家庭承包制得以获得了国家的认可，随后在全国范围推广家庭联产承包制。

联产承包责任制的主要形式有四：(1)联产计酬，专业承包；(2)统一经营，联产到组和统一经营，联产到劳；(3)包产到户；(4)包干到户。到 1982 年 6 月底，大部分地方都采用了包干到户的做法(见表 5—3)。

① 曾寅初：《农业份额下降与农业基础地位》，《学术月刊》，1989 年第 11 期。

表 5-3 1981—1982 年全国实行联产承包责任制情况

	1981 年 1 月底		1982 年 6 月底	
	生产队数（个）	占生产队总数(%)	生产队数（个）	占生产队总数(%)
一、实行责任制的	4070402	84.8	5981133	99.2
其中:包干到户	1087	—	4040629	67.0
包产到户	49267	1.0	297517	4.9
联产到组	1195011	24.9	128598	2.1
联产到劳	151033	3.2	759412	12.6
专业承包	—	—	292418	4.9
定额包干	2672710	55.7	310060	5.1
二、未实行责任制的	725498	15.2	46807	0.8

注:不包括西藏自治区。

资料来源:农业部产业政策与法规司、国家统计局农业统计司:《中国农村 40 年》,中原农民出版社 1989 年版,第 139 页。

另据估计,到 1983 年底,包干到户的农户数占到全国农户总数的 94.5%,其具体做法是:在坚持土地等基本生产资料集体所有的前提下,生产队把耕地按人口或人劳比例承包到户,耕畜和农具固定到户使用,国家的征购任务,集体提留部分,分别落实到户,通过经济合同来保证承包任务的完成。它是在基本生产资料公有制的基础上,实行统一经营和分散经营相结合的新形式,在产品分配上“保证国家的、留够集体的,剩下的都自己的”[①]。农民取得了农业剩余的剩余索取权,因为交给国家和集体的两块基本是稳定的,因此农民有积极性提高农业生产率,增加产出,以产出更多由他们自己控制的农业剩余。

家庭联产承包责任制最重要的阶段是从包产到户到包干到户。包干到户与包产到户的最大区别是取消了生产队统一分配。[②] 包产到户,原本内容只不过是中国农民在国家工业化和集

① 国家统计局农业统计司编:《1949—1984 中国农业的光辉成就统计资料》,中国统计出版社 1984 年版,第 3 页。

② 林毅夫、蔡昉、李周:《中国的奇迹:发展战略与经济改革(增订版)》,上海三联书店、上海人民出版社 1999 年版。

体化的既定制度框架之内谋求温饱生活的一种自发努力，是在不触动人民公社土地产权制度和工业化积累导向分配制度的条件下，以家庭生产替代生产队。紧接包产到户的是包干到户，在包干到户的合约下，农户以对国家和社区预定义务的承担，换取了事实上的土地经营权，至此联产承包制从产量承包发展为地产的承包，这是农地制度的一次实质性变化。[①] 这种农村土地制度的实质性变化是建立在土地制度创新的基础上的，这一创新就是在土地制度上创设了所有权和土地承包经营权相对分离的制度结构，所有权归集体，农户家庭得到土地承包经营权，实行统分结合的双层经营体制，这是家庭联产承包责任制的主要内容。

二　家庭承包责任制:国家与农民的博弈

(一)对包产到户的回顾

农业集体化是在国家强制基础上在全国范围内在很短时期内推行的，因此出现过很多农民“闹社退社”的情况。在 1956 年和 1957 年有一次全国性的退社风潮，退社户一般占社员户数的 1%，多的达到了 5%。浙江省的宁波专区，已退社的约占社员户数 5%，想退社的占 20%。广东全省已退社的约 7 万余户，占社员户数 1%。闹退社的户，主要是富裕中农，其次是劳力少、人口多的户和手工业者、小商贩等。据宁波专区的调查，在退社户中，富裕中农占 50%。在安徽省的典型调查中，以退社户中，富裕中农占 74%。富裕中农，往往是闹退社的倡议者与带动者。[②] 其中退社

---

① 周其仁、刘守英:《湄潭:一个传统农区的土地制度变迁》，载周其仁:《农村变革与中国发展:1978—1989》(下卷)，牛津大学出版社 1994 年版。

② 《关于退社和大社问题》(1956 年 12 月 6 日)，载《农业集体化重要文件汇编(1949—1957)》上，第 655 页。

最厉害的达到了一哄而散的地步,入社农户由占总农户90%退到19%。[①] 在国家强制力下,退社问题很快就平息了。

"闹社退社"是农民对于农业集体化的抵制。包产到户则是在集体经济内对农村土地制度做些修改。[②]

在1978年之前,中国曾出现五次自下而上的包产到户做法,但都被国家强令纠正了。第一次出现在1956年实行农业集体化之后不久,包产到户就已被不同地区的社队采用,比如浙江永嘉、四川江津、广西环江等地,最有影响的是浙江永嘉,温州各地区纷纷效仿,约占15%的入社农户采取了包产到户的方法,温州成为当时包产到户最多的地区。[③] 但这些包产到户的试验很快在1957年秋被纠正了。第二次是1959年,在人民公社所有制关系和管理制度调整过程中,一些地方又陆续实行包产到户或类似包产到户的做法,其中甘肃的一个例子被农业部点名批评,因此也在严厉的批判中被纠正了。第三次在1960年,当时正处在3年农业危机时期,为应对食物匮乏,许多社队又开始采用包产到户或变相包产到户的做法[④],湖南还出现了"单干风",安徽出现了"责任田",1961年被作为异端强令纠正。第四次是1964年,随着农村"四清"运动的开展,又一次对农村中包产到户的做法提出批判,认为这是彻头彻尾的修正主义路线。1970年,第五次纠正包产到户的做法。只有1978年安徽的包产到户得到了国家的支持,才开始在全国铺开,最后成为一次全国范围内的国家主导,几乎也是强制推行的家

---

① 《浙江省委转发杨心培同志关于仙居县群众闹事问题的报告》(1958年8月13日),载中华人民共和国国家农业委员会办公厅编:《农业集体化重要文件汇编(1949—1957)》(上册),第692页。

② 杜润生:《杜润生自述:中国农村体制变革重大决策纪实》,第84页。

③ 杜润生:《杜润生自述:中国农村体制变革重大决策纪实》,第85页。

④ 这些做法包括田间管理包到户、田间管理责任制、父子队、兄弟队,等等。对于包产到户有几次的说法也有别的说法,比较权威的是杜润生的四次说(包括家庭联产承包责任这一次),他认为包产到户在中国农村出现过四次:第一次是1957年左右,第二次是三年困难时期,第三次是1964年,第四次是家庭联产承包责任制。参见杜润生:《中国农村经济改革》,中国社会科学出版社1985年版,第14—15页。

庭联产承包责任制。[①]

回顾这段历史是为了引出一个问题：为什么1978年之前5次农民自发的包产到户实践都没有成功，而1978年始于安徽的包产到户的实践成功了呢？

(二)家庭承包责任制：上下双向运动

对上述问题的回答牵涉到一个问题，即国家与农民在1978年的土地改革中究竟谁处于主导地位的问题。具体一点说就是这样一个问题：1978年土地制度改革是自下而上的，还是自上而下的？

对于1978年的农村土地制度改革，相当多的学者认为改革是一种自下而上，而不是自上而下的结果[②]，其论据也不可谓不充分。著名安徽小岗村在1978年底私包田地就是自下而上的一个典型。而且，从农民从合作化运动中的经验看，农民的确有很强的冲动要进行包产到户，这一次也不例外。还有一部分学者则认为1978年的农村土地制度改革是自下而上和自上而下的合力造成。张红宇认为，家庭承包责任制作为一种制度创新，其决策是由农民做出的，它最初并没有得到决策者的承认，表现出明显的自发演进和自下而上的需求诱致性变迁特征，然而这一制度变迁离不开决策者(政府)意愿的转变。[③] 靳相木则将农村土地制度变迁分为两个阶段，第一个阶段从1978年底到1981年，农村底层自发的新一轮包产到户逐渐得到了中央政府的肯定。第二个阶段，1982年到1988年，中央政府在包产到户改革中从被动转为主动，以行政手段推行包产到户。[④]

我们认为，自下而上和自上而下的合力这一答案是比较贴近

---

① 原来的集体经济除约3000多个集体经济没有改变外，其余的全部都实行了家庭联产承包责任制。

② D. 盖尔·约翰逊：《经济发展中的农业、农村、农民问题》，林毅夫、赵耀辉编译，商务印书馆2004年版，第9页。

③ 张红宇：《中国农村的土地制度变迁》，中国农业出版社2002年版，第62页。

④ 靳相木：《中国乡村地权变迁的法经济学研究》，中国社会科学出版社2005年版，第129—131页。

历史真实的，但在上与下的合力中，最终起作用的是上的力量，国家承认农民包产到户的合法性，才是问题的关键所在。这一点在国家转型的大背景下尤其清晰可见。包产到户的冲动的确是自下而上的，但家庭联产承包责任制在全国范围内的推行则完全是自上而下的。1978 年包产到户的冲动如果不放在国家转向市场增进型的背景下，就与前 5 次农民单方面包产到户的实践没有任何区别，也无法真正取得成功。在经历了人民公社强制性制度安排之后，需求诱致性制度变迁是困难的。因此，答案的关键就在于 1978 年安徽的包产到户实践得到了国家的支持，国家的支持和许可是包产到户能够获得合法性的最主要原因。不仅如此，国家认可了农民自发的包产到户，并以国家意志及力量将其推广到全国。

只有将家庭联产承包责任制放在 1949 年新中国成立以后的长时段中来考量，我们才能更真切地理解家庭联产承包责任制的真正意蕴。从土地改革开始，国家一直是强制性制度变迁的主导力量，此后的初级社、高级社、人民公社都是铸入了国家意志的连贯性的一系列农村土地制度安排中的一环。同样，家庭联产承包责任也不例外。而这一系列的农村土地制度变迁，都与国家控制农业剩余的出发点有关。国家确立改革开放政策，开始向市场增进型国家转变之后，原本封闭的外部环境突然变得宽松起来，国家预期能够从开放政策中获得外资来进行建设投资，同时工业的自我循环体系渐趋完善，因此对于控制农业剩余变得不是那么迫切，因此开始放松了对农业剩余的控制，这才使 1978 年农民的包产到户最终成功演变成国家支持下的家庭联产承包责任制。

三　国家有限度退出、人民公社解体与取消统购

（一）国家有限度退出

国家转为市场增进型后，选择了在控制农村剩余方面退出，1984 年的宪法确定了村集体作为土地所有者的身份。不过从农

村土地制度供给的主导性上来说，退出是有限度的退出。有限度表现在两个方面：一是从农业剩余的角度来看，国家不再为了控制农业剩余主动在全国以一刀切方式推动农村土地制度变迁，但国家并不放弃对于农业土地制度的最终裁决权。张红宇认为，家庭联产承包责任制作为一种制度创新，其最终确立和在全国范围内推行的制度规则界定以及实行的有效期限的规定，都充分表现出政府主导性制度供给的意愿和特征①；另一方面，从农村土地制度角度来看，集体土地所有制中仍然保留了较多的国家权力色彩，国家的公权力仍然与土地所有权交织、结合在一起②。因此，我们认为国家的退出是有限度的。

那么，国家为什么选择有限度的退出呢？对于这一问题，我们采用周其仁的分析方法，他从国家控制农村的收益和费用指数角度来分析国家为什么退出(见图 5－1)。简言之，国家选择退出是因为国家控制农村的费用指数大幅度地超过了国家控制农村的收益指数。具体说来，因为费用指数大幅度地超过收益指数，60 年代初国家第一次退却，从人民公社为核算单位退却到生产队为核算单位，1978 年后开始实行家庭联产承包责任制，开始了国家第二次退却。

从图中看，1952—1982 年期间，国家控制收益指数相对于费用增长的倒挂，共出现过两个显著的高峰期。第一个是在 1957—1961 年间，以 1960 年为峰尖，第二个区段出现在 1972—1981 年期间，以 1980 年为峰尖。恰恰在这两个峰尖附近，发生了两个国家农村经济政策的大调整。周其仁认为，这不是偶然的巧合。③

---

① 张红宇：《中国农村的土地制度变迁》，中国农业出版社 2002 年版，第 82 页。

② 靳相木：《中国乡村地权变迁的法经济学研究》，中国社会科学出版社 2005 年版，第 100 页。

③ 周其仁：《产权与制度变迁：中国改革的经验研究(修订本)》，北京大学出版社 2004 年版，第 15 页。国家控制农村经济的收益指数是农业税、农副产品收购(以及包含在国家征购中的差价租税)、农产品换汇、农民在国家银行的储蓄，还有农民对体制的认同和政治支持(以农业总产值的增长率和农民从集体经营部分获取的人均纯收入来间接度量)的加权平均值。费用指数则是国家财政支农基金、农用生产资料销售补贴、国家行政开支、集体经济的管理费用、国家银行对农村的贷款和控制农民离心倾向的意识形态投资(以农民家庭从家庭副业部分获取的纯收入度量)的加权平均。

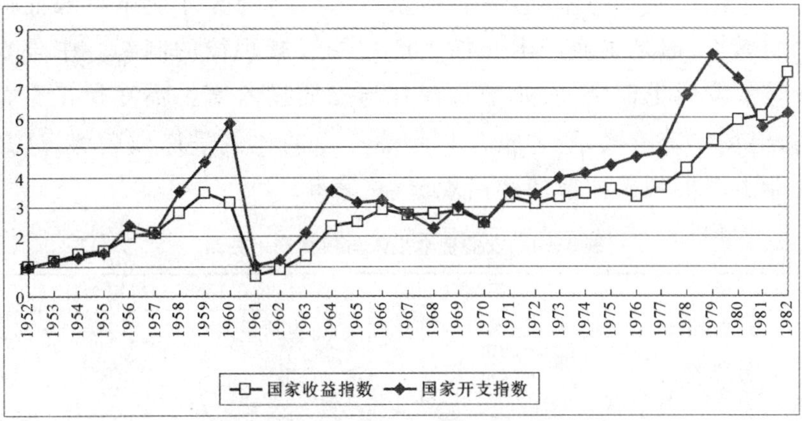

图 5－1　国家控制农村的收益和费用指数(1952—1982)

资料来源:周其仁:《产权与制度变迁:中国改革的经验研究(修订本)》,北京大学出版社 2004 年版,第 15 页。表中数据来自同书第 44—45 页。

从图上看,在 1955 年之前,国家控制费用指数与国家控制收益指数一直比较接近,而此一时期正是初级社时期,土地报酬还没有被取消。1956 年快速进入高级社之时,国家控制费用指数稍高于国家控制收益指数,1957 年即又回复相近的水平。但 1958 年人民公社化之后直到 1978 年,绝大多数年份里,国家控制费用指数都高于国家控制收益指数。1958 年的人民公社化后,费用指数开始急剧上升,使得国家不得不开始第一次退却,降低核算单位层次,以降低费用指数,到 1961 年费用指数有了较大幅度的下降。1963—1965 年费用指数有短时期的小幅上升,随后又接近于收益指数。1973—1977 年费有指数一直保持上升的趋势,将国家推上了第二次退却之路。1978—1979 年费用指数上升则可以解释为是改革产生的短暂上升,一旦改革方针确定且开始推行,到 1980 年以后国家开始退出,费用指数就开始有较大幅度下降,而同时由于农民生产积极性的爆发,收益指数大幅上扬,国家开始有了净收益,有限度退出的政策因此得以成功。

除了国家控制费用指数和收益指数角度,我们也可以从农业资金投入与粮食产出关系来考察国家有限度退出的原因。农业作为一个国民经济的基础，需要国家投入大量资金才能维持农业产出的增长，但是农业产出面临生产报酬递减规律的制约。中外农业经济发展史证明，农业增长幅度与物质投入增长幅度是正相关的，但在一定阶段，资金投入与农业产出的比例呈递减趋势，这是农业生产报酬递减律的必然现象(见表 5—4)。

表 5—4 农业资金投入与粮食产出关系

	资金(亿元)	粮食(亿公斤)	资金与粮食比(1：)
“一五”时期(1953—1957)	178.71	9081	101.6
“二五”时期(1958—1962)	539.71	8210	30.4
1963—1965 年	374.14	5520.5	29.5
“三五”时期(1966—1970)	654.18	10917.5	33.4
“四五”时期(1971—1975)	958.38	13153.5	27.4
“五五”时期(1976—1980)	1444.18	15264.5	21.1
“六五”时期(1981—1985)	2230.47	18530.5	16.6

资料来源：农业部产业政策与法规司、国家统计局农业统计司：《中国农村 40 年》，中原农民出版社 1989 年版，第 182 页。

从表中可以看出，资金和粮食产量的比例是不断下降的，“一五”时期资金和粮食比有 1∶101.6，但到“六五”时期，就只有 1∶16.6，下降了 6 倍多。可见在农业生产报酬递减律之下，国家要对于农业生产的投入负担越来越重，不仅在农业生产上的投入一产出效益越来越低，而且还不得不实行“以工补农”的政策，控制农业剩余的动力因此越来越不足，最后选择了有限度的退出。

(二)人民公社解体

国家的有限度退出，首先是要从人民公社政社合一的体制中脱身。人民公社本身是为了更有利于提取农业剩余而将农业生产组织边界和国家基层政权边界合一而采取的措施，1962 年之后，“三级所有，队为基础”体制的生产组织边界已经下移到生产队。在生产方面，人民公社更多的是负责提取农业剩余，督促生产队完成国家和粮食征购任务；而家庭联产包责任制则将生产组织边界继续下移到农户，意味着对于“三级所有，队为基础” 的人民公社体制的否定。至此，人民公社已经失去了政社合一的制度基础，于是,实行政社分开、取消人民公社提上了日程。

1980 年,四川广汉县率先摘掉挂了 22 年的人民公社的牌子。1981 年,邓小平公开表示,“一大二公”目标并不是很快就能实现的,公社制度还是一个探索的问题。1982 年,全国人大五届五次会议修改宪法,决定改革农村人民公社政社合一的体制,重新设立乡政权。1983 年 10 月 12 日,中共中央、国务院颁布了《关于实行政社分开建立乡政府的通知》,要求全国一律改人民公社为政企分设。到 1984 年底,全国 99%的公社改为乡,成立乡人政府;99%的生产大队改为村,建立村民委员会;生产队一级名称不同,多称为生产组或村民小组,成为独立的生产合作经济组织。1985 年 6 月,全国各地建立乡政府的工作全部结束。[①] 至此,人民公社正式解体,退出了历史舞台。

人民公社的解体,是国家从农村中退出的一个标志性的信号,从另一方面宣告了家庭经营的全面恢复。当然,此时的家庭经营的基础是农村土地集体所有制,已经不同于土地改革时期建立在土地私有制下的家庭经营。土地虽然还是集体所有的,但农户家庭已经成为农业生产的经营主体。国家撇开了人民公社、生产队两个层级,又一次回复到与农户直接交易。而原来的人民公社与生产队都与国家控制农业剩余有关,从这个角度来看,取消人民公社和生产队的生产组织功能,恢复家庭经营,也是国家放松农业剩余控制的必然结果。

人民公社解体后,农民生产积极性有了极大的提高,农业产量出现了超常规的高速增长。在 1982—1984 年的 3 年间,全国粮食产量增长 1500 亿斤以上,平均每年增长超过 500 亿斤。由此,1949 年以来粮食长期紧缺的被动局面得到根本扭转,粮食供给量的增长第一次大大快于粮食消费量的增长,出现了粮食相对过剩,成为一个历史性的转折。农民的消费水平也达到了 1949 年以来

---

① 农业部产业政策与法规司:《中国农村 50 年》,中原农民出版社 1999 年版,第 16 页。

较高的消费水平(见表5—5)。[①]

表5—5　各个年代粮食消费水平比较　　(单位:斤/人)

	1950年代最高	1960年代最高	1970年代最高	1983年
粮　食	409.0	379.0	414.0	465.0
植物油	5.1	3.5	3.9	8.1
猪　肉	12.1	14.0	19.3	24.7
食　糖	3.2	4.9	7.2	8.9

(三)合同定购代替统购

人民公社解体后，国家对统购制度也进行了改革，到1984年年底，属于统购派购的农副产品，由原先的110多种减少到36种。1985年1月1日，中共中央、国务院《关于进一步活跃农村经济的十项政策》中规定：从1985年起，除个别品种外，国家不再向农民下达统购派购任务，按照不同情况，分别实行合同订购和市场收购，强调农户的自主经营权和市场的调节作用。粮食、棉花取消统购，改为合同定购，由商业部门在播种季节前同农民协商，签订定购合同。定购粮食，国家按“倒三七”比例计价，即三成按原统购价，七成按原超购价，定购以外的粮食可以自由上市。如果市场粮价低于原统购价，国家仍按原统购价敞开收购，保护农民利益。定购的棉花，北方按“倒三七”，南方按“正四六”比例计价，定购以外的棉花也允许农民上市自销。生猪等也准备逐步取消派购，自由上市。

这样，从1953年开始实行的主要农副产品的统购政策在经历了32年后被取消了，同时也就宣告了农业剩余的倒定额提取方式就此结束。此后，农民在控制农业剩余上处于主动的位置。

1953年实行统购统销，主要是为了解决商品粮不足的问题，但在实行家庭联产承包责任制以后，农民的生产积极性得到了很大的提高，总要素生产率上升很快，1983年是1958年以后总要素

① 高小蒙、宋国青等：《中国粮食问题研究》，经济管理出版社1987年版，第1页，表格数据取自第22页。

生产率第一次超过了1952年，随后直线上升(参见图4－3)。1978年到1984年，中国农业产出的年均增长率达到8%，而此前30多年的年均增长率不到5%。1982—1984年，粮食生产连续3年出现超速增长，粮食产量达到了7000亿斤、7700亿斤和8000亿斤，分别比上一年增长9.1%、9.2%和5.2%；1984年成为1949年之后粮食产量的第一个高峰，此后直到1989年才被小幅超过。在1984年前后，市场上粮食供过于求，出现了罕见的卖粮难问题。虽然实行合同定购的当年1985年粮食产量下降了6.9%，但总产量也还是达到7500亿斤，而且这种粮食生产下降主要是由于农民第一次获得较大的种植选择权时，有相当一部分选择了种植经济作物而导致的粮食产量下降，农民的实际收入并没有下降。换言之，粮食产量的下调并不是劳动生产率的下降，而是资本和投入的转移[①]。农民有了更多的选择，再也不仅仅满足于仅仅是生产粮食，不仅仅满足于解决温饱问题了。

四　农业剩余与乡镇企业崛起

(一)农业剩余与乡镇企业

乡镇企业由集体化时代的社队企业发展起来[②]，是中国农民的一个伟大创造，是农业与非农业间资源流动的最佳形式，乡镇企业以工业为主，它是农民以农业剩余投资设立的。[③] 改革开放后，乡镇企业作为农村工业部门的主体，在很大程度上是一个异数，其出现和发展出乎大多数人的意料之外。1991年，改革总设计师邓小平公开承认乡镇企业增长完全出乎他的意料。[④] 乡镇企业的发

---

① 杜润生:《杜润生自述:中国农村体制变革重大决策纪实》，人民出版社2005年版，第151页。

② 乡镇企业包括社队企业、部分社员联营的合作企业，其他形式的合作工业和个体企业。见张毅:《中国乡镇企业艰辛的历程》，法律出版社1990年版，第153页。

③ 吴承明:《论二元经济》,《历史研究》,1994年第2期。

④ 邹至庄:《中国经济转型》，中国人民大学出版社2005年版，第289页。

展不仅中国的领导人没有想到，也有异于标准的二元经济理论。在二元经济理论里，只存在维持生存水平的农业部门和现代的工业部门，即使在根据发展中国家实际情况修改过的托达罗模型里，也只是注意到了工业部门中的非正规部门，而没有农村中的工业部门的位置。① 为了能将作为异数的乡镇企业包纳进来，学者们不得不对标准理论进行修改。Putterman 认为改革后的中国存在三个部门：一是生存水平的粮食生产部门，二是侧重于资本节约的国有企业部门，三是包括非国有部门和非粮食部门在内的市场部门，其中乡镇企业占据着这一部门的核心位置，而市场部门的发展对其他两个部门的促进作用明显。② 陈吉元和胡必亮构筑了一个由农业部门、农村工业部门和城市部门构成的"三部门模型"，认为中国城市吸收农村劳动力的能力较低，农村工业部门在农业劳动力转移方面起着决定作用，农村工业的现代化是中国实现向现代经济转化的途径。③

我们认为，乡镇企业的这种异数特征实际上来源于规避国家控制的农业剩余的特征。乡镇企业和社队企业一样，其资金来源的主要部分是不断积累下来的农业剩余，主要是由集体资金甚至由所在社区成员摊派筹建起来的。乡镇企业早期投资的 82.6%来自集体积累，银行贷款只占 17.4%，而且其中基本是流动资本。④ 在讨论社队企业时，裴小林把社队和乡村企业定义为既是一块土地的产物，又是对该土地的再投资，它是在这块土地内资源再配置的结果，其目的是增加该土地的单位产出价值。⑤ 我们认为，这一定义对于乡镇企业也同样适用，乡镇企业实际上是将农村

---

① John Harris and Michael Todaro. Migration, Unemployment and Development: A Two Sector Analysis, *American Economic Review*, Vol 31, No. 4, 1994.

② Louis Putternan. Dualism and Reform in China, *Economic Development and Culural Change*, Vol 40, No. 3, 1992.

③ 陈吉元、胡必亮：《中国的三元经济与农业剩余劳动力转移》，《经济研究》，1994 年第 4 期。

④ 张毅：《中国乡镇企业艰辛的历程》，法律出版社 1990 年版，第 209 页。

⑤ 裴小林：《集体土地制：中国乡村工业发展和渐进转轨的根源》，《经济研究》，1999 年第 6 期。

土地上产出的农业剩余加以再投资、再生产，以寻求农业剩余的增殖。因为农村土地是集体所有的，而且这种集体所有是一种共有关系，单个的集体成员并无对于集体积累的农业剩余的要求权。因此，正如田国强所认为的那样，乡镇企业的产权是归社区内的全体人民共有，但是在利润分配上，乡镇企业的利润只有企业的职工通过工资的形式得到报酬，而社区的成员不能直接分享。乡镇企业的资产不能转移、出售，社区成员随着离开社区而失去对企业资产的共有权。① 在改革开放后，国家放松了对于农业剩余的控制，农民取得了农业剩余的剩余索取权，农业剩余有了较大的增长。同时，由于农民对集体土地的稳定预期不强，对于土地的投资并不多，其中有相当一部分投到了乡镇企业中。

乡镇企业的上述特性决定了乡镇企业与一般企业不同。杜鹰认为，乡镇企业既不是所有制概念，也不是一个地域概念，而是专指具有农民身份的人在农村地区兴办的以非农产业为主的一类企业群体；社区属性是乡镇企业最基本也是最本质的特征。对 200 家样本企业的问卷调查结果表明，企业创办人对创办动机的回答，高度集体中在“提高本地农民收入”和“创造更多的就业岗位”上，企业现任厂长经理在对企业经营目标的回答中，“促进本乡村经济繁荣”、“扩大本地就业”分别排在第一、第三位，而创品牌和利润最大化分别排在第二、第五位。因此，乡镇企业所追求的并非是利润最大化，而是社区公共福利的最大化。② 乡镇企业将社区目标内在化的根本原因，在于其资金主要来源于集体所有土地之上的农业剩余。

(二)乡镇企业的崛起

1979 年，国家决定扶持社队企业，使社队企业有一个大发展。

---

① 田国强:《中国乡镇企业的产权结构及其改革》,《经济研究》,1995 年第 3 期。田认为，也有一些是由国家贷款筹建起来的，另外还有一部分是所谓戴“红帽子”的个人合资合伙或股份合作企业，但数量非常有限，乡镇企业实际上是在集体所有制幌子下的一种私有企业的论断一般不能成立。

② 杜鹰:《乡镇企业的形态特征与制度创新》,《中国农村观察》,1995 年第 4 期。

中共中央在《关于加快农业发展若干问题的决定》中强调：逐步提高社队企业的收入占公社三级经济收入比重，城市工厂要把一部分宜于在农村加工的产品或零部件，有计划地扩散给社队企业经营，支援设备，指导技术；国家对社队企业，分不同情况，实行低税或免税政策。① 随后，迎来了乡镇企业发展的“第一个春天”。但1981年出现一个调整时期，社队企业有所减少。1982年农林部召开社队企业整顿座谈会，提出两项有深远意义的改革措施：一是改先前的社办社有、队办队有为全公社、全大队社员共有；二是改社队企业为实行多种形式的经营承包责任制。国家也不再给予减免税照顾。② 经过整顿后，1984年3月，乡镇企业迎来了“第二个春天”，中央和国务院四号文件规定从五个方面支持乡镇企业的发展，这一年乡镇企业出现了前所未有的大发展，在总产值、企业数量和职工人数上都有迅猛的发展（见表5－6），随后几年，发展势头也相当良好，出现了乡镇企业“异军突起”的局面。③

表5－6　1979—1985年乡镇企业总产值、单位数、职工人数及其年增长率

年份	总产值（亿元）	年增长率%	单位数（万个）	年增长率%	职工人数（万人）	年增长率%
1978	493.07	——	152.42	——	2826.56	——
1979	548.41	11.2	148.04	－2.9	2909.34	2.9
1980	656.90	19.8	142.46	－3.8	2999.67	3.1
1981	745.30	13.5	133.75	－6.1	2969.56	－1.0
1982	853.08	14.5	136.17	1.8	3112.91	4.8
1983	1016.83	19.2	134.64	－1.1	3234.64	3.9
1984	1709.89	68.2	606.52	350.5	5208.11	61.0
1985	2778.39	62.5	1222.45	101.6	6979.03	34.0

资料来源：《中国统计年鉴》(1990)，第399－401页，年增长率为计算结果。

乡镇企业在早期的高效率令人惊异，有经济学家用计量模型

① 张毅：《中国乡镇企业艰辛的历程》，法律出版社1990年版，第23－24页。

② 张毅：《中国乡镇企业艰辛的历程》，法律出版社1990年版，第29页。

③ “异军突起”一词显然是从国家的角度来看待乡镇企业的突然崛起。周其仁指出，对于农村社区来说，则是“本军突起”。见周其仁：《产权与制度变迁：中国改革的经验研究（修订本）》，北京大学出版社2004年版，第23页。

检验出其经济效率接近私有企业的经济效率。对此，经济学界有三种解释：一是产权理论解释，认为乡镇企业实际上是集体所有制下的一种私有企业；二是中国文化和中国独特性理论，认为中国人有较好的合作和利他精神提高了企业效率；三是激励机制理论，认为经济机制设计理论探讨了在各种所有制条件下制订出导致有效配置的各种激励机制的可能性，该理论中的一些结论表明，即使在公有制的条件下也可以通过制订恰当的激励机制来导致资源的有效率配置。乡镇企业高效率的原因，主要是因为一个经济机制运行良好（即能够导致资源的有效配置）的最基本的四个先决条件——承认人的自利性、给予人们经济上的选择自由、实行分散化决策、引进激励机制——得到了较好的满足。[①]

国家和农民都从乡镇企业的崛起中也分享到了好处。1984 年乡镇企业向国家缴纳税金达 90.6 亿元，比 1983 年增加了 31.7 亿元，占了 1984 年国家税收净增 162.3 亿元的 19.5%；而集体经济则不断壮大，1984 年仅乡村两级企业固定资产和流动资金一年就增加了 236 亿元，从利润中为农村各项事业和建设提供资金 23 亿元。[②] 虽然乡镇企业在 90 年代后出现了很多问题，但在这一时期对于农业剩余的增殖起了非常大的作用，也在一定程度上节约了国家的支农开支。

五　农业剩余索取权变化与土地制度多样化

国家在全国范围内强制推行农村土地制度变迁，其背后的逻辑是将全国视为一个高度同质化的单一地域，而原本不同质，甚至有巨大地域差异的各地也在单一的强制性制度变迁过程中变得相对同质化。在国家有限度的退出后，农民从国家手中获得农业剩

---

① 田国强：《中国乡镇企业的产权结构及其改革》，《经济研究》，1995 年第 3 期。

② 张毅：《中国乡镇企业艰辛的历程》，法律出版社 1990 年版，第 188 页。

余的剩余索取权，此时各地的不同质性开始恢复，因而围绕着农业剩余，各地出于各自的不同情况出现了多样化的农村土地制度变迁。多样化是指农村土地制度核心即地权的多样性，多样化的核心是地权个人化程度的差异。地权是由多种权利组成的，包括法律所有权、剩余索取权、使用权、处置权以及这些权利的可靠性。法律所有权属于村集体，其他权利则在集体和农户之间进行程度不等的分割。虽然其他权利还不完整，但农村改革使农民具有了完整的剩余索取权。①

(一)湄潭模式

贵州湄潭是一个典型的耕地资源稀缺的山区农业县，人均耕地仅 1.3 亩，非农产业也不发达。这种情况下，农业剩余几乎是农民的唯一生存资源。从农业剩余生成的总人口变动模型来看，人口增加对于农业剩余增加有负面影响，因此湄潭对于集体内的人口增长就变得非常敏感。但是，土地的集体所有制又决定了每一个社区内人口都对土地有占有权等权利，这一权利被周其仁和刘守英所抽象出来，定义为“成员权”，即集体似乎就是农村社区(或一个自然村即生产队，或一个行政村即过去的大队)中的全部人口的集合，每个农村人口同时就是集体经济组织的法定成员。土地的集体所有就等于要保持社区全体人口与耕地的权利关系天然平等，每个社区成员不需要任何代价(如出资购买)和资格条件，就可以分享社区土地的收益和平分社区土地的占有权。土地的集体的所有本身，不仅包含着按人口均分使用权的法则，而且包含着不断变化着的人口重新分配固有耕地的内在法则。② 而成员权无疑会导致人口的过度增长，这对于农业剩余的生成极为不利。在这种情况下，湄潭政府决定，从 1987 年起再延长承包期 20 年，在承包期内增减人口不再调地，即“生不增，死不减”，同时土地使用权可

① 姚洋：《中国农地制度：一个分析框架》，《中国社会科学》，2000 年第 2 期。

② 周其仁、刘守英：《湄潭：一个传统农区的土地制度变迁》，载周其仁：《农村变革与中国发展：1978—1989》(下卷)，牛津大学出版社 1994 年版。成员权的提出，对于后来分析农村土地制度有着深远的影响。

以继承、转包,租赁互换。

湄潭模式实际上更强调土地经营权稳定对于农业产出的正面作用,以及人口增加对于农业剩余的不利影响,因此将农户作为集体的分配土地的单位,而不是村社成员个人为单位。由于村社的总农业剩余较少,只能维持农户为的生存水平,实际上也是要农户自身对家庭人口等作出自我选择。实际情况也证明这一土地制度的设计有效地抑制了人口的增长。

(二)两田制

两田制指的是口粮田和责任田,1984 年首先在山东平度农村出现,随后扩散到全国各地,成为家庭承包制以后全国范围内分布最广的农村土地制度创新形式。两田制是指将全村土地分为口粮田和责任田两种,口粮田一般人均 0.5～1.0 亩,只承担农业税,其他收入归农户,带有平均意义上的福利与保障性质。其余为责任田,除承担农业税外,还要分担集体提留或租金、完成国家定购任务等。最初,两田制在山东平度高戈庄产生时,仅仅是由于人民公社时期购置的两台大型联合收割机技术上的不可分割性要求农地经营具有一定规模或避免过分细碎分割。[①]

两田制实际上围绕着在分配维持基本生存(口粮田)的农业剩余以后,如何进一步寻求发展的问题。在实行两田制的地方,农业是主要经济收入来源,而土地又相对较多,人地关系相对宽松,同时非农产业也有一定的发展。农业剩余对于农民来说相当重要,但又有向非农就业转移的机会,在口粮田解决了农民的生存问题之后,还有农业剩余用来进一步进行规模经营,提高劳动生产率。

(三)"四荒地"使用权拍卖

"四荒地"是指荒山、荒坡、荒滩、荒沟等非耕地,因此这一方式是对于非耕地一种农村土地变迁模式。1982 年随着家庭联产承

① 孔泾源:《中国农村土地制度:变迁过程的实证分析》,《经济研究》,1993 年第 2 期。

包责任制的推行，山西吕梁地区“四荒地”的使用权开始拍卖。因为“四荒地”较之耕地具有更大的使用权权属的外部性，承包并不足以解决问题，农民要求购买使用权以强化使用权，是“花钱买个放心”[①]，因此有了“四荒地”使用权拍卖。作为非耕地的“四荒地”，农民并不过分强调其对于农业剩余的重要性，因此这一方式展开后，地方政府逐渐介入，成为地方政府主导的一种土地制度变迁形式，“四荒地”使用权拍卖还进一步打破了社区的界限，允许向社会拍卖，允许不同经济主体购买，打破了承包期限，允许延长到100年不变。

（四）规模经营

20世纪80年代中期以后，一些大城市郊区和非农产业发达的沿海地区农村，农业的集体规模经营重新出现，其中以北京顺义和苏南农村最为典型。

顺义位于北京市郊，改革开放后，三分之二的劳动力已经转移到非农产业，农民人均收入中来自非农产业的已达70%[②]，绝大多数农民摆脱了对土地的依赖，不少农民愿意放弃土地的承包经营，因此顺义用行政手段组建集体农场，进行集体经营。1986年秋开始，全县组建了78个集体农场，面积300～3000亩不等，每个劳动力平均种植20～35亩。农场本身是村集体经济组织的一个承包单位，实行以场核算、统收统支、承包到人、产品归场、以产定酬、工资包底制度。全县60多万亩粮田基本上实现了机械耕种。[③] 集体经济组织和集体农场签订承包合同，集体农场与农场职工也实行一定的劳动定额承包。集体农场的绩效相当明显，粮食总产和单产，劳动生产率和农业社会化服务都有提高。集体农场职工收入并不低于在乡镇企业就业者。

苏南模式与顺义模式有所区别。苏南在1982年实行家庭承

---

① 骆友生、张红宇：《家庭承包责任制后的农地制度创新》，《经济研究》，1995年第1期。

② 傅晨：《农地制度变革的线索与基本经验》，《经济体制改革》，1997年第2期。

③ 孔泾源：《中国农村土地制度：变迁过程的实证分析》，《经济研究》，1993年第2期。

包经营以后几年，土地调整频繁，不断细分，主要是因为国家的粮食定购任务很重，占到了实际产量的30%，粮食定购任务成了制约苏南土地制度选择的一个重要因素。[①] 为了完成粮食定购任务，80年代中后期苏南开始实行农业规模经营，虽然也是以机械化集体耕种为特点，但经营主体是家庭经营[②]，有些地方实行了农业车间制和反承包形式。前者是指在乡镇企业内建立一个从事农业生产机构，将该厂职工的或社区的土地集中起来经营，并对经营者定产量、费用、利润指标，完成指标则其劳动者享受社区企业工人的工资或平均工资待遇；后者则指在工副业发达地区，农民在从事较高收入的非农产业时，将承包地以提供口粮或一定数量的平价粮等保障形式反过来承包给集体，而集体因非农用地或其他需要，也乐意承包，由此促成土地重新向集体集中。[③] 这一模式的要点是农业生产由发达的乡镇工业进行大规模的工业补贴，因此农业生产的规模经营也取得了相当的成功。

规模经营模式一般都有较为发达的非农集体产业，农业在收入来源中所占比例较小，农业剩余对于农民的重要性也相对较小，因此农民对于农业剩余的剩余索取权要求并不是特别强烈，对于家庭承包责任制的需求并不是特别强烈。这样地方政府就在农村土地制度的变迁方向上占据主要位置，规模经营的发生更多地出现在“人地资源环境最不宽松的大中城市郊区和沿海发达地区，而且无一例外是由政府作出制度供给决策”[④]。总之，这一类农村土地制度变迁还带有较浓厚的地方政府主导的色彩。

（五）土地股份合作制

土地股份制最典型的代表是广东南海。南海土地制度改革在实行家庭责任制之后经历了一个由按人口均分土地到规模经营，

---

① 胡元坤：《中国农村土地变迁的动力机制》，中国大地出版社2006年版，第250页。

② 姚洋认为苏南模式有些已经到了放弃家庭生产的地步。见姚洋：《中国农地制度：一个分析框架》，《中国社会科学》，2000年第2期。

③ 孔泾源：《中国农村土地制度：变迁过程的实证分析》，《经济研究》，1993年第2期。

④ 骆友生、张红宇：《家庭承包责任制后的农地制度创新》，《经济研究》，1995年第1期。

再由规模经营到土地股份合作制的过程。由于国家粮食定购任务重，种粮效益低，尽管政府给予了补贴，但从80年代中后期开始的规模经营的效果还是不理想，经过一年半努力，只有8户农民搞了413亩粮食规模经营。[①] 在这种情况下，南海县在全市范围内推行土地股份合作制。土地股份合作制是在家庭承包经营制度框架下，将土地等资产评估后作为投资入股，并将股份量化分配到每一个社区成员，同时将集中起来的土地实行家庭或专业队投票经营。社区成员的股份分为三部分：一是基础股，即集体资产折股后分配给成员，所有成员都得到一数量的基础股；二是土地股，即承包地折股后形成的股份；三是贡献股，即按成员对集体经济贡献折算的股份。社区成员以其拥有的股份实行按股分红或按股计息。[②] 其实质是，每个农户拥有一定的集体土地的股份，但股份不具体对应某一相应地块，集体所有制被个人化，且个人化的产权并不妨碍经营规模的扩大，因此这是解决土地法律所有与占有经营之间矛盾的一次成功尝试。

本章小结

在人民公社体制下，农村经济长期并无起色，农民的劳动积极性低下，劳动生产率得不到提高，国家控制农村的费用指数长期高于收益指数，国家在人民公社体制下虽然获得了尽可能多的农业剩余，但国家用以控制农业剩余的成本也日渐上升，人民公社体制的弊端日益凸显。从1979年开始，国家开始转型，朝着市场增进型转化，对内改革，对外开放。对内改革主要是国家开始放权让利，强调市场化的方向迈进，大幅度提高农产品收购价格，改善了工农业产品间的贸易条件，农业剩余的隐性转移有了很大改善。十一届三中全会决定：粮食统购价格从1979年夏粮上市的时候起

① 张红宇、陈良彪：《中国农村土地制度建设》，人民出版社1995年版，第450页。

② 胡元坤：《中国农村土地制度变迁的动力机制》，中国大地出版社2006年版，第253—255页。

提高20%,超购部分在这个基础上再加价50%,棉花、油料、粮料、畜产品、水产品、林产品等农副产品的收购价格也要分别情况,逐步作相应提高。农业机械、化肥、农药、农用塑料等农用工业品的出厂价格和销售价格,在降低成本的基础上,在1979年和1980年降低10%～15%,把降低成本的好处基本上给农民。[①] 对外开放,则主要是强调引进外资,缓解长期存在的建设资金压力,以补足农业剩余与建设资金之间的缺口。在这种国内和国际的新背景之下,中共中央决定,全国粮食征购指标继续稳定在1971年到1975年"一定五年"的基础上,并且从1979年起减少50亿斤,以利于减轻农民负担,发展生产。水稻地区口粮在400斤以下的,杂粮地区口粮在300斤以下的,一律免购。绝对不许购过头粮。[②] 于是,国家开始放松对农业剩余的控制,从农村土地制度变迁的主导位置中有限度地退出。

自从集体化以来,农民已经5次突破集体经营搞过包产到户,但都被国家纠正了。1978年,发源于安徽小岗村的包产到户冲动又一次勃发,这一次包产到户的实践在国家转型的背景下取得了国家的认同,国家接受了农民的包产到户要求,转而于1982年将包产到户的做法合法化,用行政命令在全国范围内推行家庭联产承包责任制。在这一土地集体所有和家庭经营双层经营体制下,农民获得了农业剩余的剩余索取权。

家庭承包责任制极大地激发了农民的生产积极性,总要素生产率很快走出人民公社时期的低谷时期,超过了1952年的水平,并有了很大提高。1982—1984年粮食总产出有了很大提高,出现了卖粮难问题,市场上的粮食供过于求。在这种情况下,1984年

---

① 《中国共产党第十一届中央委员会第三次全体会议公报(节录)》(1978.12.22),载中华人民共和国国家农业委员会办公厅编:《农业集体化重要文件汇编》(下册),中共中央党校出版社1981年版,第968页。

② 《中共中央关于加快农业发展若干问题的决定》(1979.9.28),载中华人民共和国国家农业委员会办公厅编:《农业集体化重要文件汇编》(下册),中共中央党校出版社1981年版,第993页。

国家取消了政社合一的人民公社，恢复设立乡政府；1985 年取消了统购制度，代之以国家和农民协商的订购合同制度，倒定额提取农业剩余的方式被废止了。

国家有限度退出后，乡镇企业开始崛起，尤其是 1984 年，乡镇企业出现井喷式发展，因为乡镇企业的资金大多来自于农业剩余，因此乡镇企业的崛起与国家放松控制农业剩余不无关系。在国家退出后，农村土地制度也出现了多样化的趋势，比如贵州湄潭的生不增、死不减，山东平度的两田制，北京顺义和苏南的规模经营，山西吕梁一带的“四荒地”拍卖，广东南海的土地股份合作制，等等。

第六章　农业剩余与农村土地制度变迁动力

经济史是研究过去的、我们还不认识或认识不清楚的经济实践。[①] 对于1949之后的农村土地制度变迁，虽然已经有了很多重要的研究文献，但很难说我们已经有了充分地认识，或者说也已经认识清楚了。本书尝试从农业剩余的角度来探讨1949年之后农村土地制度变迁的主要动力。虽然不能说农业剩余的视角就能认清楚农村土地的经济实践，但它至少提供了一个视角，使我们从一个侧面加深对农村土地制度变迁的理解。

一　农村土地制度变迁的动力

1949年新中国成立后，国家出于国际国内政治经济环境、意识形态以及重工业的自我循环特性等原因选择了以优先发展重工业为目标的发展战略。不过，这一工业化目标的起点是土地改革之后的小农经济，国家面临一种必须和12000万农户和10万工业企业打交道的境况[②]。同时，市场又无法提供足以满足最大工业化需求，显性定额提取农业剩余的方式无法提供工业化需求的足够的商品粮，于是采用统购统销的倒定额提取方式来尽可能多的获得农业剩余。而倒定额提取方式需要与之配套的制度接口，这就导致了合作化运动的提速，从初级社到高级社在很短时期内宣告完成。至此，国家构造了土地的集体所有制，以适应农业剩余倒定额提取的显性转移方式。

---

① 吴承明:《经济学理论与经济史研究》,《经济研究》,1995年第4期。

② Dwight H. Perkins, *Market control and planning in communist China*, Harvard university press,1966,p.1.

不过，仅仅满足了工业化的商品粮需求并不足以使国家获得工业化所需要的大量资金，于是通过工农产品贸易条件不利于农产品的价格政策来提取农业剩余的隐性转移方式提上日程。1958年之后，农业剩余的隐性转移成了不容忽视的内容，而作为其制度基础，人民公社制度试图通过生产与政权的边界重合来内部化农业剩余的隐性转移。于是，1956 年上半年建立起来的 70 多万个高级农业生产合作社，才刚满两年，就被 2 万多个政社合一的人民公社所代替。[①] 农业剩余的隐性转移主要通过压低农业产品价格来实现，因为重工业优先增长无法借助于市场机制得以实现，解决这一困难的办法就是作出适当的制度安排，人为地压低重工业发展的成本，即压低资本、外汇、能源、原材料、农产品和劳动的价格，降低重工业资本形成的门槛，相应的制度安排是对经济资源实行计划配置和管理的办法，并实行工商业的国有化和农业的集体化直至人民公社化。[②] 人民公社成立后最初的一段时期，在低价格之外，还通过“共产风”、“一平二调”无代价地获得农业剩余，严重影响了农民的生产积极性。对此，国家坚决予以纠正，由此开始了算账整社运动，不仅算人民公社以来的账，也要算合作化时期的“旧账”。[③] 在算账过程中，国家发现基层干部贪污、多吃多占、铺张浪费等蚕食农业剩余的行为。为了解决这一问题，60 年代开始对基层干部的整风，即“下楼”和“洗澡”，到后来又重提阶级斗争，错误地加以扩大化，一大批基层干部或躺倒不干了，或因无法“下楼”而去职，代之以新的一批干部，但是新干部的能力普遍不强，一定程度上影响了其贯彻国家意志的效率。而且人民公社初期实行供给制或部分供给制，后期平均主义色彩浓厚，农民生产上并不积极，农业生产率提高并不显著，农业剩余的提取效果并不理想。在

① 薄一波：《若干重大决策与事件的回顾》，中共中央党校出版社 1991 年版，第 749 页。

② 林毅夫、蔡昉、李周：《中国的奇迹：发展战略与经济改革（增订版）》，上海三联书店、上海人民出版社 1999 年版，相关部分。

③ 《介绍山西经验——毛泽东同志批转陶鲁笳同志关于山西省各县人民公社问题一级干部会议情况的报告》（1959 年 3 月 30 日），载《农业集体化重要文件汇编》（下册），第 163 页。

1978 年国家转型后，终于被家庭联产承包责任制所代替，农民取得了农业剩余的剩余索取权，农业剩余恢复了显性定额提取方式。表 6－1提供了农业剩余提取方式与农村土地制度变迁的某种对应关系。

表 6－1　农业剩余提取方式与农村土地制度变迁关系①

<table>
<tr><th colspan="2">农业剩余提取方式</th><th colspan="2">农村土地制度</th></tr>
<tr><th>显性或隐性</th><th>定额或倒定额</th><th>土地私人所有</th><th>土地集体所有</th></tr>
<tr><td colspan="2">显性定额提取</td><td>土地改革
（家庭经营）</td><td></td></tr>
<tr><td colspan="2" rowspan="2">显性倒定额（包含定额）提取</td><td>农业初级社
（集体经营）</td><td></td></tr>
<tr><td></td><td>农业高级社
（集体经营）</td></tr>
<tr><td colspan="2">隐性转移
显性倒定额（包含定额）提取并存</td><td></td><td>人民公社
（集体经营）</td></tr>
<tr><td colspan="2">显性定额提取</td><td></td><td>家庭联产承包责任制
（家庭经营）</td></tr>
</table>

从表 6－1 看，农业剩余显性定额提取与家庭经营有某种程度的对应性，虽然土地改革的家庭经营的基础是私有制，而家庭联产承包责任制的家庭经营的基础是集体土地所有制。在这种对应性的背后，实际上也可以看到国家在进入之前与有限度退出之后的某种一致性，即国家的某种程度的不在场，正是家庭经营的存在依据。而在前后两种不同的家庭经营之间的三个阶段中，都由集体经营占据着主体位置。而在集体经营时期，农业剩余的提取方式是较为严厉的显性倒定额提取、隐性转移方式，这两种较为严厉的提取方式与集体经营之间也存在一定的对应性。进一步地说，国

① 表中只列农业剩余主要的提取方式。按照我们对隐性转移只关注国家收购牌价与市场价格差额角度的定义，且判断 1958 年前两者差额较小，所以初级社和高级社时期只列显性倒定额提取；1979 年以后，农产品价格有较大幅度的提高，两者差额在不断缩小，隐性转移因此不断减少；1985 年以后，合同定购取代定购制度，倒定额提取方式因此终结；因此，表中将显性定额提取作为家庭联产承包责任制的主要方式。

家的在场是集体经营得以存在的决定性力量。

让我们尝试归纳一下：在一个农业国的前提下，国家为了工业化而控制农业剩余，在不同时期采取不同的农业剩余提取方式。因为农业剩余主要来自于农村土地之中，所以国家主动构造了农村土地制度，并决定了其变迁路径。当一种农村土地制度不能满足国家对于农业剩余的需求时，国家开始推动农村土地制度朝着预期能增加农业剩余的方向变迁，农业剩余的提取方式也随之变化。农村土地制度变迁的这一变迁模式经历了土地改革、初级社、高级社、人民公社后，一直延续到1979年开始的家庭联产承包责任制。在某种意义上，在1949—1985年的这一时段里，国家控制农业剩余的努力是中国农村土地制度变迁的主要动力。

二　国家、农民、土地和农业剩余的动态关系

农业剩余与农村土地制度的变迁牵涉到的关系主要是国家与农民的关系。农民在土地上从事生产，生产出农业剩余；国家不能直接在土地上生产农业剩余，要取得农业剩余，就面临如何处理国家与土地、国家与农民的关系。

在国家与土地的关系上，从中国历史的经验来看，主要是土地私有和征收低税率的赋税，其演变的线索有两条：其一是从劳役到实物税再到货币税，其二是从人头税到土地税。新中国成立以后征收的农业税是一种土地税，因为它是根据土地的常年产量来纳税的，常年产量的大小，完全取决于土地的数量质量。在土地改革之后，按人平分土地和土地私有成为两个主要的特征，而且国家也主要通过农业税获取农业剩余，因为统购中获得的粮食除去农业税之外的部分，在1953—1956年间的统购牌价和市场价格之间的

差价很小，实际上接近于余粮收购[①]，因为农民的粮食从统购的渠道卖给国家的同时，也得到接近于市场价格的对价。

农业税作为土地税的特点是低税率。中国历史上的农业税税率都很低，千百年来形成的小农自然经济中，经济关系比较简单和直观，赋税差不多是一种直接的分配方式，国家征税多了，农民所得就少了，缘于自然经济的小农意识，对高赋税具有本能的憎恶和恐惧。1949年新中国成立之后，国家对于农业税所征也并不多，历年所征税率1960年以前都高于10％，最高的是14％左右，1961年以后都低于10％，最低的是不到3％，（参见附录二农业税实征额及比重表）。对于这一税率，50年代的决策层还觉得统购统销之后应该"少征多购"，降低农业税的税率。

低税率的结果是靠农业税无法取得足够的农业剩余，这一结果说明两点：第一，传统的土地税方法不能获得工业化所要求农业剩余数量；第二，现代国家仅仅通过处理其与土地的关系还不达到工业化的目标，必须从国家与土地关系之外寻求出路。

既然土地税不能解决问题，国家只好从国家与农民的关系上寻找突破口，于是统购统销走上了历史前台。统购统销的倒定额提取农业剩余方式是把农民口粮之外的农业剩余全部由国家提取的一种方法。中国历史上，农业剩余是由国家、地主和农民三者共同分享的，国家提取的农业税即土地税相当低，而地主所享有的地租的数量却通常占到了农业产量的一半[②]，其中较大部分即可转化为农业剩余，而农民的所得除了糊口之外所得的农业剩余并不太多。土地改革之后，农业剩余由国家和农民分享，农民的所得类似于工资，大多农产品都消费掉了，很少有成为积累的农业剩余，但地租部分转化为积累的农业剩余要多于工资，于是国家获得了这一部分农业剩余作为工业化的原始积累。可是地租部分的农业剩余远远不能满足工业化的需求，于是国家倾向于压低农民的口

---

① 宋国青：《从统购统销到土地税》，载高小蒙、宋国青等：《中国粮食问题研究》，第32—77页。

② 吴承明：《论二元经济》，《历史研究》，1994年第2期。

粮标准，“教育”农民要“厉行节约，节俭过日子”，即使粮食丰收了，口粮标准上也要实行“低标准、瓜菜代”[①]，以便从中挤出农业剩余。在实践中，有些年份的口粮标准被压低到了维持生命活动的最低水平。

但是，让农民节衣缩食来增加农业剩余面临两个问题。第一，国家获得的农业剩余非常有限，而农民的抵制情绪会很强烈，这与国家的价值取向不协调，更直接导致了1953年和1955年国家与农民关系的紧张；第二，压低农民口粮消费后的获得的农业剩余仅仅只是存量，不是增量，而没有增量，工业化就无法取得更大的发展。

要获得农业剩余的增量，国家的办法是把农民组织起来，把土地集中起来，走农业合作化之路。这就带来了1956年之后在短短的两年时间内高速发展、全面推开的农业合作化、人民公社化的集体化道路。上述分析，可以视为是我们对于1949年之后何以走上集体化道路的一个理解和解释。正如本书导言中文献回顾中所主张的那样，它只是诸多解释中的一种，是一种农业剩余的解释进路。

人民公社制度建立之后的劳动生产率并不高，国家控制的农业剩余在经历几年高征购之后迅速回落，粮食产量在人民公社成立的1958年达到2000亿公斤后开始下降，1960年达到低点，此后缓慢回升，直到1966年才重新回到1958年的水平，国家粮食收购量一直到1977年都没有明显的上升，1977年的收购量低于1958年和1959年，稍高于1954年的水平。从收购量占产量比重上看，人民公社成立之后除了1958—1960年超过或接近30%，其余大多数年份都在20%～25%之间，基本上与人民公社之前持

---

① 《中共中央关于在农村进行社会主义教育的指示》(1961年11月13日)，《建国以来重要文献选编》(第十四册)，第769页。

平。[①] 这表明，人民公社制度对于国家提取农业剩余本身的作用并不明显，而制度本身带来的问题倒是很多，比如机构庞大，管理人员众多，造成管理成本偏高，再加上农业生产报酬递减规律、工业自身积累机制逐渐成形等因素，国家控制农业剩余来加速工业化的重要性也逐渐降低。于是国家开始选择从控制农业剩余中有限度的退出，于是家庭联产承包责任制应运而生。农民又一次回到了以家庭为单位进行生产、消费的常态之中，虽然土地仍然是集体所有的，但国家在 1985 年最终放弃了倒定额提取农业剩余的统购统销，国家与农民的关系得到了改善。

---

① 人民公社在 1958 年 8 月末到 11 月初在全国推开，这一年的产量实际上和人民公社制度本身关系不是特别大。各年产量及收购量占产量比重参见附录二粮食收购量及占产量比重表。

附录一　图表目录

附录二　历年粮食收购量、农业税实征额及生产队收益分配表

1. 粮食收购量及占产量比重(1952—1985)　　单位:万吨

年份	产　量	收购量	其中净收购	收购量占产量%	
				收购量	其中净收购
1952	16390	3327.0	2819.0	20.3	17.2
1953	16685	4746.0	3588.5	28.4	21.5
1954	16950	5181.0	3158.5	30.6	18.6
1955	18395	5074.5	3617.5	27.6	19.7
1956	19275	4544.0	2970.0	23.6	14.9
1957	19505	4804.0	3387.0	24.6	17.4
1958	20000	5876.0	4172.5	29.4	20.9
1959	17000	6740.5	4756.5	39.7	28.0
1960	14350	5105.0	3089.5	35.6	21.5
1961	14750	4047.0	2580.5	27.4	17.5
1962	16000	3814.5	2572.0	23.8	16.1
1963	17000	4396.5	2892.0	25.9	17.0
1964	18750	4742.5	3184.5	25.3	17.0
1965	19450	4868.5	3359.5	25.0	17.3
1966	21400	5158.0	3824.0	24.1	17.9
1967	21780	4935.5	3774.0	22.7	17.3
1968	20905	4869.5	3786.5	23.3	18.1
1969	21095	4667.5	3382.5	22.1	16.0
1970	23995	5443.5	4202.0	22.7	17.5
1971	25015	5302.0	3982.0	21.2	15.9
1972	24050	4829.5	3392.0	20.1	14.1
1973	26459	5612.0	4100.5	21.2	15.5
1974	27525	5807.0	4397.5	21.1	16.0
1975	28450	6086.0	4394.5	21.4	15.4
1976	28630	5825.0	4072.0	20.3	14.2
1977	28275	5661.5	3756.0	20.0	13.3
1978	30475	6174.0	4271.0	20.3	14.0
1979	33210	7198.0	5170.0	21.7	15.6

续表

年份	产　量	收购量	其中净收购	收购量占产量%	
				收购量	其中净收购
1980	32055	7299.5	4797.0	22.8	15.0
1981	32500	7850.5	4877.5	24.2	15.0
1982	35450	9186.0	5911.0	25.9	16.7
1983	38730	11985.5	8527.0	30.9	22.0
1984	40730	14169.0	9460.5	34.8	23.2
1985	37911	11564.0	5832.0	30.5	15.4

资料来源：中华人民共和国农业部计划司编：《中国农村经济统计大全(1949—1986)》，农业出版社1989年版，第410—411页。

附注：1. 按生产年度计算，从当年4月起到次年3月止，净收购量是收购量减去返销农村数量。

2. 表中数据是原粮。

2. 农业税实征额及减免额(1949—1985)

年份	实征额(细粮，亿斤)	占产量%	农业税减免额(细粮，万斤)	占计征数%
1949	248.8	13.5	—	—
1950	269.7	12.3	—	—
1951	361.6	14.5	—	—
1952	357.8	12.2	511484	12.5
1953	344.0	11.9	661115	16.8
1954	371.5	12.4	551527	13.9
1955	383.9	11.6	433375	10.9
1956	367.0	10.8	680199	17.2
1957	400.1	11.6	472934	11.8
1958	445.7	12.5	346586	8.1
1959	442.1	14.3	375233	9.0
1960	347.0	13.8	871651	21.1
1961	210.2	9.3	528539	21.1
1962	221.7	8.7	435529	17.4
1963	232.5	7.7	425228	16.9
1964	260.4	7.7	295156	11.6
1965	255.0	7.0	289329	11.3
1966	256.0	6.5	290550	11.4
1967	251.7	6.1	240659	9.5
1968	260.3	6.7	230429	9.1
1969	259.3	6.7	272888	10.6
1970	273.4	6.2	202012	8.0
1971	266.3	5.9	253164	9.9

续表

年份	实征额（细粮，亿斤）	占产量%	农业税减免额（细粮，万斤）	占计征数%
1972	243.7	5.6	343902	13.6
1973	262.0	5.4	258644	10.2
1974	257.1	5.1	261166	10.4
1975	253.8	4.9	312530	12.4
1976	251.2	4.9	324751	12.9
1977	252.7	4.9	316325	12.7
1978	246.2	4.4	359838	14.5
1979	215.6	3.5	639779	25.7
1980	202.8	3.3	722863	28.9
1981	206.0	3.2	705052	28.2
1982	212.2	3.0	671314	27.0
1983	237.2	3.0	447199	18.0
1984	249.4	2.9	348674	14.0
1985	222.5	2.7	571454	23.0

资料来源：财政部农业税征收管理局。见《中国农民负担史》（第四卷），第413—414页、421—422页。

附注：农业税减免主要是灾害减免。

3. 全国生猪、食用植物油的收购量及其比重

年份	生猪年底存栏量（万头）	收购量（万头）	收购量占产量比重%	食用植物油总产量（万吨）	收购量（万吨）	收购量占产量比重%
1952	8977	3742.7	41.69	—	—	—
1957	14590	4050.0	27.76	170.6	134.5	78.8
1962	9997	1929.8	19.30	79.0	48.4	61.3
1965	16693	7859.5	47.08	159.3	105.9	66.4
1970	20610	7562.1	36.69	161.7	89.5	55.4
1975	28117	10281.0	36.57	188.0	99.9	62.1
1978	30129	10936.5	36.30	206.5	115.4	55.9
1979	31971	13545.5	42.37	246.6	153.0	62.1
1980	30543	14250.0	46.66	274.5	195.3	71.1
1981	29370	13723.8	46.73	365.5	279.1	76.4
1982	30078	14463.3	48.09	428.5	308.0	71.9
1983	29854	14314.7	47.95	401.5	262.5	65.4
1984	30679	15238.7	49.67	478.5	322.5	67.4
1985	33140	16020.8	48.34	578.9	395.8	68.4

资料来源：《中国农村40年》，第438页、440页。

4. 人民公社时期农村生产队收益分配(1958—1981)

单位：亿元

年份	总收入	各项费用	国家税收	集体提留			分给社员
				合计	其中		
					公积金	公益金	
1958	410.20	109.30	39.00	47.40	40.60	6.20	214.50
1959	384.00	102.80	38.40	48.10	39.60	6.90	194.70
1960	367.70	106.50	36.40	16.20	11.00	3.70	208.60
1961	412.30	110.10	26.40	28.00	17.30	8.20	247.80
1962	423.30	119.60	27.50	27.60	18.70	6.10	248.60
1963	440.50	124.70	28.80	30.90	22.70	6.70	256.10
1964	489.60	141.40	33.20	45.70	35.00	8.30	269.30
1965	531.66	149.77	29.80	47.49	34.92	7.58	304.60
1970	727.26	224.15	32.92	71.16	47.57	12.28	399.03
1971	778.74	234.69	34.56	73.92	45.54	13.21	435.57
1972	796.55	255.46	35.21	68.21	46.10	12.62	437.67
1973	863.81	270.35	37.01	83.19	56.42	14.23	473.40
1974	909.35	292.99	37.48	91.83	64.21	15.31	487.44
1975	924.51	310.73	37.12	101.08	69.18	16.30	475.91
1976	944.18	334.13	36.73	95.10	64.44	15.87	478.99
1977	975.93	347.29	37.10	90.86	63.24	15.81	501.84
1978	1107.42	386.25	37.12	103.00	74.84	18.12	582.36
1979	1234.11	421.11	39.84	118.41	87.11	21.66	655.56
1980	1252.14	433.66	38.42	105.15	55.75	19.51	675.92
1981	1360.79	427.42	39.81	89.12	48.40	18.55	805.16

资料来源：《中国统计年鉴(1983)》，第 209 页。

附注：1. 某些年份的国家税收、集体提留和分给社员三项之和，略大于纯收入，这是由生产队超分造成的。

2. 1982 年以后，农村普遍实行家庭联产承包责任制，有些收益不再经过生产队这一核算单位。

3. 1966—1969 年数据原缺。

参考文献

档案文献：

《陈云文选(1949—1956)》,人民出版社,1984年。

《陈云文集》(三卷本),中央文献出版社,2005年。

《邓小平文选(第三卷)》,人民出版社,1993年。

《邓子恢文集》,人民出版社,2006年。

《刘少奇文选》,人民出版社,1985年。

《建国以来毛泽东文稿》,中央文献出版社,1992年。

国家统计局:《建国三十年全国农业统计资料》(1949—1979),中国统计出版社,1980年。

国家统计局农村社会经济调查总队:《新中国五十年农业统计资料》,中国统计出版社,2000年。

黄道霞、余展、王西玉主编:《建国以来农业合作化史料汇编》,中共党史出版社,1992年。

《毛泽东选集》,人民出版社,2005年。

《毛泽东书信选集》,人民出版社,1999年。

《三中全会以来重要文献选编》,人民出版社,1982年。

中共中央文献研究室编:《建国以来重要文献选编》,中央文献出版社,1996年。

中共中央文献研究室、中央档案馆《党的文献》编辑部编:《共和国走过的路——建国以来重要文献专题选集(1949—1952)》,中央文献出版社,1991年。

中华人民共和国国家农业委员会办公厅编:《农业集体化重要文件汇编(1949—1957)》(上册),中共中央党校出版社,1981年。

中华人民共和国农业部计划司编:《中国农村经济统计大全(1949—1986)》,农业出版社,1989年。

中华人民共和国国家农业委员会办公厅编:《农业集体化重要文件汇编(1958—1981)》(下册),中共中央党校出版社,1981 年。

中国社会科学院、中央档案馆编:《1953—1957 中华人民共和国经济档案资料选编·综合卷》,中国物价出版社,2000 年。

中国社会科学院、中央档案馆编:《1953—1957 中华人民共和国经济档案资料选编·财政卷》,中国物价出版社,2000 年。

中国社会科学院、中央档案馆编:《1953—1957 中华人民共和国经济档案资料选编·农业卷》,中国物价出版社,2000 年。

中国社会科学院、中央档案馆编:《1958—1965 中华人民共和国经济档案资料选编·总论卷》,中国财政经济出版社,2011 年。

中国社会科学院、中央档案馆编:《1958—1965 中华人民共和国经济档案资料选编·农业卷》,中国财政经济出版社,2011 年。

中国社会科学院、中央档案馆编:《1958—1965 中华人民共和国经济档案资料选编·财政卷》,中国财政经济出版社,2011 年。

《中国农村的社会主义高潮》,人民出版社,1956 年。

中共中央文献研究室:《建国以来重要文献选编》(第一至二十册),中央文献出版社,1993—1996 年版。

专著:

薄一波:《若干重大决策与事件的回顾》,中共中央党校出版社,1991 年。

陈廷煊:《中国新民主义农业经济史》,中国社会科学出版社,2012 年。

陈吉元、韩俊:《中国农村工业化道路》,中国社会科学出版社,1993 年。

当代中国丛书编辑部:《当代中国的粮食工作》,中国社会科学出版,1988 年。

[美]D. 盖尔·约翰逊:《经济发展中的农业、农村、农民问题》,林毅夫、赵耀辉编译,商务印书馆,2004 年。

[美]道格拉斯·诺斯、罗伯特·托马斯:《西方世界的兴起》,

华夏出版社,1989 年。

[美]道格拉斯·C. 诺斯:《经济史中的结构与变迁》,上海三联书店,1994 年。

[美]德怀特·希尔德·珀金斯:《中国农业的发展(1368—1968)》,宋海文等译,上海译文出版社,1984 年。

杜润生:《中国农村经济改革》,宋海文等译,中国社会科学出版社,1985 年。

杜润生:《当代中国的农业合作制》,当代中国出版社,2003 年。

杜润生:《杜润生自述:中国农村体制变革重大决策纪实》,人民出版社,2005 年。

[美]弗里曼、毕克伟、赛尔登:《中国乡村,社会主义国家》,陶鹤山译,社会科学文献出版社,2002 年。

发展研究所综合课题组:《改革面临制度创新》,上海三联书店,1988 年。

[美]费景汉、古斯塔夫·拉尼斯:《劳力剩余经济的发展》,王月、甘杏娣、吴立范译,杨敬年校,华夏出版社,1989 年。

傅上伦、胡国华、冯东书、戴国强:《告别饥饿:一部尘封十八年的书稿》,人民出版社,1999 年。

高化民:《农业合作化运动始末》,中国青年出版社,2004 年。

高王凌:《人民公社时期中国农民"反行为"调查》,中共党史出版社,2006 年。

高小蒙、宋国青等:《中国粮食问题研究》,经济管理出版社,1987 年。

胡元坤:《中国农村土地变迁的动力机制》,中国大地出版社,2006 年。

[美]黄宗智:《华北的小农经济与社会变迁》,中华书局,2000 年。

[美]黄宗智:《长江三角洲小农家庭与乡村发展》,中华书局,2000 年。

[美]黄宗智:《中国研究的范式问题讨论》,社会科学文献出版社,2003 年。

黄道炫:《张力与限界:中央苏区的革命(1933—1934)》,社会科学文献出版社,2011 年。

金冲及:《刘少奇传》,中央文献出版社,1998 年。

靳相木:《中国乡村地权变迁的法经济学研究》,中国社会科学出版社,2005 年。

金观涛、刘青峰:《开放中的变迁:再论中国社会的超稳定结构》,中文大学出版社,1993 年。

[德]考茨基:《土地问题》,梁琳译,三联书店,1955 年。

李伯重:《多视角看江南经济史:1250—1850》,三联书店,2003 年。

李成瑞:《中华人民共和国农业税史稿》,财政出版社,1959 年。

李溦:《农业剩余与工业化资本积累》,云南人民出版社,1993 年。

李子超、卢彦:《当代中国价格简史》,中国商业出版社,1990 年。

林毅夫:《制度、技术与中国农业发展》,上海三联书店、上海人民出版社,1994 年。

林毅夫:《再论制度、技术与中国农业发展》,北京大学出版社,2000 年。

林毅夫、蔡昉、李周:《中国的奇迹:发展战略与经济改革(增订版)》,上海三联书店、上海人民出版社,1999 年。

凌志军:《历史不再徘徊——人民公社在中国的兴起和失败》,人民出版社,1997 年。

[美]刘易斯:《二元经济论》,施炜、谢兵、苏玉宏译,北京经济学院出版社,1989 年。

罗平汉:《农业合作化运动史》,福建人民出版社,2004 年。

罗平汉:《农村人民公社史》,福建人民出版社,2006 年。

卢跃刚:《大国寡民》,中国电影出版社,1998 年。

[美]曼库尔·奥尔森:《集体行动的逻辑》,上海三联书店、上海人民出版社,1995 年。

[美]迈克尔·托达罗:《经济发展与第三世界》,中国经济出版社,1992 年。

农业部农村经济研究中心当代农业史研究室编:《当代中国农业变革与发展研究》,中国农业出版社,1998 年。

农业部农村经济研究中心当代农业史研究室编:《中国共产党"三农"思想研究》,中国农业出版社,2002 年。

农业部产业政策与法规司:《中国农村 50 年》,中原农民出版社,1999 年。

农业部产业政策与法规司、国家统计局农业统计司:《中国农村 40 年》,中原农民出版社,1989 年。

潘盛洲:《中国农业保护问题研究》,中国农业出版社,1999 年。

[俄]恰雅诺夫:《农民经济组织》,中央编译出版社,1996 年。

齐武:《"四清"工作笔记》,未刊稿,2000 年

秦晖、金雁:《田园诗与狂想曲:关中模式与前近代社会的再认识》,语文出版社,2010 年。

[日]青木昌彦、金滢基、奥野一藤原正宽:《政府在东亚经济发展中的作用:比较制度分析》,中国经济出版社,1998 年。

[日]青木昌彦、奥野正宽、冈崎哲二:《市场的作用国家的作用》,中国发展出版社,2002 年。

[日]石川滋:《发展经济学的基本问题》,经济科学出版社,1992 年。

[美]舒尔茨:《经济增长与农业》,郭熙保、周开年译,郭熙保、刘有锦校,北京经济学院出版社,1991 年。

[美]舒尔茨:《改造传统农业》,梁小民译,商务印书馆,2003 年。

[印度]苏布拉塔·贾塔克:《发展经济学》,卢中原、王晓东、朱

邦宁、王敏译，商务印书馆，1989 年。

[日]速水佑次郎、弗农·拉坦：《农业发展的国际分析》，中国社会科学出版社，2000 年。

[日]速水佑次郎：《发展经济学——从贫困到富裕》，李周译，社会科学文献出版社，2003 年。

田锡全：《国家、省、县与粮食统购统销制度：1953—1957》，上海社会科学出版社，2006 年。

王耕今、张宣三主编：《我国农业现代化与积累问题研究》，山西经济出版社，1993 年。

王贵宸：《中国农村经济改革新论》，中国社会科学出版社，1998 年。

王贵宸：《中国农村经济合作史》，山西经济出版社，2006 年。

温铁军：《三农问题与世纪反思》，三联书店，2005 年。

武力、郑有贵主编：《解决三农问题之路——中国共产党“三农”思想政策史》，中国经济出版社，2004 年。

吴毅：《村治变迁中的权威与秩序——20 世纪川东双村的表达》，中国社会科学出版社，2002 年。

邢乐勤：《20 世纪 50 年代中国农业合作化运动研究》，浙江大学出版社，2003 年。

姚洋：《土地、制度和农业发展》，北京大学出版社，2004 年。

叶扬兵：《中国农业合作化运动研究》，知识产权出版社，2006 年。

张红宇、陈良彪：《中国农村土地制度建设》，人民出版社，1995 年。

张红宇：《中国农村的土地制度变迁》，中国农业出版社，2002 年。

张静：《基层政权：乡村制度诸问题》，浙江人民出版社，2000 年。

张乐天：《告别理想——人民公社制度研究》，上海人民出版社，2005 年。

张培刚:《农业国工业化问题》,湖南出版社,1991 年。

张毅:《中国乡镇企业艰辛的历程》,法律出版社,1990 年。

张毅、张颂颂:《中国农村工业化与国家工业化》,中国农业出版社,2002 年。

[美]詹姆斯·C. 斯科特:《农民的道义经济:东南亚的反叛和生存》,译林出版社,2001 年。

中华人民共和国财政部《中国农民负担史》编辑委员会:《中国农民负担史》(第四卷),中国财政经济出版社,1994 年。

周其仁:《产权与制度变迁:中国改革的经验研究(修订本)》,北京大学出版社,2004 年。

周晓虹、谢曙光主编:《中国研究》2005 年春季卷总第 1 期,社会科学文献出版社,2005 年。

[美]邹至庄:《中国经济》,南开大学出版社,1984 年。

[美]邹至庄:《中国经济转型》,中国人民大学出版社,2005 年版

论文:

卞悟:《公社之谜——农业集体化的再认识》,《二十一世纪》,1998 年 8 月号。

陈吉元、胡必亮:《中国的三元经济与农业剩余劳动力转移》,《经济研究》,1994 年第 4 期。

陈剑波:《人民公社的产权制度——对排他性受到严格限制的产权体系所进行的制度分析》,《经济研究》,1994 年第 7 期。

陈廷煊:《城市化与农业剩余劳动力的转移》,《中国经济史研究》,1999 年第 4 期。

陈锡文:《资源配置与中国农村发展》,《中国农村经济》,2004 年第 1 期。

陈勇勤:《中国共产党 80 年经济思想的主线》,《经济理论与经济管理》, 2001 年第 6 期。

陈勇勤:《论中国小农经济的劳动投入问题》,《求索》,2006 年第 9 期。

陈勇勤:《当代中国的农业问题》,《南京社会科学》,2007 年第 7 期。

陈越:《关于中国农业部门剩余转移问题》,《经济学家》,1993 年第 5 期。

崔晓黎:《统购统销与工业积累》,《中国经济史研究》,1988 年第 4 期。

党国印:《论农村集体产权》,《中国农村观察》,1998 年第 4 期。

董志凯:《土地改革与我国的社会生产力》,《中国经济史研究》,1987 年第 3 期。

杜鹰:《乡镇企业的形态特征与制度创新》,《中国农村观察》,1995 年第 4 期。

范力达、孙少岩:《体制、农业剩余与中国的人口城市化》,《人口学刊》,1992 年第 3 期。

冯开文:《从土地改革转入农业合作化的制度变迁机理分析：对有关的几种观点的评析》,《中国农史》,1999 年第 3 期。

傅晨:《农地制度变革的线索与基本经验》,《经济体制改革》,1997 年第 2 期。

高德步:《论经济史学的对象、任务与方法》,《南开经济研究》2000 年第 6 期。

葛玲:《统购统销体制的地方实践——以安徽省为中心的考察》,《中共党史研究》,2010 年第 4 期。

韩俊:《中国农村土地制度建设三题》,《管理世界》,1999 年第 3 期。

贺耀敏:《陈云对我国经济建设规律与道路的艰苦探索》,《教学与研究》, 2005 年第 5 期。

胡现岭:《新解放区征粮运动中的农村基层干部行为选择》,《党史研究与教学》,2012 年第 3 期。

黄道炫:《洗脸——1946 年至 1948 年农村土改中的干部整改》,《历史研究》,2007 年第 4 期。

[美]科斯:《社会成本问题》,载《财产权利与制度变迁》,上海三联书店、上海人民出版社,1994 年。

孔泾源:《中国农村土地制度:变迁过程的实证分析》,《经济研究》,1993 年第 2 期。

梁敬明:《集体化及其困境——一种区域史的分析思路》,《浙江社会科学》,2004 年第 1 期。

李溦、冯海发:《农业剩余与工业化的资本积累》,《中国农村经济》,1993 年第 3 期。

冯海发、李溦:《我国农业为工业化提供资金积累的数量研究》,《经济研究》,1993 年第 9 期。

刘金海:《从农村合作化运动看国家构造中的集体及集体产权》,《当代中国史研究》,2003 年 11 月,第 10 卷第 6 期。

骆友生、张红宇:《家庭承包责任制后的农地制度创新》,《经济研究》,1995 年第 1 期。

潘光浑、罗必良:《农业剩余与农业产业化》,《广东社会科学》,1998 年第 3 期。

裴小林:《集体土地制:中国乡村工业发展和渐进转轨的根源》,《经济研究》,1999 年第 6 期。

田国强:《中国乡镇企业的产权结构及其改革》,《经济研究》,1995 年第 3 期。

王光伟:《我国农业剩余的流动状况分析》,《经济研究》,1992 年第 5 期。

王贵宸:《关于改造小农的若干理论问题》,《中国农村观察》,1991 年第 1 期。

温铁军:《中国 50 年来 6 次粮食供求波动分析》,《山东省农业管理干部学院学报》,2001 年第 2 期。

温铁军:《半个世纪的农村制度变迁》,《北方经济》,2003 年第 8 期。

温铁军:《农民社会保障与土地制度改革》,《学习月刊》,2006 年第 10 期。

武力:《1949—1978年中国“剪刀差”差额辨正》,《中国经济史研究》,2001年第4期。

武力:《试论建国以来农业剩余及其分配制度的变化》,《福建师范大学学报(哲学社会科学版)》,2004年第3期。

武力:《略论合作化初期党对农业问题的三点认识》,《党史研究与教学》,2004年第2期。

武力:《论近代以来国家与农民关系的演变》,《武陵学刊》,2011年第1期。

吴承明:《论二元经济》,《历史研究》,1994年第2期。

吴承明:《经济学理论与经济史研究》,《经济研究》,1995年第4期。

行龙:《在村庄与国家之间:劳动模范李顺达的个人生活史》,《山西大学学报》(哲学社会科学版),2007年第3期。

徐勇:《论农产品的国家性建构及其成效——国家整合视角下的“统购统销”与“瞒产私分”》,《中共党史研究》,2008年第1期。

薛暮桥、吴凯泰:《新中国成立前后稳定物价的斗争》,《经济研究》,1985年第2期。

严瑞珍、龚道广、周志祥、毕宝德:《中国工农业产品价格剪刀差的现状、发展趋势及对策》,《经济研究》,1992年第2期。

杨瑞龙:《我国制度变迁方式转换的三阶段论——兼论地方政府的制度创新行为》,《经济研究》,1998年第1期。

姚洋:《中国农地制度:一个分析框架》,《中国社会科学》,2000年第2期。

姚洋:《集体决策下的诱导性制度变迁——中国农村地权稳定性深化的实证分析》,《中国农村观察》,2000年第2期。

姚洋:《一个关于社会分配的公正理论》,载姚洋,《自由、公正和制度变迁》,河南人民出版社,2002年。

应小丽:《关于人民公社制度变迁动力和机制的探讨》,《中共党史研究》,2006年第4期。

叶兴庆:《农业剩余与经济发展》,《经济研究》,1992年第1期。

张红宇:《中国农村土地产权政策:持续创新》,《管理世界》,1998 年第 6 期。

张红宇:《中国农地产权调整与使用权流转:几点评论》,《管理世界》,2002 年第 5 期。

张军:《中央计划经济下的产权和制度变迁理论》,《经济研究》,1993 第 5 期。

张乐天、陆洋:《新中国农村基层干部的文化解读》,《南京社会科学》2012 年第 6 期。

张思:《国家渗透与乡村过滤——昌黎县侯家营文书所见》,《中国农业大学学报》(社会科学版),2008 年第 1 期。

张昭国:《人民公社时期农村的瞒产私分》,《当代中国史研究》,2010 年第 3 期。

曾寅初:《农业份额下降与农业基础地位》,《学术月刊》,1989 年第 11 期。

周其仁、刘守英:《湄潭:一个传统农区的土地制度变迁》,载周其仁,《农村变革与中国发展:1978—1989》(下卷),牛津大学出版社,1994 年。

周其仁:《中国农村改革:国家与土地所有权关系的变化——一个经济制度史变迁的回顾》,《中国社会科学季刊》第 3 卷,总第 8 期。

周其仁:《信息成本与制度变革》,《经济研究》,2005 年第 12 期。

朱巧玲、卢现祥:《新制度经济学国家理论的构建:核心问题与框架》,《经济评论》,2006 年第 5 期。

英文文献:

Banister, Judith. *The china's changing population*, Stanford University Press, 1987.

Carter, Colin A. and Zhong, Fu-Ning. *China's grain production and trade*, Westview Press, 1988.

Chao, Kang. *Agricultural production in communist china 1949—1965*, the University of Wisconsin Press, 1970.

Chao, Kang. *Man and land in Chinese history: an economic analysis*, Stanford University, 1986.

Coase, Ronald. The Nature of the Firm, Economica (November):pp. 386—405.

Coase, Ronald, The Problem of Social Cost, In Coase, Ronald H., *The firm, the market and the law*, the university of Chicago press, 1988.

Elvin, Mark. The high-level equilibrium trap: the causes of the decline of invention in the traditional Chinese textile industries, In W. E. Willmott, ed. *Economic organization in Chinese society*, Stanford University Press, 1972.

Elvin, Mark. *The pattern of the Chinese past*, Stanford University Press, 1973.

Harris, John. and Todaro, Michael. Migration, Unemployment and Development: A Two Sector Analysis, *American Economic Review*, Vol. 31, No. 4, 1994.

Hsu, Robert C. Agricultural Financial policies in China, 1949—1980, *Asia Survey*, Vol. 22, No. 7. (Jul., 1982), pp. 638—658.

Knight, John. Price Scissors and Intersectoral Resource Transfers: Who Paid for Industrialization in China? *Oxford Economic Papers*, New Series, Vol. 47, No. 1. (Jan., 1995), pp. 117—135.

Lardy, Nicholas R. *Agriculturre in China's modern economic development*. Cambridge University press, 1983.

Liu, Ta-chung. and Yeh, Kung-chia. *The economy of the Chinese mainland: national income and economic development, 1933—1959*, Princeton University Press, 1965.

Nicholls, William H. An "agricultural surplus" as a factor in economic development. *The Journal of political economy*. Vol. 71, No. 1(Feb. ,1963),pp. 1—29.

North, Douglass C. Government and the cost of exchange in history, *The Journal of economic history*, Vol. 44, No. 2(Jun, 1984), pp. 255—264.

North, Douglass C. The State of Economic History, *The American Economic Review*, Vol. 55, No. 1/2. (Mar.-May, 1965), pp. 86—91.

Oi, Jean. C. *State and peasant in contemporary china*, University of California press, 1989.

Perkins, Dwight H. and Yusuf, Shahid. *Rural development in China*. The Johns Hopkins University Press, 1984.

Perkins, Dwight H. *Market control and planning in communist China*. Havard university press, 1966.

Putterman, Louis. *Group Farming and Work Incentives in Collective-Era China*, *Modern China*, Vol. 14, No. 4. (Oct. , 1988), pp. 419—450.

Putterman, Louis. Ration Subsidies and Incentives in the Pre-Reform Chinese Commune, *Economica*, New Series, Vol. 55, No. 218. (May, 1988), pp. 235—247.

Putternan, Louis. Dualism and Reform in China, *Economic Development and Culural Change*, Vol. 40, No. 3, 1992.

Sicular, Terry. Grain Pricing. A Key Link in Chinese Economic Policy, *Modern China*, Vol. 14, No. 4. (Oct. , 1988), pp. 451—486.

Tang, Anthony M. China's agricultural legacy, *Economic Development and Culture Change*, Volume 28, Number 1, October. 1979, pp. 1—22.

Tang, Anthony M. Agriculture in the industrialization of

communist China and the Soviet Union, *Journal of farm economics*, Vol. 49, No. 5, Proceedings Number (Dec.), 1967, pp. 1118—1134.

Tang, Anthony M. Trend, Policy Cycle, and Weather Disturbance in Chinese Agriculture, 1952—1978, *American Journal of Agricultural Economics*, Vol. 62, No. 2. (May, 1980), pp. 339—348.

Todaro, Michael P. A Model of Labor Migration and Urban Unemployment in Less Developed Countries, *The American Economic Review*, Vol. 59, No. 1(1969), pp. 138—148.

Walker, Kenneth R. *Food grain procurement and consumption in china*, Cambridge University Press, 1984.

Wen, Guanzhong James. Total factor productivity change in China's farming sector: 1952—1989, *Economic development and cultural change*, Volume 42, Number 1, October 1993.

Zweig, David. *Agrarian radicalism in China*, 1968—1981. Harvard university press. 1989.

后　记

本书稿是我在博士论文的基础上修改而成。2005 年 9 月，我考入中国人民大学经济学院，师从陈勇勤教授攻读经济史专业博士学位。我对农村土地比较感兴趣，这个选题准备了近两年时间，陈老师同意了我的选题。2006 年 9 月有机会作为人民大学和日本爱知大学联合培养双学位项目到日本留学一年，2007 年 1 月至 8 月就近在爱知大学名古屋校舍图书馆查资料，着手搜集资料并进行先期研究。8 月回国后开题。经过近 7 个月写作，2008 年 5 月通过了论文答辩。

在论文评阅及答辩过程中，得到了中国社科院经济所武力研究员，教育部社科司张东刚教授，清华大学人文学院陈争平教授，南开大学经济学院赵津教授，北师大经济与管理学院赵春明教授，人民大学经济学院贺耀敏教授、高德步教授的点拨与指导，深受启发。

在经济学院的 3 年求学过程中，受惠于诸多师友的教诲与帮助。尤其感谢黄宗智教授，在参加他在人大开办的“历史学视野中的社会、经济和法律”博士课程研修班的一年时间里受益尤多；感谢人大历史系徐桂兰老师，3 年来始终得到她的帮助；感谢爱知大学的诸位老师：导师高桥五郎教授、加加美光行教授、马场毅教授、李春利教授、周星教授以及当时正在爱大访学的南京大学张玉林教授、中科院新疆地质所雷加强教授、对外经贸大学贾保华教授。感谢人大经济学院的同学王志远、薛冰、王晓峰、邱竞、吴江、张俊勇、温新德、胡若南、李雅菁、陈凤玲，以及师兄王朝旭、徐翀，师弟刘星、徐铁；感谢爱知大学同学李鹏飞、涂明君、周群英、陈芳、张璟平、兰花、张华军、盛林、刘志勇。

2008 年 7 月从学校毕业后，我在北京市发改委经济与社会发展研究所从事经济形势分析与研究，感谢研究所的领导和同事给予的提点和帮助，感谢杨开忠教授、王景山、邵志清、王广宏、张洪温、路漫、李星坛、杜海强。

出于对于历史研究的兴趣，2009 年 7 月我调入中国社会科学院近代史所。近代史所有着优良的学术传统、浓厚的学术氛围，3 年来耳濡目染，受益无穷。感谢所里各位老师和同仁的指点和帮助，尤其感谢经济史研究室各位老师：虞和平研究员、史建云研究员、郑起东研究员、严立贤研究员、赵晓阳副研究员、杜丽红副研究员和蒋清宏博士、吴敏超博士、云妍博士。

在此，特别要感谢父母、家人多年来的抚育与支持。没有妻子金敏的支持，我不可能有时间和精力攻读学位并集中精力和时间修改论文，她自己在浙江工商大学的科研与教学任务也很重，同时照顾年幼的儿子。完成学位论文并修改出版，也算是对父母、家人的一个回报。

尤其要感谢武力研究员在百忙中给本书撰写序言，他对新中国成立以来农业剩余的研究造诣精深，也是我的博士论文答辩委员会主席，本书的最后修改阶段也得到了他的点拨，受益匪浅。最后也要感谢浙江大学出版社副总编辑黄宝忠博士和本书责任编辑谢焕先生，他们的认真负责，也使本书得以避免一些文字以及表述上的错漏。

博士论文的修改出版，只能说是我自己在农村土地与农业剩余研究道路上的一个节点。在修改的过程中，对于这一领域自己也时有新的思考、新的收获，有一些已经体现在本书中，但更多的思考和收获只能留待日后去不断地深化和拓展。

2012 年夏谨记